客家と中国革命

「多元的国家」への視座

矢吹 晋
Yabuki Susumu
藤野 彰
Fujino Akira
著

東方書店

中央革命根拠地の範囲と客家居住区
（1933年9月～34年10月、第5次反包囲掃討闘争当時）

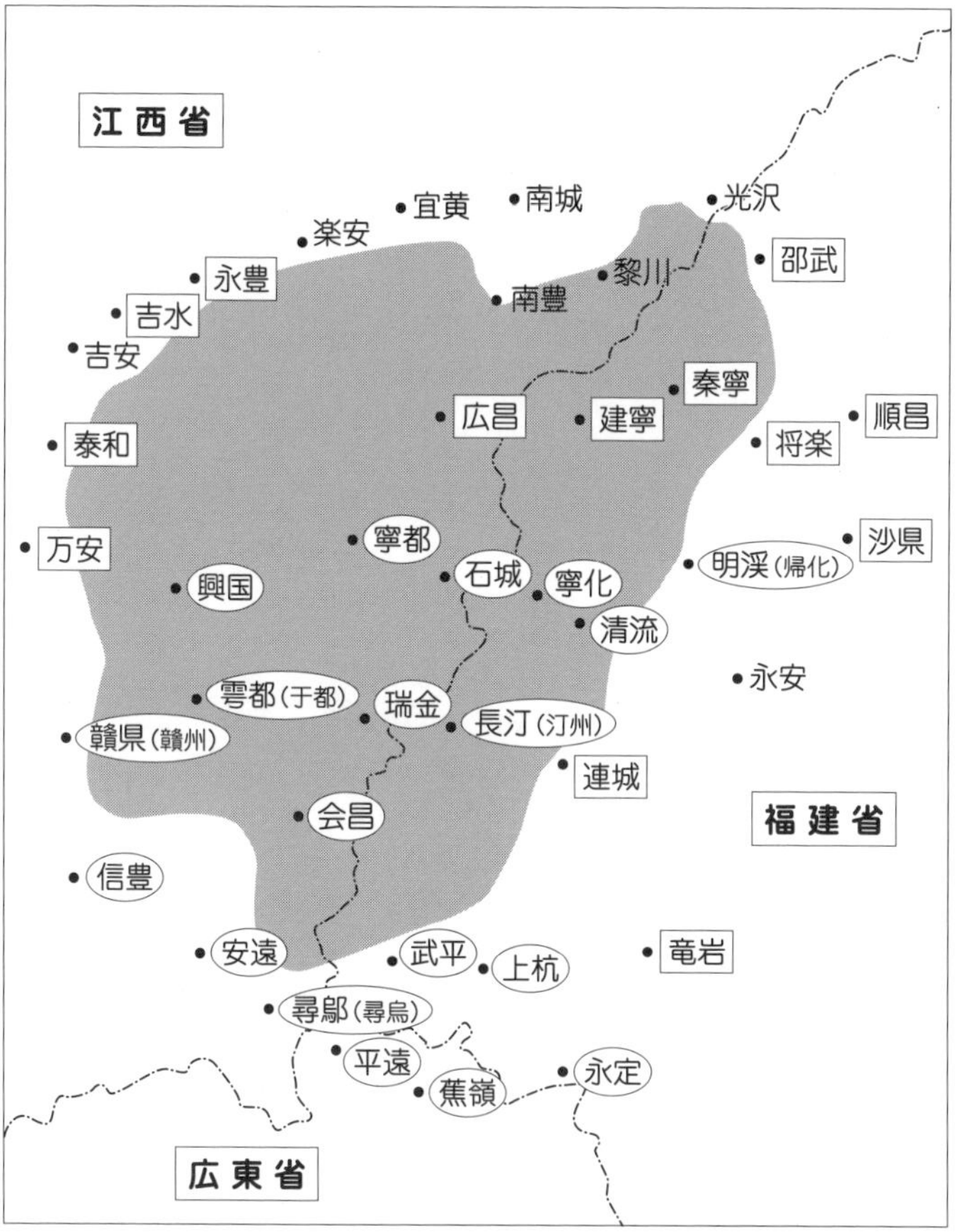

注：着色の範囲は中央革命根拠地、楕円で囲んだ地名は純客家県市（住民の大部分が客家）、四角で囲んだ地名は非純客家県市（住民の一部が客家）を示す。
出所：武月星主編『中国現代史地図集』（中国地図出版社、2000年）、謝重光『客家源流新探』（福建教育出版社、1995年）より作成。

まえがき――新たな客家論の構築に向けて

客家《はっか》とは、中国史上、たび重なる北方民族による侵攻や戦乱、自然災害から逃れようと、中原《ちゅうげん》（黄河中下流域）などの地域から南方中国へと移住した漢民族が長期にわたって先住諸民族と混交を重ねる中で形成されたエスニック・グループであり、その呼称は移住先の土着の人々に「客」――「よそから来た者」として区別されたことに由来する。漢語（中国語）方言の一つである客家語を話すことをはじめ、他の漢民族とは生活様式・風俗習慣などを異にするマイノリティー集団である。といっても、その人口は、中国国内だけでも四〇〇〇万人を超すといわれ（台湾・シンガポール・マレーシアなどにも居住する）、五五の少数民族中の最大民族・チワン族（一六〇〇万人）の二倍以上の人口を擁する。また、「中国近現代における三つの革命――太平天国革命、辛亥革命、土地革命（ソビエト区革命）――は、いずれも客家が主役であった」（藤野稿二四八頁）ことや、鄧小平《とうしょうへい》、朱徳《しゅとく》、葉剣英《ようけんえい》、李登輝《りとうき》、リー・クアンユー（李光耀）ら現代史に名立たる人物を数多く輩出してきたことから見ても、近現代の中国およびアジアに占める存在感には堂々たるものがある。

　鄧小平が主導した一九七八年末からの改革開放政策によって、中国の状況は大きく変化した。「政治優先から経済建設を重視する方向へと大胆な路線転換が図られ、経済特区や沿海開放都市を窓口に外資の本格的な導入が始まった」のを受け、「その牽引役として期待されたのが客家を含む華僑・華人」（藤野稿一六八頁）であった。中国が改革開放政策の一環として在外中国人――華僑・華人（一般的には華僑が中国籍を保持している中国系人を指すのに対し、華人は居住国の国籍を取得した中国系人を指す）との連携を強めたことも影響して、彼らの存在が広く注目されるようになり、九〇年代前半に入ると、華僑・華人論に関する出版が活況を呈することになった。私が可児《かに》弘明・游仲勲《ゆうちゅうくん》両氏を編者とする『華僑 華人――ボーダレスの世紀へ』（東方書店、一九九五年）の編集を担当をしたのもそのころである。

しかしながら、こと客家に関する書についていえば、本書でも繰り返し言及されている通り、「中国を支配する『血のネットワーク』」といった言い方に象徴されるように、実像から乖離した、歪んだイメージを流布させるものが多かった。その等身大の姿がよく理解されないまま、「華僑、その中でもスーパー華僑が客家だ」というような奇妙な客家像さえ広まった。文化大革命が真っ盛りのころ、その中国に強い影響を受けた私自身の客家認識も、本書に関わるまでは真に心許ないものであった。かつて何度も精読したはずの『毛選（毛沢東選集）』第一巻に収められている「井岡山の闘争」において、土籍と客籍（土着民と客家）の矛盾が論じられているという認識は希薄だった。まして、そこに登場する袁文才《えんぶんさい》と王佐《おうさ》が客家であること（矢吹稿九頁～参照）については意識することなくきてしまっていた。

では、なぜ今、客家なのか。

本書成立の直接的経緯については矢吹氏が「あとがきに代えて」で述べているが、いま少し時を遡ってみたい。矢吹稿で引用されている『巨大国家中国のゆくえ――国家・社会・経済』（東方書店）は一九九六年の刊行であるが、矢吹氏とおつきあいするようになったのはこの書の編集を担当したことがきっかけだった。以来、現代中国を見る目を確かなものとするために、矢吹氏の発言を追いかけるようになる。同氏のインタビュー本『中国から日本が見える』（ウェイツ、二〇〇二年）はそうした私の気持ちが実を結んだものといえる——この書名には、中国を見る、考えることは、私たちが日々暮らす日本をどう見るか、どう考えるかということと結びあわされなければならないという思いが込められていた。その後、矢吹氏は戦前期にイェール大学教授として活躍した歴史学者・朝河貫一の業績紹介に取り組まれるが、中国を見るためには見る側の主体を問わねばならないという意味で、アジアの近代における日本と中国を両面から見なければならないと思うようになっていた私にとっても、それは非常に興味深いものであった。

その後、矢吹氏が「朝河学」探求の成果をもって再び中国に関する著作を出されるときには私が編集を担当したいと勝手に考えるようになっていたとき、同氏から客家についての本を出したいとの提案があり、中国研究を通じて以前から交友関係にある藤野彰氏との共著にしたいとおっしゃった。藤野氏とは『臨界点の中国——コラムで読む胡錦濤時代』（集広舎、二〇〇七年）の編集を担当して以来のおつきあいだったが、その過程において、中国報道への一貫した姿勢、また記述の細部にわたるこだわりを知ることとなり、記者と編集者という立場の違いはあるものの、表現に妥協を許さないという点で、私には意気投合するところが多かった。不躾ながら私の印象からいうと、ジャーナリストのように大胆な発言をする矢吹氏と、研究者のように精緻さを求める藤野氏は、共著者として最善の組み合わせだ。それぞれの領域が交錯した、例を見ない共著本をつくれるのではないかと考えたのだ。第三者的な評論を排し、強い主張を持つ、自らのスタンスに厳しい二人であれば、そのような書がつくれるのではないかと思った。私もふつうの意味での編集者の立場を超えた本づくりができるような気がした。主張が強いということは頑固につながるが、私も加わって三人の頑固者が一緒に、通り一遍ではない共著をつくろう——やりがいのある本づくりだと勢い込んだ。

両氏が客家に関心を持ったのは、矢吹氏は戴國煇《たいこくき》教授と一緒に香港在住の羅香林《らこうりん》教授（ともに客家）を訪ねたとき（一九六九年）、藤野氏は上海特派員時代（一九八八～九〇年）だったという。そんな二人が改めて客家問題に注目するようになったのは九〇年代半ばのことで、いわゆる客家俗論が跋扈《ばっこ》していることに対する疑念が背景にあったのである。二人の著者が、どのような客家認識を持つようになり、それぞれの研究から何を汲み取ったかは本書を読んでいただくことにして、私はといえば、客家問題を一つの突破口に、文化大革命後の中国への欲求不満といったものが解消できるのではないかと思った。つまり、「毛沢東の初期の論文『井岡山の闘争』では、客籍と土籍との矛盾が論じられているが、井岡山モデルをより拡大した江西ソビエト時期に、客籍と土籍の矛盾がまったく登場しない」（矢吹稿五四頁）、「『毛選』だけではなくて、『鄧小平文選』にしても、あるいは他の中共指導者の著作にしても、公刊されているものには『客家』という言葉はまずほとんど出て」（対論藤野発言三二八頁）こないということがわかり、毛沢東について「前半生は善、後半生は悪」と言わんばかりの、およそ弁証法的とはいえない、ご都合主義的な中国共産党の論理を、客家問題への認識を深めることによって突き崩せるのではないかと考えたのである。

矢吹氏による第I篇では、中国史に連綿と受け継がれてきた客家の系譜――古くは唐代の農民反乱軍の首領・黄巣《こうそう》や南宋末期の政治家・文天祥《ぶんてんしょう》、近代以降は太平天国の乱の指導者・洪秀全《こうしゅうぜん》や楊秀清《ようしゅうせい》、そして鄧小平・朱徳ら新中国の革命家たち――から見えてくる客家伝説の意味を問い、客家と革命根拠地の問題にも切り込む。また、客家研究の開拓者・羅香林の客家論、その羅香林説を批判的に分析した謝重光《しゃじゅうこう》・

瀬川昌久らの研究成果、言語学の立場から客家を論じた橋本萬太郎らの言説を検証する。そして、客家社会の形成、客家研究史を概観し、客家に関わる歴史問題、現状と課題を明らかにする。

藤野氏による第Ⅱ篇では、特派員時代の客家地区探訪記という体裁をとりながら、現地取材と資料解読を織り重ねていく手法によって、客家（問題）が論じられている。鄧小平客家説の真偽、最初の革命根拠地・井岡山で悲惨な末路をたどった袁文才・王佐、客家文化圏と重なる中央根拠地、全面的名誉回復がなされていない客家総書記・胡耀邦《こようほう》、五〇〇万の客家人口を擁する客都・梅州が生んだ元帥・葉剣英──これらをテーマに、革命中国と現代中国を自在に往還し、客家アイデンティティー、革命史の中の客家、中国共産党の客家観といった問題が取り上げられる。

第Ⅲ篇では、二人の対論という形式をとり、客家問題、さらにはそれと関連づけながら現在の中国について自由闊達に語り合う。それぞれの論考はもちろん、本格的な執筆が始まってからの一年有余の間、ほぼ二カ月ごとに顔を合わせて行った直接討論や、一五〇通を超えるメールのやりとりがベースにある。原稿の最終仕上げの段階では、私も含む三人で福建省の客家土楼地区への取材旅行を敢行したが、その体験も踏まえての対論である。客家土楼の印象から始まり、なぜ中国革命史から客家が消されたのか、なぜ誤った客家認識が広まったのか、なぜ共産党は中華民族なる概念を強調するのか、畲（ショオ）族を通して見る民族問題の現状とは……。いわば、矢吹稿、藤野稿のエッセンスがちりばめられている、この対論を先に読んで本書の全体像を把握してから、論考へと読み進み、問題意識を深めていただくのもよいかもしれない。

日本と肩を並べるようになった米国債保有高、販売台数・生産台数ともに世界一へ躍り出た自動車産業を挙げるまでもなく、急速な経済成長路線を歩み、ＧＤＰ（国内総生産）で日本を追い抜いて世界二位の座に就こうとする中国は、今後、政治・経済はもちろん、あらゆる面において一段と存在感を増していくことになろう。一方、歯止めの利かない官僚腐敗、貧富格差の拡大、チベットやウイグルなど少数民族の反乱、各地で頻発する大衆反乱……と、体制を揺るがす深刻な矛盾が中国を蝕んでいる。中国に未来はあるのか。改革開放の進展に伴い、必然的に情報化社会へと突入した中国は、かつてのように共産党が一元的に情報を管理できる国ではなくなっている。それでもなお「不可視の領域」が多すぎる。とりわけ、政治権力に関わる領域は不透明であり、その可視化が進むかどうかは真の意味での民主化のバロメーターになるといってよい。私は本書を通して中国の未だ不可視の領域をあぶりだすことが、政治・経済はじめとする、同時代中国の現状分析の一助となるとの認識に至っている。

本書は「客家」を切り口として、現代中国の諸問題を考察したものだ。「あとがきに代えて」において藤野氏は「多元的システムの構築」に中国の未来を見いだされているが、矢吹氏のいう「連邦国家の初心に立ち返る」ということと同義だと思う。月並みな言いようではあるが、多数者、強者に権力が集中することなく、多数者と少数者、強者と弱者がともに、異質なものを排除せず、共生できる社会が、あらゆる意味において豊かな社会であると考えるのである。

朝　浩之

二〇一〇年九月

目次

口絵（中央革命根拠地の範囲と客家居住区） i
まえがき――新たな客家論の構築に向けて iii

I 客家の実像――歴史と革命の中で 矢吹 晋……1

1 客家伝説の誕生 3
（1）黄巣の言葉から生まれた葛藤伝説 3
中国史上「最大最長の伝説」／日本の落人伝説との対比／客家伝説の拡大
（2）革命伝説その1――井岡山 9
土籍と客籍の矛盾／袁文才、王佐の「処分」
（3）革命伝説その2――富田事変 15

内ゲバ第二幕の開始／「内部の敵」におびえる紅軍／吹き荒れる粛清の嵐／タブー解禁の経過

（4）客家伝説を超えて　46

太平天国と紅軍の長征／改革開放後の「客家学」復活／客家のイメージ

2　客家のルーツを探る　57

（1）客家研究の始まり　57

（2）客家「聖地伝説」の矛盾――羅香林批判　62

寧化石壁伝承／牧野＝瀬川仮説と謝重光仮説

（3）歴史資料から論じる　68

「主戸・客戸」解釈論への批判／「族譜」妄信の過ち／「客家＝中原士族」説批判

（4）畲族と漢民族との関係　82

畲族先民について／畲族と客家先民との交流

（5）言語から見た客家　86

橋本＝諏訪仮説／アジア大陸のミクロコスモス

3　客家社会の形成と発展　107

（1）客家民系の開放的システム　107

文化概念としての客家／客家民系が来た道／南遷以前の居住地／山地で生きる

目　次

（2）呉松弟による羅香林批判　126
「客家先民」と「客家源流」／源流は南宋移民
（3）客家民系の広域的拡散　133
南方各地そして台湾へ／南洋への移住

4　開かれた「中華世界」への道　137
（1）他称と自称のはざまで　137
（2）その後の客家学　142
（3）連邦国家の初心に立ち返る　144

人物略記　152
参考文献　155

Ⅱ　「客家」再発見の旅――革命の故地で考える　藤野　彰……163

はじめに――「客家」取材ノートから　165

1　四川省広安――鄧小平「客家説」を追う　176
改革開放の総設計師を生んだ土地／鄧小平故居を襲う市場経済の波／鄧小平のルーツと「広東客家」説／鄧小平の「客家」アイデンティティー／洛帯鎮に見る四川客家

2　江西省井岡山――毛沢東と「客家の緑林」たち　205
農村根拠地革命の原点／紅米とカボチャと革命／「客籍」が支えた井岡山闘争／「土籍」と「客籍」の矛盾／袁文才と王佐の悲劇

3　江西省瑞金――「客家」ソビエト共和国の実像　235
鄧小平と江西の因縁／客家文化圏に重なる中央根拠地／長征の陰に客家あり／瑞金客家の豊かな食文化

4　湖南省瀏陽――悲運の「客家総書記」胡耀邦　260
湖南客家の熱い血／「紅小鬼」の郷里と判官贔屓／「不公平」憎む客家魂／湖南客家をめぐる遺聞

5　広東省梅州――「客都」が育んだ葉剣英の革命精神　285
客家の根拠地／梅州につながる多彩な人脈／「華僑」出身の元帥・葉剣英／客家の気概

参考文献　309

Ⅲ　対論

なぜ今、客家に注目するのか　矢吹 晋×藤野 彰……315

土楼の起源について／中国共産党史から消された客家／日本、そして中国における客家認識／中国革命史の中の客家／「中華民族」宣揚の背景／赤嶺畲族郷を訪れて／中国のゆくえ／客家を見て、中国が見える／付・日本と中国の文献に見る客家

あとがきに代えて――私の客家・漢民族認識のあゆみ　矢吹 晋　371

あとがきに代えて――「客家」問題と中国の未来　藤野 彰　376

事項索引／人名索引　*1*
(390)

・本文中の引用・参照資料の書誌情報は「Ⅰ　客家の実像」「Ⅱ　『客家』再発見の旅」各篇末の参考文献に記す。
・引用文中の〔　〕内は本書筆者による注である。
・「Ⅰ　客家の実像」中の初出の人物名で※が付されているものは篇末に「人物略記」を記す。
・写真については「Ⅰ　客家の実像」は矢吹晋の提供による。「Ⅱ　『客家』再発見の旅」は藤野彰、「Ⅲ　対論　なぜ今、客家に注目するのか」およびカバーは朝浩之の撮影による。

I

客家の実像
——歴史と革命の中で

矢吹 晋

1　客家伝説の誕生

（1）黄巣の言葉から生まれた葛藤伝説

中国史上「最大最長の伝説」

唐末、黄巣《こうそう》（?～八八四年）の乱当時の話である。乱を避けて南方へ移動中のある賢婦が大きな男子を背に負い、小さな男子の手を引いて歩いていた。路上で会ったある男が「小さな子を歩かせている理由」を質したところ、婦人はこう答えた。「小さな子は自分の実子だが、背中の子は先兄の遺児である。父母の祭祀が絶えるのを防ぐために、背に負っているのだ」と。その男は婦人の徳を嘉して、こう慰めた。「黄巣は邪乱だが、葛藤《かっとう》（葛《かずら》や藤《ふじ》）を恐れている。家に帰り、門口に葛藤を掛けるがよい。そうすれば黄巣の兵が来ても、安全だろう」と。他方、その男は「葛藤を掛けた家の者は殺すな」と部下に命じたので、一行は安全であった。葛藤を教えた男が黄巣であり、葛藤坑《かっとうこう》の地名はここに由来する。

今日の各地の客家《はっか》は、みな葛藤坑から出ている。葛藤坑とはどこか。福建省寧化県石壁村から西に三キロメートル歩くと、山あいの中に窪みあるいは窪地が現れる。中国語では「山坳《シャンアオ》」あるいは単に「坳《アオ》」と呼ぶ地形だ。段々畑に囲まれた谷には小川が流れ、いくつかの田舎家が散在する。まさに一種の桃源郷のイメージである。村を出て山道を上ると、そこが閩贛《びんかん》（福建・江西）国境の站嶺隘《たんれいあい》口である。昔、中原《ちゅうげん》を追われ閩に近づいた「客家先民」は、この站嶺隘を越えて「石壁」に入るが、最初の部落が葛藤坑である。こうして客家伝説において葛藤坑とは、客家人がここまで逃れて一息ついたところ、客家人にとって「避難と再生の地」、それゆえ「聖地の中の聖地」といってよいほどの故地になる。

この民間説話を社会学者の牧野巽《まきのたつみ》（一九〇五〜七四年）が、「客家人における福建省寧化県石壁洞葛藤村伝説」と題した論文にまとめたのは一九四四〜四五年のことであった。ここでは客家伝説は黄巣と結びつけられている。ところがこのエピソードを文天祥《ぶんてんしょう》（一二三六〜八三年）と結びつけた事例もある。九世紀と一三世紀では四〇〇年の違いだ。牧野はいう。「客家がもし黄巣の乱当時にこの地方にいたとすれば、この地方に入り込んだ最初の漢人とみなくてはならない」「広東人における南雄《なんゆう》経由伝説ほどに甚だしくはないが、寧化は客家人にとって故郷ではあるが、現在は他系の人間が相当に多く入り込んだ土地となっている」と（『中国の移住伝説』八四〜九〇頁）。

南雄経由伝説について、牧野は「広州人における南雄珠璣《しゅき》巷《こう》伝説とその意味」を書いている。南雄は広東省から江西省へ行く咽喉の地に位置する交通の要衝だが、現在は客家の居住地になっている。南宋末に客家がこの地区に新移民としてやってきたとき、南雄方面にいたタイ族が珠江デルタに移動し、その後しだいに漢化した。これらの人々のあいだで語り継がれているのが南雄珠璣巷伝説だ、と牧野は説いている

（同上二五八〜二五九頁）。

中国史上で「最大最長の伝説」とは何か、を考えた場合に、いくつかの答えを想定できようが、私は「客家葛藤伝説」と答えたい。現代史の中にまぎれもなく伝説として生きているからだ。ただし、その中身はさまざまなバリエーションからなる。

日本の落人伝説との対比

客家人は中原から南に逃れて、山中に住む、という「葛藤伝説」に接して、日本人は何を想起するであろうか。平家《へいけ》落人《おちうど》伝説を想起する向きもあろう。確かに「敗者の逃亡」の側面を比較すれば、似たイメージだ。一一八五年、壇ノ浦の戦いで源氏に敗れた平家の落人が隠れ住んで開いた里だと伝えられる村は全国各地にいくつもある。端午の節句を祝ってあげた鯉のぼりが、運悪く源頼朝の家臣に見られてしまい、一番鶏の鳴き声とともに攻められた。そこで以後、「鯉のぼりをあげない、鶏を飼わない」といった風習を守る、といった類の平家落人伝説は、山里に隠れ住む者の生活を描いていて興味深い。

日本の落人伝説は単に敗北し隠れ住むだけであり、再決起する抵抗の物語は欠けているように思われる。落人伝説は確かに敗者の物語だが、異民族の侵略によるものではないし、次の時代への展望はない。『平家物語』のように、「盛者必衰」「諸行無常」を教える亡びの美学になっている。

これに対して、島津氏の祖・島津忠久が源頼朝の「長庶子」だとする伝説は、次の封建時代の展開を説明するために作られたものだ。島津忠久は元来、摂関家筆頭の近衛家の大番頭ともいうべき地位にあった。若い忠久は京都の葵祭を取り仕切るほど有職故実《ゆうそくこじつ》に通じており、また和歌作りにも秀でていた。要するに京都文化を身につけ、宮廷政治を支える優秀な私設官僚であった。ところが、鎌倉幕府が生まれると、島津荘の運命も、島津家のそれも危うくなる。幕府に敵対する勢力の領地を没収し、幕府を守る武士団に封土（fief）として与えるのが頼朝の新しいやり方だ。ここで忠久は真っ先に頼朝に忠誠を誓うとともに、その政治的スタンスを内外に示す必要に迫られた。そこで作られた伝説こそ、「忠久は頼朝の落胤《らくいん》だ」とする伝説にほかならない。これまで平氏の天下に貢献してきたのは「仮の姿」であり、実は源氏頼朝の血筋なのだ。頼朝の落胤が父に孝を尽くすのは当然だとして、一夜にして忠誠の対象を宮廷から幕府へ切り換える変身を合理化するために作られた伝説である。

「頼朝の血筋を引く」という作り話の虚構性と、この伝説こそ古代荘園が中世の封土に転化する過程の秘密を解くカギになりうることを徹底的に解明したのは朝河貫一の「島津忠久の生い立ち」であった（矢吹晋編『朝河貫一比較封建制論集』所収）。それだけではない。幕末の島津藩は版籍奉還のリーダー役を演じて封建時代に幕を引き、明治以後の近代社会を切り開くうえでも大きな役割を果たした。天皇家とも縁続きだ。この文脈で忠久の生い立ちに関わる伝説は、いまも生きている（矢吹晋『朝河貫一とその時代』二八〇～二九一頁）。

中国の客家伝説の意味するものを、わが平家落人伝説や島津忠久の頼朝落胤説と比べると、急に身近なものに感じられるのではないだろうか。

客家伝説の拡大

客家研究の開拓者として尊敬されてきた羅香林《らこうりん》（一九〇五～七八年）は、西暦三二一年、晋代「元帝大興四年の詔書」に「客」の文字が見えるのが、客家の源流だと説いた。この年から数えると、伝説の年齢は二〇一〇年現在、すでに一六八九歳を数えるので、「最長」伝説は明らかだ。では「最大」の基準を、満たしているであろうか。客家なら誰でも、自らの祖先は中原から移民してきたと「中原」の出自を強調する。なかには「中原士族」だといい、「士族」を強調する人々も少なくない。

リー・クアンユー（李光耀）がシンガポールを建国して首相になったのは、一九六五年のことだ。これは羅《ら》芳伯《ほうはく》（一七三八〜九五年）の成功物語を想起させる。羅は広東省梅県出身の客家だが、一七七二年、郷試《きょうし》（科挙中の地方試験）に落第したため、親戚友人一〇〇余名とともにボルネオ島に渡り、ボルネオ島西部のポンティアナック周辺の移民華人社会のリーダーとなった。羅芳伯は現地のスルタンと積極的に提携して、華人と現地人との軍隊を組織して、オランダ軍を二度にわたって撃退し、蘭芳公司を設立し「大唐総長」と称した（一七七七年）。一九世紀末から英領マラヤ半島でスズ鉱山が開発ブームに沸くが、その当時、労働者のかなりの部分は客家の若者であった。客家は鉱山開発の技術に長じた技術者集団の顔も持つ。東南アジアに移住した華僑・華人の中で、数的に多数なのは福建人、広東人などだが、客家は少数ながら、主な都市には「客属公会」（客家のギルドホール）に集い、その生活を助け合い、生き延びてきた。ついには淡路島ほどの小さな島とはいえ、独立国シンガポールを獲得してしまった。

1969年、香港にて戴國煇（中央）とともに羅香林（右）に会う筆者

この現代版「国造り物語」は、客家伝説が中国人のいう「南洋世界」まで拡大したことの象徴的な一例である。私は一九六九年に初めて東南アジア諸国を旅し、その後、シンガポール・南洋大学に遊学し（一九七一〜七二年）、建国初期のシンガポール社会で生活した体験を持つので、インドネシアの九・三〇事件（一九六五年）や、マレーシアの五・一三人種衝突事件（一九六九年）など、東南アジアにおける諸民族の共生と衝突の姿に関心を抱いてきたが、その中でひときわ目立つのが客家の大活躍であり、その頂点にいたリー・クアンユーの姿であった。

台湾の李登輝《りとうき》総統は、副総統から総統に昇格したてのころ、大いに「台湾経済の奇跡」を誇りつつ、そこから「経営大台湾、建設新中原」の一〇文字を強調した時期がある。李登輝はその後、大陸側の江沢民主席の罵倒に反駁する過程で、台湾独立論に傾斜してしまい、「建設新中原」をほとんど語らなくなったが、福建永定に建つ祖廟に重なる「中原イメージ」が彼の脳裏から消えたはずはない。

私自身は、一九九五年夏、台北の総統府で李登輝の肉声で「建設新中原」のスローガンを聞いている（そのとき彼は、私が一九六九年に初めて会ったことを覚えていてくれた）。その席で、戴國煇（一九三一〜二〇〇一年）は李登輝をモーゼになぞらえた論評に独自のコメントを加えて、会話がはずんだ（戴國煇「出埃及記與台湾民主化」『戴國煇這個人』〔戴國煇文集12〕遠流出版・南天書局、一九九五年一〇月一五日の項を参照）。この小さなエピソードも客家が台湾海峡を渡って以後、数世紀にわたる移民史、移住史の一つの区切りを意味するものの、客家伝説にもう一つ、花を添えるものと評してよい。

（2）革命伝説その1——井岡山

土籍と客籍の矛盾

井岡山革命根拠地がなぜこの地に生まれ、その根拠地がどのように営まれたかについては、藤野稿「江西省井岡山——毛沢東と『客家の緑林』たち」（二〇五頁〜）を参照して欲しい。ここでは井岡山革命根拠地の崩壊後に、場所を南に移して設けられた江西ソビエト区（すなわち中央根拠地）の姿を、土籍・客籍矛盾*に光を当てて再考してみよう。

藤野稿から明らかなように、井岡山革命根拠地が成立しえたのは、袁文才と王佐という「緑林の英雄」を毛沢東が仲間に引き入れることに成功したからだ。そして井岡山革命根拠地が崩壊し、ふたたび国民党

*毛沢東のいう土客籍矛盾で想起するのは、いわゆる「土客械闘」である。学生時代に読んだ仁井田陞『中国法制史』は、こう説いていた。「土客械闘と言って、元からその土地に住んでいる土着民と、他の郷里からやってきた客民との間にも生命がけの闘いが起こるのが常であった。土着民は湖南・江西の平原地帯を占め、山岳地帯に拠っている客民に対する圧迫は激しかった（三八二頁）。「福建・広東の同族部落では平素から堡塁を築いて械闘に備えてきた」「大がかりな械闘となると、数百千《ママ》人の闘いとなり、官憲も手をつけられなかった。械闘の死者を出すことは珍しくなく、その遺族のためには族田の収益が当てられた（一九三頁）。碩学・仁井田は「土着民」と「客民」の「械闘」と認識しており、「客家」という認識はないようだ。

の軍門に降ったのは、この「英雄たち」を「土匪」として殺害したからだ。共産党にとって最初の根拠地は、「土匪」殺害という内ゲバで自壊したわけだ。小さな井岡山で繰り広げられた成功と挫折の内ゲバ物語は、後に江西ソビエト根拠地で、よりスケールを大きくして拡大再生産される。その経緯をたどってみよう。ただし、その前に、井岡山での内ゲバの主な加害者と被害者について、若干の説明が必要だ。それが江西ソビエト区における「AB団」粛清に直結しているからである。

朱毛（朱徳※・毛沢東）は、敵による井岡山包囲掃討作戦を解くために、中国工農紅軍第四軍（紅四軍）を指揮して贛南《かんなん》（江西省南部）に向かい、内外呼応する作戦に出た。ここで彭徳懐《ほうとくかい》※、滕代遠《とうだいえん》※、黄公略※の率いる中国工農紅軍第五軍（紅五軍）が留守部隊として井岡山を守ることになった。一九二九年一月七日昼、柏路会議が終わると、毛沢東（紅四軍前敵委員会*書記兼紅四軍政治委員**）は、彭徳懐、譚震林《たんしんりん》※、鄧乾元《とうけんげん》（湘贛辺界特別委員会***書記、一九〇四年生まれ、湖南溆浦人、「AB団」分子として一九三四年殺害される）、竜《りゅう》超清《ちょうせい》（一九〇五年生まれ。永新県党委員会書記。一九三一年殺害される）、王懐《おうかい》（一九〇六年生まれ。寧岡県党委員会書記。一九三二年「AB団」として殺害される）らをその場に残らせ、「ソビエト政権の組織問題決議案」について、重い口を開いた。というのは、この決議は半年前の二八年六〜七月、モスクワで開かれた中国共産党第六回大会で採択されたものだが、ゲリラ根拠地の実情から遠くかけ離れた決議を採択していたのであった。「皆さんに残ってもらったのは、ある文件を伝えるためだ。午前に伝達したときには袁文才と王佐がいたので、私はこの一節を読みとばした」。

驚く幹部たちを前にして毛沢東はこう敷衍した。「これは『土匪との関係』についての中央の見解だ」。文件には、「暴動前は彼らと同盟を結んでよいが、暴動後はその武装を解除して指導者をたたきつぶさな

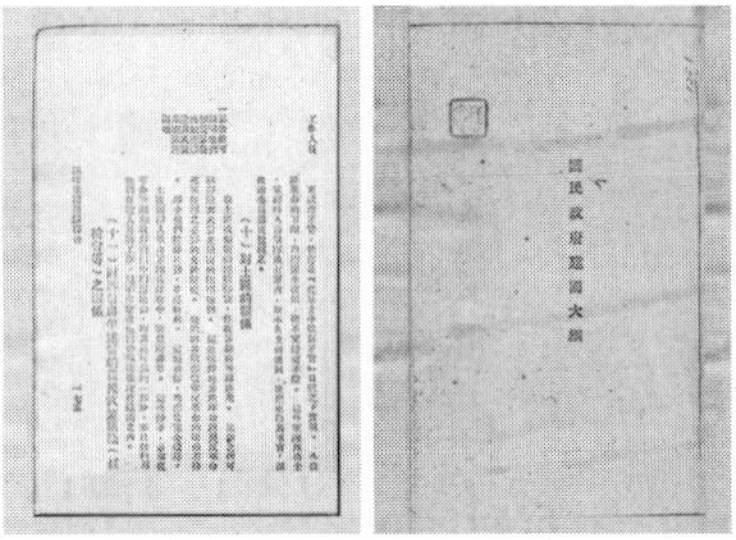

『国民政府建国大綱』扉（右）と土匪との関係を記した頁（左）

ければならない」「これは地元の秩序を保ち、反革命の頭目が再び盛り返すのを防ぐための先決的な前提条件である。彼らの頭目は反革命の首領として扱わなければならず、たとえ彼らに暴動の支援を命じるとしても、そのようにしなければならない」「土匪が革命軍や政府の中に侵入することは、危険であり、ただならぬことだ」と書いてある（藤野稿二二九頁）。

　細かなことだが、これは「農民問題決議案」ではなく、これを解説した「蘇維埃（ソビエト）問題解釈書」の第一〇項にある文言である。私の手許にある全二三四頁の『国民政府建国大綱』という本は、表紙にはそう印刷してあるが、内容は「中国共産党第六次全国大会議決案」であり、奥付は「中華民国二十年（一九三二）初版、実価大洋七角、編者中共六次大会、代售処各省大書坊」とある。おそらくは上海あたりで地下出版されたものだ。

＊前敵委員会とは前線におけるすべての部門と工作を指導する党の指導機関であり、紅軍内の党組織の最高指導機関であった。

＊＊政治委員とは紅軍内における党の代表である。軍事を指揮する司令員より上位の最高責任者であった。ロシア革命においてトロツキーが旧白軍を赤軍として指揮するために派遣したコミッサール（人民委員）制度に由来する。

＊＊＊特別委員会とは中国共産党の各省レベル委員会と県レベル委員会の中間の組織であり、根拠地が複数の県境にまたがることから設けられた党組織である。

読み終わると、毛沢東は沈痛な表情で言った。「君たち、聞いたかね。この箇所を私は午前中には読まなかった」「中共中央は何をどうしようというのか、まるでわからん。もしこれを老袁、老王が知ったら、どうなるか。君たち、どうするかね」。（土籍人の）王懐と竜超清は、真っ先にこう表明した。「中央がこの指示を出した以上、我々はそれを執行すべきであり、『井岡山の土匪』を殲滅すべきだ」。彼らはもともと客家の袁文才らを「土匪」と見なしており、中央のお墨つきを得た気分であった。

袁文才、王佐の「処分」

陳毅※が異論を唱えた。「数日前、紅四軍は『緑林の兄弟に告げる書』を出して、緑林の兄弟たちが紅軍に加わり、共産党と協力してくれるよう呼びかけたばかりではないか。さらにいえば、老袁、老王はすでに革命の同志ではないか」。

朱徳も異議を唱えた。「『土匪』とは、『土豪劣紳』のことだ。老袁、老王は迫られて山に上ったのだ。共産党が彼らと団結するのは当然ではないか」「中央のこのやり方は、紅四軍が『河を渡った後、橋を壊す』もの、恩を仇で返すやり方だ」と。

毛沢東はこれを聞いて安堵し、「袁文才、王佐の問題は『中央文件の範疇』に含まれない。袁文才と王佐、二人の同志を『土匪』と見なしてはならない。一年余の試練、共同の戦闘を通じてわかったように、根拠地を固め、紅軍を強くするうえで大きな功績を挙げた功臣だ」と断定した。コミンテルン＝中共中央の（誤った）文件に面従腹背する毛沢東らしいやり方がよくわかるヒトコマだ。

しかしながら、譚震林に代わって一九二八年末に湖南・江西辺界特別委員会書記になった鄧乾元は、毛沢東の決定に異議を唱えた。鄧によれば、中央文件の土匪に対する扱いは「根拠を欠いたものではない」「袁文才をソビエト政府から外しておかないと、王佐と糾合する」と強調した。そして鄧乾元の意見は（土籍人の多い会議で）衆人の賛同を得る始末であった。そこで毛沢東はやむなく袁文才を井岡山から離すため「紅四軍副参謀長」に任命し、贛南遠征に加えることとし、朱徳らも賛成した。そして袁文才の不安をなだめるために、毛沢東は袁文才の親友、劉輝霄《りゅうきしょう》（一九〇〇年生まれ、江西省寧岡人・客家。三〇年殺害される）を前敵委員会秘書長に決定した。紅五軍の軍長・彭徳懐は「袁文才、王佐の状況がわからない」という理由で終始何も語らなかった、という。

翌日、毛沢東は袁文才と会い、紅四軍副参謀長として随軍してくれるよう説得した。袁文才は心中、自らの拠点・井岡山を離れることを躊躇したが、最後には「組織の決定に従う」と納得した。そして「土籍人からなる辺界特別委員会」と「王佐ら客家勢力」のバランスを考えて、毛沢東は自らの信頼する党務工作者・宛希先《えんきせん》（一九〇六年生まれ、湖北省黄梅人。秋収蜂起に参加して井岡山へ。三〇年殺害される）を井岡山に残した。一九二九年五月、井岡山を包囲していた国民党軍は撤退し、井岡山は一息ついた。贛南に遠征した紅四軍も一休みを迎えた。

袁文才はあるとき、つきあいのある前敵委員会秘書長・劉輝霄が書類を整理しているのを見かけた。そしてモスクワ製「中共六大文件」の中に、鉛筆で消した箇所のあることに気づき太陽にかざした。そこには「土匪との関係」が書かれていた。読み終わると袁文才は戦慄して、地べたに座り込む。劉輝霄には袁文才の驚愕の意味がすぐにわかった。この衝撃から袁文才は紅四軍を密かに離れ、劉輝霄、謝桂標（一九〇一年生まれ、江西省寧岡人・客家。三〇年殺害される）ら仲間を連れて、こっそり井岡山に戻ってしまった。五月中旬、袁文才は「我々がどんなに忠誠を尽くしても、彼らは信用してくれない」と王佐の隠れ家で心境をもらした。

数日後、寧岡県党委員会書記の謝希安（一八九九年生まれ、江西省寧岡人。「AB団」として一九三一年殺害される）が礱市《ろうし》にやってきて、鄧乾元に袁文才の逃亡を報告すると、鄧は大いに驚いた。三日後、鄧乾元は竜超清、謝希安らと連れ立って袁文才を訪ね、袁に仕事に戻るよう要請し、袁はしぶしぶ同意した。五月下旬、寧岡県党委員会常務委員会議が開かれ、「袁文才が勝手に紅四軍を離れた問題」を検討した。折よく毛沢東から説明を受けていた特別委員会組織部長・宛希先が視察に来ており、列席した。席上、竜超清、謝希安ら土籍幹部が、「袁文才の党籍除名」を主張したのに対して、客籍常務委員の劉克猶、李筱甫《りしょうほ》（一八八九年生まれ、江西省寧岡人。一九三〇年殺害される）らが強く反対したのは言うまでもない。こうして土籍・客籍両派の対立が激化した。

宛希先の調停を経て、袁文才に対して「留党察看三カ月」の処分が行われた。「留党察看」とは、「党員資格を留保した保護監察処分」といった意味で、辛うじて党籍が残るものであり、除名寸前の処分だ。袁文才は県党委員会常務委員としての工作には参加し、三二団の軍事と寧岡地方の武装闘争の指導だけを続けることが決まった。ところが、一九三〇年二月、袁文才・王佐殺害事件が起きた。宛希先も処刑され、袁文才の主要な客籍の盟友たち、周桂春《しゅうけいしゅん》、謝桂標《しゃけいひょう》、陳夢《ちんむ》平《へい》、謝華《しゃか》光《こう》、朱遊庭《しゅゆうてい》、李《り》筱甫《しょうほ》らも相次いで銃殺された。王佐の部隊では計四〇余人が殺され、袁・王部隊は壊滅した。袁・王部隊の壊滅は井岡山革命根拠地の崩壊を意味した。

（3）革命伝説その2――富田事変

内ゲバ第二幕の開始

袁文才・王佐殺害事件によって井岡山革命根拠地が崩壊して一年も経たないうちに、内ゲバ第二幕がより大規模な惨劇として演じられる。これは中国共産党にとってはいわば仲間殺し劇の再演であった。この史実は長らく隠されてきた。その直接責任者が毛沢東であったために、毛沢東の存命中はタブー化され、死後ようやく少しずつ真相が浮かび上がってきた。とは言え、まだ真相がすべて明らかになったわけではない。その功罪評価もまだ確定したとは言えない。中国共産党にとって、いわば根拠地における原罪といってもよいほどの大事件である。そのような汚辱をも伝説化しつつ、この党は一九四九年の権力奪取に成功したのであった。

内ゲバ第二幕は、当然、内ゲバ第一幕に直結する。井岡山における袁文才殺しの下手人、朱昌偕（特別委員会書記）は、「富田《ふでん》事変」で「AB団の首領」という嫌疑で粛清される。「AB団」について、『毛沢東選集』の原文（中文）編集者は「AB団とは当時、赤色地域にひそんでいた国民党の反革命特務組織のことである。ABとは英語の Anti-Bolshevik（反ボリシェビキ）の略語である」（「中国革命戦争の戦略問題」一九三六年一二月、注［33］）と解説しており、これが中共中央の公認解釈だ。

毛沢東自身は「AB団」という語彙を前掲論文「中国革命戦争の戦略問題」で四回用いている。曰く、①江西省の一回目の反「包囲掃討」の際に、もし紅軍の内部の不統一と地方の党の分裂がなかったならば、すなわち李立三※路線と「ＡＢ団」という二つの困難な問題が存在しなかったならば、吉安、南豊、樟樹の三地点の間に兵力を集中して、反攻を行うことも考えられることであった。②富田、東固の両地では、人民が「ＡＢ団」にだまされて一時紅軍を信用せず、紅軍と対立していたので、ここは戦場として選ぶには適しない。③頭陂は白色区であり、洛口は遊撃区で、東韶には「ＡＢ団」がいて、情報がもれやすかった。④「ＡＢ団」は一掃され、根拠地の人民は全部紅軍を支持していた。

これら四つの引用から、毛沢東の想定する「ＡＢ団」のイメージを把握できるであろう。

Anti-Bolshevik（反ボリシェビキ）のボリシェビキ Большевики とは、ロシア語で多数派を意味し、ロシア社会民主労働党の左派（後の共産党）を指す。レーニンを指導者とし、マルトフらのメンシェビキ（少数派の意）と対抗しつつ、一九一七年の二月革命で成立した臨時政府を乗り越えて、一〇月革命を起こし、プロレタリア独裁を樹立したのがボリシェビキであった。

革命派ボリシェビキに対抗し、これを破壊しようとする憎むべき勢力が「ＡＢ団」にほかならない。しかもこの「秘密の特殊部隊」は、「味方を装って」根拠地に忍び込み、「スパイ活動や後方攪乱工作」をやるので、危険きわまりない。根拠地を守るためには、このようなスパイ軍団、テロ軍団をただちに消滅すべきだとされた。

ところが、彼らはどこに潜んでいるのか。そもそもそのような秘密組織は存在するのか。国民党軍という強大な敵に包囲されたゲリラ部隊の中で、疑心暗鬼が生じて、枯れ尾花が敵に変身したようだ。むろん「現実の敵」は根拠地の周囲に存在したのであり、内部にもその通報者がいた可能性は否定できない。

だが、実際に「ＡＢ団」分子として殺害された者は、ほとんどすべてが敵というよりは、「戦い方に異論を持つ味方」であった。それゆえ彼らの一部は、後日「革命烈士」として名誉回復されるが、それは毛沢東の死を待たねばならなかった（ちなみに、「土匪」として殺害された毛沢東の盟友、袁文才・王佐の名誉回復は、一九五〇年に行われている）。

「AB団」については、もう一つ別の解釈もある。ハリソン・E・ソールズベリーは、次のように書いている。「一九二六年南昌で、何人かの右寄りの民族主義者が『AB』と呼ばれる親国民党団体を結成した。当時は国共合作の時代である。『AB』は重要でない小さな団体でまもなく姿を消した。しかし、多くの愛国的な中国青年がこの会に加入した。一九三〇年に、ソ連から帰国した中国の青年たちが共産主義運動に身を投じたとき、党の保衛部員は、彼らに、過去の所属団体を列挙するよう求めたのだが、かなりの数の青年が『AB』を挙げた。党内規律を担当する党保衛部では、被害妄想的に、『AB』とは国民党が共産党下部組織に滲透するための機関で、『アンチ・ボリシェビキ』の略語だと信じ込んでしまったのだ。これがばかげたことだとわかる前に、三千人ないし四千人がAB会員の容疑で逮捕され、多くの者が銃殺された。富田事件である」（『長征――語られざる真実』一七四～一七五頁）。このような「AB団」を「敵」と誤認した」のであるから、革命とは非情、無情である。ただし、政治の世界では「内なる敵」との争いが「外なる敵」との争いよりも激しくなることは、しばしば見られる現実だ。

内ゲバを始めたのは誰か。根拠地における「粛反（反革命分子粛清）」運動をまず始めたのは、「朱昌偕とその仲間たちであった」という説と「毛沢東が始めた」とする説と、二つの説が行われているが、いずれもそれなりの根拠がある。両派は互いに相手側を「AB団」と見ていたのだ。

自らの路線の影響力の拡張に不利な「内なる敵」の動きを「反革命」の名において断罪する活動は、しだいにエスカレートし、正面衝突した。根拠地における「内なる敵」の摘発第一号は、井岡山における朱昌偕（江西人。特別委員会書記）による、宛希先（湖北人）と客家のリーダー袁文才、王佐の謀殺事件であったと見てよい。ただし、当時の罪状は「土匪」であり、「AB団」という罪状ではなかった。

「土匪」は味方なのか、敵なのか。その判断基準もあいまいだが、「アンチ・ボリシェビキ」という外来語になると、いよいよ概念は曖昧化し、識別はより難しくなる。このような雰囲気の下で「異端者狩り」が始まると、西洋史で有名な魔女狩り・魔女裁判と酷似した悲喜劇が再演される。

井岡山における「匪賊」殺害事件が、その「報復としての富田事変」を誘発した形である。こうして朱昌偕はもとより、李文林《りぶんりん》ら大量の「土籍」幹部や兵士たちが殺害される事態を招いた。強大な国民党軍の包囲という極限状況下にあって、敵におびえる根拠地で疑心暗鬼が生まれ仲間殺しが行われたのは、わが国の学生運動の崩壊過程で生じた連合赤軍事件にも類似の部分があるが、一九三〇年代のゲリラ根拠地ではより大規模な武闘の形で展開され、しかもそれはさらに、次の時期の延安整風運動*の源流ともなった。

「内部の敵」におびえる紅軍

一九二九年二月、江西省瑞金北部の大柏地で、追撃してきた国民党軍の劉士毅《りゅうしき》の部隊を撃退し、紅軍は井岡山を下りて以来初めての勝利を勝ち取った。二月一七日には、吉安県東固地区で李文林らが切り開いていた秘密根拠地の江西紅軍と合流した。

毛沢東の紅四軍前敵委員会は「二七（陂頭）会議」（三〇年二月七日）の精神に基づいて二月一六日に「第一号通告」を出して、こう警告した。贛西南地区では、「党内に重大な危機」がある。すなわち「地主富農が党の各級地方指導機関を乗っ取り、党の政策は完全に日和見主義路線に陥った」と。それゆえ「日和見主義路線を打倒して、地主富農分子を党から追放せよ」という指令になり、矛先は「地主富農出身の党員や幹部」に向けられた。

「第一号通告」の後、「日和見主義路線を打倒するため」には、すなわち「革命のためにはテロが許される」とする雰囲気が江西ソビエト区でしだいに醸成されていった。贛西南特別委員会は書記・劉士奇※の指導下で、「第一号通告」の精神に基づき、早くも対象の必ずしも明確ではない「ＡＢ団」粛清に向けた宣伝攻勢が始った。

一九三〇年六月、上海では李立三のイニシアチブで中央政治局会議が開かれ、「新たな革命の高潮と、まず一省あるいは数省における勝利」という党史に悪名高い、冒険主義的決議が採択された。李立三は中国革命も世界革命も「大決戦の前夜」だと見る楽観的情勢判断の下に「革命＝都市中心論」に依拠して全国の中心都市における武装蜂起を呼びかけ、特に武漢・長沙などの中心都市への進軍を指示した。

＊抗日戦争期の一九四一年五月から四二年二月にかけて、毛沢東は「われわれの学習を改造しよう」「党の作風を整頓しよう」「党八股に反対する」という三つの報告を行い、全党員に対して活動スタイルの改革を呼びかけた。同年六月、中共中央宣伝部が全党で整風運動を展開する指示を発した。運動の趣旨は「前の失敗を懲らしめ、後の戒めとなす。病を治して人を救う」ことだとされた。全党で三年近くのキャンペーンを行った後、四五年四月、中共は第六期七中全会を開き「若干の歴史問題についての決議」を採択して、井岡山以来の闘争経過を総括した。毛沢東は長征過程の遵義会議において、軍事指揮権は掌握したものの、全党に対するリーダーシップは、この延安整風運動によって初めて確立したと見てよい。ここで毛沢東神話が生まれ、ここから毛沢東独裁が始まった。

結果はどうか。一一省の党機関が破壊され、武漢・南京など都市の党組織は壊滅した。洪湖《こうこ》*や右江《うこう》**などのゲリラ根拠地も失った。六月二五日、毛沢東の影響下の贛西南特別委員会の西路行動委員会***は「第一号通告」を踏まえて「改組派およびAB団に反対する宣伝大綱」をまとめ、各級組織に次のように命令した。

「大衆の中に動揺分子や態度のよくない分子」があれば、捕らえてソビエト政府に引き渡し、究明せよ。赤色区域を出入りする者は厳しく検査して、嫌疑があればソビエト政府に引き渡せ。赤色区域内の民衆は、「ソビエト政府の通行証」を保持せよ。工農大衆は階級的規律のみを重んずべきであり、親戚朋友などにひきずられてはならない。行動不審の者があれば、親戚朋友であったとしても、ソビエト政府に報告せよ。「大綱」は同時に「赤色清郷」（根拠地の村から敵を粛清すること）と「赤色テロの実行」「赤区内のスパイ粛清」を呼びかけた。「各級ソビエトは反革命粛清工作に力を入れ、豪紳・地主・反動富農分子を逮捕して警戒せよ。ただし処刑の際は、反動の事実を証明しなければならず、誤殺は厳禁する」。

この「大綱」は、「誤殺」を「厳禁」したけれども、テロがひとたび始まるや、テロはテロを呼び、エスカレートして制御不能に陥ることになる。一九三〇年七〜八月、「AB団」の粛清は末端組織から上級機関へ、一挙に拡大した。一九三〇年八月、李文林は李立三の大都市攻撃命令を遂行するため、毛沢東の派遣した劉士奇を解任し、自ら江西省行動委員会書記に就任した。

新任の李文林は「AB団」粛清への積極性において、前任書記・劉士奇に劣らなかった。つまり毛沢東派の劉士奇も、李立三派の李文林も「AB団」粛清という対象のあいまいな、いわゆる反革命粛清運動においては、類似の行動をとろうとしていた。むろんそれぞれの想定する「AB団」の中身が異なっていたのだが。

贛西南特別委員会が一九三〇年九月二四日に発した「緊急通告第二〇号――党員大衆を徹底的に動員しAB団を粛清せよ」という文件には「紅旗社、レーニン青年社など贛西南政府にはいずれもAB団の小グループがある」「贛西南政府に紛れ込んだAB団分子はすべて摘発し、各県区の組織を通じて報告せよ」と書かれていた。この「緊急通告」には「AB団」粛清のための「尋問方法」や「犯人処刑の基本原則」も決められていた。

曰く、「AB団は非常に陰険で狡猾だ。最も残酷な拷問を行わなければ決して自供しない。硬軟とりまぜて厳しく尋問し、手がかりをつかみ、そこから追及せよ。主としてAB団組織を自供させ、根本的消滅を期すべきである」。

＊洪湖根拠地。これは湘鄂西ソビエト区とも呼ばれ、湖南・湖北両省西部辺界地区に樹立された。一九二八年初め、賀竜・周逸群が湘鄂西で土地革命を指導し、湘鄂辺と洪湖という、二つの革命根拠地を設けた。一九三〇年中国工農紅軍第二軍団（紅二軍団）が成立し、湘鄂辺区・洪湖両根拠地はつながり、湘鄂西革命根拠地となった。紅軍と地方武装勢力は三万余人へ拡大した。一九三二年秋、王明「左」傾日和見主義の指導により、紅軍は国民党軍の第四次包囲掃討を撃退できず、洪湖革命根拠地は崩壊した。

＊＊右江ソビエト。一九二九年一二月一一日、鄧小平・張雲逸・陳豪人・李明瑞・韋抜群・雷経天らが指導して広西百色で武装蜂起が行われ、国民党桂系軍閥の支配を揺るがし、右江・左江ソビエトを建設したが、敵の反撃に遭って一九三〇年一〇月、根拠地は放棄された。

＊＊＊行動委員会は李立三路線を執行するために、党・共産主義青年団・労働組合・婦人組織など大衆団体を合併して設立された。李立三路線が破産した後、党・共産主義青年団・大衆組織に分かれた。

「AB団」を発見したからには、次の一手は銃殺である。「緊急通告」はいう。首領に対しては当然「非常手段で処刑すべき」である。大衆大会を開き「大衆に斬殺させるべき」だ。富農プチブル階級以上の者、「流氓地痞《リウマンティーピー》（ごろつきやチンピラ）」の「AB団」は容赦なく殺せ。工農分子であったとしても、「AB団」加入の「経歴が長く、活動能力のある者」は殺せ、と。

六月には福建省西部の竜岩で紅四軍大会が開かれたが、紅軍の任務や軍事活動に対する毛沢東の意見は受け入れられず、前敵委員会書記のポストを陳毅と交代した。毛沢東は紅四軍の指導的地位から排除され、福建西部での地方レベルの活動に退いた。

一二月、福建上杭《じょうこう》県古田《こでん》村で紅四軍大会が開かれ、毛沢東は政治報告を行い、古田会議決議を起草した。

江西省西南部のゲリラ根拠地では、井岡山喪失の反省を踏まえて、一九二九年冬から三〇年にかけて反革命分子の粛清が始まった。当初の目標は紅軍と地方党組織やソビエト政権に紛れ込んだ「土豪劣紳と反革命分子」の摘発であったが、まもなく「AB団分子との闘争」に拡大された。一九三〇年一〇月二日、毛沢東と朱徳は中国工農紅軍第一軍団（紅一軍団）に「四日早朝の吉安総攻撃」を命じた。部隊が吉安域内まできたとき、中央の会議に参加して戻ってきた李文林と出会う。李文林は「中央はやはり紅一軍団に南昌攻撃を命じている」と伝えた。毛沢東は「南昌攻撃は冒険であるから、やはり吉安攻略がよい」と答える。

その後、吉安攻略に成功すると、町中で一〇万人の大衆集会を開いて、曾山※を主席とする江西省ソビエト政府を設立した。同時に李文林が責任を負う中共江西省行動委員会が組織された。

吉安攻略の後、南昌攻撃をめぐって再び論争が起こった。毛沢東は長沙攻撃失敗の教訓からこれに反対であったが、中央の決定をあながち無視できないので、「段取りを追って、南昌、九江を奪取する」という条件を付して、南昌以南の袁水流域で待機した。一〇月一七日、峡江県城に到着し、総前敵委員会を開いた。会議後、「時機を待って九江、南昌を攻略せよ」という命令を出したが、「時機を待って」という限定に毛沢東は特別の意味を込めていた。

一〇月二五日、国民党軍の集結状況を確認して、朱毛の中国工農紅軍第一方面軍（紅一方面軍）総部は一五キロメートル後方の新余県羅坊に移動して、紅一方面軍総前敵委員会と江西省行動委員会の連絡会議を開いた。毛沢東は「誘敵深入（敵を深く誘い込み打撃を与える）」作戦方針に基づき、「根拠地まで撤退したうえでの人民戦争」（「陳正人※回憶羅坊会議的状況」『江西党史資料』第六集、二五四頁）を提起したが、李文林、袁国平は「南昌を攻略し、武漢で合流する作戦」こそが中央指示だと主張して毛に反対した（同上）。

会議では大筋としては毛沢東の主張が通ったものの、「誘敵深入」作戦については統一した認識には至らず、この四文字が決議に書き込まれるには至らなかった（滕代遠「談有関羅坊会議的状況」『江西党史資料』第六集、二五二頁）。

一九三〇年一〇月当時、紅第一方面軍の総数は四万人に達していたが、もし「李立三の方針に従って、武漢、九江攻略を行ったならば、その結末は考えただけでも恐ろしい」と朱徳は後年述懐した（「在編写紅軍一軍団史座談会上的講話」『朱徳選集』一三〇頁）。

一九三〇年一〇月までに、江西省南部の三万余の共産党員中、地主富農分子として除名された者は、一〇〇〇余に上った。ソビエト政府関係者の実に四分の一もが「ＡＢ団」とされ、その大部分は殺された。贛西南特別委員会が「ＡＢ団」粛清をやっていたとき、毛沢東自身は軍事行動に多忙であり、直接手を出すことはなかった。

しかし一〇月以後になると、むしろ毛沢東がこの粛清に熱中するようになる。その経過を追ってみよう。一九三〇年一〇月一四日、毛沢東は江西吉安県城で中共中央に宛てた手紙を書いて、贛西南における「党の状況への見方」と「採るべき措置」を報告した。近来、贛西南の党には、「極めて重大な危機」が現れた。全党は完全に「富農路線」によって指導されている。党団（共産党と共産主義青年団）の両特別委員会に関わる機関、すなわち「ソビエト政府や紅軍学校」では「大量のAB団分子が発見された」という。毛沢東はここで「危機を救う」ために、「AB団粛清」をやり、「党軍機構を根本改造」しようとする決意を報告している。数年にわたり山中に篭り生存のために奮闘してきた共産党は、敵側の長期にわたる包囲掃討という厳しい環境の下での自衛反応として、敵側のスパイ活動を過大視する傾向が見られた。一九三〇年一〇月中旬から月末にかけて、李文林は李立三の指示に従って、峡江会議*、羅坊会議**で毛の提起した「誘敵深入」作戦に反対し続け、ついには毛と全面衝突するに至った。

これら二つの会議こそが毛沢東が李文林を「AB団」首領と断定するうえで、決定的な役割を果たした（突き放して見れば、要するに毛沢東が手の焼ける反対派に「AB団」のレッテルを貼りつけたことになる）。

＊峡江会議とは、江西峡江県府の駐屯地で一九三〇年一〇月一七日に開かれた紅第一方面軍総前敵委員会全体会議である。会議に出席した総前敵委員会委員および軍級以上の幹部は次のごとくだ。紅第一方面軍総前敵委員会書記・毛沢東、総司令・朱徳、中国工農紅軍第三軍団（紅三軍団）総指揮・彭徳懐、紅三軍団総政治委員・滕代遠、紅三軍軍長・黄公略、政治委員・蔡会文、中共中央長江局代表・周以栗、紅四軍政治委員・羅栄桓、紅三軍団参謀長（兼紅五軍長）・鄧萍、紅五軍政治委員・張純清、紅二〇軍軍長兼政治委員・曾炳春、紅八軍軍長・何長工、紅三軍団政治部主任・袁国平、紅一二軍軍長・羅炳輝、紅第一方面軍総参謀長・朱雲卿、総政治部主任・楊岳彬、

紅四軍軍長・林彪、江西省ソビエト政府主席・曾山、江西省行動委員会書記・李文林、江西省行動委員会宣伝部長・陳正人ら江西省行動委員会の一部メンバー、計二〇余人。会議は総前敵委員会秘書長・古柏、紅三五軍政治委員・李井泉が記録をとった。会議では二種類の思想闘争が激烈に行われた。紅三軍団紅八軍長・何長工の『井岡功業銘千載』にはこう書かれている。「著名な峡江会議では二つの問題が討論された。一つは、大城市と交通の要衝に対する攻撃を続けるか否か。二つは、贛江を越えるか、誘敵深入か。すなわち包囲掃討反対の戦場を贛江以東の革命根拠地とするか、贛江以西の羅霄山地区とするか、であり、毛沢東は『卵で石を打つ』ような南昌・九江攻撃はやめよ。贛江を東渡し『根拠地内部を閉ざしてから犬を打て』と述べ、大方の支持を得た」。この会議は李立三路線を放棄し、正しい路線に戻るうえで重要な会議であった。だが、李立三を支持する李文林らは、これに反対した。

＊＊羅坊会議とは一九三〇年一〇月二五～三〇日、毛沢東が新余陳家閙で開いた紅第一方面軍総前敵委員会と江西省行動委員会との「連絡会議」である。会議に出席したのは、紅第一方面軍総前敵委員会書記・毛沢東、総司令・朱徳、紅三軍団軍団長・彭徳懐、江西省行動委員会書記・李文林、江西省ソビエト政府主席・曾山、江西省行動委員会宣伝部長・陳正人、中共中央長江局代表・周以栗、紅三軍団政治委員・滕代遠、紅第一方面軍総参謀長・朱雲卿、総政治部主任・楊岳彬、総前敵委員会秘書長・古柏、紅三軍軍長・黄公略、政治委員・蔡会文、紅四軍軍長・林彪、政治委員・羅栄桓、紅八軍軍長・何長工、紅一二軍軍長・羅炳輝、紅三軍団政治部主任・袁国平ら一〇余人であった。会議の前半は紅軍の行動方向と紅第一方面軍および江西党の任務問題を討論し、二六日に「現在の政治形勢と紅第一方面軍および江西党の任務」についての決議を採択した。後半では敵の進攻に反撃する戦略方針を討論し、三〇日に毛沢東の提起した「誘敵深入」の作戦方針を採択した。羅坊会議は「極左冒険主義の過ちを是正した重要会議」であり、紅軍と江西党内の極左の過ちを是正し、紅第一方面軍と江西党の思想を統一するうえで重要な会議であった、とされている。これにより南昌、九江などの中心都市を攻略する軍事冒険行動が是正され、「誘敵深入」戦略は紅軍の包囲掃討反撃戦の勝利を導いた、と後日評価された。

李文林と毛沢東の対立の大きな争点は、二つである。一つは毛沢東の「誘敵深入」作戦を李文林が支持しなかったことであり、その背後には上海中央の李立三が自分を支持しているという自負があった。

もう一つの争点は、根拠地での土地改革のやり方に関わるものであった。李文林と毛沢東の間には、没収対象の土地は何か、それをいかなる基準で再配分するか、土地は政府のものとするのか、農民のものとするのか*、などをめぐって対立があった。毛沢東は試行錯誤しつつ、まず「井岡山土地法」を作り、四カ月後の「興国県土地法」で、原則を改めたが、李文林らはコミンテルンの指示（例えば、労働力基準による再配分など）に忠実であった。

毛沢東はここで、労働力基準の再配分論を排して、幼児も老人も、客籍も土籍も区別しない人口基準を提起した。こうして両者の対立は、根拠地作りの現実的戦略に関わるものでもあったが、実際の闘争過程は、文字通りの陰謀合戦となった。

一九三〇年一〇月、紅第一方面軍の吉安攻略によって獲得した「国民党江西省党部の文件」の中に「AB団分子のリスト」が発見された（という。例えば李維民「従共産国際揣案看反AB団闘争」『炎黄春秋』二〇〇九年第七期）。その資料が動かぬ証拠とされて、李文林は一九三〇年一一月末、寧都県黄陂鎮で拘禁され、さらに李文林と活動上のつながりのある者が相次いで拘禁された。

毛沢東はさらに「犯人李文林の自供」なるものを基に、一九三〇年一二月三日、改組後の江西省行動委員会の幹部・段良弼（省行動委員会常務委員、江西省西南連隊特別委員会書記）、李白芳（省行動委員会秘書長）らを「AB団と断定」し、反革命撲滅の「軍事行動」を指令する。

こうして一九三〇年二月にスタートした党内部の粛清運動の標的は、明確に李文林一派と対象が限定されるに至った。当時、根拠地では、毛沢東の率いる総前敵委員会（曾山、陳正人、劉士奇ら）と李立三とつながる江西省特別委員会（李文林、王懐ら）との根深い対立があり、またエスニック・グループとしては、客籍の紅四軍、紅五軍対土籍（江西人）の紅六軍、紅二〇軍という緊張関係があった。彼らは強大な国民党という敵を前にして、味方同士で互いに相手側こそが「敵に通ずるもの」とする相互不信に陥り、疑心暗鬼がやがて富田事変に帰結したと解釈できよう。

吹き荒れる粛清の嵐

現代史家・高華（南京大学教授）は、「根拠地内での外来幹部と本地（江西）幹部の矛盾、ソ連留学幹部と国内幹部との矛盾、知識分子幹部と農民出身幹部との矛盾」（『紅太陽是怎様昇起的――延安整風的来竜去脈』）が、隊列内に疑心暗鬼を生み出したと説いている。

国民党がゲリラ区域にスパイを派遣して破壊活動を行うこと、また「自首政策」を利用して党員を脅迫することなど一連の作戦を、毛沢東がとりわけ深刻に受け止めていたことは明らかであった。井岡山での誤解による袁文才、王佐の謀殺、それによる井岡山革命根拠地の喪失は記憶に新しい。井岡山喪失の失敗を繰り返してはならないと思ったであろう。

＊毛沢東は「井岡山土地法」（一九二八年一二月）では、「没収一切土地（すべての土地を没収する）」方針を書いたが、「興国県土地法」（一九二九年四月）では、「没収公共土地及地主階級的土地（公共の土地と地主階級の土地を没収する）」と改めている。また没収した土地は、当初「ソビエト政府の所有」としたが、その後「農民の所有」に改め、これによって農民の支持を獲得した。土地の再配分は「労働力基準」ではなく、「人口基準」とした。

こうして、激烈な国共闘争の最中に根拠地にもぐり込む国民党の秘密活動は、どんなに警戒しても警戒しすぎることにはならないと毛沢東が考えたのは、ある意味では理解できることだ。毛沢東がとりわけ「猜疑心が強かった」というのも、おそらく事実であろう。強い警戒心がなければ、生き延びることができなかったはずだからだ。

さらに毛沢東と敵対していた李文林らもまた「AB団粛清」に力を入れていたのであり、毛沢東にとって「AB団の存在」は確かな事実に見えたであろう。こうして「同志間の矛盾」は、いまや彼らにとっては明白な「敵対関係」に転化していた。

ここで毛沢東の行動は迅速であった。とは言え、毛沢東は現実主義者でもあり、ソビエト区にこれほど多くの「AB団が実際に存在する」と、ほんとうに確信していたのか。それは疑わしいところもある。ただし、恐怖の連鎖反応は、ひとたび動き出すと、もう止まらない。

ここで毛沢東が用いた作戦は、いかにも彼らしい発想に基づいていた。類似のオペレーションは、その後、延安における整風運動や建国後の反右派闘争*、そして文化大革命において繰り返される。毛沢東の驚くべき作戦とは何か。それは、心に決めた敵、李文林ら贛西南指導部を粛清する前に、自らの指揮する紅第一方面軍（紅一、三軍）の「内なるAB団の粛清」に乗り出したことだ。

毛沢東は、吉安から退却するや一一月下旬から一二月にかけて、紅一方面軍内において「快速整軍」を発動した。主なやり方は、師（師団）、団（連隊）、営（大隊）、連（中隊）、排（小隊）ごとに、それぞれのレベルで「粛清組織」を作らせ、軍中の「地主富農出身の党員」と「不満分子」とを摘発した。わずか一カ月足らずのうちに、四万余の紅軍の中から四四〇〇人を超える「AB団」があぶり出された。比率にして一一パーセントが「内なる敵」に区分された。あぶり出された「内なる敵」の中には「AB団の団長（連隊長）級幹部」が数十人もいて、彼らはただちに処刑された。

紅第一方面軍内部における「AB団」粛清は、極めて厳しいものがあり、地主富農出身や、知識分子出身の党員はむろんのこと、過去に少しでも毛沢東と意見が対立した者は、疑われる運命を免れなかった。例えば彭徳懐の部下・黄克誠の回想によると、当時、黄は紅三軍団三師政治委員であったが、部下の組織科長も政務科長も「AB団」として粛清された。

例えば宣伝科長・何篤才は大革命期（一九二四～二七年）に入党して南昌蜂起**に参加し、朱徳について井岡山に来た古参兵士であった。何篤才は古田会議の前後、朱毛の論争において朱徳の側に立って以後、

＊一九五六年、ソ連共産党第二〇回大会でフルシチョフ書記によるスターリン批判が行われ、内外に大きな衝撃を与えた。中国でも「中国のスターリン」（毛沢東を指す）を批判する動きが見られた。毛沢東が機先を制して「百家争鳴」を呼びかけたところ、共産党の下野論を含む党への批判が噴出した。一九五七年六月、毛沢東は反撃に転じて、共産党の支配を批判した知識人たちに「右派分子」のレッテルを貼り、公職から追放し、投獄するなどの処分を行った。一九七六年の毛沢東の死去を待って、中共中央は七八年に「右派分子」とされた者の名誉回復を行った。

＊＊一九二七年四月一二日、蔣介石が上海で反共クーデターを行い、第一次国共合作は破れた。同年八月一日、周恩来、朱徳らは南昌で蜂起したが、蔣介石軍の反撃によって防衛しきれず、南昌を放棄して撤退した。朱徳は二八年、毛沢東らが切り開いていた井岡山に合流した。南昌蜂起は軍事的には失敗した作戦だが、共産党にとって独自のゲリラ闘争のスタートと位置づけられ、後に建軍記念日に指定された。

毛に嫌われ、まもなく紅一軍団を出て、黄克誠の下で宣伝科長を務めていた。

何篤才と黄克誠は何でも話し合う仲であった。何篤才によれば、「個人の能力においては毛沢東を超える者はない。彼の政治主張は当然正しい」「だが彼の組織路線はよくない。自分に忠実な者ばかりを信用し狭量だ。朱徳が寛大なのに及ばない」。何篤才はまもなく「AB団」として殺害された。

こうして毛沢東の粛清は、自ら直接率いる紅第一方面軍から着手し、自らに敵対してきた贛西南地方の紅軍に対しては、いささかも容赦しなかった。李文林自身の動きを見ると一九三〇年一〇月以後、李の行動は比較的冷静になり、一〇月末、省行動委員会は、「AB団」粛清闘争の中に「単純化の過ちが見られる」と行きすぎを警戒するようになっていた。

曰く、労農大衆間で「自首の範囲を拡大している」が、「老同志の逮捕」は慎重であるべきだ。事情が重大であったとしても、「容疑者は省行動委員会の反革命粛清委員会で審理すべき」であり、県レベル以下の基層組織には「処刑権限はない」と。

まさにこのとき、毛沢東は粛清活動をいよいよ本格化させ、大規模な内ゲバが始まった。康康『紅色酷吏——李韶九※伝略』（http://blog.sina.com.cn/panzhikang/）によると、一九三〇年一一月、毛沢東の「隊列の根本改造」の矛先は、江西省行動委員会と所轄の紅二〇軍に向けられた。

一九三〇年一二月七日午後、毛の指示を受けた李韶九が一個中隊を指揮して、富田鎮（江西省ソビエト政府所在地）に到着し、江西省行動委員会の粛清に着手した。

李韶九は曾山（江西省ソビエト政府主席）と陳正人に対して毛沢東の指令書を見せ、省行動委員会に対して紅二〇軍の幹部八人の逮捕を命じた。すなわち段良弼、李白芳、金万邦（一九〇一～三一年、江西寧都出身の客家。省ソビエト政府軍事部長）、周冕（省ソビエト政府財政部長）、謝漢昌（一九〇七～三一年、江西興国出身の客家。紅二〇軍政治部主任）、劉万清、任心達、馬銘である。

李韶九は八人に対して、「雷神を打ち据え焼香する」ようなリンチを行った。彼らは「完膚なきまでに痛めつけられ」たうえ、「手指は切断され、拷問の火で満身焼けただれて動くことさえできなくなった」。ある者はその場で息絶えた。

どのリンチも李韶九が現場で指揮した。一二月八日、李白芳、馬銘、周冕《しゅうべん》の妻たちが拘禁中の夫を見舞ったところ、彼女たちも「AB団」として逮捕され、「雷神を打ち据え焼香する」ことに加えて、「陰部を焼かれ、ナイフで乳房を切り取られた」。

このような残酷なリンチを受けて、段良弼は「李文林、金万邦、劉敵、周冕、馬銘、任心達、叢允中（生年不詳、江西如東人。江西省行動委員会常務委員兼組織部長。一九三二年殺害される）、段起鳳（一八九三年生まれ、江西永豊人。紅二〇軍政治部主任。一九三二年殺害される）ら」が「AB団の首領である」こと、「紅軍学校には大量のAB団がいる」旨を自供したという（この描写は元来、段良弼が上海中央に届けた報告書で用いられたものだが、後日この報告書が発見され、「原文件の引用」としてさまざまな資料に引用されている。ただし原文は未公表）。

このリンチについて、蕭克※将軍は一九八二年に「半世紀がすぎても、惨状一嘆、思い出すのも辛い」と回想した（「蕭克談中央蘇区初期的粛反運動」中国革命博物館編『党史研究資料』一九八二年第五期）。

一二月七日から一二日夜までの五日間にわたって反革命粛清が行われた。この間、李韶九は九日に富田を離れ、古柏※は八日に富田着いた。曾山（省ソビエト主席）は、終始富田にいた。曾山は自ら段良弼らを尋問し、その結果、「AB団」一二〇余名を摘発し、四〇余名を処刑した（このうち二五人は、李韶九が東固に向けて出発する前に自ら処刑した）。

李文林は一度は釈放されたものの、一九三一年七月に再度拘禁され、三二年五月の五・三〇運動（一九二五年五月三〇日に上海で起きた反帝運動）記念日に反革命分子として大衆の前で処刑された。

李韶九の厳しい尋問は、劉敵（紅二〇軍一七四連隊政治委員）の武力抵抗を誘発した。劉敵が呼び出され、李韶九の尋問を受けた際、劉敵自身も湖南出身であるから、同郷者・李韶九の考えはよくわかると「長沙方言」で話しかけて、李韶九の疑いを解いた。当時、「共産党員が共産党員を殺した！」「紅軍が紅軍を殺した！」「湖南佬《フーナンラオ》（湖南のやつ）」が江西佬《チアンシーラオ》（江西のやつ）」を殺した！」と騒がれていたが、ここで「湖南佬」とは、むろん毛沢東であり、李韶九であった。

「私が思うに毛沢東同志はAB団ではなく、君たちも軍長もすべてAB団ではない」。これに納得した李韶九は劉敵を釈放した（一九三一年一月一一日「劉敵給中共中央的信」）。危機を脱した劉敵は大隊本部に戻り、大隊長・張興と政治委員・梁貽《りょうい》に経過を報告したが、張・梁は憤懣を押さえきれない。翌一二月一二日、劉敵は張興と梁貽に対して「李韶九の目的は江西党と部隊の幹部を粛清すること」であり、これは「総前敵委員会（毛）の陰謀だ」と分析した。そこで三人は李韶九を誘い出して拘留を図る。血気にはやる張興は、李の到着する前に自ら本部へ出向き問い質そうとしたところ、逆に拘留されてしまう。そして劉敵は、同志の張興が拘留されたと聞くや、梁貽とともにただちに部隊を集めて本部を包囲し、拘留されていた謝漢昌、張興らを釈放させた。このあたりの事実関係はあいまいである。

一つは、「劉敵は、李韶九が率いてきた一〇〇人以上の反革命粛清工作要員を殺した」と劉敵の軍事的反撃を非難する毛沢東派の見方である。もう一つは、戴向青『富田事変考』のように、この反撃を否定し、李文林、劉敵を擁護する見方だ。前者は劉敵による「一二月富田兵変（軍事クーデター）」こそが富田事変の核心だと主張するのに対して、後者は「李韶九によるリンチ事件」から富田事変が始まり、劉敵は迫られて反撃したにすぎぬとする。

劉敵の部隊によって解放された省行動委員会の指導者たち（李白芳、段良弼、周冕、金万邦、馬銘、叢允中ら）は、一二日夜緊急会議を開いた。

「李韶九の行動は毛沢東の指示によるもの」であり、「曾山と陳正人は李韶九に協力する過ちを犯した」として、曾山、陳正人、古柏、李韶九に対して、段良弼（省行動委員会常務委員）の名において「逮捕状」を出した（陳益南「評説中共歴史上的富田事変」、高華『紅太陽是怎様昇起的――延安整風的来竜去脈』所収）。

一三日朝、紅二〇軍は富田鎮広場で李韶九のリンチ取り調べを糾弾する大衆大会を開き、「毛沢東を打倒し、朱（徳）、彭（徳懐）、黄（公略）を守れ」のスローガンを叫んだ。一三日午後、劉敵、謝漢昌は「紅第一方面軍総前敵委員会の指導から離脱する」と宣言するとともに、劉鉄超を紅二〇軍軍長ポストから解いて、元一七二連隊長の蕭大鵬を新たな軍長に選んだ。

同時に紅二〇軍は富田を離れ、吉安県永陽に向かった。一五日夜、段良弼、李白芳は河西永陽で拡大会議を開き、彼らこそが「合法的な江西省行動委員会だ」と宣言した。その会議で叢允中（省行動委員会常務委員）は、李韶九が「AB団」を逮捕したのは毛沢東の指示によるもので、毛は江西の老幹部を一網打尽にして、毛沢東派だけで固めて皇帝になろうとしている、と批判した。

富田事変後、毛沢東は総前敵委員会緊急会議を開き、富田事変を起こしたのは「AB団」だとして、第二幕を念頭に李文林らをこう批判した。「ＡＢ団と取消派*は、なぜ朱徳、彭徳懐、黄公略を擁護するのか。彼らは朱・彭・黄を味方にして、毛沢東を打倒する陰謀を練っている」「蔣介石は外で毛沢東打倒を叫び、ＡＢ団・取消派は革命陣営内で毛沢東打倒を叫ぶ。これは内外呼応作戦だ」と。

一二月二〇日、総前敵委員会は「総前委の答弁書簡」を出して、次のように主張した。「富田事変はＡＢ団と取消派が合作したクーデター事件である」「ＡＢ団犯人の自供が証明したように、省行動委員会内には江西ＡＢ団が設けられており、段良弼、李白芳、謝漢昌がリーダーである」「それゆえ総前敵委員会は贛西南の革命を救うために、李韶九同志を富田に派遣した」「李韶九は拘留された」と。

富田事変の一方のリーダー役・段良弼は、一九三一年一月中旬に上海に赴き、事態を党中央に報告した。折しも第六期四中全会が終り、李立三が失脚し、「左」傾分子・王明※が中央指導部に入ったところに報告書が届けられた。段良弼の書いた報告書は、旧李立三路線の観点に基づいて書かれていたために、いまや王明の握るところとなった中央政治局は、段良弼の思惑とは逆に、李立三派の項英※（中央局**書記）批判に乗り出そうとしていた。

ここで王明は、段良弼の訴えを斥けて、「反李立三の立場をとる毛沢東」を支持した。中共中央は一九三一年二月二三日、紅第一方面軍総前敵委員会、江西省党委員会、各特別委員会、各地方党部に対して「ソビエト区内の反革命粛清と富田事変についての通知」を出したが、そこにはこう書かれていた。

「不幸な富田事変は敵が進攻し、紅軍と大衆がこれと戦う最中に起こった」「敵側に有利であり、味方を弱めるものや、ＡＢ団に活動の機会を与え、わが方を弱めるものには反対すべきだ」「それゆえ中央は調査のため、ただちに代表団をソビエト区に派遣した」。

毛沢東らの総前敵委員会の報告を聞いて、中央政治局は三月二八日、「富田事変決議」を行い、「富田事変はAB団の指導する李立三路線を旗幟とした反革命暴動である」と断定するとともに、段良弼の主張を斥け、毛沢東派の主張を認めた。

ここから内ゲバ第三幕が始まる。

毛沢東側の主張を中央政治局が認めたことによって、毛沢東は正統性を保証された。これは李立三路線が破綻した結果、これに抵抗した毛沢東が有利になったものだ。

任弼時・王稼祥・顧作霖からなる「富田事変全権処理」の中央代表団は、四月一七日、福建から江西寧都県青塘村に着き、決議を伝達し、項英を中央局書記代理のポストから解任して毛沢東に替えた。翌日、項英を支持して、中央代表団に抗議しようとした者は一網打尽に拘留された。

ソビエト区では周以栗（一九三〇年、長江局が紅第一方面軍総前敵委員会に派遣していた代表）を頭とする審

＊取消派とは、トロツキー派を指す。「AB団」とトロツキーとは、本来無関係なはずだが、「敵として同じ」と、味噌も糞も同類視したもの。一九二九年一一月一五日、中央政治局は「陳独秀の党籍を剥奪し、江蘇省委員・彭述之、汪沢楷、馬玉夫、蔡振徳の四人を除名する決議案」を決定し、全党で取消派に反対する闘争を展開した。王明は『紅旗』報に移って以来、この活動に積極的であった。彼はモスクワ中山大学在学中からトロツキー分子反対闘争に熱心であった。

＊＊中央局の設立は、一九三〇年秋の第六期三中全会で決定された。党中央から根拠地に派遣された、省レベル、県レベル党組織をまとめて指導する機関である。中央局書記には周恩来が予定されていたが、項英が代理として派遣された。

判委員会が開かれ、「劉敵、謝漢昌、李白芳、金万邦、周冕、叢允中らの処刑」を決定した。

当時、審判委員会に参加した曾山は、一九五九年（すなわち事変の二九年後）になってようやく、被告たちは「反革命組織ではなく、反毛組織だ」と主張していた事実を明らかにした（曾山「贛西南蘇維埃時期革命闘争歴史的回憶［一九五九年六月一二日］」『回憶中央蘇区』江西人民出版社、一九八一年、二二～二三頁）。

ソビエト区中央局が上海の党中央に対して「富田事変はすでに解決された」と報告したのは四月一九日である。紅二〇軍（政治委員・曾炳春、軍長・蕭大鵬）は、総前敵委員会の命令に従い、同年七月に于都県平頭寨に着いた。

ある朝、総前敵委員会と李明瑞（紅七軍軍長）の命を受けて、平頭寨謝家祠堂で紅二〇軍の「小隊長級以上の軍官」の会議が開かれた。まず彼らの武器を集め、その後、七〇〇～八〇〇人の軍官は中隊ごとにしばられたが、紅二〇軍軍長・蕭大鵬、政治委員・曾炳春らも含まれた。

紅二〇軍は解体され、紅七軍に編入された。それを処理した李明瑞本人も三カ月後、すなわち一九三一年一〇月に「（国民党）改組派*」として処刑された。

わずかに生き延びた一人は、一七二連隊副官の謝象晃（江西省興国人。長征に参加。建国後、江西省民政庁庁長、省人民代表大会副主任などを歴任）であり、彼は知り合いの紅第一方面軍副官長・楊至誠に救われた。もう一人は小隊長・劉守英であり、彼は逃亡して生き延び、八路軍連隊長となったが、百団大戦（一九四〇年八月から五カ月にわたる八路軍と日本軍北支那方面軍の戦闘）中に犠牲となった。

毛沢東の「刺客」にも似た李韶九は四月下旬、貢献を認められて中共政治保衛局江西分局局長に昇進した。李韶九が新たな職務に就くと、「ＡＢ団」粛清の波がさらに高まり、四～五月に劉敵、謝漢昌、李白芳、叢允中らが処刑された。

富田事変に参加していない紅二〇軍関係者、すなわち前軍長・劉鉄超、政治委員・曾炳春、後任軍長・蕭大鵬も処刑された。紅二〇軍は結局、軍長・政治委員から小隊長級に至るまで七〇〇余の幹部が「ＡＢ団」とされた。各地で党機関の八～九割が「ＡＢ団」として殺害され、ふつうの農民も粛清の渦に巻き込まれた。

一九三一年八月三〇日、周恩来は欧陽欽（中央巡視員）の報告を聞くと「中共中央からソビエト区中央局および紅軍総前敵委員会への指示書簡」を書いて、反「ＡＢ団」闘争は正しいが、同時に粛清に潜む「単純化と拡大化の誤り」を批判した。

周恩来のこの手紙は、中央ソビエト区第一回党代表大会（いわゆる贛南会議）に影響し、毛沢東は一時指導

＊国民党の派閥の一つ。一九二七年七月一五日、国民党が容共政策の破棄を宣言し、第一次国共合作が崩壊した後、国民党内の汪精衛派と蒋介石派は、反共を基礎とした合作を進めようとしたが、汪精衛、陳公博ら「在野」反対派は、国民党の改組を主張したので「改組派」と呼ばれる。「ＡＢ団」とトロツキー派の「取消派」とが関係ないのと同じく、「ＡＢ団」と「国民党改組派」も本来は無関係である。しかしこれらは、敵の象徴として位置づけられ憎悪の対象とされた。さらに「社会民主党」を敵に挙げることもあった。
福本勝清『中国革命への挽歌』は、「江西根拠地ではＡＢ団と呼ばれ、閩西では、社会民主党、鄂豫皖《がくよかん》（湖北・河南・安徽）、湘鄂西《しょうがくせい》（湖南・湖北西部）では改組派と呼ばれた」と整理している。だがこれらは「実在のＡＢ団や国民党改組派とは実質的な関係を持たない、革命陣営内部の幻であった」「社会民主党もまた国外の社会民主主義組織や第二インターと何の関係もない想像の産物」「内部の敵」であった（六七頁）。

部から離れることを迫られた。一二月末、周恩来は上海から贛南に移り、ソビエト区中央局書記になった。一九三二年一月七日、周恩来はソビエト区中央局会議を主宰して「ソビエト区における反革命粛清工作についての決議案」を採択し、「粛清の拡大化」を批判した。李韶九は「重大な過ちを犯した」として「留党察看六カ月」の処分*を受けた。

高華の考証によれば、「AB団粛清」は一九三一年末に周恩来がソビエト区に入って後、ようやく停止された。周恩来は一方では毛沢東と直接敵対することを避けながら、他方ではソビエト区における「党中央局の権威」を高めて、テロに脅えるムードを静めた。

富田事変において、粛清された者は数千人に上る。すなわち毛沢東は①第一方面軍のうち、四四〇〇人を「AB団」として排除し、うち二〇〇〇余人を処刑させた。②さらに紅二〇軍との軍事衝突における死者、③そして後日の紅二〇軍小隊以上幹部四〇〇余人に対する集団処刑を加えると、この数字は数千人に上るという推計**である。

毛沢東批判の立場に立つ研究者・高華『紅太陽是怎様昇起的――延安整風的来竜去脈（赤い太陽はいかに昇ったか――延安整風のいきさつ）』は、ソビエト区において土地革命戦争の過程で公然と行われた反革命粛清の口火を切った（「始めに俑《よう》を作りし者」）のは、毛沢東その人であったと結論づけている。

富田事変の核心が毛沢東と李文林の根拠地の指導権をめぐる権力闘争であったことは明らかだが、それを単に権力闘争の一語で説明するのは、過度に単純化した見方であろう。両者の対立の背後には、次の要素が存在したからだ。

悲惨な権力闘争がどのような状況の下で行われたのか、改めて整理してみよう。

＊一九三二年一月二五日「蘇区中央局関於処罰李韶九同志過去錯誤的決議」羅英才・石言『陳毅文学伝記之三 探索』（解放軍文芸出版社、第二版、一九九三年三月、二二四頁）によると、李韶九は閩西での戦闘で一九三四年に犠牲になったとする説が有力だが、羅英才は「陳毅の妻を自殺に追い込んだため、陳毅によって粛清された」とする「伝聞」も書きとめている。ただし、陳毅が張茜と一九四〇年に結婚するまで独身であったかどうか不明だ。

＊＊これは富田事変における「AB団」粛清の数字である。その後、中央根拠地だけでなく、他の根拠地でも「AB団」粛清が行われ、犠牲者総数は、「AB団」七万余、「社会民主党」分子六二〇〇、「改組派」二万余と韓鋼「中共歴史研究的若干熱点難点問題」は書いている（辻康吾編訳『中国共産党史の論争点』）。ユン・チアン、ジョン・ハリディ夫妻の『マオ――誰も知らなかった毛沢東』（講談社、二〇〇五年）の原文は、こう書いている。The population of Red Jiangxi fell by more than half a million……a drop of 20 per cent. The fall in Red Fujian was comparable. Given that escapes were few, this means that altogether some 700,000 people died in the Ruijin base. More than half of these were murdered as "class enemies", or worked to death, or committed suicide, or died other premature deaths attributable to the regime. Less than half died in war（Jung Chang and Jon Halliday, *Mao: The Unknown Story*, Alfred A. Knopf, 2005, p109.）（邦訳、上巻一九五頁）。「（根拠地からの）逃亡がほとんど見られなかったとすれば、瑞金根拠地（すなわち中央根拠地）で七〇万人が死亡した。うち半分（三五万）以上は、「階級の敵」として殺害されるか、死に追いやられ、あるいは自殺するか、政治体制による不自然な死に方をした。うち半分（三五万）未満の者が戦死した」。当時、中央根拠地の人口は約二五〇万であった。全体の二割とすれば、約五〇万人になる。この文章のレトリックは「（根拠地からの）逃亡者がわずかであったとすれば（Given that escapes were few）」という仮定節である。著者（矢吹）の見方では、「逃亡者」はごくわずかであるはずがなく、最大の比率を占めるであろう。したがって、政治的理由による殺害者も戦死者も、夫妻の推計よりは小さな数字となるはずだ。

第一は李文林が当時、コミンテルンの意を受けて中共中央の工作を掌握していた李立三と直接的な組織関係を持っていた点である。李立三の極左路線が第六期四中全会で否定されたことにより、李文林は後ろ楯を失ったが、それまではむしろ李立三、李文林の側が党内主流派であり、毛沢東は非主流派であった。毛沢東は総前敵委員会書記としてゲリラ部隊の指揮権は握っていたものの、その軍事力は、あくまでも党中央の指揮下にある武力であった。

第二に人事面から見ると、李文林の影響下にあったのは贛西南部の党組織と紅二〇軍であり、これは一貫して毛沢東のリーダーシップを認めず、例えば毛沢東が指名した劉士奇を解任する始末であり、毛沢東にとっては容認しがたいことであった。

第三に軍事作戦の面では、毛沢東は「誘敵深入」のゲリラ戦法を得意としたが、江西人・李文林と江西人を主とする紅二〇軍は、毛沢東流の「誘敵深入」作戦によってその家郷が敵側に蹂躙されることに同意せず、毛沢東は戦場を根拠地外に選ぶことを余儀なくされた。

第四に土地改革における対立は、前述した通りである。

井岡山の喪失と、江西ソビエト区における富田事変（それが江西根拠地の喪失を導く）は、いずれも土籍・客籍矛盾に深く関わる。これは、毛沢東が「井岡山の喪失」で言及している通りである。

富田事変という粛清を断行した毛沢東の脳裏に、「井岡山の闘争」が強く意識されていたことは明らかだ。それだけではない。湖南、江西、福建という三省境界に作られた、いわゆる江西ソビエト区は、その比重に多少の差異はあるとしても「基本的に客家の居住空間」である。これは、藤野稿（二四二頁～）が指摘するように、首都・瑞金が客家の町である事実に象徴されている。したがってここでもし、土籍と客籍との矛盾が敵対的なものになるならば、江西ソビエト区、すなわち根拠地全体が収拾のつかない大混乱に陥ることは明らかであった。江西ソビエト区において、土籍・客籍の矛盾をタブーとして封印したのは、このためであろう。土籍・客籍矛盾に代わって、「操作しやすい概念」として弾力的に用いられたのが「AB団」という「内なる敵」の亡霊であった。「粛清する側」も「粛清された側」も、亡霊を排除して階級隊列を純化しようとした点では同類であった。

これらの「内部矛盾」を克服するために、「中華民族*」論、「抗日救国の民族統一戦線」が強調された。その努力が意識的に行われる過程で、客家問題は意識的に忘却され、その代償として客家伝説が巷間に流布される。

ここで念のために記しておくが、毛沢東派によって「AB団」の幹部として粛清された金万邦や謝漢昌は土籍・江西人ではなく、客家出身である。それゆえ、ここでの対立軸を客家対江西人とするのは、妥当ではない。しかしながら、毛沢東が差別に憤りを持つ客家系のゲリラに傾斜し、李文林らが相対的に豊かな江西人の側に傾斜していたことは、確かだと著者（矢吹）は解釈している。

富田事変は明らかに毛沢東のリーダーシップを確立するために行われた粛清であった。にもかかわらず

*ちなみに「中華民族」というあいまいな概念を初めて提起したのは孫文である。横山宏章は次のように論じている。「孫文は『同化』政策を正当化するために、『中華民族』という新概念を提出した。漢民族と、漢民族に『同化』した少数民族を総称して、『中華民族』と呼ぼうという新提案である。そして『漢民族』という名称をなくして、すべてが融合した一つの民族概念である『中華民族』を名乗ろうというのだ。ある意味、『華夷之辨』と『大一統』の折衷案である」（『中国の異民族支配』一〇八頁）。

彼の権威は、当時はまだ根拠地全体にただちに及ぶことはなかった。一九三一年一一月に開かれた贛南会議では、毛沢東は「狭隘な経験論」「富農路線」と批判された。翌三二年一〇月に、江西省寧都で開かれた中央ソビエト区会議では、紅第一方面軍総政治委員のポストを解任され、福建省長汀で病気療養を迫られる。

他方、上海に置かれた臨時中央政治局にも状況の変化が生まれた。上海での地下活動が不可能になり、一九三三年一月下旬、本部はゲリラ根拠地に移動してきた。

根拠地に移動して来た王明らは、毛沢東の「積極的防御路線」を排除するために、二月上旬からいわゆる反「羅明※路線闘争」を展開した。

ここで言う羅明路線とは、すなわち毛沢東路線にほかならない。ゲリラ根拠地の指導権をめぐる毛沢東対王明間の新たな権力闘争が激化した。ついにはソビエト区の堅持が困難に陥り、「長征という逃亡」を迫られた。こうして富田事変という大きな犠牲にもかかわらず、毛沢東のリーダーシップは部分的に確立されたにすぎず、全権掌握は長征過程に行われた遵義会議（一九三五年一月）を待たなければならなかった。

なお、富田事変のうち、一部を指して「富田事件」と呼ぶ呼び方も行われている。すなわち、第一幕は一九三〇年一二月七日、李韶九が毛沢東の命を受けて、紅二〇軍の幹部八人を逮捕し、リンチを加えて「AB団」自供を強要した事件だが、李文林や紅二〇軍は、前述のように、この局面を「富田事件」と呼び、自らを被害者だとする。

第二幕は、同年一二月一二日、李文林の部下・劉敵が逆襲し、毛沢東派の李韶九らを監禁し、拘留されていた謝漢昌、張興らを釈放させた事件である。毛派はこの局面をとらえて「李文林らの反革命暴動」と非難した。これを「富田事件」と呼ぶのが党史研究の主流である。

第三幕は一九三一年七～一〇月、党中央の決議を踏まえて、正統性を認められた毛派が李文林らの江西省グループと紅二〇軍を解体し、幹部を処刑した事件である。

この第三幕は、いわば事件の最終処理段階に当たる。しかし、富田事変はこれで終わったわけではない。毛沢東はその後、行きすぎを批判されて、指導部から外される。

一九三二年三月一四日、中共ソビエト区中央局の決定により、閩粤贛省党委員会は福建省党委員会に改組され、羅明は代理書記となった。一九三二年八月、毛沢東は福建長汀福音医院に入院した間、羅明に対して閩贛両省におけるゲリラ戦争について指示した。まもなく福建省党委員会前敵委員会が設けられ、羅明は書記になる。

上杭・永定・竜岩地区でのゲリラ戦争において、彼は毛沢東の指示を実践した。そこで反毛沢東派は、毛沢東の代理人＝羅明に対して、「反羅明闘争」を行った。建国後、羅明は南方大学副学長、広東省人民代表大会常務委員会副主任、人民政治協商会議常務委員などを歴任した。

鄧小平は事後に、事変をこう分析している（一九八〇年一〇月二五日、中央の同志への談話）。「AB団」粛清当時、毛沢東同志は問題に気づいて教訓を総括した。ここから延安では「一人も殺さず、大部分は拘禁しない」方針を示した。「異常に緊張した戦争の環境下では内部の悪人を発見し、警戒を強めることは必要だ。だが、頭に血が上り、はっきり分析できなくなると、自供をただちに信じこんでしまう。このように過ちは避けがたい」（『鄧小平文選』第二巻、三〇一頁）。

毛自身は一九四五年に中国共産党第七回大会講話で、「反革命粛清は痛苦の道を歩んだ。反革命には反対すべきだが、党が成熟していないときにはこの問題で回り道を歩み、過ちを犯した」と軽い反省は行ったが、詳しい説明や弁明は終始避けて、「AB団」粛清を一貫して肯定し、富田事変を「反革命暴動」と断定し続けた。

とは言え、毛沢東は権力掌握後、「AB団のような肉体消滅」を行ってはいない。一九三五年の遵義会議で長征の指導権限を掌握し、一九三八年にはコミンテルンからもそのリーダーシップを追認された。一九四四年、延安で「搶救（過ちを犯した者を緊急救助する）運動」という名のスパイ摘発運動が行われた。これは「AB団粛清」とは類似の側面もあるが、違う形をとった。すなわち、劉少奇の支持と協力により、幹部の再審査、「搶救」という運動によって党機構と党員の「純化」を図る方法を編み出した。延安では「一人も殺さず、大部分は拘禁しない（一個不殺、大部不捉）」を強調し、党員の肉体的抹殺をやめた。その代わりに大衆的な「反革命粛清の伝統」を大いに発揚し、それによって「党の純化」を図った。このやり方こそ、その後、反右派闘争や文化大革命で広範に展開されたやり方にほかならない。

タブー解禁の経過

長らくタブーとされてきた富田事変のナゾに最初にメスを入れたのは戴向青（元江西省党校党史研究室主任）であり、文化大革命前から贛南地区で調査を始めていた。一九七九年以後、この調査を発展させ、九月に開かれた江西省党史学会・現代史学会成立大会で「略論富田事変的性質及其歴史教訓（略論・富田事変の性質およびその歴史教訓）」を発表し、大きな反響を呼んだ。その後、共著『中央革命根据地史稿』や『AB団與富田事変始末（AB団と富田事変の顛末）』（河南人民出版社、一九九四年）で詳論した。

以後、富田事変の評価論争が激しくなった。党内主流派は、旧来の評価を正しいとして反革命事件として扱い、戴向青ら批判派は、冤罪事件だと主張した。八〇年代初め、戴向青は全国党史研究会理事に選ばれ、研究会顧問の蕭克と接触し、支持や激励を受けた。

胡耀邦（当時、中央組織部長を経て総書記）はこの問題の解決を指示し、一九八六年六月、中央党史資料徴集委員会主任・馮文彬、副主任・馬石江を派遣して調査に当たらせた。数カ月の調査の後、「AB団」と富田事変に関する二つの資料を中央指導者に報告した。

一九八七年、中共中央の組織部・公安部・民政部・中央党史研究室・中央党史資料徴集委員会は座談会を開き、報告書の観点を承認し、中央党史資料徴集委員会は中央党史工作指導小組に報告を上げた。

一九八八年、中央組織部は、元中央組織部長・陳野苹をトップとする「富田事変再審査小組」を組織し、段良弼が当時、臨時中央に宛てた報告書に至るまで原史料を探し出した。この段良弼報告は富田事変の全貌を叙述しており、段良弼や劉敵らが「AB団」ではないことを証明すると評価された。

一九八九年春、再審査小組は「富田事変の名誉回復を求める文件」を中央に上げたが、現在に至るも決裁が滞っている。一九八〇年代後半の反ブルジョア自由化闘争と天安門事件*によって胡耀邦、趙紫陽が失脚し、江沢民の下で政治改革が一切封印されたためだ。

＊一九八九年四月、政治改革に積極的と見られていた胡耀邦前総書記が病死した。学生たちは天安門広場に集まり、「追悼」活動を行う形で民主化デモを始めた。五月一六日、中国当局が、訪中したゴルバチョフと鄧小平による中ソ和解会談を終えて、いざデモ対策に着手した翌日には、すでに北京で一〇〇万人デモが行われるまでに運動が盛り上がっていた。五月二〇日、政府は戒厳令を公布し、六月四日未明、人民解放軍が天安門広場を鎮圧した。学生たちと対話を模索した趙紫陽総書記が失脚し、江沢民が後任の総書記に就任した。天安門事件以後、政治改革の動きは一切封印され、経済発展だけが一面的に強調されたために、さまざまな後遺症を残した。

党史の見直しは、政治改革に直結する恐れがあり、戴向青の書いた「再審査小組報告」は封印され、戴自身は死去した。

建党七〇周年に当たる一九九一年に①中共中央党史研究室編『中国共産党歴史（上巻）』および②胡縄主編『中国共産党的七十年』などが出版されたが、例えば、後者は「一九三〇年後半から中央ソビエト区で反革命粛清を拡大化する過ちを犯した。すなわち『逼供信（拷問や脅迫により自供させ、それを証拠とする不法なやり方）』の手段で、一部の革命に忠実な幹部と戦士をAB団、社会民主党と見なし殺害した。これは痛ましい教訓である」と書いているが、「誰がなぜ、そのような過ちを犯したのか」の記述を避けている。これでは単に「痛ましい教訓」と他人事みたいな書き方にとどまっている。これでは名誉回復とは評しがたい。これこそが江沢民時代における現代史の扱い方の象徴的な一例である（この間の経緯は、景玉川「富田事変平反的前前後後（富田事変見直しの前後）」および韓鋼『中国共産党史の論争点』）。

国家主席・江沢民を支えていた曾慶紅（前国家副主席、前政治局常務委員）の父・曾山（元江西省ソビエト政府主席）は毛沢東の粛清を支持した最も重要な人物の一人であったことも記憶にとどめたい。

（4）客家伝説を超えて

太平天国と紅軍の長征

実はここに根拠地のゲリラ闘争と並ぶ、もう一つの大きな客家伝説がある。それは太平天国の乱（一八五一〜六四年）に関わる。そのリーダー・洪秀全《こうしゅうぜん》（一八一三〜六四年、広東省花県人）は客家であり、東王・楊秀清（一八二一〜五六年、広西省桂平人）、南王・馮雲山《ふううんざん》（一八一五？〜五二年、広東花県人）も客家であった＊。

太平天国の反乱参加者には、客家が少なからず含まれており、この反乱は紅軍ゲリラにとって、正面教師であるとともに反面教師でもあった。特に大渡河《だいとか》（四川省西部を流れる岷江の支流）を渡ることに失敗して清軍に捕らえられた石達開《せきたっかい》の悲劇は、蔣介石の追手から逃れようとしていた紅軍ゲリラにとって、良き教訓となったことは、しばしば語り伝えられた。こうして毛沢東の中華ソビエト共和国にとって、洪秀全の太平天国が一〇年以上も持ちこたえたことは、根拠地を維持するうえでの具体的なモデルとなった面がある。何よりも両者は「農民の反乱」という点で共通性を持っていた。太平天国と中華ソビエト共和国という二つの反乱を考えると、客家伝説を中国史上「最大」と称することに、読者の同意を得られるものと思う。

中川学は『客家論の現代的構図』所収の論文でこう書いている。「客家人を主力部隊とする太平天国軍は、漢族の貧農を核とし、チワン族・ミャオ族・ヤオ族等の差別された諸族が集まって編成されたのであり、狭い人種的排外性をのりこえて、虐げられた者すべてを人間として解放しようとこころみた」「太平天国四天王のひとり石達開のように、客家系地主という意味では階級的搾取者の刻印を押されながらも、チワン族女性を母としたこともあずかって、チワン・ミャオ・ヤオ諸族に支持され、それら各族の居住区

＊王慶成（元中国社会科学院近代史研究所所長）「客家與太平天国蜂起」（『客家與近代中国』所収）は、北王・偉昌輝と西王・蕭朝貴についてチワン族説を紹介しつつも、結論としては、主要リーダーをすべて客家人と書いている。

を移動して行軍するうちに被抑圧少数民族の解放を自らの課題として自覚していった事例がある」「このような石達開の行軍コースは、客家の居住区を結んでいるし、太平軍の退却コースも江西省から瑞金一帯を経て、嘉応州に収束しており、このコースは後に、中国紅軍をひきいる客家出身の朱徳が南昌から井岡山・瑞金へ移動するコースと一致している」「朱徳が井岡山に到着したのは一九二八年四月末であったが、それよりさき、一九二二年に、彼は華南山区から金沙江と大渡河を渡って四川へ歩いた経験をもっており、その一三年後〔正しくは一二年後〕、紅軍をひきいて井岡山を発し、同じコースをたどって四川へ向かった」。「このように、閩《びん》・贛《かん》・粵《えつ》山区の客家系住民は太平軍とも紅軍とも深いかかわりをもち、また山区の少数民族とのあいだに、石達開を典型例とするように血縁関係をもつ場合もあった」「太平軍と紅軍の進路の重なり合うところは、また客家の居住区を結ぶ線と一致している。少なくとも華南と四川を結ぶ山間辺境地帯での両軍の作戦にとって、山の民としての客家は、少数民族と提携して革命軍の行進に協力したと見てよい」(『客家論の現代的構図』八一～八二頁)。

改革開放後の「客家学」復活

さて鄧小平の改革開放期になって、毛沢東時代への批判的総括が部分的に始まると、客家問題も解禁され始めた。一九八八年五月、華東師範大学中国史学研究所で、華僑・華人史および東方学研究の学術座談会が開かれた。そこでは福建省竜岩師範高等専門学校の校長で、「胡文虎《こぶんこ》研究室」主任を務める李《り》逢蕊《ほうずい》が研究の方向性に関わる発言を行った。客家史・客家人研究の緊迫性に鑑みて、客家研究を専門とする研究機構と計画的組織的研究を呼びかけたのであった。

この会議を経て、華東師範大学中国史学研究所に客家人研究室が設けられ、李逢蕊を研究室主任に招聘した。一年後、この研究室は、北京、上海、広州、福州、贛州、閩西、梅州、香港、台湾、シンガポールなどの有志と連絡をとりつつ、同大学の『歴史教学問題』誌の増刊号の形で、『客家史與客家人研究』特集号を出版した（呉沢主編、華東師範大学出版社、一九八九年第一期、B5判、一三三頁からなる雑誌形態）。この号には、李松庵「客家人的幾次南遷初探（客家人の数次の南遷初探）」、王増能「客家與畲族的関係（客家と畲《ショオ》族の関係）」、林善珂「客家人和太平天国革命（客家人と太平天国革命）」、劉南彪「台湾客家小考」、潘汝瑤「孫中山是客家人　祖籍在紫金——評『関於中山的祖籍問題』（孫中山は客家人である　祖籍は紫金にあり——『孫中山の祖籍問題』を評す）」、林添華「李登輝祖籍初探」、張祐周「胡文虎的成功與悲劇——簡論伝統文化対胡文虎的影響（胡文虎の成功と悲劇——小論・伝統文化が胡文虎に与えた影響）」、張竜泉「論黃遵憲的詩歌（黄遵憲《こうじゅんけん》の詩歌を論ず）」などの論文が掲げられている。

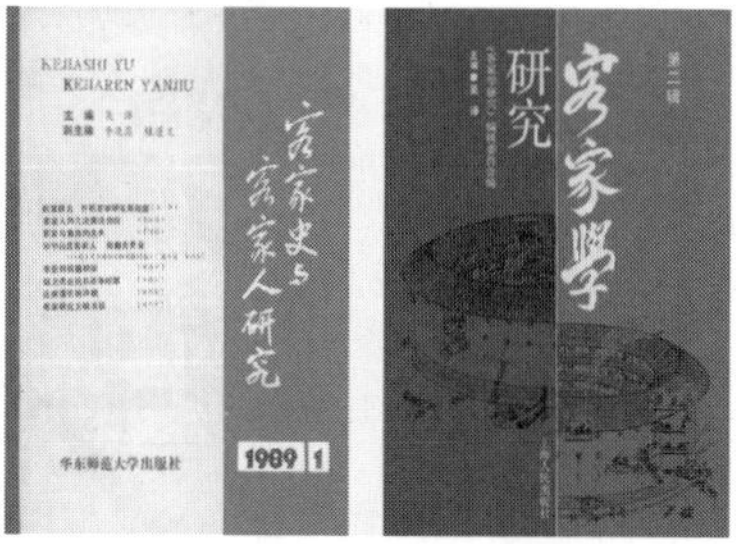

『歴史教学問題』増刊号「客家史與客家人研究」特集号（左）と『客家学研究』第2号（右）

翌年暮れに、この雑誌は『客家学研究』と誌名を変え、発行所も上海人民出版社に変えて、出版された。しかし「呉沢主編」は変わっていない。扉には、当時の上海閥の大御所・陳丕《ちんひ》顕《けん》（一九一六～九五年、福建上杭人。文革当時、中共中央華東局書記兼上海警備区第一政治委員）、人民解放軍の長老・楊成武《ようせいぶ》（一九一四～二〇〇四年、福建長汀人。五五年上将。第一一期、一二期中央委員。文革期に中央軍事委員会弁事組組長）、伍洪祥《ごこうしょう》（一九一四～二〇〇五年、福建省上杭人。江西ソビエト期に梅県党委員会書記、永定県党委員会書記。「四人組」逮捕以後、福建省党委員会書記）が揮毫している。これら三人は言うまでもなく客家出身の実力者である。

顧問としてはこの三人のほかに、葉選平（一九二四年～、広東梅県人。広東省省長、人民政治協商会議副主席、第一三期、一四期中央委員）、李国豪（同済大学学長、中国科学院学部委員）、何添発（人民政治協商会議香港澳門台湾華僑委員会副主任）、項南（一九一八～九七年、福建連城人。福建省党委員会書記、第一二期中央委員）、鐘敬文（一九〇三年～、広東海豊人。陸安師範卒。日本留学、早稲田大学で民間文芸・民俗を学ぶ。北京師範大学教授）、姚美良（広東大埔人、マレーシア華人）、謝畢真（福建竜岩人）、曾憲梓（香港中華総商会会長、金利来集団董事局主席）、廖鉞（広東省僑聯副主席）、熊兆仁（一九一二年～、福建省永定県人。福州軍区副総参謀長。福建省政治協商会議第二、四期副主席。少将）などの名が並べられている。これらの人々も客家出身であることは、出身地が雄弁に物語る。

呉沢は本誌冒頭の「客家学建設の芻議」で客家問題がどう認識されてきたかを次のように要約している。

第一期、一八六八～一九〇四年

太平天国運動における客家人の蜂起や「広東西路土客紛糾*」事件のゆえに、世間の注目を浴びた。

第二期、一九〇五～一九年

教科書**で「客家人は非漢族」と書かれたことが客家人士の怒りを招き、客家人に対してルーツ探しへの関心を呼び起こし、彼らは中原漢族の源流を調べるようになった。

第三期、一九二〇～三〇年

新文化運動に伴い、近代西洋の学術文化が中国に伝えられ、人類学、民族学、民俗学などの方法が輸入され、これを用いて客家民系を調査することが始まった。

第四期、一九三〇年以後〜

北平（北京）燕京大学国学研究所の顧《こ》頡剛《けつごう》、洪煨《こうい》蓮《れん》が羅香林を招聘して『客家史料叢刊』の刊行を依頼した。二年後、羅香林とF・ステファン***は、客家文化を実地調査した。その後、羅香林は広東文理学院院長、香港東方研究院院長に就任して、客家研究を進め、『客家研究導論』（一九三三年）『客家源流考』（一九五〇年）を世に問うた。羅香林は客家研究の開拓者である。羅香林の二冊に次いで、影響が比較的大きいのは、

*「土客紛糾」は、土客械闘とも呼ばれる。これは客家と「本地人」（その土地に住む者の意）との武闘を指す。広東、広西、福建、江西、湖南、台湾などでしばしば発生した。対立構造自体は本地人の居住区に客家という移民が流入したことに始まるが、大きな衝突の大部分は清末に発生した。客家人は沿岸後背地の山岳部から新たに進出してきた移住民であり、本地人は土着の方言を話す漢民族と、（この文脈では）チワン族などの少数民族である。武闘の原因は本地人側から見ると、客家の人口増によって彼らの土地が浸食されたためである。他方、客家側から見ると、地域社会から差別と疎外を受け、険しい土地で耕作せざるをえない境遇への怒りがあった。規模の特に大きかったのは清末、一八五五〜六七年に広東省で発生した械闘である。客家研究の第一人者であった羅香林によると、その戦闘の死者と難民は一〇〇万人にのぼる。

**実は飯島典子『近代客家社会の形成』（二〇〇頁）によると、オルコット著『世界地理』（商務印書館、一九二〇年）の中で、客家は「非漢族」だと書かれたことが客家人の自尊心を傷つけたという。

***ロックフェラー財団北京駐在員、Feuchtwang. Stephan, D. R. *An Anthropological Analysis of Chinese Geomancy*. Rep. Taipei Southern Material Center, 1974. を発表。

陳運棟《ちんうんとう》『客家人』、古直《こちょく》（一八八七年～?）『客人対』（上海中国書店、一九三〇年）、羅靄其《らあいき》『客方言』などである（『客家学研究』一～二頁）。

呉沢の紹介から、過去およそ一五〇年に客家問題がどのように扱われてきたのか、その概要を知ることができよう。

特に興味深いのは、次の二つの事実であろう。

一つは、前述のように太平天国の主なリーダーが客家であったことだ。太平天国の乱は約一〇年にわたって清朝の支配を脅かした。最後には曾国藩の湘軍によって鎮圧されたものの、異民族・満洲人の支配をこのように長期にわたって、しかも広範な華南・華中地域に広がった反乱の動きが客家人に文天祥以来の抵抗精神を呼び起こしたのは、自然な成り行きであった。客家文化には纏足の風習はなかった。先祖の遺骨も洗骨し、小さな骨壺に入れて移動する風習を持つ客家にとって、移動を妨げる纏足を否定し「天足」を尊重することはきわだった特徴だが、太平天国の成立と崩壊の過程で客家の人々が客家意識を覚醒させられたことは疑いあるまい。

もう一つは、客家のルーツ探しである。華南において先住の福建人や広東人から疎外され、差別を受けつつ、客家人は自らのアイデンティティーを模索せざるをえなかった。その過程で「漢文化に同化した少数民族」なのか、「少数民族を漢化させた側」なのかは、大きな争点であった。このルーツ探しの過程と連動して「家譜」の読み直し、書き直しが行われたはずだ。とりわけ客家の人々の選良意識を刺激したのは、比較的権威のある書物に、客家＝非漢民族＝少数民族説が書かれたことだという（『近代客家社会の形成』二〇〇頁）。

漢文化の源流が中原にあるとすれば、そこに故地を比定することが漢文化の最も正統的な担い手であるというアイデアにふさわしい。客家語に残る古代中国の音韻はこの説にとって確かな証拠の一つと考えられた。しかも中原を離れて南方に移住することを余儀なくされたのは、異民族の支配を甘受できなかったからだとする選良意識がついには中原士族にたどりつくのも自然な論理であろう。

客家学の創立に際して、決定的な役割を演じた羅香林は、まさにそのような問題意識で「客」の文字を古書から拾い続けたのであった。一九〇五年生まれの羅香林は、一九二〇〜三〇年代に、その客家学を形成したが、この時代はまさに一九一九年の五・四運動を契機に中国のナショナリズムが西洋の学問に裏づけを求めつつ形成された時期にほかならない。そして中国ナショナリズムの論理構造において、その中心に位置づけられたのが客家ナショナリズムであったと解してよい。折からの抗日民族統一戦線というイデオロギーはむろんマルクス主義の戦略だが、これと結合すべき中華民族というイデオロギーの中核として「客家・中原士族」を位置づける発想が生まれたものと私は考えている。

しかしながらここに大きなパラドックスが潜んでいた。毛沢東に代表されるゲリラ活動家たちは、客家の居住区でゲリラ活動を始めたが、その結果、土籍と客籍との伝統的な矛盾に巻き込まれることになった。こうして客家・中原意識を宣揚して、客家ナショナリズム＝中華ナショナリズムを語ることは、反日・抗日の士気を鼓舞する有用性を発揮しつつも、他方ではその唯我独尊的エリート意識が統一戦線の破壊要因ともなりうる。客家ナショナリズムは、その出発点から矛盾を抱えていた。この矛盾は現実的には、客家ナショナリズムを中華ナショナリズムに包摂し、昇華する方向で解決された。すなわち客家という実体をタブー扱いし、中華ナショナリズムを突出させることによって包摂した。この結果、客家は伝説の世界に沈みこむ。

毛沢東の初期の論文「井岡山の闘争」では、土籍と客籍との矛盾が論じられているが、井岡山モデルをより拡大した江西ソビエト時期に、土籍と客籍の矛盾がまったく登場しないのは、すでに触れたことだが、意味深長だ。こうして「封印された土籍と客籍の矛盾」が改めて封印を解かれたのは、一九八〇年代に改革開放がスタートしたときであった。すなわち客家学の蘇生と復活である。それは同時に客家学の開拓者・羅香林の史学を批判的に克服する過程とならざるをえなかった。

客家のイメージ

ところで、現代日本における客家イメージはどうか。「鄧小平、朱徳、葉剣英など、多くの革命家を生み、中国を支配する客家の『血のネットワーク』」「宋代文化を現在に残す少数民族」。この二つのキャッチコピーは、日本で数万部売れた高木桂蔵『客家——中国の内なる異邦人』の表紙に書かれたもので、編集部がこの本の内容を最もよく示す言葉として選んだものだ。

客家というエスニック・グループが、朱徳を生み、葉剣英を生んだことは事実である。しかしそこから「血のネットワーク」という秘密結社もどきの組織を連想させるような書き方をするのは、根本的に間違えている。本書で繰り返し強調したのは、客家は決して「血縁によって結ばれた人々」ではない事実である。客家の文化を受容した人々が「客家」であり、逆に客家の先祖を持つとしても、その文化を放棄した人々は客家ではないのだ。

ここで「客家」の二文字を「漢民族」と置き換えると、それはただちに漢民族の特徴を表すことになる。

漢民族とは、血統に由来するというよりは、「漢字に象徴される文化」を受容した人々を指す。漢字文化を受容した人々を、その受容程度に即して位置づけるのが中華思想の最も大きな特徴である。世界の人口の五分の一を占めるほどに、いわゆる漢民族人口が膨れたのは、周辺の他民族を同化してきた歴史の証左である。

だからこそ、「同化させた存在」「最も正統的に中原文化を継承するのは誰か」という発想が生まれる。正統性を問う意識の強さは、雑種文化である事実の逆説的表現と見るべきなのだ。国民党政権が台湾に逃れてから半世紀以上にわたって、北京の故宮博物院と台北の故宮博物院は、それぞれの保存する宝物の量と質とを競ってきたが、これも正統性争いの一局面であった。

客家の中原意識とは、このような文脈における正統性意識であるから、いわんや秘密結社に似せて客家意識を説くのは、ミスリーディング極まりない愚論であろう。「ネットワーク」を強調する見方も、不自然だ。このようなタイトルの本を見かけたら、眉につばして敬遠するに如かず、である。

「中国を変えた少数民族」という表現はどうか。中国には五五の「少数民族」があり、全人口の約八パーセントを占める、とよく言われる。ここでいう「少数民族」とは、「漢民族に対しての少数」という意味だ。客家は「漢民族の中の少数派」だという言い方ならば許されるが、漢民族の中で、中原士族「意識」、あるいは「中華意識」が最も強い人々が客家であることを知るならば、これを漢民族から除外して、いわゆる少数民族の範疇に含めるとは、客家にとっては、このうえない恥辱であろう。このような言い方を客家の人々は、厳しく拒むであろう。

客家の居住地と最も近い山地に住む少数民族に「畲（ショオ）族」がいる。彼らは元来、非漢民族だが、客家先民との交流を通じて同化され、漢民族の文化を一部受け入れた人々である。例えば彼らにも、「中原文化」に連なるという誇りを持ち、「某々地」を経由したとする伝承をもつ一族が少なくない。この伝承は、客家による伝承作りの影響を受けて、それを模倣したものと解されている。こうして畲族などのような諸民族こそが、言葉の真の意味で「中国の少数民族」なのであり、客家はこれとは異なり、漢民族の中の一派である点を見違えてはなるまい。

ここで「客家」「客家先民」「客家民系」というキーワードについて、まとめて説明しておきたい。後二者を初めて用いたのは羅香林である。中原（河南省を中心とした黄河中流域）や江淮《こうわい》地区（ここで「江」とは長江中下流域を指し、「淮」とは淮河流域を指す）から南下した漢民族が、贛南・閩西省境の山間部に定住し、先住非漢民族と闘争し交流する過程で、独自の文化を築き上げた――これが「客家」の誕生物語である。

そして「客家」文化を築き上げた人々の祖先が「客家先民」である。北方からの異民族の侵入に伴う混乱の中で、これを避けて南下した「客家先民」を母体として「客家」が生まれた。両者を総称して「客家民系」と呼ぶ。

2　客家のルーツを探る

（1）客家研究の始まり

中国史には膨大な記録が残されているが、その中に「客」の文字がときどき現れる。最も初期の晋代「給客」について、羅香林は『客家源流考』で、こう説いた。晋代（二六五〜四二〇年）の「給客制度《きゅうきゃくせいど》」とは、匈奴《きょうど》・羯《かつ》・鮮卑《せんぴ》・氐《てい》・羌《きょう》が中原を乱した、いわゆる「五胡乱華《ごこらんか》」によって生まれたものだが、「中原の民」が「南遷」して、「大姓（大宗族）」の庇護を受けて、「客」となった。この「客」の文字は、「晋元帝の大興四年（三二一）詔書」に初めて登場するが、これが「客家」に連なる。

しかしながら最近の研究によると、「給客制度」の「客」と「客家」を関係づけるのは、牽強付会《けんきょうふかい》である。晋代から唐代にかけて史籍には、「客」「僮客《どうきゃく》」「佃客《でんきゃく》」「浮客《ふきゃく》」「逃移《とうい》客戸《きゃっこ》」などの文字がしばしば現れるが、この時期の「客」とは、その大部分は「生業を失い土地を離れて」「大姓《だいせい》」を頼り、その「使役を受けている貧しい農民」を指している。

彼らは身分上、平民よりも格下の「半自由民」であり、全国各地に分布している。このような「客」あるいは「客戸」は、本書で扱う「客家」とは、まったく関係がない。ちなみに、本書で主題とする客家は、「土着の先住民」に対する「新居民」を指しており、これを「客」と呼んだものである。

宋代（北宋九六〇～一一二七年、南宋一一二七～一二七九年）の史書には、「主戸《しゅこ》・客戸」の区別がしばしば現れる。ここでいう「客戸」を客家先民と解することも、牽強付会である。

「主戸・客戸」とは、当時の戸籍制度が財産の有無に基づいて、等級区分したことに関わっている。土地を持つ者が「主戸」であり、「客戸」とは土地を持たず、小作地に依拠して生計を立てる者であった。「主戸」は政府に対して納税と軍役の義務を負ったが、「客戸」は地主に「租」すなわち小作料を納めればよく、国家への納税や軍役義務は負わなかった。

ここからわかるように、宋代の史書にいう「客戸」とは、「主戸に隷属する小作農」であり、「土地所有を基準とした階級区分」に基づく規定である。本書が主題とする「客家」とは、やはり異なる概念であることが容易に理解できよう。

こうして、宋代までの史書に現れる「客」とは、半自由民を指し、あるいは小作農を指していた。客家の源流をこれらの「客」の文字に求めることは、史書の読み方としては、誤読であったわけだ。しかしながら、この誤読の嚆矢は、学術的な権威と認められてきた学者・羅香林の読み方であり、それゆえ半世紀以上にわたって、これを疑う声はなかった。

なぜこのような牽強付会が長らく、広く行われてきたのか。思うに、近現代史における客家研究が中国ナショナリズムの宣揚、すなわち「振興中華」を土壌としていたからである。客家の人々は、「異民族の侵略により、中原を追われた」という自己認識を持ち、強烈な中華意識を持ち、侵略者に抵抗する意識を持っていた。その中原・中華意識とは、程度の差こそあれ、日本帝国主義の侵略に危機感を持つ漢民族によって共有されていた。日本はまず満洲国を建国し、次いで華北に進出し、華中・華南を狙った。このような日寇イメージが北方から南侵する歴代の異民族侵略史とぴったり重なることは、容易に見てとれる。こうして客家意識は、まさに抗日戦争期に、日中関係の危機を土壌として育成されたものであった。

日本側の客家認識もこれを裏づける。例えば『広東客家民族の研究』（外務省情報部編、一九三二年。後に程志遠により中国語訳され、『客家源流與分布』として香港・天馬図書有限公司より一九九四年に刊行された）をまとめたのは、満洲国建国の翌年である。

これは本文わずか二九頁にすぎない小冊子だが、実に要領のよい客家入門書になっている。元来は日本の広東総領事館から送られた調査報告書を、東京の外務省情報部が活版印刷して、「執務参考資料」として配布したものである。

『広東客家民族の研究』の概要を眺めてみよう。執筆担当者の付した原題は『客家民族今昔概況』である。

緒論
第1章　広東客家民族の由来
　第1節　上古における広東／第2節　中古における客家／第3節　近世における客家
第2章　民国後における客家及びその人口

第1節　民国後における客家／第2節　客家の人口及び分布状態
第3章　客家の特徴
第1節　客家の言語／第2節　客家の性質／第3節　客家の風俗
第4章　客家の生活状態
第1節　農・工・商／第2節　客家の出稼人
第5章　客家の各方面における地位及び勢力
第1節　社会上における地位／第2節　軍・政・財界における勢力
第6章　客家の人物略伝
第7章　結論

この報告書には、執筆者名は明記されていないが、デニカー（Deniker）、ハンチントン（Huntington）、章太炎『嶺外三州語』、古直（中山大学教授、梅県出身）『客人対』、羅<ruby>翽</ruby>其『客家方言十巻』、黄公度『客族考源』、陳達"*The Chinese Migration*"などの引用文献から判断して、かなりの学識を持つ研究者と推測される。

短い結論の章から一句を引用すると、この報告書の問題意識を読み取ることができる。曰く「客家の政界・軍界・財界における現有勢力は、牢固として抜くべからざるものあり、ことに上海における抗日戦において、天下に驍名《ぎょうめい》を馳せたる一九路軍は、最近福建に移動を了したるをもって、同地方において異民族視せられている客家と同系統の『福佬《ふくろう》』と結合し、いわゆる『客・福連合運動』を実現する可能性いっそう濃厚となり、さらに張発奎《ちょうはっけい》〔一八九六～一九八〇年、広東始興人。国民党の将軍。第三路軍総司令、第二方面軍総司令、陸軍総司令などを歴任〕そのほかにおいて江西省南部の客家を率い、客家の大連合を試みるにおいては、中国の政局を把握すること、さして困難にあらずと思われる」「その先天的、後天的の堅忍不抜、自主独立の精神は、多年圧迫せられ鬱積せる感情と相まって、強固なる民族的自覚を誘致せしめ自ら別個の団結を形成せんとするものにて、その精神的連結はすこぶる深刻なるものあり、したがって前記のごとき大客家主義の実現は理論上さして困難ではないであろう」（『広東客家民族の研究』二一八～二一九頁）。

ここには満洲事変以後の第一次上海事変を通じて、抗日の雰囲気が一段とまとまりつつある状況が実に的確にとらえられているように思われる。この流れの行き着くところ、国共合作であり、抗日民族統一戦線の結成である。

こうして中国内外の客家研究もまた不幸な日中関係の中で、一方は愛国ナショナリズムの覚醒を強く意識して、他方は「抗戦勢力の分析」を主たる目的として進められたのであった。そのような政治状況は学術研究にとっては、よい条件とは言えない。

冷戦体制が崩壊する過程で、一九八〇～九〇年代に客家研究が復活したことは、真に学問的な研究を客観的に進めうる状況がようやく成熟したことを意味すると私は解している。

（2）客家「聖地伝説」の矛盾——羅香林批判

寧化石壁伝承

福建省西部と江西省南東部との省境に福建省寧化県があり、そこに石壁村という小さな村がある。福建省最大の河川・閩江の支流である沙渓の水源地域に当たる。今日の行政区画では寧化県は三明市に含まれるが、唐代から清末に至るまで、汀州府に属していた。

いわゆる寧化石壁伝承を最初に論じたのは、羅香林である。

ここで羅香林の経歴を素描しておこう。祖籍は広東省興寧であり、ここから彼自身が客家出身であることがわかる。著名な歴史家であり、「客家研究の開拓者」と尊敬されている大物だ。彼は一九〇六～二〇〇年清華大学に学び、文学士の学位を得て、三一年燕京大学歴史研究所に入った。三二年国立中山大学の学長秘書兼広東通志館編纂者に転じた。三三年に発表した『客家研究導論』が評価されて、三四年中山大学歴史系で教鞭をとるようになり、同年九月暨南《きなん》大学文学院教授を兼任した。三六年には広州中山図書館長兼中山大学教授になった。四九年以降香港の新亜書院で教鞭をとり、五六～六八年は香港大学中文系教授を務めた。代表的著作には、『客家研究導論』のほか、『客家源流考』『客家史料匯編』などがある。

さて羅香林は、「寧化石壁村考」で、「寧化石壁」伝承を詳論して、広東人の「南雄珠璣巷《しゅきこう》」伝承、閩南人の「陳元光遠征随行《ちんげんこう》」伝承と同様のもの、すなわち「実際の人口移動の痕跡」と見なしたのであった。

羅香林曰く――この記述は、「正史には見えないが、物事が存在するからには原因がある。根拠となる事実がないはずはなく、軽視すべきではない」と（『客家史料匯編』三七七頁）。

羅香林論文によれば、①唐末の黄巣の乱を避けるために寧化石壁に移住したと明記するものは、『崇正同人系譜』の羅氏、薛氏、『潮梅劉氏族譜』『興寧廖氏族譜』であり、②黄巣の乱への言及なしに単に寧化石壁へ移住したと記すものは、『梅県呉氏通輯族譜』『始興何氏四修族譜』『梅県張氏族譜』であり、③単に祖先が寧化石壁に居住したとのみ記すものは、『南都邱氏三修族譜』『五華李氏族譜』『花県洪氏宗譜』であり、④唐代ではなく宋代に寧化石壁に移住したと記す例は、『五華魏氏族譜』『興寧黄陂曾氏族譜』である、としている。

羅香林が後年編集した『客家史料匯編』に収録された四〇姓八六篇の族譜のうち、経由地として寧化石壁を記すものは、実に二五篇に上る。

牧野＝瀬川仮説と謝重光仮説

このような羅香林の考え方に対して、文化人類学者・瀬川昌久が『族譜――華南漢族の宗族・風水・移住』で異論を唱えた。

羅香林の説いた客家移住経路の分析は、羅香林論文の骨子を紹介しつつ、こう批判した。「族譜の記載内容に依存」しており、「寧化石壁伝承もまた史実の一部としてほとんど無批判に受け入れて」いるが、これは説得力を欠く。

「戦乱時に難を避けて異境に寄寓し、逆境に耐え忍んで中華文明の真髄を守り抜くという客家のセルフ・イメージにとって、寧化石壁伝承は、それを裏付ける『史実』として、このうえなく適合的だった」ために、

「その後の中国人自身の手による客家研究は、中国本土のものも台湾側のものも含め、羅香林の仮説を忠実に復唱している」（『族譜』二〇五～二〇六頁）と。瀬川にとって、これは「史実」とは、言いがたいものであった。

実は、瀬川の分析に先立って、日本の社会学者・牧野巽は「祖先同郷伝説」批判の立場からこれを鋭く批判していた。牧野のいう「祖先同郷伝説」とは、「広汎な地方の住民のなかに、その祖先が元来、同一の地方から移住してきたという伝説」である。

牧野は「決して真実の歴史でないことは、疑いない」と断言していた。牧野によれば、客家の寧化石壁伝承は、華北の洪洞《こうどう》伝説、広東の南雄珠璣巷伝説、山西省の朔県馬邑《ばゆう》郷伝説、福建人の河南省固始《こし》県伝説、湖南省における江西伝説、四川省における宋元代の僖《き》宗扈従《そうこじゅう》伝説などと同類のものであった。

これらは決して「史実ではなく、伝説にすぎない」。牧野はこれらを「伝説」と見る根拠としては、「非常に多数の人々を狭隘な土地から発生させるという奇妙な特性」をまず指摘し、次いで、それらの伝説が「各地に異なった形態で存すること」を挙げていた（『中国の移住伝説』四～五頁、一六二頁）。

羅香林説とこれを批判した牧野巽説を紹介しつつ、後学の瀬川はこうコメントしている。「本来私的な記録にすぎない族譜を根拠に、寧化石壁伝承をそのまま事実として受け入れてしまう羅香林の姿勢には、非常にナイーブなものを感じざるをえない」「〔牧野の批判は〕伝承を伝える後世の人々の意識構造の側に真実性を見いだそうとする社会学的、文化人類学的な解釈」である。「族譜の記述を鵜呑みにすることなく、その主張を社会的事実に還元したうえで、その存在理由を問う〔牧野の〕態度は、洞察に満ちている」と（『族譜』二〇一頁）。

瀬川はさらに香港新界でのフィールド・ワークの成果を踏まえて、寧化石壁伝承は、「祖先の絞り込みによる連帯意識の生成を、地方文化集団あるいは民系のレベルで可能にする伝承であった」「華南の漢族というより包括的な全体のなかで、客家がより強固な自己意識と団結意識を生成してゆくためには、極めて有効な伝説であった」。寧化石壁伝承は、「辺境にある人々の自己主張、中華世界における自己の存在の正統性の主張をも含んでいる」と結んでいる（同上一二八頁）。

牧野が「寧化石壁伝説」を、いわば伝説の持つ内部矛盾に即して批判したのに対して、瀬川は、羅香林の依拠した「族譜」の信憑性のレベルで「寧化石壁伝承」が「史実」ではなく、「伝承」にすぎないと批判した。

牧野は祖先移住伝説が、今日の華南地域にあって少数民族と分類されている人々の間にも広く見られ、しかも「漢族の祖先移住伝説と少数民族のそれとは内容的、構造的によく似通っていた」事実もすでに指摘していた（『中国の移住伝説』一三八～一四九頁）。

牧野によれば、チワン族の「狄青《てきせい》伝説」や畲（ショオ）族の「河南伝説」とは、「漢族の祖先移住伝説」が、「少数民族の漢化に伴って伝播した結果」にほかならないのであった。

瀬川は、広東人系漢族と接触の深い広西東部のチワン族に南雄珠璣巷伝説が見られ、客家との歴史的接触が深い畲族の間に寧化石壁伝承の断片や河南伝説が見られる事実を指摘して、牧野仮説を追認した*。

瀬川は言う。客家の「寧化石壁」伝承と広東本地人の「南雄珠璣巷」伝説は、「両者とも、江西から福建、広東へ通じる峠道の出口に位置し、そこに集結した祖先たちがやがて各地に散らばったという極めて酷似

＊牧野巽「広東人における広東省南雄珠璣巷伝説」（『牧野巽著作集』第五巻、五四～八三頁）および「福建人における河南省固始県伝説」（同上九一～一〇二頁）。

した内容をもつ」「江西側の漢族の『華』の世界から見た、福建側、広東側の『夷』の世界への最前線であった時期があり、その場所が漢族と先住民族とのエスニックな境界を明瞭な形で体現していた時代があったことによる」「中華世界の南の周辺に属する人々の祖先移住伝承は、いずれも自らを何らかの仕方で中華世界の中心へと結びつけようとする主張を含む点で共通性をもつ」と(『族譜』二四九頁)。

牧野の未発表論文集がまとめられたのは一九八五年であり、瀬川の『族譜』は一九九六年に出版された。日本でこのような研究が進んでいたのと同じころに、実は大陸側でも、羅香林説へのかねてよりの疑問は、しだいに具体的な形をとって書物に書かれる段階にまで深まっていた。

謝重光《しゃじゅうこう》の『客家源流新探』は、客家論の開拓者の権威に挑戦した、極めて興味深い本である。この本から「寧化石壁」問題を読んでみよう。

謝重光は言う。客家の族譜を見ると、その祖先が「寧化」あるいは「寧化石壁」から来た、と書いた例が少なくない。なぜ「寧化石壁」なのか。これは史実なのか。この言い方は福佬人が光州固始(河南省信陽)をスタートして、陳元光(六五七〜七一一年)に従って南戎《なんじゅう》して漳州、潮州に移住した話や、広府人が南雄を避けて、嶺南を経由して、という話と同じであり、「作られた移民史」ではあるが、そこには複雑な文化史的意味が込められている。

唐末黄巣の乱後、中原・江淮の漢人の一部が、その後、寧化から各地に散ったが、その中では閩西、粤東で「(後に)客家人となる者」が多かった。彼らは定住先で土着の人々(少数民族と先に移住していた傍系漢人)と、さまざまな争いの起こる社会環境に置かれていた。宗族メンバーの誇りとアイデンティティーを養い、宗族の凝集力を強化し、精神的文化的にライバルを圧倒するために、「宗族の移民史を飾る」必要に迫られていた。このために「高貴な血統を借りて」「宗族の価値を高めよう」とした、のであった。

客家人が贛南、閩西、粤東の境界山地で主導的地位を固めると、客家人の主流が「中原から移民し、寧化石壁に一時居住した」という言い方が広く認められ、共通の認識となった。こうした「世論」が「圧力」と化して、自らの「宗族史を書き換える」動きが現れ、「寧化石壁」経由の言い方が定着した。その定着過程には、三つのパターンがある。

①宋元以後に客家地区に移住してきた移民は、福州人、漳州人、潮州人を含めて、すでに成立していた「客家人の世界に同化する」ほかなかった。客家語を覚え、客家の習俗に改めるほか、族譜を書き換えて、「寧化石壁」の出自であり、その前は中原・江淮だとした。②贛南、閩西、粤東の境界山地に原住していた土着種族は、客家人が大量に移住して以後、長期の闘争を繰り返したが、やがて同化された。例えば鍾という姓の畲族の人々は、族譜に潁川鍾氏《えいせん》の出自と書き、寧化石壁から移住した、と書くのが典型的な一例である。③唐末宋初に中原・江淮から移住したが、「站嶺隘《たんれいあい》ルート」を通らずに、別ルートで客家地区に入った老客家人がいる。彼らは「客家民系の主体」なのだが、客家人は寧化石壁に居住したという社会的共通認識が広まるや、この地を「経由しなかったことが欠陥である」かのごとく意識されて、族譜を書き換えて「寧化石壁から移住した」と改めた。

こうして客家人の寧化石壁伝説は、客家先民の「南遷の真の歴史」を反映するものではなく、客家社会が異なる出自のグループとの「闘争と調和の中で発展した文化過程を反映するもの」である。

この文化過程の本質は、士大夫意識が郷村社会に浸透し、客家の主流意識が非主流意識を精神的に征服してきた過程を物語る。こうした文化的調整が客家社会の各要素間の同化過程を促進し、敵対関係を軽減し、客家社会の向上心、凝集力を強めて、客家民系の形成に貢献してきた（『客家源流新探』九六～一〇二頁）。

これが謝重光の分析である。牧野＝瀬川仮説と謝重光仮説との影響、被影響関係は不明だが、安易な族譜依拠への批判や、族譜を史実ではなく、客家社会の「形成過程の反映だ」と見る基本視点は完全に一致している。

日中客家学研究の飛躍的進展の因果関係、その貢献度は今後の研究に待つが、いずれにせよ羅香林の『客家研究導論』が一九三三年に発表されて以来、およそ半世紀にして、客家研究がようやく歴史学の批判に堪えうる学問に成長しつつあるのは、慶賀に堪えない。

（3）歴史資料から論じる

「主戸・客戸」解釈論への批判

学問は先人の到達した成果に潜む欠陥を克服して発展する。開拓者・羅香林の大きな間違いをもう一つ、指摘しよう。ここで私は便宜上、謝重光に依拠するが、もしかすると未見の先行研究があるかもしれない。

『客家研究導論』第一章「客家問題の発端」で、羅香林はこう書いている。

(1)客家居住地の各地方志に記載された人口の記述が宋代に「主客を分けて」記されている史実から観察すると、客家先民の移住運動は「五代あるいは宋初に顕著な現象」だと推測できる。「『客家』という名もこのときに起こった」。

当時、客家の居住地には、「無数の主戸」が混在していたとは言え、ひとたび「客戸が入ると、主戸という表記が、日々客語によって駆逐され」「主戸の後裔はしだいに客家に同化されて」、その属性を失った。ここから見て「客家の形成年代は確かに宋初年である」（『客家研究導論』一八〜一九頁）。

ここで羅香林は「宋代の地方志」に登場する「客戸」を客家先民と見ている。しかしながら「主戸・客戸」という区分は、土地所有に基づくものであり、この「客戸」を「客家」と理解して、客家の形成を「宋初年」と見るのは、妥当ではない。

(2)羅香林は同書第二章「客家の源流」で、温仲和『嘉応州志・方言』を引用してこう書いている。「『太平寰宇記』は、梅州の戸数を、主一二〇一、客三六七と書き、『元豊九域志』は、梅州の戸数を主五八二四、客六五四八と書いている。宋初から元豊にかけて、一〇〇年足らずのうちに客戸が数倍に増えて、主戸よりも一〜二割多くなったことがわかる」と（同上五七〜五八頁）。

この記述も、宋代の記録にいう「客戸」の文字を、汀贛から梅州に移住した「客家」と同一視して、ここから客家民系が「宋代初年に形成された」とし、「客家」の呼称は「客戸」に由来すると結論したもので、やはり記録の読み違いである。

(3)羅香林は『客家源流考』（一九五〇年）では、晋代の「給客制度」と結びつけて、「五胡乱華」に際して「中原の民が南遷」し「大姓」の庇護を受けて、「客」となった。客家の「客」の文字は「晋元帝の詔書に由来する」とも書いている。

以上の三点は、羅香林が「客家の源流」を証拠立てる記述として引用したものであるが、これらの史料の読み方、解釈は、いずれも誤りではないか。

碩学・羅香林の権威を少しも恐れず、大胆な批判を展開したのは、福建社会科学院の研究員（教授に相当する）で客家研究センター主任兼『客家』誌編集長を務める謝重光にほかならない。

謝重光は一九四七年生まれ、福建省武平県出身だから、彼自身もむろん客家である。彼の力作『客家源流新探』は、羅香林説を随所で批判していて、客家伝説に悩まされてきた私のような者にとっては、まさに目から鱗《うろこ》を落としてくれる本だ。謝重光は解説して言う。

(1)晋代から唐代にかけて史籍には、「客」「僮客《どうきゃく》」「佃客《でんきゃく》」「浮客《ふきゃく》」「逃移客戸《とういきゃっこ》」などの文字がしばしば現れるが、この時期の「客」とは、その大部分は「生業を失い土地を離れて」「大姓」を頼り、その「使役を受けている貧しい農民」を指している。彼らは身分上、平民よりも格下の「半自由民」であり、全国各地に分布している。

(2)このような「客」「客戸」は、後世の福建、広東、江西の三省境界に住む「客家」とは、まったく関係がない。三省境界の客家とは、「土着の旧居民」に対して、「新居民」を指したものだ。

(3)羅香林は「客家」の客とは、「晋元帝の大興四年詔書」に由来するというが、もしこの説が正しいならば、客家は「江淮《こうわい》地区で形成された」ことになり、その基本メンバーは、大姓に「使役される半自由民である」ことにならざるをえない。これでは「中原に源流を持つ」という主張と出身地の点で矛盾するし、階級的には「半自由民」であるから、中原士族とする説に矛盾する（『客家源流新探』四〜五頁）。謝重光は、地域と階級の両面から、羅香林の矛盾を剔抉《てっけつ》した。

(4)羅香林が解釈を間違えた宋代の「主戸・客戸」の含意について、謝重光はこう説いている。

「主戸・客戸」とは、当時の戸籍制度が財産の有無に基づいて、等級区分したことに関わっている。土地を持つ者を「主戸」と呼び、五等級に分けた。五等級のうち、①一〜三等は「上戸」と称され、大小の地主であった。②四～五等は「下戸」と称され、自作農あるいは半自作農であった。③「客戸」とは土地をいささかも持たず、小作地に依拠して生計を立てる者であった。「主戸」は政府に対して納税と軍役の義務を負い、「天子之農」と呼ばれたが、「客戸」は地主に租（小作料）を納めたが、国家への納税や軍役義務を負わなかったので、「富人之農」と呼ばれた（『客家源流新探』四～五頁）。

(5)こうして謝重光によれば、「主戸」とは、納税と軍役義務を持つ自由民であり、「客戸」とは、「主戸」に隷属する小作農であり、納税義務も軍役義務も持たない人々であった。これは明らかに「土地所有を基準とした階級区分」に基づく規定であり、本書が主題とする、いわゆる「客家」とは、まるで異なる概念であることは容易に理解できよう。

謝重光はさらに説明を加える。

(6)宋初には、四～五等の「下戸」が比較的多く、その中には唐末の動乱期に主人の下を離れた「従属農民や奴婢」も含まれていた。しばらくして土地の兼併が進展し、彼らはまた「土地を失い、主戸から客戸に転落した」。

(7)宋代の「主戸がしだいに減じ、客戸がしだいに増えた」のは、このためである。土地を持つ「主戸」と土地を持たない「客戸」という階級区分ならば、時代を超えて、容易に見られる現象であることは言うまでもあるまい。

ここからわかるように、羅香林が宋代の福建、広東、江西の三省境界に住むいわゆる「客家」の源流を分析するに際して、宋代の「主戸・客戸」の比重の変化から「客家勢力の拡大」を説き、宋初における「主戸・客戸」制度の実行を「客家民系の形成の原点」と見ることは、「根本的な誤り」を犯すものだ、と

図1　中国歴代の人口動態　　単位：100万人

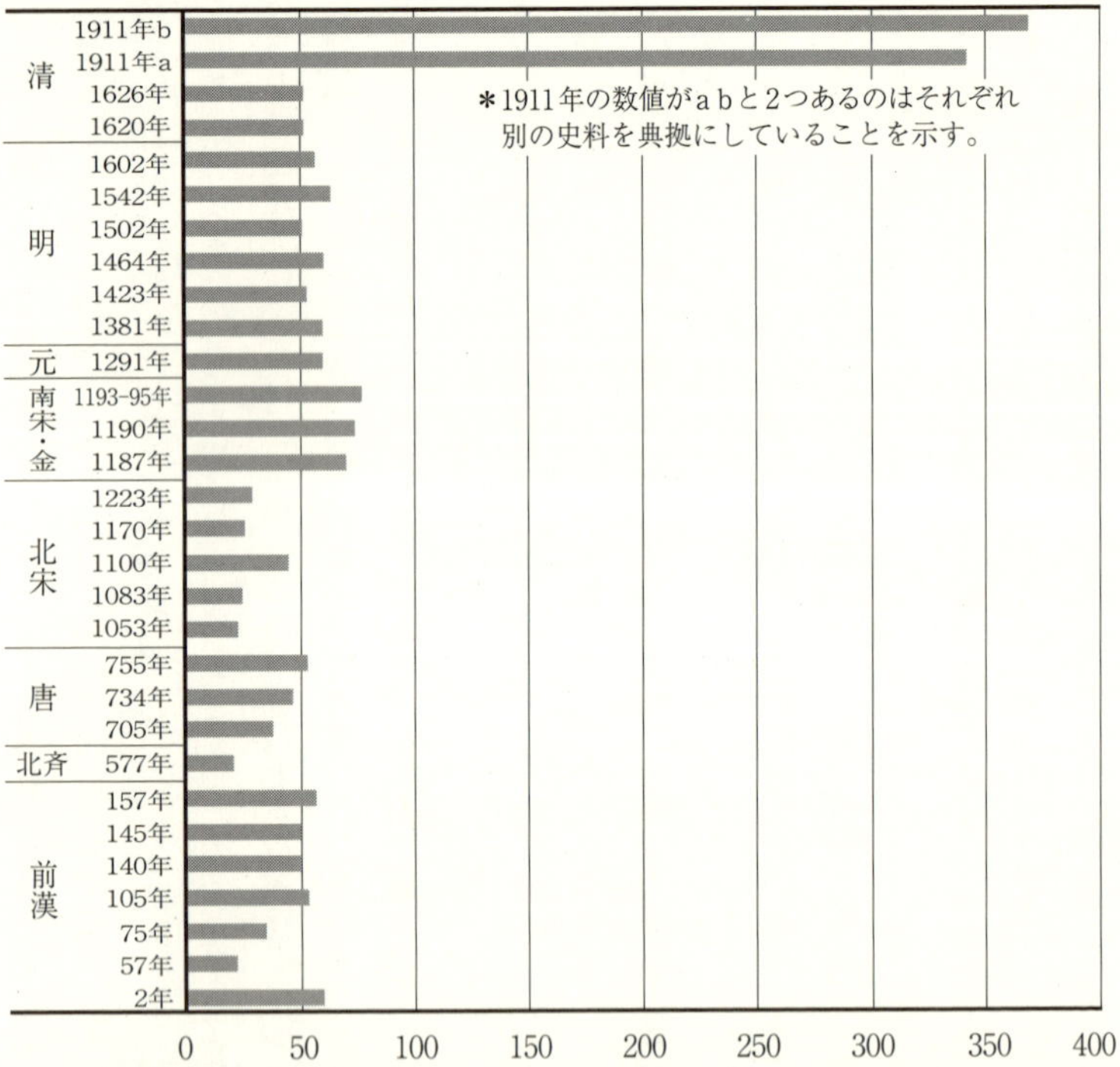

出所：梁方仲編著『中国歴代戸口、田地、田賦統計』上海人民出版社、1980年、4〜13頁の甲表1から作成。

謝重光は厳しく批判している。

ここで『中国歴代戸口、田地、田賦統計』を用いて、中国の歴代人口動態を一瞥《いちべつ》することから、移民問題の検討に著手しよう。

図1を見ると、王朝の交代期に人口が半減したかに見える数字が繰り返し現れるが、これは必ずしも実際の人口減少というよりは、官憲の把握した人口数の減少を示すものであろう。つまり、戸口調査とは、すなわち壮丁《そうてい》調査であり、徴税《ちょうぜい》調査である。政府当局の掌握能力の減少が記録に残された人口減少の主たる理由と思われる。

この人口動態を片目で眺めながら、広東省の場合について「主戸・客戸」の構成比を見ておこう。表1が示すように、梅州、循州の客戸が全戸数に占める比率は、約五割である。ここから、客家が混住する「非純客家」県から、客家が住民の大部分となる「純客家」州への発展を説くのは、どう見ても無理な話である。史書のいう「主戸・客戸」とは、やはり謝重光の説くように、土地に関わる階級区分と見るべきであろう。この表は謝重光説を裏づける重要な資料となるはずだ。なお土地面積は便宜上、編者・梁方仲が解放初期の数字から引いたものである。

こうして謝重光は、宋代の「主戸・客戸の変化」から客家民系の発展を説明し、元代の戸籍制度における「主戸・客戸の比重」から、「客戸が主戸を超えた」とするような伝統的客家論と徹底的に決別することなしに、客家研究は前進しないと強く主張している。

実は、謝重光に先立って、羅香林説の誤謬を最初に指摘したのは、管見だが、張衛東、劉麗川「論客家研究的幾個基本問題（客家研究のいくつかの基本問題を論ず）」（『客家研究』第一集、上海同済大学出版社、一九八九年）であるようだ。

この論文は「宋代の主戸」を「晋代に南下した士大夫家族」と結びつけ、「客家先民は中原士族を主体とする」と推論した羅香林説を批判した嚆矢と見られる。

この批判を引き継いで謝重光は、「宋代南方の主戸」を「北方から移民した士族」と理解し、あるいは「客家先民は中原士族が主体であった」とする結論には、まったく根拠がないと斥けたのであった。

羅香林は『客家研究導論』で、中国史上の大きな移民の流れをいずれも「客家先民の南下」と結びつけ、「晋代から南宋に至る三次の大移民説」を説いているが、これも当然批判を免れない。

表1　北宋期（1078年）広東省内の主戸・客戸構成比と戸密度

	戸　数	主　戸	客　戸	客戸率	土地（㎢）	戸密度（㎢）
南恩州	27,214	5,748	21,466	78.9	8,884	3.0
雷　州	13,784	4,272	9,512	69.0	8,599	2.0
恵　州	61,121	23,365	37,756	61.8	28,264	2.1
端　州	25,103	11,269	13,834	55.1	7,224	3.4
広州府	143,261	64,796	78,465	54.8	32,812	4.8
梅　州	12,372	5,824	6,548	52.9	5,340	2.3
循　州	47,192	25,634	21,558	45.7	10,308	4.5
万安軍	217	120	97	44.7	5,482	0.1
英　州	3,019	1,690	1,329	44.0	5,555	0.8
新　州	13,647	8,480	5,167	37.9		
封　州	2,739	1,726	1,013	37.0	2,365	1.0
化　州	9,273	6,018	3,255	35.1	5,756	1.7
高　州	11,766	8,737	3,029	25.7	8,409	1.4
潮　州	74,682	56,912	17,770	23.8	16,462	4.5
連　州	36,942	30,438	6,504	17.6	6,843	5.4
廉　州	7,500	6,601	899	12.0	7,339	1.0
昌化軍	835	745	90	10.8	7,585	0.1
南雄州	20,339	18,686	1,653	8.1	4,543	4.5
韶　州	57,438	53,501	3,937	6.9	10,376	5.5
瓊　州	8,963	8,433	530	5.9	15,859	0.6
朱崖軍	251	240	11	4.4	4,595	0.1
欽　州	10,552	10,295	257	2.4	10,481	1.0
安　州	8,979	8,979	0	0.0	9,525	0.9
合　計	597,189	362,509	234,680	39.3	222,606	

出所：梁方仲編著『中国歴代戸口、田地、田賦統計』上海人民出版社、1980年、460頁。

(1)四世紀南遷説　晋代・永嘉の乱（三一一年）後に、并州《へいしゅう》、司州、豫州《よしゅう》などから南下し、今日の安徽、河南、湖北、江西、江蘇などに移民した流民（第一次南遷）。

(2)一〇世紀唐末南遷説　唐末五代に、安徽、河南、湖北、江西、江蘇などから贛南、閩西、粤東に移民した流民（第二次南遷）。

(3)一三世紀南宋末南遷説　北宋から南宋へ移行し、宋から元に王朝が変わった時期に、贛南、閩西、粤東の三省境界地区から広東東北部に移民した流民（第三次南遷）。

これら三者が「ほとんど同一の移民」として描かれている。少なくとも第二次南遷は、第一次南遷で定住した者の後裔であると見なされ、第三次南遷は第二次南遷で定住した者の後裔と見られている。こうして羅香林によれば、第一次南遷、第二次南遷がいずれも「客家先民」と解釈されることになる。

ここで謝重光は、著名な歴史地理学の大家、譚其驤《たんきじょう》の論文「晋永嘉喪乱後之民族遷徙」を引用して、こう説いている。

(1)晋代・永嘉の乱に際して、移民を受け入れたのは、「江域諸州」すなわち長江流域だけである。荊州《けいしゅう》、揚州を越えて、寧州、交州、広州へ至った事例は、極めて少ない。

(2)今日の地名で説明すると、当時の「司州、豫州」の流民は、現在の河南東南部、安徽全域、江蘇西北部に移民した。これらの移住先は、今日の客家居住地と無関係である。「当時、たとえごく一部が今日の福建、広東省境界に移住したとしても、人数があまりにも少ないので、現地に同化されていたであろう」（『客家源流新探』九頁）。

(3)四世紀の第一次南遷と一〇世紀の第二次南遷の間には六〇〇年の時間差があり、特に唐末五代の江淮地区は人口流動も大きいので、羅香林のいう第一次南遷は、その数百年後に形成された客家とは、直接的関係はない（もしあえて関係づけるとすれば、越海系《えつかい》、湘贛系《しょうかん》、閩海系《びんかい》先民の南遷との関わり程度である）。

(4)羅香林のいう第二次南遷は、確かに客家民系の形成に関わりはあるが、ここでは客家よりは、閩海系すなわち福佬《ふくろう》民系の形成との関わりがより深いはずだ。

(5)第三次南遷とは、第二次南遷移民の後裔がさらに南遷したものではない。第二次南遷移民が江西、福建、広東の三省境界に移民して数百年の間に、「土着先民と漢人との混血」は著しく進んだ。この地域の住民をおおまかに「客家先民」としたのでは、「客家民系の実体」があいまいになり、とらえられなくなる。

(6)客家を説明する際に、「血縁を過度に強調する観点」も正しくない。羅香林の『客家研究導論』や『客家源流考』では、大量の族譜を用いて、「中原世家大族の後裔」だと説き、「客家は中華民族の精華」だとしている。羅香林は客家研究の開拓者であり、権威を持っていたために、その観点は大きな影響を与え、その亜流が続出した。

(7)その結果、客家先民の主体は「中原士族」であり、客家は基本的に「畲族とは通婚しない」といった誤った観点が強調されることになった。こうして楊時《ようじ》（一〇五三～一一三五年。北宋の儒学者）、李綱《りこう》（一〇八五～一一四〇年。南宋の宰相・思想家）、朱熹《しゅき》（一一三〇～一二〇〇年。南宋の儒学者）のように客家人の中原の先祖と関わりのある人物を「客家」に加え、他方で「客家後裔ではあるが、とうに非客家となった著名人」を客家に加えることになった。

例えば香港財閥の李嘉誠《りかせい》は潮州福佬人であるにもかかわらず、あえて客家名流に数えるが、これらの主張には根拠がない（『客家源流新探』一〇～一二頁）。

謝重光の厳しい批判は、とどまるところを知らず、「族譜」問題に突き進む。

「族譜」妄信の過ち

客家の歴史や文化を研究するに際して、「族譜」や「家系図」を初めて広く用いたのは、羅香林『客家研究導論』である。これらの資料は社会経済史、家族組織、宗族組織や、人口の変遷、当該地域の開発過程、宗教や信仰などを知るうえで重要な役割を果たすことは言うまでもない。しかしながら、これらの族譜資料には大きな欠点も含まれる。

謝重光はここで碩学・譚其驤の次の指摘を引用する。

「天下で最も信ずべからざる文籍は、それ譜諜《ふちょう》〔系図〕となす」「譜諜の靠《たよ》るべからざるは、官階〔官職と位階〕なり、爵秩《しゃくちつ》〔爵位と俸禄〕なり、帝皇を祖に作り、名人を宗族に作るなり」（譚其驤『長水集』）。

羅香林自身も、譚其驤の論述を引用しつつ、「実にわが心を得たもの」と記している（『客家研究導論』第二章注三六、影印版八〇頁）。にもかかわらず、羅香林が「客家先民」は「晋代の南遷に起こる」というとき、羅は「譜諜を考証なしに軽信する過ちを犯した」と謝重光から批判されているわけだ（『客家源流新探』一六頁）。

謝重光は「系図の誤記」の典型的な事例を示す。

⑴興寧『劉氏族譜』所収の「劉氏姓族源流」には、こう書かれている。「五胡乱華より、永嘉に淪復〔落ちぶれ〕、晋祚播遷〔晋の天子は遠方をさまよい〕、衣冠南徙〔官吏は南方へうつった〕。永公〔劉備〔西暦一六一〜二二三年〕の次子・劉永〕の裔は、また江南に遷居した」「唐僖宗乾符間に、……天錫公は官を捨て、父を奉ずる祥公は福建汀州府寧化県之石壁洞に避居した。後世ついに祥公をもって寧化始遷の祖と

する」。このくだりは、客家劉氏が帝室の後裔であり、永嘉のときに洛陽から南遷し、唐末に江南から閩西に南遷したことの証拠として、繰り返し利用されてきた。

しかしながら、『三国志・蜀書』の「二主妃子伝」に引かれた晋代の孫盛『蜀世譜』によれば、蜀が滅びたときに洛陽に逃れた「劉備の子孫」は、永嘉の乱のときに「子孫は絶滅した」と明記されている。つまり、永嘉の乱に際して、劉備の子孫は死に絶え、ただ「劉永の孫・劉玄」のみが洛陽から成都に逃れたのであった。したがって、客家劉氏の系図に書かれている「劉永の後裔が永嘉年間に江南に南遷した」という記述は、虚構にほかならず、この系図を基に客家劉氏の源流を説明したものは、歴史の検証に堪ええない（『客家源流新探』一六〜一七頁）。

もう一つの事例として郭氏の場合を調べてみよう。

(2)『崇正同人系譜・氏族編』「郭氏」の項に次のように書かれている。「唐の中葉に至り、郭子儀が有り……八子、七十二孫有り。その第七子晅《けん》は、福建汀州の刺史《しし》となる。年還暦に近くして劉氏を妾とし、子福安を生む。進士に合格し福建泉州の太守となる、職を襲い承事郎となる。官をもって福建にあり、遂に家を汀州郭坊村に定める、これ郭氏南来して族を播《たねま》く始めなり」。

ここでは、福建各地の郭氏はいずれも郭子儀（六九七〜七八一年。中唐の名将）の後裔だと自慢している。しかしながら『旧唐書《くとうじょ》』では、八子は曜《よう》、旰《かん》、晞《き》、朏《しゅつ》、晤《ご》、曖《あい》、曙《しょ》、映《えい》の固有名詞で書かれており、第七子の郭曙《かくしょ》は「才を以て顕《あき》らか」であることが「郭子儀伝」に記されており、その事跡をたどることができる。彼は朱泚《しゅせい》（七四二〜七八四年）の乱を平定した後、金吾《きんご》衛《えい》大将軍に昇格し、祁《き》国《こく》公を封じられている。

このような「正史に明らかな人物」について、その名を「郭晅《かくけん》」と偽り、捏造《ねつぞう》を重ねることは、史料と直接矛盾するだけではなく、「当時の制度」とも矛盾している。

例えば金吾衛大将軍は正三品の武官職であり、祁国公は正二品の爵位であるのに対して、汀州刺史《ていしゅうしし》は、正四品下の「令外《りょうげ》の官」にすぎない。

「郭暄」なるものがもし「郭曙」を誤り伝えたものとすれば、高官なのであるから、どうして正四品下の「州刺史」に任じられることがあろうか。「承事郎《しょうじろう》」の官階は宋代には正八品にすぎない。

どうしてこのような地位を襲うことがありえようか。これは郭氏の系図を美化しようとした矛盾を露呈したものだ。

謝重光はこのように正史などの語る、頼るべき史実に照らして、「劉氏系図」や「郭氏系図」の偽造を鋭く批判している。系図の偽造、捏造についてはすでに多くの指摘があり、これは一例にすぎまい。

とは言え、族譜や系図をすべて否定するのではない。書かれた内容の真偽を一つ一つ検証しつつ用いるべきなのである。羅香林のような優れた学者でさえも、考証不足の間違いを犯している。譚其驤の検証した成果を踏まえながら、問題の所在を実にわかりやすく説いたのが謝重光の客家論であり、私は本書から多くの事柄を学んだ。

「客家＝中原士族」説批判

中原士族説の濫觴《らんしょう》は、清朝中葉の徐旭曾《じょきょくそう》である。曰く「今日の客人の祖先は、宋の中原衣冠旧族であり、忠義の後裔である」（徐旭曾『豊湖雑記』）と。これを引用して羅香林はこう書いた。

「衣冠その地を避け、風気漸く開く」「衣冠の萃《あつま》るところ、文芸儒術の盛りとなす」（羅香林『客家史料匯編』）と。

こうして、客家先民は「いずれも中原士族」であり、客家先民には「中原士族が多い」とする見解が流布した。

その後、張衛東『客家文化』（新華出版社、一九九一年）が、客家先民の「主体は中原士族である」とする観点を三点から論じて体系化した。

⑴東晋期の帝室の南下に追随した「中原士族の主体」は、「位冠の士族」であり、官や宦官《かんがん》、大戸《だいこ》の人々である。

⑵「江南に仮住まい」していた多くの中原士族の大姓は、「唐末に再度南遷」した。

⑶宋末に元兵が南下し、中原士族の後裔は、大挙して南遷した。

この主張については、一部を修正した見解もある。

⑴すなわち「客家先民は中原士族を主体とする」が、「流人《りゅうじん》」中の「大量の下層民が同時に南遷したこと」を否定するものではない。

⑵ある時期やある地区では、「流人の数量が、衣冠よりも多かった」と軌道修正する論者もある。

しかしすでに述べたように、晋代の「衣冠南渡」は、唐中葉に客家先民が南遷したこととは直接的関係はないし、唐代中葉に階層としての士族はすでに没落していた。とりわけ唐末の農民戦争によって士族の残存勢力も致命的な打撃を受けていた。

五代宋初には、「士族の事を復せず」、すなわち士族階層はすでに歴史の舞台から完全に退いていた。

それゆえ、唐中葉から唐末、五代宋初にかけて客家先民の南遷が行われたとき、「中原士族が多数を占めていた」とは、とうてい言えないし、政治経済文化面で主要な役割を果たしたとも言えない。つまり中原士族説は成り立たない（『客家源流新探』一〇三〜一〇四頁）。

これが謝重光の結論である。そして、さらに論を続ける。

なお、「士族」と「官宦、大戸」とは、異なる概念である。「士族」あるいは「世族」とは、旧史にいう「甲族、高門、旧門、冠族、著姓、右姓」のことで、これらが士族である。士族の基準とは、「官に世胄《せいちゅう》あり、譜に世官《せいかん》あり」である。世胄とは貴族の身分を世襲すること、世官とは同じ官職を世襲することだ。すなわち「身分の世襲」と「官職の世襲」である。

「貴族の身分を持ち、高官を世襲できる一族」こそが、「士族」に数えられるのであり、軍功やその他の理由で、「一代限りの官職」に就いた場合、どんなに地位が高くとも「士族には数えられない」。これが律令制の約束事である。

中原士族の例として一般に見られるのは、「興寧張氏、温氏、嘉応劉氏、蕉嶺頼氏、南海九江朱氏、江西寧都孫氏、広東和平徐氏、卓氏、蕭氏、陳氏」などを挙げケースだが、わずかに「蕭氏のみ」が強いていえば、「江南に移住した中原士族の後裔」といえる程度であり、その他の各姓に、士族の資格はない。

客家には、その他、「李氏、謝氏、薛氏、王氏、盧氏、柳氏」などの著名な姓もあるが、これらが唐代の「隴西《ろうせい》李氏、太原王氏、范陽《はんよう》盧氏、河東柳氏、薛氏」の後裔であるかどうかは、なお検証を要する。

例えば「寧化中沙、方田、泉上、横鎖などの李氏」は、族譜に「広昌」「建州衛」「建寧」などと書いてあるが、唐代の記録にこれを見いだせない。

百歩譲ってこれらの姓氏が「中原士族の後裔」だとしても、彼らは一〇〇余ある客家姓氏の中の「ごく少数であり、一割未満」である。したがって客家先民の「主体が中原士族」だとする説は、ほとんど説得力を欠いている。

これは一部の研究者の主観的憶測にすぎず、歴史の史実とは符合しない（『客家源流新探』一〇七～一〇八頁）。

こうして「客家＝中原士族の後裔」説は、完膚なきまでに批判された。

（4）畲族と漢民族との関係

畲族先民について

漢族の移民が南下する前に、贛閩粤境界に住んでいたのはどんな人々か。この地域は古代は「百越《ひゃくえつ》」の世界であり、閩西・粤東は「百越」族の中の「七閩」の領域であった。

以下、謝重光によりながら論じることにする。

「七閩」という言葉の初出は『周礼』であり、「閩」は南方の少数族「蛮」の一族であった。つまり「七閩」とは、古代閩族の「七つの部落」の意味であり、後にこれが転じて「七閩」の分布地になった。その範囲は今日の浙江南部と福建全域、そして広東東部にまたがる地域である。

これに対して贛南は「七閩」には属さず、春秋期には「呉越」、戦国期には越が滅び、「楚」地であった。とは言え、これは政治的に見て楚国が統治したのであり、居住していたのは主として「越人」であった。「百越」はまた「百粤」とも表記し、「東越、閩越、甌越《おうえつ》、于越、西越、洛越、南越」に分かれ、今日の浙江南部、福建、広東、広西、安徽、江西、湖南、貴州、およびベトナムあたりが「百越」の世界であった。言い換えれば秦代までは、贛南、閩西、粤東に居住する人々をすべて「百越」と呼んでいた。漢の高祖は「閩越王」に今日の福建省を統治させ、「南越王」に嶺南を統治させた。

唐宋期に、贛閩粤境界に土着していた民は「夷獠《りょう》、蛮獠、蛮夷、洞蛮」などと呼ばれたが、これは越族の後裔であり、今日の畲（ショオ）族の先民である。

『隋書・南蛮伝』には百越の先民として「俚、僚」の名が見えるが、これが畲族の先民である。畲族の先民は、「随山洞而居（山洞に居す）」であり、家の造り方を知らなかった。彼らが「洞僚、洞蛮、洞寇」などと呼ばれたのはこのためである。

唐宋期はどうか。唐代の詩人・劉禹錫《うしゃく》は「閩に海の幸あり、その民は悍にして俗は鬼なり。洞砦に居す。華語通ぜず」と書いたが、これが畲族の先民である。

焼き畑農業は、畲族先民の基本的な特徴である。これらの記録から畲族先民の生活がわかるが、彼らは特殊な言葉を話し、独立した文字は持たなかった。犬をトーテムにするのも畲族先民の特徴である。彼らはやや原始的な社会発展段階にあり、北方および江淮に住む漢族とは発展段階が大きく異なっていた（『客家源流新探』二六～三五頁）。

畲族と客家先民との交流

南宋時代に贛南、閩西、粤東に土着していた少数民族・蛮獠は、すでに畲族と呼ばれるようになっていた。宋末元初には畲族と客家先民との、それまでの緊張関係は、大きな転機を迎えた。

モンゴル兵の南侵により、南宋が亡びた後、元は客家先民と畲族とを最下等の「南人《なんじん》」と分類して差別支配を行った。こうした背景の下で、客家先民と畲族とは、共通の敵に直面して、手を携えてモンゴル支配に抵抗するようになり、この過程で、畲族と客家先民との関係は従来の「敵対関係」から「友好協力関係」に転じた（『客家源流新探』一三五～一三六頁）。そして通婚も一部で行われるようになった。

畲族は客家先民との交流の中で、「趁墟《いちへいく》」を学んだ。これは定期市を通じて、その労動生産物を交換するやり方であった。柳宗元は詩集『柳州峒氓《どうぼう》』で、こう書いている。「青箬《たけのかわ》で塩を裹《つつ》み、峒客《どうきゃく》帰り、緑荷《はすのは》で飯を包み、人は趁墟へ急ぐ」と。

では、畲族から客家先民が学んだものは何か。『臨汀匯考巻四・物産考』には、「汀人は大禾米《だいかまい》（特産の粘り気のある米）を最も重視して、春秋の祭祀に必ず粿《か》（米粉で作ったねりもち）をもって祖先に奉ずる。ほかに稜米《りょうまい》あり、また畲米とも名づける。畲客は山を開き、樹を種え、乱草を掘って焼く。土の暖かきに乗じて之を種え、粘・不粘の二種に分ける。四月に播いて、九月に収穫する」とある。ここでいう「稜米」とは畲族の特産物だが、すでに汀州の漢人にとって重要な食糧になっていた。焼き畑により、これを栽培する技術を客家先民は畲族から学んだ。狩猟や蕪《かぶ》の栽培も畲族から学んだ。

客家女性が高い髻《もとどり》を巻き上げる「椎髻《ついけい》」の風習は畲族から学んだものだ。客家人が好む薯蕷《しょよ》（ナガイモ）の食べ方は畲族から学んだ。竹筒に米を入れて炊く竹筒飯《チュートンファン》も畲族から学んだ。

客家女性には纏足の習慣はない。これも畲族から学んだ。これまで一部の論者は「移住に不便だから」と説明してきたが、これは憶測にすぎず、歴史的根拠は見当たらない。むしろ畲族の影響と見るべきである。

特に「女労男逸（女が働き、男が楽をする）」の習俗については、「客家先民は南遷して嶺南に至り、百越とその後裔を隣人としたので、その影響を免れなかった」し、これは「百越民族の母系社会の名残り」の可能性もある（劉佐泉「客家文化中的南方土着民族習俗因素挙隅」）。

藤野稿（二四五頁）が指摘するように、畲族は客家と長年にわたって雑居し、文化的影響を受けた結果、客家語を話すようになった。戸籍上の民族登録が畲族であっても、強い客家アイデンティティーを持っており、「『私は（漢族の）客家だ』と主張し続ける者に出会うことも珍しくない」。畲族の「客家化」でわかるのは、「血縁」ではなく「文化」が客家アイデンティティーをつくることだ。

福建省上杭県の場合、後述の表2（九二〜九三頁）のように、藍、鐘、雷姓の人々は、当初、戸籍調査においては自己申告に基づき、漢族として登記したが、その後、畲族に戸籍が変更された事例である。本人の自己認識は客家だが、他の特徴からして畲族に認定されたものであり、客家アイデンティティーの断面を鮮やかに浮かび上がらせたものと見てよい*。

＊二〇一〇年六月末に訪問した福建省漳州市漳浦県赤嶺畲族郷の場合、住民は数百年にわたって閩南人に同化し、その自己認識は事実上、閩南人であった。赤嶺の藍氏一族は、明清代に科挙に合格する者が一三人おり、一五代の藍廷珍（一六六三〜一七二九年）は清初に福建水師提督などを務め、台湾の反乱軍と戦い、これを鎮圧するほどの保皇派であった。ところが、「赤嶺、湖西を含む一一の民族郷」が改革開放初期（一九八四年）に設けられ、彼らはいま閩南人ではなく、畲族に分類されている。ただし、幹部だけは漢族並みに一人っ子政策を厳守しなければならない。

（5）言語から見た客家

橋本＝諏訪仮説

香港に遊学したころ、私はいくどか言語学者の橋本萬太郎・余《よ》靄芹《あいきん》夫妻と食事をする機会があり、雑談を重ねた。大学の中国語クラスの先輩として橋本氏の顔を知っているというだけの理由で、食事をご馳走になり、雑談を重ねたのだが、いま思うと、客家語についていろいろ聞いておくべきだった事柄が次から次へと想起され、真に慙愧の念に堪えない。

橋本が *The Hakka Dialect: A Linguistic Study of Its Phonology, Syntax & Lexicon*, Cambridge University Press 1973. を発表したのは、まさに、香港で雑談していた時期なのだ。私は当時、広東語を学んでいたので、余夫人と広東語の会話がはずんで得意になっていた。

橋本は座談の名手であり、さりげない話題からいくつかの事柄を学んだ。その話題の深い意味を、私は後日『現代博言学』などで確認し、旧著『巨大国家中国のゆくえ』で引用させてもらった。

この旧著の第1章第1部「漢民族と漢語の形成」を基に要点をまとめておけば、次のようなものだ。

漢民族とは何か。漢語を話す民族である。言語によって民族を特定することは広く行われているから、まずこれを受け入れよう。

では漢語とは何か。漢語はいかに形成されたのか。この疑問の答えは難しく、おそらく教科書的な模範解答はまだない。そこで一つの仮説を紹介してみたい。

この仮説は元来は、言語学者・橋本萬太郎（一九三二～八七年）が『言語類型地理論』（中国語版は余志鴻訳『語言地理類型学』）で提起したものだが、それを踏まえて、鮮やかな図を描いてみせたのは、地理学者の諏訪哲郎（一九四九年～）であるから、これは橋本＝諏訪仮説と呼ぶべきものである。

⑴牧畜文化と農耕文化の接触

諏訪哲郎『西南中国納西《ナシ》族の農耕民性と牧畜民性』（二四二頁）によれば、人類が牧畜という生業形態を持つようになったのは、およそ一万年前である。この牧畜民が東アジアの農耕文化地域と接触するようになったのは、古く見積もっても五〇〇〇年前あたり、本格的な接触は、四〇〇〇年前から三〇〇〇年前にかけての時代であった。

この接触こそは牧畜民と農耕民との東アジアにおける劇的な遭遇であった。漢民族の誕生を告げる「神話的な結婚」といってもよい。西安近郊の半坡遺跡で農耕の証拠が出てくるのは約六〇〇〇年前であるから、三〇〇〇～四〇〇〇年前には、扇の閉じた線の南側では農耕がかなり普及していたことになる。

扇の閉じた線の北側では、約一万年前に狩猟、採集段階から動物の家畜化すなわち牧畜という生業形態が生まれ、その範囲が農耕文化地域にまで及ぶようになった。

⑵アジア大陸における「南方型言語」と「北方型言語」との出会い

これは言語学的に言えば、「順行構造の南方型言語」と「逆行構造の北方型言語」との出会いであった。ここで「順行構造」とは、名詞句、動詞句を問わず、修飾語を被修飾語の後に積み重ねていく構造である。

人間の瞬間記憶を利用して、無限に広げることができるという意味で、言語構造として順行構造(progressive structure)という。これに対して、逆行構造とは、名詞句、動詞句を問わず、修飾語を被修飾語の前に置く構造である。

人間の瞬間記憶には限界があり、言語要素の積み上げに限界があるという意味で逆行構造(regressive structure)という。

まさに両者の言語構造を持つ話し手の接触によって牧畜型と農耕型の双方の特色を持つ漢語《ハンユイ》が生まれ、それを話す漢民族が誕生したのであった。なお漢語《かんご》と読むと、日本語における「やまとことば」に対する「漢語」の意味になるので、以後「中国語」と呼ぶことにしよう。

(3)漢民族と中国語の誕生

諏訪哲郎は、橋本説を膨らませたこの壮大な仮説を扇のイメージで象徴的に説明している。図2-(1)は、順行構造の言語を持つ民族と逆行構造の言語を持つ民族が一本の線を境として接している状態であり、これは互いに没交渉の状態である。

これら両者の言語が接触し融合して生まれたもの——それこそが中国語にほかならない。漢民族とはこの言語を用いた人々のことであり、「中国語という言語の成立」と「漢民族の誕生」とは同じことを意味する。繰り返すが、南方型言語を話す民族と北方型言語を話す民族とが融合して、新たな民族すなわち漢民族が生まれたわけだ。

(4)北方型の遺伝子「名詞句」と南方型の遺伝子「動詞句」

漢民族の話す新しい言語は両者の折衷物である。名詞句は逆行構造、動詞句は順行構造であり、前者は

図2　中国語の成立

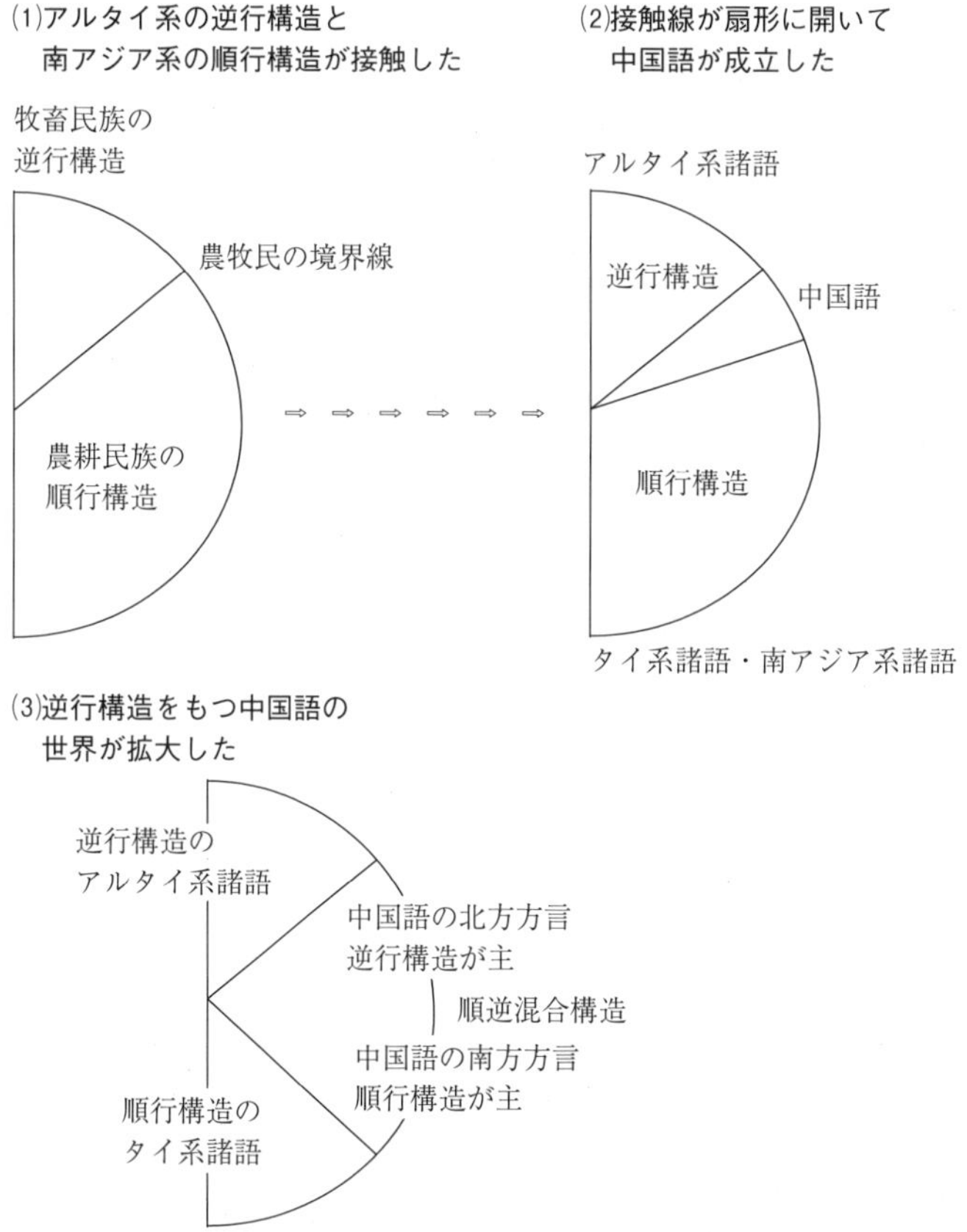

出所：諏訪哲郎『西南中国納西族の農耕民性と牧畜民性』（学習院大学研究叢書 16）第一法規出版、1988 年、241 頁。

北方型の遺伝子を、後者は南方型の遺伝子を継承している。ではこの接触においてどちらがイニシアチブをとったのか。

(5)「牧畜民の農産物を求める力」と「接触による文化・経済的な活力」

諏訪は、「中国語という扇を開かせる初期の力は、牧畜民の農産物を求める力」だと説き、そして「開きかけた扇を大きく広げたのは農耕文化と牧畜文化の接触による文化・経済的な活力である*」と説明している。

(6)「雑種」が持つ強い生命力

それ以後の歴史の過程で順逆混合構造の世界は、ますますその世界を拡大していった。「雑種」が強い生命力を持つ一例であろう。その姿を諏訪は、図2―(3)のように描いた。

(7)南方型要素の減少と北方型要素の増大

このようにして成立した中国語の発展を歴史的に見ると、古代から現代にかけて、南方型の順行構造の要素が減少し、北方型の逆行構造の要素が増えてきた。中国語は南方型言語（順行構造）をベースとして、出発したにもかかわらず、現代においてはほとんど北方型言語（逆行構造）に近づきつつある。

(8)中国語の歴史的発展と地理的分布

では中国語を地理的、空間的に見るとどうか。中国南方には順行構造が多く、北方には逆行構造が多い。そして中間は南方型要素と北方型要素の混合形態になっている。

つまり中国語の歴史的発展（時間的変化）と地理的分布は図3のように、実に単純な図に描ける（『語言地理類型学』四六頁）。

(9)連続体をなす東アジア大陸の諸言語の統辞法

図3は、別な視点から見れば、東アジア大陸の諸言語の統辞法は語族の別を超えて全体として連続体をなしていることを示唆する。

第一に、中国語における南北のさまざまな違いは一貫した法則に基づいている。

第二に、それらの違いは南北という空間上の連続的変化として存在している。

第三に、それらの違いは古代から現代に至る時間上の連続的変化でもある。

こうして、中国大陸の南北すなわち「ヨコの変容」と、歴史すなわち「タテの変化」は見事に対応する、と橋本は説く。

(10)中国の少数民族と外輪圏

＊なお、諏訪哲郎『西南中国納西族の農耕民性と牧畜民性』の主題は、中国の少数民族ナシ族の歴史と文化の研究を核心に据えて、チベット・ビルマ語群の成立とチベット・ビルマ系民族の拡大・発展に関する仮説を提起したものであり、私の引用箇所は諏訪の研究ではサブ・テーマにすぎない。

図3　中国語の成立

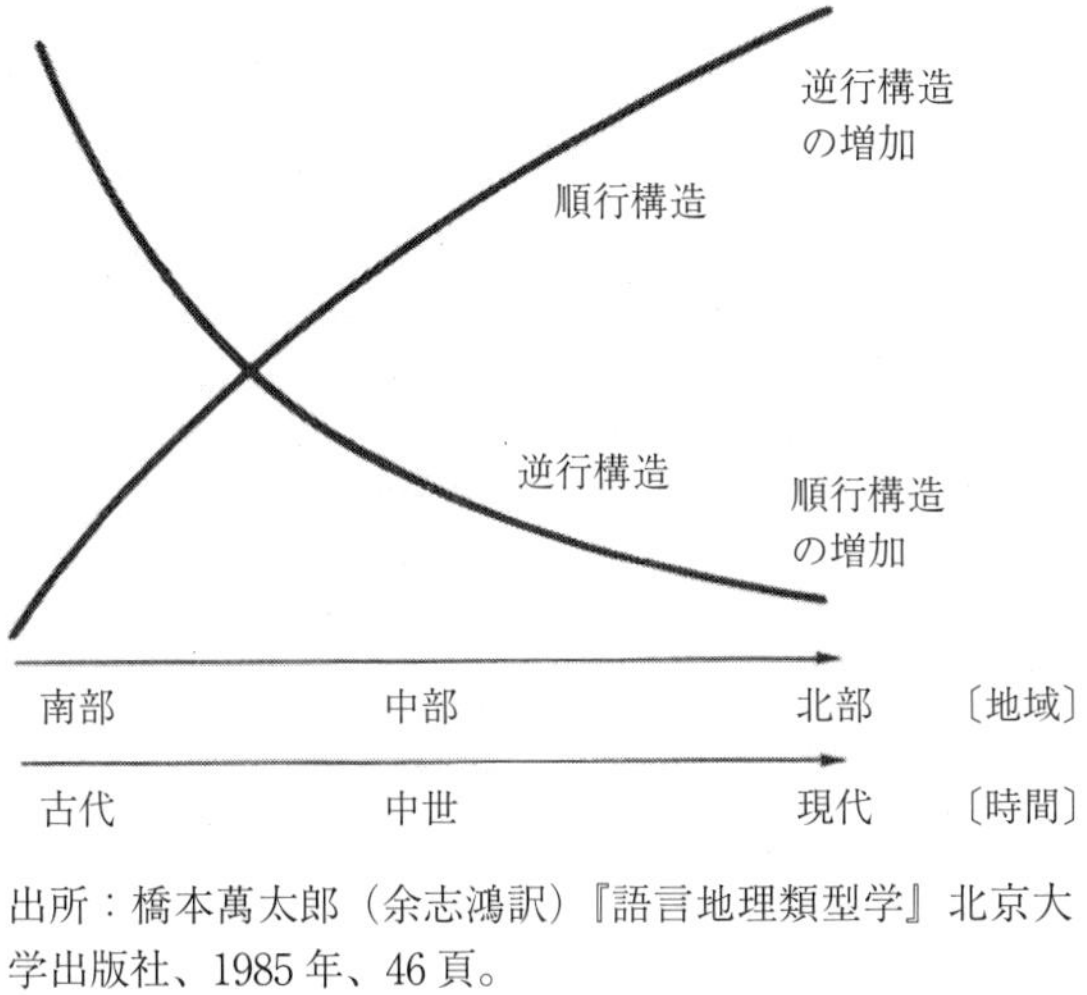

出所：橋本萬太郎（余志鴻訳）『語言地理類型学』北京大学出版社、1985年、46頁。

表 2-1　福建省上杭県の少数民族と居住地（郷鎮）

	民族名	分布する郷鎮名	備　考
1	ショオ(畲)族	廬豊、官荘、臨江、臨城、才渓、南陽、旧県、湖洋、稔田、太抜、茶地、藍渓、中都、下都、蛟洋、古田、白砂、渓口、泮境、通賢、歩雲、珊瑚	藍、鐘、雷姓の人々
2	回　　族	古田、才渓	
3	チワン(壮)族	臨江、古田、南陽、臨城、才渓、通賢、白砂、蛟洋、官荘、珊瑚	
4	チベット(蔵)族	通賢	
5	ミャオ(苗)族	古田、才渓、渓口、白砂、蛟洋	
6	イ(彝)族	南陽、湖洋、通賢、太抜	
7	トウチャ(土家)族	古田、南陽、旧県、泮境、白砂、蛟洋	
8	プイ(布依)族	臨江、茶地	
9	満　　族	臨江、蛟洋	
10	トン(侗)族	渓口、白砂、蛟洋	
11	ヤオ(瑤)族	古田、白砂、蛟洋	
12	ペー(白)族	南陽	
13	ハニ(哈尼)族	南陽	
14	タイ(傣)族	下都	
15	リー(黎)族	通賢	
16	コーラオ(仡佬)族	蛟洋	
17	ムーラオ(仫佬)族	蛟洋	
18	モンゴル(蒙古)族	蛟洋	

出所：上杭県行政区画 http://baike.baidu.com/view/190643.htm による。

中華人民共和国には現在五五の少数民族が存在する。これら五五の少数民族が漢民族を囲む「第一次外輪（民族）圏」をなしているとすると、東アジア世界には、さらにその外を囲む「第二次外輪（民族）圏」があった。橋本のいう「第一次外輪圏」を象徴するのが福建省上杭県のケースだ。同県には一九八七年一二月時点で、全県二一郷鎮一〇八村があり、うち六〇六〇戸（三万八八九人）は、かつて漢族に分類されていたが、その後、畲族として再登録された（藍、雷、鐘姓の人々）。畲族は全県総戸数の七・六パーセントを占める。二〇〇九年二月現在、全県に二つの畲族郷（官荘畲族郷、廬豊畲族郷）がある。少数民族人口一〇〇〇人以上の郷鎮は一一個、四〇個の民族行政村、二〇五個の民族自然村がある。畲族のほか一七の少数民族がおり、少数民族人口は三・四万人である。上杭県の少数民族村および行政区域別人口は表2−1、表2−2のごとくである。

　第二次外輪（民族）圏とは、東の朝鮮、日本や南のベトナムなどである。第一次外輪圏にも西北の高昌、西夏、西方のチベット、西南の南詔（ペー族）のような、前近代的な意味での国家形成の動きが見られたが、その後、歴史の舞台から消えてしまった。

　つまり、漢民族的なまとまりを縮図として近代国家をつくることに成功したのは、朝鮮、日本、ベトナムのように、第二次外輪圏の諸民族なのであった。

(11)「初めに言葉ありき」（通じる話し言葉）

　西欧文化圏をまとめたユダヤ・キリスト

表2-2　福建省上杭県の人口分布（2008年）

9鎮、11郷、2民族郷	人口数(人)	備　考
南陽鎮	44,579	革命烈士579人
臨城鎮	42,645	
臨江鎮	38,945	
官荘畲族郷	30,613	畲族人口38%
湖洋郷	30,318	
廬豊畲族郷	29,537	畲族人口31%
旧県郷	28,694	
白砂鎮	25,520	
才渓鎮	25,112	
稔田鎮	24,899	
蛟洋郷	24,004	
通賢郷	20,870	
藍渓鎮	19,665	
太抜郷	18,988	
古田鎮	18,860	
中都鎮	18,676	
渓口郷	12,910	
下都郷	11,400	
茶地郷	9,072	
珊瑚郷	7,847	
泮境郷	6,430	
歩雲郷	4,225	
全県22地区計	493,809	

出所：上杭県民族人口 http://baike.baidu.com/view/190643.htm による。

教には「初めに言葉ありき」（新約聖書）という信念が一貫している。

聖書は、さまざまな言語に訳されたが、そのことに人々は少しも疑いを持たなかった。これに対して、イスラム教は「コーランの翻訳」を絶対に認めない伝統を持っていた。

(12)「初めに漢字ありき」（通じない話し言葉）

両者に対して漢民族の伝統とは何か。あえて言えば「初めに漢字ありき」である。

書き言葉と各地の人々が実際に話す言葉との乖離は、あまりにも長い間、支配的であったので、漢民族の間ですら「漢字によって書かれた言語」のほうが自分たちの「口にする言語」より本物であると観念されてきた。

北京人と上海人、四川人と広東人の間で「話し言葉が通じないこと」は、「漢民族としてのまとまり」にとって少しも障害にならなかった。

(13)北方民族の侵略史と漢民族の形成史

政治史の観点から見ると、漢民族にとっては、古来、北方民族から不断に侵略を受ける歴史であった。「周」そのものが西北からの侵入者であり、四～五世紀には「五胡（羌、羯、匈奴、鮮卑、氐の北方少数民族）」が北方を蹂躪し、五～六世紀の北朝、一〇世紀の五代、一〇～一二世紀の遼、一二～一三世紀の金、一三～一四世紀の元、一七～二〇世紀の清——歴史の主な変動は、すべて北方からの侵入者によって引き起こされている。

万里の長城が北方に作られ、華南や華西にないのはこのためであろう。紀元前一一世紀ごろに、周が中原地方に入ってきたとき、その東には「斉」、東南には「呉」、その南には「越」、西南には「楚」の文化が並行して栄えていた。

これらの「蛮人」を何百年もかかって同化する過程が漢民族の形成史である。その言語は北方のアルタイ系（北狄と総称される）の言語との接触の過程で、急激な変化を遂げた痕跡が確認できる。

⒁漢民族は同化民族である――同化の痕跡

漢民族は同化民族であるために、その言語構造にさまざまな痕跡を残している。例えば中国語の古典では、名詞句は「ひとりぼっちの＋おおきなカリ（孤＋鴻）」であり、修飾語は必ず被修飾語の前に置かれる（逆行構造）。

ところが動詞句の場合は、「きもちをつたえる（伝＋情）」のように、修飾語は被修飾語の後に置かれる（順行構造）。名詞句が逆行構造であり、動詞句が順行構造であるのは、世界の言語の構造から見て不自然である。

通常は名詞句が逆行構造なら動詞句も逆行構造、名詞句が順行構造なら動詞句も順行構造というふうに一致する。

言語学の教えるところによれば、一般に北方型言語は逆行構造を持ち、南方型言語は順行構造を持つ。日本語は、名詞句が「美しい＋花」（修飾語＋被修飾語）のように逆行構造を持つのと同じく、動詞句も「キモノを＋着る」（修飾語＋被修飾語）と逆行構造を持ち、二つの構造が一致している。

では現代中国語はどうか。「ひとりぼっちの＋おおきなカリ（孤単的＋鴻雁）」という名詞句は、古典と同じく逆行構造だが、動詞句の「きもちを＋つたえる（把情懐＋伝達）」も、「修飾語＋被修飾語」すなわち逆行構造に変化し、名詞句と動詞句は逆行構造に統一されてきた。

つまり、現代中国語においては、名詞句も動詞句も同じ逆行構造になり、北方型言語の通則に合致するようになった。

⒂古代中国語の文法構造の矛盾を解くカギは北方からの民族移動にあり

「名詞句は逆行構造、動詞句は順行構造」という世界の言語構造から見て不自然な古代中国語の文法構造の矛盾をどう考えることができるのか。橋本はこう解釈している。漢民族の言語のベースになったのは南方型言語である。

その証拠は動詞句が「動詞＋修飾語」のように順行構造になっている点である。南方型言語の世界に北方型言語が滲入し、名詞句のみが北方型の逆行構造（すなわち「修飾語＋名詞」の形）になったのである（『漢民族と中国社会』一一三頁）。

実は周の侵入以前には、名詞句もまた動詞句と同じく「名詞＋修飾語」の順行構造であったのだ。その証拠は、夏や殷においては「帝＋乙」や「祖＋甲」のように、修飾語が被修飾語の後に置かれた事実である。

この言い方は周以後は「武＋王」「高＋宗」「太＋祖」のように、修飾語が被修飾語の前に置かれるように、両者の位置が逆転した（夏や殷の順行構造と周の逆行構造との関係について、従来は前者を「同格構造」（帝と乙とが同じ資格で並ぶ構造）とする説が有力であった）。

英米系の研究者たちは、ゲルマン系とロマンス系のみだれあった言語生活の中で、Ozette Lake, Wynoochee Lake, Sammamish Lake の言い方と、Lake Crescent, Lake Washington, Lake Chelan の言い方の違いに鈍感である。

これに対して、日本語のように「この構造をくずさない言語の話し手」の眼には、問題の性格がよく見える、というのが橋本の慧眼である。

要するに、「周の侵入」によって原中国語は「第一次北方語化」をこうむった。言い換えれば、周の侵入以前に中原地方で話されていた言語は、今日、華南で話されている少数民族の言語に近い可能性が強い。例えば今日の山東省あたりにあった中国古代の奄《えん》や郯《たん》に、今日のタイ語に見られる姓があることもその傍証の一つである。

「周代の漢民族」の言語とそれ以前に「中原地方に行われていた言語」との関係で注意しなければならないのは、周人の使い出した言語を書き表す文字とそれ以前に商人《しょうじん》によって使われていた文字（甲骨文）との間に、単語の発音の表し方に根本的な違いのないことである。これは何を意味しているのか。

周人は中原地方に入る以前から、文化的に圧倒的に優位にあった商（殷）の言語を、自分たちの言語なりに、語順などは少しなまったとしても、全面的に受け入れて富をたくわえ、ついに武力にまさって、中原地方をのっとったのではないか――ちょうどそれから二六〇〇年後に、満洲族が北方の漢人を支配下におき、満洲なまりの中国語（後の北京語）を発達させて、やがて全中国をのっとり、清朝を成立させたように（『漢民族と中国社会』一二〇～一二一頁）。

橋本のこの仮説は、私の想像力を刺激してやまない。

周王朝の成立に続く第二の北方からの民族移動の波は「五胡の侵入」であった。この衝撃の中で、漢民族の基礎的な言葉さえ変化している。周代の漢民族はナベのことを「ディエン」といった。漢字の原型では鼎《てい》と表記した。鼎は商の遺跡殷墟からたくさん出ているから、周人が西北方から持ってきた言葉ではないと考えてよい。この文字は甲骨文字にも書かれているこの鼎はいま中国大陸東南の片隅に残っている。この土地にナベを表す現実の言葉として鼎が残っている事実は、かつては中原地方に広がっていた「ディエンという言葉の直系の子孫」であることを示唆している。

大陸の東南岸からもう少し奥地に入ると、ナベのことは「ボク」と呼ばれる。古代の漢民族は「鑊《かく》」と表記した。今日、北方に住む大多数の漢民族はナベのことを「グゥオ」と言い、「鍋」という漢字を用いる。

この「鍋」の文字は、古代の文献にはなく、中世の字書にようやく登場する。『説文解字』には陝西省あたりでは土鍋のことを「グゥオ」と言う、とあり、この言葉は漢民族の中でも西北方にいた人々の言葉であったことがわかる。

要するに、かつては中原で話されていた「ディエン（鼎）」は「ボク（鑊）」に押されて東南の隅に追われた。その「ボク（鑊）」も西北方から来た「グゥオ（鍋）」に押されて東南隅に押し込められた。

こうして「ナベという言葉」の消長から、西北方から東南方へ向かう移動の波が歴然と地図に浮かんでくるわけだ（『現代博言学』三八一頁）。

第三の北方からの民族移動の波は、おそらく唐末のものである。これらの結果、人体の部分、生存のための動作、身近な動物、基本動作など、一言語の最も基礎的な語彙に次のような変化が生じた。

まず「め」（目→眼）、「のむ」（飲→喝）、「いぬ」（犬→狗）、「いく」（行→去）、「くち」（口→嘴）、「くう」（食→吃）、「さる」（猿→猴）、「はしる」（走→跑）などである。

これらの変化は日本語に用いられる漢字との関わりの点でたいへん興味深い。「目、飲む、犬、行く、口、食う、猿、走る」――すべて現代日本語で用いられている漢字にほかならない。

つまり、日本人は「唐末の民族移動」によって中国語の最も基礎的な語彙に変化が生ずる前に、漢字を導入し、導入したままの形で用い続けてきた。ところが肝心の中国大陸では、これらの語彙が変化してしまったわけだ。

実は中国大陸でも日本語のように、古い語彙を用いている地域がある。例えば広東語では「飲茶《ヤムチャ》」や「食飯《セックハン》」のように「のむ（飲）」、「くう（食）」の漢字を現在も用いている。香港旅行に出かけた人々にとってはおなじみの言葉のはずだ。

後に中国語と「呼ばれるようになった諸言語」の形成過程とその特徴は、ほぼ以上のごとくだが、これらの特徴を総括すれば、「農耕民型言語」という類型論になる。

「農耕民型言語」の特徴を色濃く持つ中国語の形成過程を知るうえで、最も有効な方法の一つは、いわゆる「方言」の差を調べることである。

⒃中国語の五大方言

中国語の方言を橋本は五大方言に分ける。すなわち、①北京方言を代表とする「北方語」、②蘇州方言を代表とする「呉語」（湖南省の湘語も含む）、③厦門方言を代表とする「閩語」、④梅県方言を代表とする「客家語」（江西省の贛語も含む）、⑤広東方言を代表とする「粤語」、の五つである（通説では「湘語」と「贛語」を独立させて七大方言と呼ぶ）。

これら五つの「方言」（より正確にいえば「言語」というべきだが）は、どのように話されているのか。概要を説明してみよう。

①北京方言を代表とする「北方語」――北京を中心として長江以北の漢族居住地や湖北省の大部分、そし

て四川省、雲南省、貴州省、湖南省の西北部などで話される。漢民族の七三パーセントは北方語を話している。北方語は唐末から宋代にかけての大動乱の後、発音と統辞法の両面でアルタイ語から大きな影響を受けた。

②蘇州方言を代表とする「呉語」――蘇州方言を代表として、長江以南から海岸沿いに江蘇省、浙江省で話されている。漢民族の七・二パーセント（湘語は三・二パーセント）を占める。言語系統はミャオ語、ヤオ語に類似している。

③廈門方言を代表とする「閩語」――福建省から台湾、広東省東北部から雷州半島を経て海南島にわたる海岸部で話されている。漢民族の五・七パーセントを占める。言語系統は、北部はミャオ語、ヤオ語に、南部はチワン語に類似している。

④梅県方言を代表とする「客家語」――広東省東北隅の梅県方言を代表として華南一帯（台湾も含む）の山間部に広がっている。中心は広東、福建、江西の三省境界部や広西である。漢民族の三・六パーセント（贛語は三・三パーセント）を占める。

⑤広東方言を代表とする「粤語」――広州や香港に話されているいわゆる広東語を代表方言として、広東、広西に分布する。漢民族の四パーセントを占める。言語系統は広義のタイ語、チワン語に類似している。五大方言のうち北方語は漢民族の七割以上の人々によって話されている。閩語と粤語とは、百越の名残りである。長江下流域の呉語と中流域の湘語の二方言は、言語学的には相互に近い存在であり、客家の南下によって両者が分断され、引き裂かれたことを示している。客家語と贛語との関係も近く、北方からの南下の事情を反映している。

いわゆる五大方言（正確に言えば、諸言語）を比較すると、「農耕民型言語」の興味深い特徴がいくつも見いだされる。

例えば、これらの諸言語において、「大きい」という、抽象的な概念を表す言葉や、「鉄」のように、広い意味での文化に関わる言葉は、完璧な対応を示している。これに対して、「母」「羽」「縫う」「吸う」のような親族名称、動物の身体部分、人体の基礎的な動作は、ほとんど全部と言っていいくらい異なっているのだ。

この事実は、「牧畜民的言語」の典型たるインド・ヨーロッパ語と著しい対照をなしている。ここでは、「大きい」や「鉄」は、それぞれがまったく異なるのに対して、「母」「羽」「縫う」「吸う」は、真に整然と共通の「祖形」を示している（『語言地理類型学』一七〜一九頁）。

アジア大陸の諸言語に特徴的なことは、それらが全体として一つの連続体（continuum）をなしている点である。それは語彙や形態論的特徴のような断片的要素について見られるばかりでなく、統辞法、語彙構成、音組織など言語構造の全般にわたって認められる特徴である（同上三四頁）。

アジア大陸のミクロコスモス

アジア大陸で話されている言語のうち、南部で話されている言語はタイ諸語、モン・クメール語、ベトナム語のように、順行構造の統辞法を基としている。これに対して、北部ではツングース語、モンゴル語、トルコ語のように逆行構造に統一されている。

これら両者の間に分布する中国語は決して等質ではなく、北に上れば上るほどアルタイ語系の逆行構造が見られ、南に下れば下るほど南アジア語系の順行構造が見られる。

例えば「もう少し食べる」と言うとき、北京語では動詞を修飾する成分が前に置かれ（多＋吃）、客家語では後に置かれる（食＋多）。客家語は形態素を見ると、粤語型と北方語型の文字通りの融合であり、北方から移住してきたといわれる話し手の来歴を示している。

古代中国語では、動詞を修飾する成分は（強調や倒置法は別として）、動詞に後置されていた。例えば「働く人は、他の人によって治められる（労力者＋治＋於＋人）」のように、「動詞＋修飾語」構造であり、これは南方型の言語構造を示している。

これに対して現代の北方語では、「働く人は、他の人によって治められる（工作人＋被＋別人＋統治）」のように、「修飾語＋動詞」構造となっている。これは古代中国語に残っていた「南方型的要素」が消えて、北方型への統一が進んだものと見てよい。

これらの検討からわかるのは、南方語から北方語に至る統辞法の空間的推移と、古代語から現代語に至る統辞法の時間的変化が見事に対応している事実である。

アジア大陸の言語は、アルタイ諸語、中国語群（北方語、南方語）、ミャオ・ヤオ語群、チベット・ビルマ語群、カム・タイ語を並べるとわかることだが、南に下るにつれて、名詞に対する修飾成分が名詞に後置され、北へ上るとその逆に、修飾成分が前置される特徴を持っている。そして南（南アジア諸語）と北（アルタイ諸語）をつなぐ中国語は、決して等質ではなく、中国語全体が、アジア大陸の言語の類型特徴をそのまま縮めたミクロコスモスをなしているわけだ（むろん、南方型から北方型への変化は、非常に早く起こったものであり、今日では、すでに化石化した複合名詞の語構成法にしか見られない。例えば「帝桀」「帝辛」のように）。

中国語の「方言」のうち、南方型の名詞句構成の痕跡をいちばん多く残しているのは、広東語である。例えば「おきゃく」は北京語では「客＋人」だが、広東語では「人＋客」である。「ほしな」は北京語では「乾＋菜」だが、広東語では「菜＋乾」である。

最も体系的に南方型の統辞法の痕跡を残しているのは、家畜の性別を表す語彙である。おんどり、おうしは南方では「鶏公」「牛公」だが、北方では「公鶏」「公牛」になる。「オスの」「メスの」に当たる修飾語（形態素）は、南方型では被修飾成分の後に来るのに対して、北方型では「修飾語＋被修飾語」の語順になる。

これは前者が南アジア諸語の語順を反映し、後者がアルタイ諸語の語順を反映したものである。南方方言には、同一の方言にもいくつかの異なった言い方があるが、それはあくまでも「語彙の違い」であり、「語順の違い」にはわたらないのが特徴的である。

中国では過去一〇〇〇年について見ただけでも、中原地方は金・元の三世紀半、清の三世紀弱と、その半分以上の期間に北方のアルタイ諸民族の支配下にあった事実が、重要である。「中国」人の入植は、唐代末にはすでに渤海地方にまで及んでいたことを考えると、遼（契丹）、金（女真）などの諸民族は、中原に進出する以前に多数のいわゆる「中国」人を支配していたであろうと想定できる。

金が亡び、元が崩壊し、清が滅亡しても、この「亡国」とか「滅亡」とかいう語感とは違って「民族の文字通りの消滅」が中原地方にあったわけではない。中国の、あるいは漢民族の文化、政治の中心地の大半は、実は「遼の遺民」であり、「金の後裔」であり、「清の子孫」である。

この意味で「中国人は、中国人でありながら中国人でない」という逆説が成り立つ（『語言地理類型学』

一八六頁）。

現代の中国の為政者がたえずナショナリズムを煽動する誘惑に駆られるのは、「中国人でありながら中国人でない」ばらばらな人々をまとめる方策がナショナリズム以外に見当たらないからであろう。だが、国際主義というブレーキを欠いたままで、ナショナリズムのアクセルを踏むことは、危うい。容易に排外主義に転落するからだ。

さて広東語に戻ると、音組織は非中国語的である。広東語の音組織は、音声の要素ばかりでなく、音用論に至るまで中国語的ではない。「語彙や統辞法」は、ほとんど中国語に取って代わられたが、「音組織」はまだ本来のものを残している形だ。

広東語の音組織がいかに中国語的でなく、広い意味でタイ語的であるかは、次の点からわかる。中国語はかつて「平声」「上声」「去声」「入声」と呼ばれる四つの音節音調を持っていたが、それは九世紀から一〇世紀ごろにかけて、頭子音の有声と無声の違いを条件として、それぞれ二つに分かれた。

こうして「陰平声」「陽平声」「陰上声」「陽上声」「陰去声」「陽去声」「陰入声」「陽入声」の八音調になるはずであったが、現代の方言では、そのいくつかが合併してしまい、北京語では「陰平声」「陽平声」「（陰）上声」「去声（陽上声の一部も含む）」の四音調しかない（浙江省の紹興方言には八音調が残っている）。

中国語の現代方言に見いだされる音節音調は、この古代中国語の直接の「子孫」である限り、いちばん多くても八種類しかないはずである。

しかし、広東語には九種類ある。それは広東語は「入声」の場合のみ、音節頭子音の有声、無声の条件に重なって、音節主母音の長短を条件とした分岐が起こったからである。この「入声」の場合にのみ母音の長短を条件として音節音調の分岐が起こる現象こそがまさしくタイ諸語に見られる特徴にほかならない。

広東語と地理的に最も近い関係にあるタイ諸語の一つ——標準チワン語（武鳴方言）の場合、「平声」「上声」「去声」「入声」の各音節音調に至るまで、広東語とまったく同じ分かれ方を示している。基礎的な語彙になればなるほど、違いの多い方言というのは、実は方言というよりも、異なった言語によって語彙の大部分、それから統辞法や音組織を完全に同化されてしまって、わずかに基礎的な語彙や語構成法の一部に、元の言語のおもかげを若干残しているものだということがわかる。

閩語や広東語などに共通に見られる「例外」現象を、古代の「百越（さまざまな「越」種人の意）」の地にあった言語の中国化の結果であることを具体的な例証でもって説いたのは、余靄芹の仮説である（*Substratum in Southern Chinese : the Tai connection*, Computational Analyses of Asian & Africam Languages, No.6, 1976, pp.1-9.）。この余靄芹仮説以上に説得的な論考はまだ現れていない。

最後に橋本『現代博言学』から一句を引用して漢族イメージをまとめておきたい。

「漢族というと、なんとなく単一の民族であるかのような印象をうける。したがって、そのことばも、こういった波とは別の次元で、同質化しているはずだとおもわれがちであるが、それはただしくない。『中国』というのは、そのむかし、周辺の蛮族にたいして、中心の開花した部分をいったまでのことで、それは東アジアから中央アジア、西アジア、南アジアからの諸民族のとけあう、おおきなルツボであった。それがいかにコスモポリタンな文化をもった中心であったかは、七世紀から十世紀はじめにかけて、世界の中心となった大唐のみやこ長安（現在の西安）の文物をかんがえてみただけでも、よくわかる」「人種と区別された意味での民族とは、じつはこういった集団意識の総体にすぎない。つまり、民族というとなんとなく、なにか実体みたいなものが存在するかのような錯覚をもちがちなものだが、じぶんたちが民族とおもわなかったら、それだけでもう民族でなくなるという、虚体にちかい面があるのである」（三八三〜三八四頁）。

漢族、中国、客家語といった概念を考えるうえで、橋本の分析は実に示唆に富む。「民族とは、じつはこういった集団意識の総体にすぎない」「じぶんたちが民族とおもわなかったら、それだけでもう民族でなくなるという、虚体にちかい面がある」とは、けだし名言である。

近現代史において、中国共産党は孫文の思いつきを換骨奪胎して、ついに「中華民族」なるイデオロギーを作り出したが、そのオモテとウラを読むうえで、橋本の論稿は実に参考になる。中国共産党は自らの革命のために、このような集団意識を作り出したわけだが、それは帝国主義の侵略の下で、形成されたものであり、その侵略が終息した時点では、ほとんど「虚体」と化した。

にもかかわらず、マルクス・レーニン主義や毛沢東思想の破産状況に直面して、その「虚体」をあたかも実体であるかのごとく操作して、「振興中華」を叫んでいるのが、旧ソ連解体以後の中国の姿である。

この文脈の中で、すなわち中華民族概念の虚体化の進行過程で、客家研究が進展したのは、実に意義深いことなのだ。国家の抑圧体制による統治ではなく、それぞれのエスニック・グループを中心とした地域社会の蘇生により、あるいは自分たちが心から民族と実感するようなグループを中心に重層的な国家体制が構築されるのが望ましい。

3　客家社会の形成と発展

（1）客家民系の開放的システム

客家とは何か。中国史学の正統的解釈を踏まえた謝重光による羅香林批判がここまで進むと、誤謬を修正した客家像を描き直す条件が整うことになる。以上のような点検結果を踏まえて、謝重光は新しい客家像を次のように描いて見せる。

文化概念としての客家

客家とは、「人種・家柄などに関わる概念」ではなく、「一つの文化概念である」。北方から大量の「漢人が南遷したこと」は、確かに客家形成の一つの要素ではあるが、漢人が南遷しただけでは客家は形成されない。

特定の時期に、特定の地域に、経済的文化的に優勢な「移住漢人」が当地の「原住民を同化、吸収」して、新しい文化を形成した。これは原住民の旧文化とも、外来漢人の固有の文化とも異なる新しい文化である。こうして生まれたのが客家民系にほかならない――これこそが謝重光の描く「新しい客家像」である。

こうして生まれた客家は江西、福建、広東の三省境界に住み、近隣の民系とは異なる言語系統を持ち、丘陵地区で農耕生活を営み、内部に強い凝集力を持ち、強いアイデンティティー意識で結ばれた住民共同体を営む。その共同体のメンバーが客家人なのだという定義づけである。

客家民系が形成された後、外部から移住して客家民系に同化されたグループや個人は「客家人となる」。他方で、客家民系が形成された後、さまざまな理由からして、そこを離れる宗族や家族も現れる。この場合、①新移住地で客家方言や客家意識など主な文化的特徴を引き続き保持する場合には、彼らは「客家人である」。②しかし、新移住地で他の民系に同化されるならば、もはや「客家人ではない」。

ここからわかるように、客家民系は「開放的システム」であり、歴史過程で移住、吸収、拡大、変遷を重ねてきた。非客家を同化して「客家となし」、あるいは客家の一部が疎外されて「非客家となる」不断の転換過程において、根本的な役割を果たした「唯一の要素は文化」なのであり、決して「血縁などではない」（『客家源流新探』一三頁）。

私は謝重光のこの分析に接したときの興奮を忘れることができない。繰り返すが、目から鱗が落ちたとはまさにこのことだと実感した。謝重光はここで「客家民系の形成」を論じているのだが、私にとって、これは客家民系をその内部に含む、より広義の概念、すなわち「漢民族の形成そのもの」を論じたようにも思われ、「客家民系の秘密」と「漢民族形成の秘密」を一挙に理解した気分になり、興奮したのであった。

と言うのは、「漢民族」とは、すぐれて文化的な概念であり、漢字を用いてコミュニケーションを行い、漢字の名前を持ち、箸を用いて食事する人々といった開放的システムである、という漢民族の形成仮説を『巨大国家中国のゆくえ』（四三〜四六頁）で論じたことがあり、漢民族の中の選良を自任する客家の形成と、漢民族の形成が基本的に重なり、これが客家ナショナリズムであり、漢民族ナショナリズムの基本構造だと理解できたからである。

客家民系が来た道

今日、客家民系の居住地を見ると、その中心は江西南部、福建西部、広東東部であり、ここは「客家の大本営」などとも呼ばれる。これ以外の地域にも客家の居住地はあるが、それらはすべてここから派生したものである。

この地域は、南は五嶺《ごれい》（南嶺）山脈、東は武威《ぶい》山脈、西は羅霄《らしょう》山脈で隔てられた地域である。贛南は南高北低の地勢で、主な河川は章水と貢水であるが、贛県城東で合流し、北上する。江西中部、北部を経て、鄱陽《はよう》湖に入り、長江を経て海に注ぐ。中国古代の各王朝は贛南を中原から外に伸びた辺縁と見なしてきた。贛南地区の自然条件は「七山一水一分田、残りの一分は道亭」とよく称される。

「七山」とは、土地の七割が丘陵山地（海抜は二〇〇〜八〇〇メートル）である事実を指す。「一水」とは、土地面積の一割が河川であることを指す。東南の尋烏《じんう》、定南《ていなん》県境の川が珠江水系に属するほかは、すべて贛江水系に属し、水上輸送は長江に連なる。

「一分田」とは、河谷に多くのラテライトの盆地があり、その面積は一〇〇平方キロメートル程度であり、土壌は肥沃であることを指す。では「一分道亭」とは何か。山また山の地域であるから旅人にとって「駅站」「茶亭」なしには旅は不可能だ。ただし、このように「駅站」「茶亭」が整えられたのは唐中葉以後のことであった。

古代においては、中原から嶺南へ至る交通路は三本であった。

第一は、桂州《けいしゅう》路であり、洞庭湖《どうていこ》から湘江《しょうこう》をさかのぼり、長沙に着く。長沙から湘江本流をさかのぼり、霊渠《れいきょ》を経て漓江《りこう》、桂江《けいこう》を下り、西江に至るのが湘漓《しょうり》ラインである。長沙から湘江本流をさかのぼり、零陵から瀟江《しゅくこう》に分かれ、陸路萌渚嶺《ぼうしょれい》を越えて、賀江（旧称・封水）経由で西江に至るのが瀟封《しゅくほう》ラインである。

第二は、郴州《ちんしゅう》路であり、湘江から耒水《らいすい》に折れて郴州に着き、陸路、騎田嶺《きでんれい》を越えて、臨武《りんぶ》から武水《ぶすい》を利用して楽昌《らくしょう》、韶関《しょうかん》から北江に合流する武水ラインである。もう一つは、臨武から連県を経て連江を下り、北江に合流する連水《れんすい》ラインである。

第三は、大庾嶺《だいゆれい》路であり、梅関古道《ばいかんこどう》とも呼ばれた。南昌から贛江《かんこう》、章水《しょうすい》をさかのぼり、大庾嶺の麓に至り、そこから大庾嶺の梅関隘《ばいかんあい》を陸行して南雄《なんゆう》に至り、さらに湞水《とうすい》を下って韶関、広州に至るラインである。

唐中葉以前は、嶺南の政治経済の重心は西部にあり、桂州路と郴州路が嶺南に至る主なルートであった。広州が嶺南の中心と化するにつれて、大庾嶺新ラインが開拓され、中原と嶺南を結ぶ最良の路線となった（蔡良軍「唐宋嶺南連係内地交通線路的変遷與該地区経済重心的転移」）。

中原から福建西部への交通条件は、贛南と比べてはるかに劣っていた。隋唐以前に、北方の漢人が福建省に入るには、四本のルートがあった。

(1)江西省鄱陽《はようこ》湖から鉛山《えんざん》を経て分水関《ぶんすいかん》から入るルートは、福建省北部の崇安《すうあん》、建陽《けんよう》一帯に着いた。
(2)江西省臨川《りんせん》、黎川《れいせん》から東興嶺《とうこうれい》を越えて杉関から入るルートは、福建省西北の光沢、邵武《しょうぶ》、泰寧《たいねい》などに着いた。
(3)福建・浙江省の境界から入るルートは、福建省東部の福鼎《ふくてい》、寿寧《じゅねい》、西部の政和《せいわ》、浦城《ほじょう》に着いた。
(4)海路から入るルートは、福建省東部の沿海地区に着いたが、ここから福建省西部に至るには山をいくつも越えなければならなかった。

広東省東部の客家居住地は現在の梅州《ばいしゅう》全域と河源《かげん》市の大部分、そして掲陽《けいよう》市の掲西《けいせい》県などである。宋代の地名では、梅州、循州《じゅんしゅう》の全部、潮州《ちょうしゅう》の北部、恵州《けいしゅう》の東北部である。

広東客家の居住地は中原から嶺南に至る交通路から離れ、海からも遠く、また政治経済の中心地である広州からも隔たっていたので、福建省西部よりもいっそう僻遠の地であった。

表3は、贛南、閩西、粤東の人口変遷を謝重光が史書から抜き書きしたものである。

虔州は隋・開皇九年（五八九）に置かれた州で、現在の贛州市に当たる。唐代には江西省贛県以南の贛江流域を広く指した。南宋初期の李敦仁の蜂起はここから始まった。南宋・紹興二二年（一一五二）に贛州に改称された（『辞海』上海辞書出版社）。

これを簡略化してグラフに描くと図4のごとくである。一戸当たりの家族数は贛南の場合、唐代には四・四～七・三人である。宋代には二・〇～二・六人、元代には四人であった。

家族数がこれほど変化することはありえないので、戸数か、人口数かいずれかに統計もれがあると考えられる。それはさておき、グラフから明らかなように、贛南一帯は唐代にはほとんど開発されていなかった。

戸	口	資料出所	戸	口	資料出所	戸	口	資料出所	戸
閩西			粤東						全国
汀州			潮州（程郷県）			循州（雷郷、河源、興寧県）			
						3,445	18,218	旧唐書 地理志	3,041,871 a
4,,680余		太平 寰宇記	1,800		光緒 嘉応州志	4,762		元和 郡県志	7,069,565 b
4,680	13,702	新唐書 地理志				4,762		新唐書 地理志	8,914,709 c
2,618		元和 郡県志				1,404		元和 郡県志	
汀州			梅州			循州			
主19,370 客 4,277		太平 寰宇記	主1,210 客 367		太平 寰宇記	主6,115 客2,224		太平 寰宇記	
主66,157 客15,297		元豊 九域志	主5,824 客6,548		元豊 九域志	主25,634 客21,558		元豊 九域志	
81,454		宋史 地理志							
218,570	453,231	臨汀志							
223,433	534,890	臨汀志							
汀州路			梅州			循州			
41,423	238,127	元史 地理志	2,478	14,865	元史 地理志	1,658	8,290	元史 地理志	

～46頁。a 貞観13年、b 開元14年、c 天宝14年。

表3　贛南、閩西、粤東の人口変遷

年代		戸	口	資料出所	戸	口	資料出所
唐代		江南道					
		贛南					
		虔州					
	貞観13年 639	8,994	39,901				旧唐書 地理志
	開元 713-741	32,837					元和 郡県志
	天宝元年 742	37,647	275,410				新唐書 地理志
	元和 806-820	26,260					元和 郡県志
宋代		虔州（贛州）			南安軍		
	太平興国 980-989	主67,810 客17,338		太平 寰宇記			
	元豊 1078-1084	主81,621 客16,509		元豊 九域志	主34,024 客1,775		元豊 九域志
	崇寧元年 1102	272,432	702,127	宋史 地理志	37,721	55,582	宋史 地理志
	紹興 1131-1162	主71,270 客49,715		嘉靖 贛州府志			
	淳熙 1174-1189	主258,425 客 34,919	主436,836 客 82,484	同上			
	慶元 1195-1200						
	宝慶 1225-1228	主287,880 客 33,476	主540,024 客 99,370	同上			
	開慶元年 1259						
元代		贛州路			南安路		
	至元-至正 1279-1368	71,287	285,148	元史 地理志	50,611	303,666	元史 地理志

出所：謝重光『客家源流新探』（客家文化叢書）福建教育出版社、1995 年、45

図４　贛南の戸口は宋代に激増し、元代には粤東への再移住が始まった　単位：戸

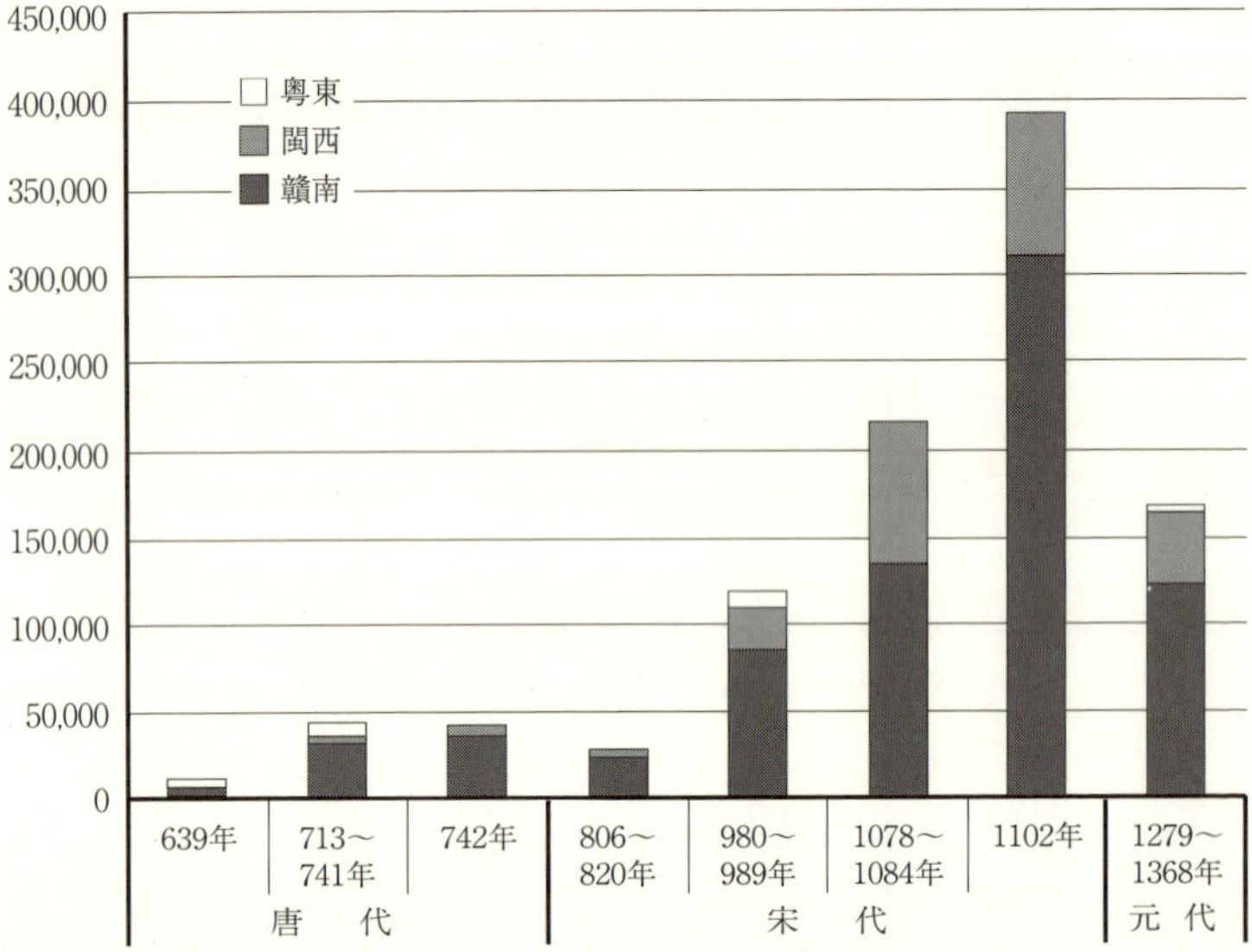

出所：謝重光『客家源流新探』（客家文化叢書）福建教育出版社、1995年、45〜46頁。粤東のうち潮州は742年、806〜820年、1102年の資料が欠落しているが、趨勢は読み取れよう。

宋代に至って急速に開発されたことをこの戸数グラフは示している。元代には約半減しているが、これは実際の減少を意味するものではなく、統計もれを意味すると読むべきであろう。

表３を概観しながら、謝重光の読み方を聞いて見よう。

まず虔州＝贛州の戸数を調べると、唐代の戸数は貞観一三年（六三九）に八九九四戸であり、天宝元年（七四二）に三万七六四七戸であった。前者を一〇〇として、後者は四一九であり、およそ一〇〇年で四倍に増えたことがわかる（年率一・四パーセント）。

これを全国の戸口と比べると、貞観一三年を一〇〇として、天宝一四年には二九三であり、およそ三倍増であった（年率〇・九パーセント）。

ちなみに江南道（贛南を含む）は貞観一三年を一〇〇として、天宝元年には四二三であった（年率一・四パーセント）。贛南の戸数増加率は、全国レベルよりは大きく、江南道よりは小さかったことがわかる。この事実をどう読むべきか。謝重光は、贛南の増加率が江南道よりも小さかった事実は、贛南の増加が主として自然増加によるものであり、移民の流入という社会的移動によるものではないことを示唆する、と分析する。なお、天宝元年から元和にかけて戸数が減少している。これは移民の流出によるものではなく、「安史の乱」に伴う死亡のほか、国家機関が混乱し、統計の捕捉率が低下したことによるものと謝重光は分析しているが、おそらく妥当な見方であろう。

同じ時期の閩西・粤東の戸口を見ると、閩西汀州の戸数は天宝元年時点で四六八〇戸、粤東循州のそれが四七六二戸であり、いずれも贛州の八分の一にすぎず、まだ本格的な移民が始まってはいないことを示している。

表4は、全国三四州の戸数を唐後期から北宋初期に至る一六〇〜一七〇年間の変化を見たものである。全国平均の増加数は、二・一四倍だが（年率〇・四三パーセント）、贛南（虔州）は三・二四倍で全国平均を上回る（年率〇・六七パーセント）。

その内訳を見ると、江南西路八州は一・九三倍（年率〇・三七パーセント）、福建四州は四・一八倍（年率〇・八二パーセント）、剣南八州は四・九二倍（年率〇・九二パーセント）の増加に対して、山南東道八州は四一パーセントへ減少している。

この表からわかるように、この時期には、剣南八州と福建四州との戸口増が著しく、江南西路八州がこれに次ぐ増加を示しているのに対して、山南東道八州（江淮・荊襄《けいじょう》地区）は減少しており、戦禍が最も激しく、

表4　唐代（憲宗・元和期）と宋代（太宗・太平興国期）の戸口比較

		州軍名	元和元年(806)(戸数)	太平興国5年(980)(戸数)	806-980(174年間)(増減戸数)
江南西路八州		虔州	26,260	85,086	
		洪州	91,129	103,478	
		饒州	46,116	45,917	
		吉州	41,025	126,453	
		江州	17,945	24,364	
		袁州	17,126	79,703	
		信州	28,711	40,685	
		撫州	24,767	61,279	
		小計	293,079	566,965	273,886
	福建四州	福州	19,455	94,470	
		建州	15,480	90,492	
		泉州	35,571	96,581	
		汀州	2,618	24,007	
		小計	73,124	305,550	232,426
		循州	1,404	8,339	
		潮州	1,955	5,831	
		端州	1,795	843	
		温州	8,484	40,740	
		明州	4,083	27,681	
		杭州	51,276	70,457	
		小計	142,121	459,441	317,320
山南東道八州		襄州	107,107	26,892	
		鄧州	14,104	20,376	
		復州	7,690	7,428	
		郢州	11,900	3,966	
		唐州	40,750	7,428	
		隋州	12,716	6,213	
		均州	8,182	7,619	
		房州	4,400	5,572	
		小計	206,849	85,494	-121,355
剣南八州		益州	46,010	131,878	
		彭州	9,887	33,980	
		漢州	2,115	58,744	
		眉州	5,804	62,923	
		嘉州	1,975	28,898	
		蜀州	14,508	46,576	
		梓州	6,985	63,915	
		綿州	7,148	37,716	
		小計	94,432	464,630	370,198
		合計	736,481	1,576,530	840,049

出所：謝重光『客家源流新探』福建教育出版社、1995年、50頁、から作成。

大量の死者や移民が生じたことを物語っている。

後者の減少分を前者の増加分がほぼ補う形となっていて、後者から前者へ大規模な人口移動が行われたことを示唆している。

江南西路の中では、明らかに「贛南の自然条件は劣る」にもかかわらず、戸口増が全州平均を上回る事実が注目される。贛南（虔州）が当時の戦争の中心から隔てられていたからであろう。こうして贛南は所属する江南西路の中でも、最も移民を多く受け入れ、これが戸口増をもたらしたことがわかる。

北宋中後期になると社会は相対的に安定してきて、全国的に見ると戸口は、ゆるやかに増加するようになった。しかし、このときまさに、贛南の戸口だけは猛烈な勢いで増加した。

表5は、北宋・神宗期（元豊元年、一〇七八年）から徽宗期（崇寧元年、一一〇二年）への戸口変化を示している。一〇七八～一一〇二年までの二四年間に贛南地区（虔州・南安軍*）の主客戸数は一三万三九二九戸から三一万一五三三戸へと二・三二倍になり（年率三・六パーセント）、移民が地元民をはるかに上回った。贛南の隣接地域を見ると、江南西路だけが二九パーセント増で、他の江南東路、淮南西路、荊湖北路はむしろ減少していた。これらの隣接地域から贛南への移民が行われたものと謝重光は解釈している。

北宋期の戸口変化の検討から浮かび上がるのは、唐末の人口逃避の流れだ。人々は混乱する江淮から逃

＊南安軍とは、宋代の呼称で、江西章水、上猶江流域を管轄した。元代には「路」、明代には「府」と呼ばれた。剣南とは剣閣（今日の成都）の南の意であり、四川省涪江流域以西、大渡河流域以東、雲南省、貴州省の一部を含む。

表5　北宋期の戸口変化

区　　域	元豊元年（1078） （戸数）	崇寧元年（1102） （戸数）	1078-1102年 倍率
贛南（虔州・南安軍を含む）	133,929	310,153	2.32
隆興府	256,234	261,105	1.02
江　州	95,384	84,569	0.89
吉　州	273,397	335,710	1.23
袁　州	129,684	132,299	1.02
撫　州	155,836	161,480	1.04
瑞　州	79,591	111,421	1.40
興国軍	53,860	63,422	1.18
臨江軍	89,394	91,699	1.03
建昌軍	115,208	112,887	0.98
江南西路	1,287,136	1,664,745	1.29
江南東路	1,127,311	1,012,168	0.90
両浙路	1,778,953	1,975,041	1.11
福建路	1,043,839	1,061,759	1.02
広南西路	258,382	236,533	0.92
淮南東路	612,565	664,257	1.08
淮南西路	744,499	709,919	0.95
京西南路	314,580	472,358	1.50
荊湖北路	589,302	580,636	0.99
荊湖南路	811,057	952,398	1.17
小　計	9,950,141	10,994,559	1.10
全　国	14,852,684	20,264,307	1.36
資　料	元豊九域志	宋史・地理志	

出所：謝重光『客家源流新探』（客家文化叢書）福建教育出版社、1995年、53頁。

れ、江南西路と四川省、福建省へ向かった。そして福建省へ逃れた人々が閩南人の社会を形成し、江南西路へ逃れた人々が客家社会を形成したという見取り図を描くことができる。

　表5からわかるように、全国平均では一・三六倍にしか増えていないが（年率一・三パーセント）、贛南地区は二・三二倍に増えている（年率三・六パーセント）。これは自然増加としては考えられないほどの増え方であり、大量の移民を受け入れたことによる。贛南地区がこのような増加を示したのは、このときだけである。

　すなわち元、明代には長期的に見て下降の趨勢で、清中葉になってようやく回復した。ここからわかることは、「北宋中後期」が贛南地区の移民受け入れのピークであり、移民数がすでに居住していた先住民数を超えた唯一の時期である、ということだ。

　この移民はすでに触れたように、隣接する江南東路（一〇パーセント減）、淮南西路（五パーセント減）、荊湖北路（一パーセント減）の戸口減少と合わせて考えると、これら三区域から贛南地区に移民したものと謝重光は想定している（『客家源流新探』五四頁）。

　再び表3を見てみよう。福建省西部汀州の戸数を見ると、唐・元和期に二六一八戸であったものが、北宋・太平興国五年（九八〇）には二万三六四七戸へと一七四年間で九・〇倍に増えた（年率一・三パーセント）。これが汀州の第一次増加である。これは唐末五代から宋初にかけて中原・江淮で動乱が相次いだ中でも、福建省西部が相対的に安定していたことによる。

　北宋・太宗期から神宗・元豊期の約一〇〇年間に二万三六四七戸から八万一四五四戸へと三・四倍に増えた（年率一・三パーセント）。これが汀州の第二次増加である。

北宋末の崇寧元年から南宋中葉の寧宗・慶元期にかけての約一〇〇年間に八万一四五四戸から二一万八五七〇戸へと二・六八倍に増えた（年率一・〇パーセント）。これが汀州の第三次増加である。宋朝の南下に伴い、中原・江淮地区の人々も大規模に南下した。その一部が贛南地区にもやってきたが、すでに土地不足の矛盾が生じていたので、福建省西部まで足を延ばした。これが第三次増加の原因と見られる（『客家源流新探』五五頁）。

広東省東部、梅州の開発は贛南や閩西と比べて遅れた。唐代には州レベルの行政機構はなく、潮州の管轄下の程郷県に属していた。しかし、唐末から北宋・元豊期にかけて、循州、梅州の戸口は急増したのである。

循州は唐・元和期の一四〇四戸から北宋・太平興国期の八三三九戸へと五・九倍に増えた（年率一・〇パーセント）。梅州は太平興国期の一五七七戸から元豊初期の一万二三七二戸へと七・八倍に増えた（年率一・二パーセント）。いずれも移民の結果を示す。これが循州と一〇〇年後の梅州の第一次増加期である。以上をモデル化して説明すると、贛南の戸口大量増加は、①唐末宋初期と②宋中後期（太平興国から崇寧まで）の二つの段階である。

閩西のそれは、①唐末宋初期と②宋中後期、そして③北宋・南宋の分裂期だが、とりわけ①③が目立ち、移民の受け入れを物語る。粤東北部の状況は、閩西のそれと似ている（『客家源流新探』五六頁）。

言うまでもなく、これらの戸口がすべて客家人口を示すものではない。しかしながら、この時期に、この地域で客家社会が形成され、他の少数派は、客家に同化するか、この地域を追われたのであり、事実上は、大部分が客家人口であったと見てよいであろう。

図５　贛南の戸口は宋代に急増して客家社会を形成し、それが汀州や梅州に向かう

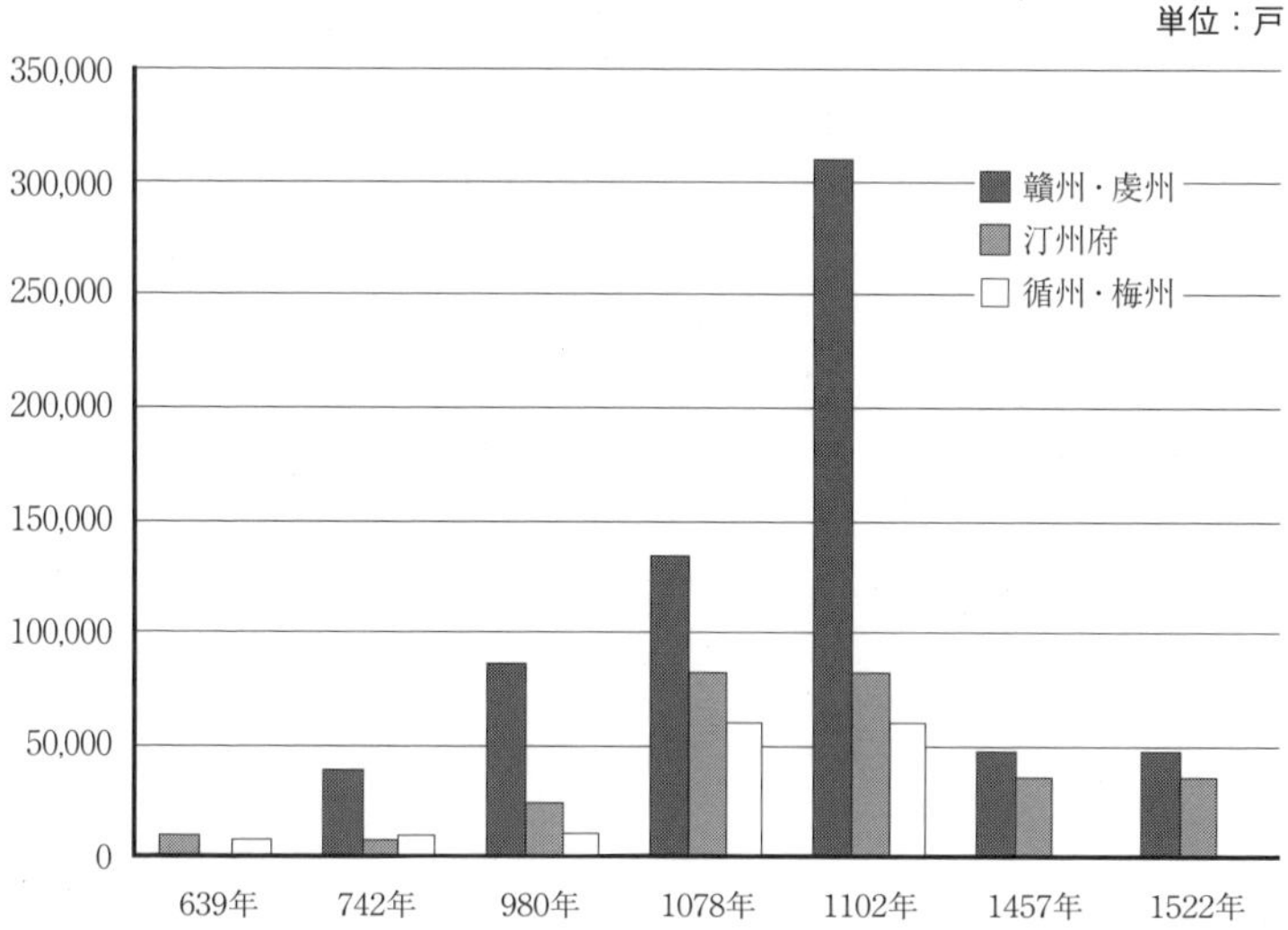

出所：梁方仲編著『中国歴代戸口、田地、田賦統計』上海人民出版社、1980年。贛州・虔州は82、91、135、145、156、233、233頁、循州・梅州は91、137、145、157、233、233頁。639年の汀州府、1457、1522年の循州·梅州の数字欠落。

以上の事実を視覚的に確認するために、梁方仲の人口統計収集記録に基づいて、宋代における贛南の人口急増を示すグラフを描いて見ると、図5の通り一目瞭然である。

南遷以前の居住地

「今日の客家は中原衣冠の旧族であり、忠義の後裔なり」と書いたのは徐旭曾で、前述の通り清・嘉慶年間に出された『和平徐氏族譜』に収められている（後に羅香林『客家史料匯篇』所収）。

その後、羅香林がこれを引用して以来、「中原位冠の旧族」が定説となって久しい。羅香林の説いた中原とは、河南省を中心として、北は山西省東南、東は安徽省と江蘇省の一部を含む地域であった。

中原は広義で言えば、黄河流域を指す

としても、「揚州・淮南地区」を中原に含めることはできない。

しかし、羅香林は客家先民の故地として中原のほかに江淮地区をも想定している。客家姓氏一三〇余を収めた『崇正同人系譜』から、南遷以前の故地を調べると、「北は并州上党、西は司州弘農、東は揚州淮南、中は豫州《よしゅう》新蔡安豊」のほかに、今日の甘粛省隴西《ろうせい》・金城・天水・安定諸郡、寧夏回族自治区高平郡、河北省河間・上谷・鉅鹿《きょろく》・范陽諸郡、山西省太原・河東・西河・平陽・晋陽・雁門《がんもん》諸郡、青海省西平郡、山東省楽安・渤海・清河・蘭陵・魯国・済南・済陽諸郡、湖北省江夏・江陵諸郡、安徽省譙国《しょうこく》郡、江蘇省東海郡、浙江省呉興・烏程諸郡、江西省豫章郡などが含まれる。

「客家の故地」がもしこのように広範ならば、これを「中原と呼ぶことには無理がある」ことは明らかだ。客家先民の故地を中原一帯と限定することは、南遷以前の真の居住地や活動範囲を認識するうえで妨げとなる。族譜には虚構が少なくない。これは客家だけでなく、非客家でも、あるいは少数民族の場合も漢民族の有名人の後裔とする場合が少なくない。

それゆえ族譜の記述をそのまま受け取ることには慎重でなければならない、と謝重光は強調する。非客家人、例えば漢民族の福州人、漳州《しょうしゅう》人、泉州人、興化《こうか》人、潮汕《ちょうさん》人、広州人なども、その祖先を「中原」としている。黄河流域は中国古代文明の発祥地であり、彼らが「黄河流域文明すなわち中原文明」の影響を深く受けていることは明らかだが、他方で、漢民族の各民系にはそれぞれの特徴があり、中原文明との関係は遠近、深浅さまざまであろう。

ここで問題の核心は、贛南、閩西、粤東に移民する前の「直接的居住地」を探ることなのだ。

唐末以前、主として「安史の乱」後の移民は、金陵、鄱陽《はよう》、饒州《じょうしゅう》、撫州などから移住している。唐末宋初の移民は、江淮地区の廬江・徐州・盱眙《くい》・金陵・固始などから、そして贛北・贛中の瑞州・新呉・南豊・撫州など、さらに閩北の延平・建寧などから移住している。

要するに、

⑴この時期の客家先民は主として「江淮、呉越、荊湖、湘贛」からの移民であり、「中原すなわち北方から」の移民はごく少数であった。

⑵宋中後期の移民は、主として「江淮湘贛」、次いで「福建省汀州以外の地区」からであり、「関中」からはごく少数であった。

⑶宋中後期の移民は江淮および江淮からの経由地、すなわち「南遷途中の短期居住地」からであった。

⑷元代のそれは、江淮からの南遷途中の経由地からであった。

以上をまとめると、客家先民は主として「江淮地区からの移民」であり、中原、荊楚、呉越などからの移民である。

つまり、客家民系の主体は、「南遷した漢族移民」であり、その「遠い源は広義の中原地区にさかのぼる」としても、「近い源は唐宋期の江淮地区」である。

この主体とは別に他の地域から来た移民や贛南、閩西、粤東に住んでいた土着居民も含まれる（『客家源流新探』八一頁）。

山地で生きる

贛南、閩西、粤東の三省境界の広大な山地は、もともと百越系統の土着の人々が居住していた。彼らの社会は原始社会の段階、あるいはそこから飛び出したばかりの段階で焼き畑農業と狩猟採取の生活であった。そこへ唐末宋元の時期に「中原・江淮の漢人」が移住し、原住民と長期にわたって闘争と融合を繰り返した。

移住した漢人が多数派となると、原住民は追い出されるか、あるいは移民社会に同化された。移民もまた、その定着過程で、原住民の文化から大きな影響を受けた。

こうして「漢人の移民文化」を主体とし、「原住民の文化を吸収して形成されたもの」が客家文化である。ここからわかるように、客家は「種族概念ではなく、文化概念」である。まさに客家文化の形成過程において客家民系が形成された。

移住してきた贛南・閩西・粤東地区は、中原・江淮地区とは自然条件が異なっていた。

(1)平原における麦作とは異なり、山地の稲作農業を主として山林経済を従とする経済生活であった。

(2)交通便利な平原とは異なり、商業は発達せず、自給自足の自然経済の色彩が強い。

(3)女性がさまざまな生産活動と家事労動に従事した。桑が欠けていたので、苧麻《ちょま》（カラムシ。イラクサ科の多年草）が絹織物や綿織物の代わりとなった。

(4)鉱産物には恵まれていたので、これらの精錬業が農業を補完した。

(5)自然条件は劣っていたので、厳しい労動の割には収入が少なく、生活は貧しかった。

これらは贛南、閩西、粤東に共通する条件であった。宋代に編纂された『臨汀志・風俗形勢』には、こう書かれている。

汀州は「山は急峻で、川の流れも急だ。舟も車も通らず、行商も道をふさがれる。農民は耕種につとめる者がまれであり、広い土地はなく、遊民もいない。婦人は蚕を養い絹を織ることをせず、苧麻の織物を織る。貯えには限りあり、華美な衣服を着用することはない」。『臨汀志・税賦』には、「汀は、山が多く、田は少ない。土地は痩せており、民は貧しい」と書かれている。『臨汀志・供貢』には、「汀には物産に珍しいものなく、貢物とするものはない」「汀州には地下資源があり、銀貨を得られる。養蚕には適さず、織物を貢ぐのは難しい」とある。『臨汀志・土産』には、「汀は閩の南部である。山で薪をとり、谷川から水を汲む。稲を食べて〔質素な〕布衣を着る。ゆえに民の貧富は小さい」（『客家源流新探』一六二～一六三頁）とある。

これらの記述を踏まえて謝重光は、こう総括している。汀州は交通が不便であり、商業が発達せず、田畑は痩せ、人々は倹約しつつ労動に勤しむ姿が記されている。こうした厳しい生活は、宗教や信仰にも反映している。贛州の土地神「石固」、汀州の「定光仏」「伏虎禅師」、粤東の「三山国王*」のように、主神は、伏虎〔虎退治〕、除蛟〔水神退治〕、駆邪〔厄払い〕、却病〔病気退散〕、造陂〔溜め池造り〕、祈雨〔雨乞い〕など山地農民の現実的願望を反映したものである。

＊著者（矢吹）は台湾で客家調査を行った際、三山国王伝説をいくどか聞かされた。そこで台湾の著名な客家研究者・陳運棟を訪問したときに、これについて尋ねたところ（一九九七年七月一四日）、自著『客家人』（一九七八年初版、八三年五版）の記述を示しつつ、署名した一冊を私に手渡して、次のように解説してくれた。「三山国王とは、客家が移民したときの守護神である。潮州府掲陽県〔現・掲陽市〕の三つの名山、すなわち独山、明山、巾山を三山国王として祭るものだ。この種の山岳信仰は古代のアニミズムの遺風である」（同書三七九頁）。

奇妙なのは、海神・媽祖が閩西に伝わるや、鎮海の意味を離れ、「国泰民安（国も民もやすらか）、婚姻美満（結婚生活は円満）、五穀豊穣（穀物は豊作）」へ、すなわち航海安全を守る海神から豊作祈願の山神に転換したことだ。これらはむろん山地農民の農耕生活の需要に対応したものだ。

以上の分析からわかるように、遅くとも南宋までには、贛南、閩西、粤東の境界地区には、すでに稲作農耕を中心とし、鉱業や苧麻紡織を従とする山地農業経済が成立していた――これが謝重光の結論である（『客家源流新探』一六二～一六三頁）。

（2）呉松弟による羅香林批判

ここで歴史地理学者・呉松弟（復旦大学歴史地理研究所教授、一九五四年生まれ）の書いた『中国移民史』を読んでみよう。

これは譚其驤の高弟・葛剣雄（復旦大学歴史地理研究所教授）主編のシリーズ本の一冊で、移民史研究の知見を踏まえて客家人の形成を論じたものだが、その骨子は謝重光の結論と、基本的に重なる。

「客家先民」と「客家源流」

まず、南宋期の汀州、贛州における北方移民の状況を概観してみよう。呉松弟はこう説いている。南宋初期に江西の大部分の地区は、戦争のために人口が減少したが、贛州と建昌軍（現・南城県）および隣接する福建の汀州（現・長汀県）では、人口が増加した。

贛州の戸数は高宗・紹興年間の一二・一万から孝宗・淳熙年間の二九・三万に増え、年平均増加率は二・五六パーセントであり、全国平均よりもはるかに高かった。汀州の戸数は一一六四年（高宗・隆興二）に一七・四万戸であり、元豊年間に九・三万戸増え、年平均増加率は〇・九パーセントであった。

一部が金軍に強制されて北遷したのを除き、大部分は近くの山地に逃れた。紹興年間には近隣の撫州でも大きな戦乱があり、宜黄一帯の人口も顕著に減少した。

贛州と建昌軍には、北方からの移民も南遷したが、それらは四つのグループに分けられる。すなわち、①南宋初期に移住した北人、②南宋中期に移住した「帰正」人（異民族・金の支配下を脱して南人となった者）、③南宋後期に江南地区から移住した北人の後裔、④北方人から構成されていた駐留軍隊、の四グループであった。

汀州、贛州は群山が聳え立ち、贛州から広州への大庾嶺《だいゆれい》――洪州ルートは、唐後期以来、中華から嶺南へ至る主要な交通路であった。汀州から広東へ至る道は、北は建昌軍を経て江西平原に連なっていた。

南宋初期に江南と江西の平原地区で大乱が起こると、北方からの移民はこのルートを経て、汀州、贛州に避難した。南宋初期に贛州一帯で大規模な動乱が起こったときの主な参加者は現地の人民であったが、その背景には北方からの移民問題があった。

宋・哲宗の孟皇后（一〇七二～一一三一年）、すなわち隆祐太后が金に追われて吉州太和に逃れたとき、将軍・傅選、司全、胡友、馬琳ら九人が反乱を起こして盗賊となり、反宋朝廷の武装集団となった。

ある史料は「およそ一〇県において、失業の民が衆を率いて寇となる」と記している（『忠正徳文集』巻二）。

このように、護送軍隊が反乱を起こしただけでなく、追従して南遷した移民も反乱を起こして、失業者の反乱と護衛軍の反乱とが一体となった。

傅選、司全らは翌年帰順したが、反乱した軍民が贛州にとどまったかどうかはわからない。紹興以後、贛州、汀州は金から帰順した者を受け入れる地域の一つとなった。

元軍が南宋を滅ぼした後、南宋の残存部隊は閩西、粤東に逃れた。贛州と汀州は文天祥が元軍に抵抗する根拠地となり、抵抗は二年続いたが、敗れた後、汀州、贛州に逃れた。

南宋期に汀州、贛州でいくどか蜂起が発生したが、その首謀者は食塩の密輸業者であった。高宗は当地の秩序を維持するために、一一三四年（紹興四）、精鋭軍馬三〇〇〇をもって贛州（虔州）を守らせた。南宋の軍隊の多くは北方人からなり、しかも駐留部隊は一般に家族連れであり、少なからざる軍人が汀州、贛州に定着した（『中国移民史』三五〇〜三五三頁）。

呉松弟は羅香林を批判して言う。「客家先民」と「客家源流」とは区別されるべきである。「客家先民」とは、客家人の祖先であり、「客家源流」とは、先民のうち客家の言語や風俗に対して決定的な影響を与えた者である。

これは北方からの南遷時期が早いほど影響がより大きいというものではない。客家人が漢民族の他の人々と区別されるのは、その文化的特徴であり、主として北方の言語と風俗なのであって、人類学上の特徴ではないのだ。

客家先民は北方から南遷した後、一定の移民数が、閉ざされた環境の下で生活することによって、北方の文化的特徴を長期に保持したのである。

それゆえ、汀州、贛州という閉ざされた環境に直接移民した一定規模の集団、あるいは他地域に一時滞留したとしても「その時間が短い者」が客家人の源流の資格を持つと見てよい。東晋初年は四世紀初であり、唐末は一〇世紀である。経済が未発達で、交通の閉ざされた地域に六〇〇年も居住して、どうして中原の古音や風俗を保持できるであろうか。はなはだ疑わしい。ひとたび北方文化の特徴を失うならば、もはや客家文化の形成には影響を与えられないのであり、羅香林の東晋移民が五代宋初に形成したとする説は成り立たない（同上三五四頁）。

呉松弟は当時の記録に客家についての記述がない理由を追究して、南宋末に梅州に移住する以前、汀州・贛州地区の客家人はせいぜい数万人にすぎなかったことが記録に残らなかった理由ではないかと分析している。

客家社会の形成時期を特定するもう一つの根拠は、言語である。古代漢語の専門家・李新魁（中山大学教授）から呉松弟が得た教示によると、客家語は元代・周徳清の『中原音韻』に近く、南宋末・元代の音韻に近く、客家の形成が南宋以後であることを示唆する。

客家の音韻は北宋の『広韻』や『集韻』ではなく、元代の『中原音韻』に近いことは、客家先民が主として南宋期に北方から汀州、贛州に移民した人々であることを証拠づけるものだ（同上三五六頁）。

以上の考察から、呉松弟は次の三カ条を導いている。

(1)宋元期、梅州に移る前に、汀州、贛州で生活した客家人はせいぜい数万人にすぎない。もしそれ以上であったならば、当時の文献に記載が残ったはずだ。

(2)客家源流としての北方から客家居住区に南遷した人々は、宋元の以前ではありえない。これは客家語の音韻から主張できる。

(3)客家源流の北方移民が北方文化を保留できたのは、一定量の集団移民だからだ。さもなければ北方の音韻は南方方言の中に埋没したであろう（同上三五六〜三五七頁）。

源流は南宋移民

呉松弟は、羅香林の史料集『客家史料匯編』第一冊（香港・中国学社、一九六五年）、頼際煕編『崇正同人系譜』（香港奇雅書局、一九二五年）、および近年の呉沢主編『客家学研究』、寧化県客家研究会編『寧化客家研究』などの族譜一三〇篇を「客家氏族移民実例」という一覧表にまとめた（同上三六五〜三六八頁）。

このうち三八氏族（二九・二パーセント）が長江以北から祖先が移住したと書いている。この三八氏族を後の客家居住区に北方から直接移住したA型と、江南に移った後、数百年後に後の客家居住区に移住したB型とに分ける。

そうすると、A型二三氏族、B型一五氏族に分けられる。北方から移民した三八氏族のうち、客家の形成に直接作用したと考えられるのは、A型二三氏族である。このうち、客家居住区への転入時期が不明の三氏族を除くと二〇氏族になる。

これを両晋代〜唐前期と唐中期〜宋代に分けると、前者は五氏族、後者が一五氏族である。後者のうち宋代は八氏族で、最も多い。

こうして宋代に転入した八氏族こそが客家の形成に対して決定的な影響を与えたものと想定できる。

靖康の変（一一二七年、北宋滅亡）以後に汀州、贛州に転入した北方移民八氏族のうち、五氏族は、靖康の変以後に南遷している。これらの氏族は北方から直接、後の客家居住区に転入している。A型氏族のうち、唐後期・五代に転入した七氏族も客家源流の一部になった可能性があるが、靖康の変以後の転入は、それ以前よりもはるかに多く、汀州、贛州の客家が梅州に転入する時期とも近く、北方の言語や風俗を保持して、客家先民となる条件を備えている。

むろん南宋移民の後裔がすべて客家源流になったとは言えないが、客家源流が主として南宋移民からなることは疑いない（同上三六二頁）。

呉松弟はさらに、客家二〇九氏族の広東省に転入した一覧表（同上二〇〇～二〇五頁）を基に分析を加えて、後の客家居住区に転入した客家の祖先たちが「北方移民」ではなく、「南方居民」であることを論証している。

すなわち客家人の祖先のうち真に「北方から移民した者」は少しにすぎず、大部分は福建、浙江、江西、広東の「土着の人々」である。

近年の遺伝子研究もこれを裏づける。中国の二四民族、七四グループについて免疫球タンパク質同種異型のＧｍ遺伝子、Ｋｍ遺伝子の分布を調べたところ、中華民族の起源は南北二つのグループからなり、北緯三〇度を境界とする仮説が得られている。

客家人を主とする梅州の漢人九二人のサンプルを調べた結果では、南方グループとは異なる特性は発見されていない（趙桐茂、陳琦「中国人免疫球蛋白質同種異型的研究――中華民族起源的一個仮説」）。

北緯三〇度以南の漢族は主として南方の土着民族であり、北方移民は南方文化の形成に大きな影響を与えているとは言え、人数のうえで主体的地位を占めるものではなく、客家も例外ではない。

こうして呉松弟は次のように結論する。客家先民の客家に対する影響とは、主として文化であり、北方の血統が続いたものではない。移民の数は少ないが、北方文化は土着文化よりも先進的であったために、土着文化は影響を受けてこの文化を受容した。南方漢民族の中に、北方の言語や風俗が受容されたのは、この結果である。

客家人は宋元の際に広東東部に転入し、明清時期には山間部でかなりの勢力になった。山間部に散居していた南方移民も、客家人の言語と風俗を受け入れて客家人を自称するようになり、客家勢力は日々拡大した。

汀州、贛州以外の地域に転入した氏族が客家人となったのは、このためである。清代広東では、土客械闘が重大であり、後の客家居住区に生活していた人々も言語や風俗を受け入れた。『光緒嘉応州志』（巻七）は、広東東部一州一七県の「土音（地元のなまり）は、およそみな相通ずべし……。広州の人は、以上各州県人を客家となし、その言語を客話となす」と書いた。要約すると、次の二カ条である。

(1)客家先民のうち、真に北方から移民した者は、主として南宋期であり、人数は多くない。彼らは比較的先進的な北方文化を帯びていたので、宋末から客家民系を形成し始めた。宋以前の北方移民は客家源流に属さない。

(2)客家の大部分は、南方人であり、彼らは宋代以前に汀州、贛州に転入して客家先民の一部となった（同上二六四～二六五頁）。

（3）客家民系の広域的拡散

南宋時代に客家民系が形成された後、宋末元初の際には、モンゴル人の南侵のために、大きな影響を受けた。戦って戦死する者あり、流亡する者あり。客家の分布区域は閩西・贛南から粤東・粤北に拡大し、重心も粤東に移動した。

元代以後、人口が激増し、他方で土地は有限であったために、人口と土地の矛盾はますます大きくなった。そこから新たな移住が始まった。明の中葉から始まった対外拡散には二つのルートがある。①閩粤客家が贛南に回帰する流れ、②粤東客家が程郷・長楽山区から海豊・帰善あるいは珠江デルタに進出する流れ、の二つである。

清朝初年から客家人は新たな生存空間を求めて、四川省、広西省、海南島などへ向かう者、台湾、南洋へ向かう者が現れた。

南方各地そして台湾へ

明末清初の一連の戦争で四川省では戸口が減少し、田園の荒蕪化が進んだ。そこで清朝は「湖広填四川」すなわち湖南・湖北人をもって四川を補う政策を提起した。このとき、大量の閩西・粤東・贛南の客家人も四川省に入った。

劉光第（一八五九～九八年、清末の変法派官僚）、朱徳、郭沫若（一九一四～七八年、詩人・作家・歴史学者）、ハン・スーイン（韓素音。一九一七～、作家）らの先祖はこのときに四川省東部の涪陵・重慶から栄昌・隆昌・瀘江・内江・資中を経て、成都・華陽・新都・広漢などに移住した。

客家人の広西省、海南島への移住は主として同治以後であり、広東省台山・開平・四会一帯での空前の「土客械闘」を契機としている。その械闘は咸豊六年（一八五六）から同治六年（一八六七）まで一二年続き、死傷者五〇万～六〇万人に達した。

役所は騒動を鎮圧し、事後、赤渓庁を設けて客家移民を安置するとともに、予算を用意して他の地区への移住を奨励した。こうして高州、雷州、欽州、廉州（当時はすべて広西省属）に南下し、一部は海南島崖県、安定県などに移住した。

客家人の本格的な台湾移住は康熙二二年（一六八三）、すなわち清朝政府が台湾を取得して以後である。当初、清朝は「反清復明」の再燃を警戒し、台湾への移住を制限していた。とりわけ、広東を海賊の拠点と見て、恵州人、潮州人の移住を禁止していたが、海禁政策はしだいに有名無実となった。比較的早く台湾へ移住した客家人は嘉応州の鎮平・平遠・興寧・長楽の四県からの移住で、閩南人が西海岸の平原を開拓した後であり、客家人が移住したときには、海岸から離れた山地しか残されていなかった。

台湾移住のピークは康熙・雍正・乾隆時代であるが、嘉慶・道光期にも若干の移住が見られた。客家人の移民は、政府の許可を得た移民と、許可をえない偷渡（密航）とがあったが、後者が多かった。

台湾ではまず南部に移住し、以後、中部・北部へ向かった。康熙末年に朱一貴の乱を平定した後、台湾移住の禁令が解かれたので、潮州、恵州の客家人が台湾へ移住した（陳運棟『客家人』）。

南洋への移住

客家人の南洋への移住の嚆矢は宋末元初の時期である。元との闘争に失敗した客家人が迫害を逃れて南洋へ渡ったが、これは数が少なかった。一定規模の客家人が南洋へ渡ったのは、明末清初である。一九世紀中葉、太平天国が失敗し、広東西路の土客械闘が起こると、より多くの客家人が海を渡った。なかにはだまされて苦力《クーリー》となった者もある。これらの人々の後裔が「客籍華僑・華人」である。こうして「海水至る所、華僑あり。華僑のある所、必ず客家人あり」（羅英祥『飄洋過海的客家人』）となった。大陸の一九八二年の人口サンプリング調査と台湾一九五六年の人口センサスによれば、両者を合計した客家人口は五五〇七万人であり、漢語の五大方言の中で、呉方言六九七五万人に次ぐ大きさである（『客家源流新探』一九〇～一九三頁）。

客家民系の「形成」は、金兵の南侵により、宋皇室が流亡したときであり、「発展」は、モンゴル人による元王朝が成立したとき、および満洲人による清王朝が成立した時期である。その形成と発展は、異民族の侵入と深く関わっている。

異民族の侵入により、南遷を余儀なくされた人々の中から、これに抵抗する英雄も輩出した。これがいわゆる「客家先賢」である。

南宋初期の対金闘争の指導者として最初の英雄は胡詮《こせん》（一一〇二～一一八〇年）である。南宋吉州廬陵（現・江西吉安）人、建炎年間の進士である。金軍が長江を渡ろうとしたときに、贛南で義兵を募り、郷里を防衛した。一一三八年、秦檜《しんかい》が和睦を主張したとき、これに反対の上疏を行い、吉陽軍（現・海南省三亜市）に流された後、南宋の首都・臨安（杭州）で枢密院編修官に任じられた。

文天祥は胡詮と同郷の吉州廬陵の人である。二〇歳のとき、トップで進士に合格した。一二五九年、モンゴル軍が四川を攻略した際に、遷都に反対する上疏を行った。一二七五年、元兵が東下したとき、贛州で義軍を組織し、臨安を防衛し、右丞相となったが、一二七七年以後、元との闘争を続け、一二八三年、大都（北京）で殺された。獄中で書いた「正気の歌」が有名である。

東南アジアで活躍した客家人として著名な人物は、羅芳伯（一七三八〜九五年。前述）、葉亜莱（一八三七〜八五年、広東恵陽県淡水鎮人。一八歳のときマカオからマラッカへ。スズ鉱山の開発に従事。華人カピタンになり、クアラルンプール開発の祖と呼ばれる）、張弼士（一八四一〜一九一六年、広東大埔県生まれ。一六歳のときジャカルタへ。スズ鉱山で巨富を得る。清朝のペナン領事、シンガポール総領事などを歴任）、胡文虎（一八八二〜一九五四年、前述）、謝枢泗（一八八六〜一九七二年、広東梅州市梅県生まれ。一九歳のときシャム［タイ］へ。タイの鉄道発展に尽力し、スズ鉱山の開発も手がける。タイ国籍に帰化）らが挙げられる。

4　開かれた「中華世界」への道

（1）他称と自称のはざまで

客家伝説の虚実について、一通りの解釈をまとめた段階で、飯島典子著『近代客家社会の形成』を読み、またまた目から鱗の感覚を味わった。この本は、「Hakka あるいは客家」という文字の記録が、いつどこに残されたかを徹底的に追究して、実に意外な結論を導いており、私は大いに驚かされた。飯島の結論を聞いてみよう。

ドイツ出身でオランダ伝道会に属していたギュツラフの報告書（Gutzlaff, Charles, *Journal of Two Voyages along the Coast of China in 1831-1832.*）によると彼は、キリスト教伝道の過程で、「客家語話者」の存在に気づき、彼らを「広東東北部の出身者」であり、「東南アジアの鉱山地域に住む鉱夫」として紹介した。一八三〇年代のことであった。

その後、西洋人宣教師の客家についての知見が著書の形でまとめられた嚆矢は、ダイヤー・ボールの著書（Dyer Ball, *Things Chinese; Notes on Various Subjects Connected with China.*）であった。こうしてギュツラフによる「客家発見」から、およそ六〇年後に、客家についての最初の英書が登場したわけだ。

では、中国官憲の記録では、客家はどのように記されてきたのか。最初の記録は広東省西江デルタにおける土客械闘事件であり、一八五〇年代のことであった。ギュツラフの記録に遅れることおよそ二〇年であった。

ところで、中国官憲が客家に注目する契機を作った西江デルタにおける土客械闘事件とは何か。咸豊時代（咸豊帝の在位は一八五一〜六一年）初期のこと、広州で天地会系*（本地人＝広東人）の反乱が起こった際に、「客民の義勇軍」である「客勇」（ちなみに太平天国を鎮圧したのは曾国藩の「湘勇」）は官憲の側について反乱を鎮圧した。これを契機として本地人（広東人）と客民との大規模な衝突が起こり、大きな騒乱となり、約一〇年続いたのが、この械闘だ。

客民は科挙の応募資格を手に入れるために工作したり、強引とも言える方法で裁判に訴えたり、団結心や上昇志向が目立ち、これが本地人から見ると、潜在的な脅威となっていた。

なお、西江デルタにおいては、「客紳」（その土地で勢力のある「土豪劣紳」に対して、ほかの土地から移民して地主・資産家になった紳士の意）を中心として、賊の鎮圧に当たるほど、客家社会は安定勢力であったが、東江中流の帰善（恵州）、博羅、永安（紫金）では、本地人からの圧迫に対抗するために、客民が天地会員になった。反乱活動には火薬の製造や運搬技術が必要であり、嘉応州を拠点とする鉱夫は天地会とも接点を持っていた。

天地会は最初は福建・粤東および台湾一帯で勢力を広げ、ついで広東全省、および江西、広西、貴州、雲南、湖南などに拡大した。アヘン戦争後は、四川、湖北、安徽、江浙などに拡散した。天地会のほかに、「添弟、小刀、双刀、父母、三点、三合」など一〇余種の別名がある。

清朝は厳しい専制体制を敷いたが、民間の満清統治反対のムードは衰えることがなく、天地会はいくども武装反抗闘争に立ち上がった。民国期以後、一部は裏社会を形成した。

広東省嘉応州の官憲が客民について記録を残すのは、西江デルタ事件よりもはるかに遅く、清末のことだ。嘉応州梅県は省内最多の鉱区が確認され、嘉応州の石炭はこの地を特徴づける重要な鉱区資源であった。鉱山を開くと無業の民が集まり、閉山するや失業者は匪賊になるので、官憲は由来「煤匪」（客家は鉱山技術者集団の側面があり、このように呼ばれた）による反乱や石炭私掘事件に目を光らせた。広東・江西・福建三省境界や嘉応州において、官憲が初めて「客家」の語を使うのは、光緒年間（一八七五〜一九〇八年）であった。

つまり広東省の官憲が客家勢力に着目したのは一九世紀末であり、これは宣教師ギュツラフの報告書が出された一八三〇年代よりも遅く、西江デルタ械闘事件（一八五〇年代）よりも、はるかに遅かったわけだ。

＊天地会とは、清代の民間秘密結社の一つ。「天を父として拝み、地を母として拝む」ところから、この名がついた。別名は「洪門」、俗称は「洪幫」。

初期のメンバーは農民や破産した小手工業者、小商人、水陸交通の運輸労働者やルンペンが多かった。天地会は「反清復明」「順天行道」「劫富済貧」などのスローガンに、その思想を反映している。

なぜか。官憲が宣教師の報告を知らないのは当然として、客家語話者が住民の大半を占める嘉応州に対する官憲の関心は、住民の言語ではなく、山岳地帯、それも鉱山区なるがゆえの統治の難しさに向けられていたからである。土客械闘の及んだ範囲は西江デルタ一帯に限られており、これは客家勢力がこの一帯まで拡大した結果、広東人（本地人）と衝突するに至ったものであり、この段階になって、ようやく官憲がこの土客矛盾に気づいたのではないかと、飯島は解している（『近代客家社会の形成』二二七〜二三二頁）。

こうして、まず宣教師が客家語話者を「発見」し、その後、械闘事件のゆえに官憲が「注目」した。いわゆる客家の大本営である嘉応州においては、客家の「他称」すなわち局外者による記録は、最も遅れたというのが飯島の研究成果である。

実に意外な分析だが、その説明は納得できるものだ。

飯島はこのように、「他称」としての客家あるいはHakkaの発見史を跡づけたうえで、「客家語話者」自身の「自称」過程を追究した。嘉応州は清代初期に潮州府から独立した行政区となった経緯もあり、「嘉応州人というアイデンティティー」が比較的新しい。「在東南アジアの嘉応州人や在広東の他省人」がみな会館を持つのに嘉応州人だけには会館がない、と立ち遅れを自覚して設立したのは、一八七五年であった。香港の崇正総会は客家に対する差別的な記述に抗議した事件を契機として一九二一年に成立したが、同会は「客」の文字を組織名に用いなかったことについて、本地人＝広東人との軋轢を避けるためかと解している。飯島の分析が冴えるのは、次の記述である。

マレーシアのペナンやペラのように、一九世紀初頭から移住者が入植した地域では「檳城《ペナン》広東暨汀州会館」という名で同郷組織が成立し、「暹羅《シャム》華僑客属総会」のように、支部によっては「客」を自称する人々すべてに開かれた団体の例もある。

「客を名乗る人々の連帯感」は、まず「香港や東南アジア在住の客」が主導権を握って広げていき、「それが嘉応州にフィードバックされたもの」と考察せざるをえない。

客家語話者が「客家という概念の下に団結した歴史」は、「近現代に入ってから出現したもの」であった（同上二二〇〜二二二頁）。

この仮説は、瀬川が梅県出身の広東客家や香港客家の調査を踏まえて論じた強い「客家意識」の自覚過程を、嘉応州と東南アジアとの関係まで拡大したものであり、瀬川＝飯島仮説と称してよいが、このような自己意識の形成過程は、まさにこの仮説の説く通りであろう。

共感しつつ、あえて蛇足を付加すれば、日本帝国主義の侵略行動こそが、前述のように、客家ナショナリズムをいよいよ燃え上がらせたのである。孫文が中国人の国民性を評して「皿の上の砂」のようにばらばらと述べたのは、有名なエピソードだが、白人の中国侵略には比較的寛大なように見られた中国人も「東洋鬼《トンヤングイ》」の侵略には、大きな反発を見せた。こうして対華二一カ条要求を契機とする、一九一九年の五・四運動の中から中国共産党が生まれた。

一九三一年の満洲事変から一九三七年の盧溝橋事件へと日本の中国侵略が拡大するに伴って抗日運動が組織され、その過程で、客家ナショナリズムこそが漢民族ナショナリズムの精華として、位置づけられたものと私は解している。特に客家ナショナリズムの象徴的イメージの一つが元軍の侵略と戦った南宋の政治家・文天祥であり、その「正気の歌」を客家の人々はナショナリズムの精華と称え続けた。

日本が中国侵略をエスカレートさせると、東南アジアにおける華僑社会にも、抗日戦争のために義援金を贈る運動が大きく展開される。その象徴的人物が、シンガポール華僑・陳嘉庚（一八七四〜一九六一年）であった。日本軍が英領マラヤの一角にあるシンガポールを占領し、昭南島と名づけるや、華僑の不服従運動が起こり、日本軍によるシンガポール華僑虐殺事件も起こった。

陳嘉庚自身は福建人であり客家ではないが、このころになると、広東人も潮州人も競って愛国運動に身を投じていく。そのときに、中華ナショナリズム振興の中核として大きな役割を果たしたのが、中原に故地を持ち、中華文明の代表を自任する客家であった。

こうして客家というミクロコスモスにおける中華意識の覚醒は、大きな中華ナショナリズムの推進力の一つとなり、日本は見事に反面教師の役割を演じる結果となった。

（2）その後の客家学

一九九八年、全球客家・崇正会聯合総会の第一回大会が返還後一年の香港で開かれ、同時に「客家と近代中国」を主題とした学術シンポジウムも開かれた。

その講演記録三一篇が丘権政（中国社会科学院近代史研究所教授）主編『客家與近代中国』としてまとめられ、「あとがき」にこう書かれている。「中国近代史はまるごと客家人が書いたものだ（整部中国近代史是客家人写的）」「客家なくして、中国革命なし（没有客家、便没有中国革命）」「客家精神こそが中国革命の精神だ（客家精神是中国革命的精神）」（五七四〜五七五頁）。

なるほど、太平天国に始まり、辛亥革命、井岡山・江西ソビエト区のゲリラ闘争、長征などを列挙すると、客家が関わっていないものを見いだすのは、難しいのも一つの現実である。

例えば辛亥革命における客家の活躍には目覚ましいものがある。徐輝琪（中国社会科学院近代史研究所研究員）「客家與辛亥革命」（『客家與近代中国』所収）は、中国同盟会が組織された一九〇五年に入会したメンバーの中の客家人として四八人を列挙し、一九〇七年までに入会したメンバーとしてさらに七七人の氏名・原籍を一覧表にまとめている（八二～八五頁）。

次いで北伐戦争をになった黄埔軍官学校にも客家が少なくなかった。張天周（河南省社会科学院）「客家人與黄埔軍校」（『客家與近代中国』所収）は、トップ三人のうち校長・蔣介石を除いて、軍校総理・孫文と党代表・廖仲愷《りょうちゅうがい》（廖承志の父）の両者が客家人であり、軍校学員（学生）の中に客家人の少なくなかったことを固有名詞を挙げて説明している。

さらには日中戦争初期の上海事変はどうか。韓信夫（中国社会科学院近代史研究所研究員）「客属将軍張発奎與淞滬会戦」（『客家與近代中国』所収）は、一九三七年の八月一三日から始まった第二次上海事変における第八集団軍総司令・張発奎（広東始興県人）の活躍ぶりを描いた戦史である。

そして斉福霖（中国社会科学院近代史研究所研究員）「胡文虎対中国抗戦的貢献」（『客家與近代中国』所収）は、タイガー・バーム（万金油）や『星州日報』で有名なシンガポール華僑・胡文虎（原籍・福建永定）が満洲事変以後、ただちに祖国救援の「抗日救国運動」に立ち上がった経緯を描いている。このほか戊戌の政変（一八九八年）においても、客家の活躍が目立つ。

このような事例を強調して、「中国近代史はまるごと客家人が書いたものだ」「客家なくして、中国革命なし」と語られるのだが、これこそがまさに現代の客家伝説にほかならない。

(3) 連邦国家の初心に立ち返る

私は中国の未来像として連邦国家を構想し、United States of China を旧著『巨大国家中国のゆくえ』で展望し、こう書いた。

言語や風俗習慣の違いからして、中国はもっと多くの生活圏に分かれるはずである。「漢字という書き言葉によるネットワーク」で結ばれた世界は、その構成原理の簡明性、公開性のゆえに広大な中国大陸に広まったのであるが、中華人民共和国という一枚岩的表皮の下には、さまざまな生活圏が存在している。中華人民共和国の死滅の後には、多様な「中華連邦の世界」が広がるはずである。毛沢東は「虚君共和の夢」を語ったが、毛沢東、鄧小平のようなエンペラーに類似した強力な指導者の亡きあと、誰が「虚君」の役割を果たすのか。それは「皇帝もどき」ではあるまい。中国文化を象徴する事物の一つである「漢字」こそが「虚君」の実体であろう。中華世界とは、元来そのような世界なのであった。いまや再生した連邦国家として開かれた世界を復興させるであろう。

現在〔一九九六年〕の中国では、共産主義のイデオロギーをすでに放棄した共産党員が党組織を通じて、中華思想(振興中華)というナショナリズムの宣揚によって、中国大陸をかろうじて統一している。その中央集権的統一は随所に綻びを見せており、「天高くして、皇帝遠し」の声が絶えない。これは「辺境」は皇帝権力から相対的により自由であるという「中華世界の遠心力」を述べたものであるが、この辺境願望は、皇帝のお膝元でこそ、いや皇帝自身の内面においてこそその統治の困難さからして最も強く意識されてきたことは、「人民の皇帝」と呼ばれた毛沢東が「虚君共和」〔一九六六年三月二〇日杭州中共中央政治局拡大会議発言、『毛沢東思想万歳』丁本、六三八頁〕を夢想したことによく現れている。

その論理と心理はまた老子の「小国寡民」思想にも通ずるものであり、由来中華世界の住人たちは、一方でその「華」の中心に引かれつつ〔求心力〕、他方で絶えずそこから逃れ、桃源郷を求め続けてきた。すなわち遠心力である。この求心力と遠心力とを巧みにバランスさせる唯一のシステムが、連邦制のような政治体制であろう。

そもそも中国共産党の初心は連邦制である。私が旧著で書いたように、第二回大会〔一九二二年七月〕で採択された「中国共産党第二回大会宣言」には「連邦」構想が書き込まれていた。近年の情報公開の中で、中共党史の基本的資料がオリジナルあるいはそれに近い形で公表されるようになったが、その一つである『中共中央文件選集』から引用してみよう。連邦制構想の骨子は次のごとくである。

第一、中国本土各省〔少数民族地区を除いた各省を指す〕では連邦の原則を採用してはならない。中国各省には、経済上において根本的相違はない。〔軍閥諸派は〕辛亥革命以来一〇年余の割拠現象を合理化し、省をもって邦となすよう主張し、これを地方分権や連省自治の美名で飾ろうとしているが、これはまったく道理のないものである。なぜなら一〇年来、すべての政権は完全に各省武人の手にあり、分権を主張しても省を国と称し、督軍を王と称するのみだからだ。それゆえ、連邦の原則は中国各省では採用できない。第二、モンゴル、チベット、回疆〔現・新疆ウイグル自治区〕の三自治邦を促進して成功させ、さらに連合して中華連邦共和国をつくる。モンゴル、チベット、回疆などの地方については各省とは異なる。これらの地方は歴史上、異種民族が久しく集まり住んできた区域であるばかりでなく、経済上、中国本土各省と根本から異なる。というのは、中国本土の経済生活が小農業、手工業からしだいに資本主義生産制に進む幼稚な時代にあるのに対して、モンゴル、チベット、回疆などの地方はまだ遊牧の原始状態にあり、強いて中国に統一するならば、軍閥の地盤を拡大する結果となり、モンゴル族などの民族自決、自治の進歩を阻害し、各省人民にとっていささかの利益にもならないからである。

こうして第二回党大会の政体に関わるスローガンは次のごとくであった。第一、中国本土〔東三省を含む〕を統一し、真の民主共和国とする。第二、モンゴル、チベット、回疆の三地区で自治を実行し、民主自治邦とする。第三、自由連邦制を用いて中国本土、モンゴル、チベット、回疆を統一し、中華連邦共和国を樹立する。

ここから創立初期の中国共産党の考え方は「連邦案」であったことがわかる。

中国共産党第二回党大会からおよそ一〇年後、毛沢東らは江西ソビエト区でゲリラ闘争に従事していたが、一九三一年一一月七日、中華ソビエト第一回全国代表大会で採択された「中華ソビエト共和国憲法大綱」〔全一七項からなる〕の第四項は「ソビエト共和国の公民」の内容をこう定めていた。

ソビエト政権領域内の労働者、農民、紅軍兵士およびすべての抑圧されてきた勤労大衆とその家族は、男女、種族、宗教に関わりなく、ソビエト法の前で一律に平等であり、等しくソビエト共和国公民である。

ここで「種族」の括弧内に挙げられているのは「漢族、満族、モンゴル族、回族、チベット族、ミャオ族、リー族、および中国在住の台湾人、朝鮮人、ベトナム人など」であった。

第一四項では少数民族の自決権、連邦への加入・離脱権をこう宣言していた。

中国ソビエト政権は中国国内の少数民族の民族自決権を承認し、各弱小民族が中国から離脱し、自ら独立の国家を樹立する権利を一貫して承認してきた。モンゴル族、回族、チベット族、ミャオ族、リー族、朝鮮族など、およそ中国地域内に居住する者は完全な自決権、すなわち中国ソビエト連邦に加入し、あるいはそれから離脱し、あるいは自己の自治区域を樹立する権利を持つ。中国ソビエト政権はいまこれらの弱小民族が帝国主義、国民党、軍閥、王公、ラマ、土司〔元代以降、西南少数民族地区の首領で、宣撫使、宣撫使などの官職を授けられた者〕などの圧迫統治から抜け出し、完全な自主を得られるよう支援に努めている。ソビエト政権はさらに、これらの民族の中において、彼ら自身の民族文化と民族言語を発展させようとしている。

ここでは「連邦への加入、離脱権」をも含めて、少数民族の自決権を完全に認める立場に立っていたことがわかる。

次に毛沢東は延安で行った「新段階を論ず」（一九三八年一〇月、第六期六中全会報告「抗日民族戦争與抗日民族統一戦線発展的新階段」）という報告の中で、こう述べている。

敵がすでに進めているわが国内の「各少数民族を分裂させせようとする詭計」に対して、当面の任務は各民族を団結させ一体となし、共同で日寇〔日本という外敵〕に対処することである。この目的のために、以下の各点に注意しなければならない。

第一に、モンゴル族、回族、チベット族、ミャオ族、ヤオ族、夷・番〔すでに列挙した以外の少数民族を指すと思われる〕各民族と漢族が平等の権利を持ち、共同で日本に対する原則の下で、自己の事務を自己が管理する権利を持ち、同時に漢族と連合して統一した国家を樹立することを許す。

第二に、各少数民族と漢族が雑居する地方では、現地政府は現地の少数民族の人々からなる委員会を設置し、省県政府の一部門として、彼らに関わりのある事務を管理し、各民族間の関係を調整すべきである。省県政府委員の中にも彼らのポストを用意すべきである。

第三に、各少数民族の文化、宗教、習慣を尊重し、彼らに中国語の読み書きや会話を学ぶよう強制しないだけでなく、彼らが各民族自らの言語文字を用いた文化教育を発展できるよう支援すべきである。

第四に、存在している大漢族主義を是正し、漢人が平等な態度をもって各民族と触れ合い、それによって日に日に親善を深めることを提唱する。同時に、彼らを侮辱し、軽視するような一切の発言や文章、行動を禁止する。

以上の政策は、一方では各少数民族が自ら団結して実現しなければならない。他方では政府が自発的に実施しなければならない。そのようにして初めて、国内各民族の相互関係を徹底的に改善し、外部との団結という目的を真に達成できる。懐柔と羈縻《きび》〔馬の手綱と牛の鼻綱を指し、転じて束縛・支配すること〕の古いやり方はもう通用しないのだ。

ここでは、「分裂の詭計」に対して、「各民族の団結」を強調した点が特徴的である。毛沢東は一九四五年、第七回党大会で「連合政府を論ず」と題した報告を行ったが、その中で、毛沢東が言及したのは、一九二四年に孫文が書いた中国国民党第一回大会宣言の一句である。すなわち国民党は、中国の「各民族の自決権」を承認する。帝国主義および軍閥に反対する戦争に勝利した後、「各民族が自由に連合した、自由で統一された中華民国」を組織する、という箇所である。

毛沢東は孫文に言及してこう約束した。中国共産党は「国民党の民族政策」に完全に同意する。／共産党員は各少数民族の広範な人民大衆がこの政策を実現するために奮闘するのを積極的に援助すべきである。／各少数民族の広範な人民大衆が政治上、経済上、文化上の解放と発展を勝ち取り、民衆の利益を擁護する少数民族自身の軍隊を成立させるよう援助すべきである。／彼らの言語、文字、風俗、習慣、宗教信仰を尊重しなければならない。

そして第七回大会党規約では、「各革命階級の同盟と各民族の自由な連合からなる、独立・自由・民主・統一・富強の新民主主義連邦共和国を樹立する」と規定した。ここから革命期の中国共産党は、①民族自決権の承認、②連邦制の実行、③民族区域自治の実行という三つの主張を行っていたことを確認できよう。

しかしながら、国共内戦期から抗日戦争期にかけて樹立された「自治地方」なるものは、初心あるいは理念通りに実行されたものではなかった。一九三六年には陝甘寧省豫海県に回民自治政府が樹立され、一九四一年には陝甘寧辺区に一群の区レベル、郷レベルのモンゴル族、回族の自治政権が樹立された。さらに四五年から四六年にかけて、党中央は内モンゴルで「民族区域自治」の方針を実行した。四七年五月一日に成立した内モンゴル自治区は省レベルのものとしては中国初の民族自治地方であった。この内容について、建国後の民族政策を解説した論者（李瑞）は、次のようにその意図を再解釈している。

わが党は一切の「民族分立の要求」を無条件に支持していたわけではない。わが党は外国帝国主義者が策動した「偽満洲国、偽蒙疆自治政府、偽東トルキスタン・イスラム共和国、チベットの反動的上層人物の独立活動」には断固として反対してきた。つまり「民族自決」の方針が帝国主義者によって「民族分立」に逆用される危険性があったために自治を限定したのだ（李瑞「党的民族区域自治政策的形成與発展初探」『民族問題理論文集』青海人民出版社、一九八七年、七七〜七九頁）。

これが現時点での苦しい弁解である。

かつて長安が世界文化の中心であった時代には、事実上の中華連邦が存在し、パクス・シニカ（中国の覇権がもたらす平和）の繁栄を謳歌していた。二〇世紀末から二一世紀にかけての、ポスト冷戦期の平和的な国際環境の下で、中国経済は離陸に成功し、二〇一〇年には国内総生産（GDP）ベースで日本を超え、世界第二の経済大国になろうとしている。

経済史家N・ファーガソン（ハーバード大学教授）は、チャイメリカ（Chimerica）の経済構造を語り（*The Ascent of Money: A Financial History of the World*）、英ジャーナリストのM・ジェイクスは『中国が世界を支配するとき――西洋世界の終焉と世界新秩序の誕生（*When China Rules the World: The End of the Western World and the Birth of a New Global Order.*）』を論じている。

私が旧著を書いた時点では、天安門事件の後遺症と旧ソ連崩壊の衝撃の中で中国の行方は不安定に見えた。しかし、いまや経済的に離陸した中国は、世界の大国として動き出した。まさに「眠れる獅子」の覚醒そのものであり、世界は中国の一挙手一投足に振り回され始めた。

ここで大きな問題が浮き彫りにされてきた。経済的には離陸したものの、経済発展が牽引するであろうと想定されていた政治改革が行方不明になったことだ。

中国の周辺に位置する諸経済は、開発独裁による経済発展の後に、例外なしに政治的民主化を達成して、アジアの奇跡と称賛された。中国は経済発展に関する限り、目ざましい成果をあげて世界の称賛を浴びたが、政治改革は天安門事件以後二〇年間、封印されたままである。それだけではない。

革命世代の二代目、三代目、四代目からなる太子党が政治権力を壟断して、これを手放す兆候は皆無である。そして長期政権の腐敗はとどまるところを知らず、腐敗が腐敗を呼ぶ「腐敗の高度成長」も続いている。また、土地を失った農民や貧しい農民工の味方をした弁護士が突然、行方不明になる事例がいくつもある。これが二一世紀の中国の現実だ。こうして経済発展が政治体制の民主化につながらないばかりではなく、「世界第二の経済力」は、独裁体制の延命のために用いられている。すなわち共産党官僚資本家を守るために軍備が増強され、周辺国家を威圧している印象を否めない。

市場経済の発展は、政治体制の民主化の条件を整えつつあるにもかかわらず、現在の最高指導部には、民主化を進める意欲はまるで見られず、一方では居直りのこわもてスタンス、他方では戦々恐々「裸官現象」（裸官とは配偶者や子女を国外に定住させ、外国国籍を取得させている中国の高官たちを指す。かつては「太空人」、すなわち「太太《タイタイ》［妻］が国内にいない高官」とも呼ばれた）ばかりが目立つ。

いま決定的に立ち遅れているのは、政治改革であるが、その展望を切り開く光は、著者の老眼ではどこにも見えない。時代閉塞のガスは充満するが、爆発する前にガス抜きが行われ、当座の安定を保つ。現代中国研究に志して半世紀、いま研究を終えるに際して光明を失ったのは遺憾千万だが、これがもし老研究者の杞憂にすぎないならば幸いだ。未来を作るのは、老人ではなく、若者である。彼らが光明を模索し、探り当てることを期待して擱筆する。

人物略記

＊五十音順に並べた。

王明（一九〇四～七四年）本名陳紹禹。一九三一年一〇月モスクワに赴き、中共駐コミンテルン代表として中共を指導し、極左路線を推進した。

古柏（一九〇六～三五年）江西省尋烏人、客家。一九三〇年五月尋烏県書記として毛沢東の「尋烏調査」に協力し、以後、毛沢東の身辺で働く。紅四軍前敵委員会秘書長、第一方面軍総前敵委員会秘書長などを歴任。王明の極左冒険主義期に毛沢東を支持したために、鄧小平、毛沢覃、謝唯俊とともに批判を受けた。紅軍主力の長征後、残留してゲリラ闘争を続け、一九三五年二月戦死。

項英（一八九八～一九四一）一九三〇年末中央根拠地に派遣され、ソビエト区中央局書記代理として富田事変の収拾に当たる。紅軍の長征後、残留部隊の最高指導者として活躍。抗日戦争開始後、新四軍副軍長、皖南事変の直後に殺害される。

黄公略（一八九八～一九三一年）湖南省湘郷人。一九二八年彭徳懐らと平江蜂起に参加し、後に井岡山へ。三一年蒋介石の第三次包囲掃討戦で戦死。

朱徳（一八八六～一九七六年）四川省儀隴人。ドイツ留学。一九二七年南昌蜂起に参加し、失敗後、敗軍を率いて井岡山へ。毛沢東とともに紅軍を指揮して朱毛軍と呼ばれた。八路軍総司令、人民解放軍総司令、元帥。

蕭克（一九〇七〜二〇〇八年）湖南省嘉禾人。一九二八年湘南蜂起に参加し、その後井岡山へ。紅八軍軍長。一九三四年八月江西省永新を出発し、湖南、広西、貴州を経て一〇月賀竜の率いる紅二軍団と合流し、湘鄂川黔根拠地を作る。晋察冀野戦軍司令員、建国後、軍事学院院長などを歴任。

曾山（一八九九〜一九七二年）江西省吉安人、客家。南昌蜂起、広州蜂起に参加。一九二九年贛西ソビエト区主席、三二年副主席に降格。紅軍主力の長征後、上海経由でモスクワへ。抗日戦争期には中共中央華中局組織部長。建国後、国務院内務部長などを歴任。妻・鄧六金（一九一一〜二〇〇三年、福建省上杭県生まれの客家）は長征を歩いた二七人の女性の一人。長男は曾慶紅元国家副主席。

譚震林（一九〇二〜八三年）湖南省攸県人。一九二七年冬、井岡山へ。二九年紅四軍第二縦隊政治委員、後に第三野戦軍第一副政治委員。建国後、国務院副総理。

陳毅（一九〇一〜七二年）四川省楽至人。勤工倹学でフランス留学。南昌蜂起に参加し、朱徳とともに敗軍を率いて井岡山へ。皖南事変後、新四軍軍長（代理）、解放戦争期に華東野戦軍（後の第三野戦軍）司令員兼政治委員、建国後、国務院副総理兼外交部長などを歴任。毛沢東の「詩友」として知られる。

陳正人（一九〇七〜七二年）江西省遂川人。一九二八年湘贛辺区特別委員会副書記、三一年贛西南特別委員会常務委員、建国後、国務院農業機械部長などを歴任。

滕代遠（一九〇四〜七四年）湖南省麻陽人、苗族。一九二七年湘鄂贛辺区特別委員会書記、彭徳懐らとともに平江蜂起を指揮し、後に井岡山へ。三〇年紅三軍団総政治委員、建国後、人民政治協商会議副主席。

彭徳懐（一八九八〜一九七四年）湖南省湘潭人。一九二八年平江蜂起を指揮して紅軍に参加、八路軍、人民解放軍を通じて朱徳に次ぐ軍内地位にあった。一九五八年毛沢東の大躍進政策を批判して失脚。文革期に迫害されて死去。

羅明（一九〇九〜八七年）広東大埔人、客家。一九二一年アモイ（廈門）集美学校師範部に入り、一九二五年広東大学（中山大学の前身）に入った。一九二六年中共スワトウ（汕頭）地方委員会書記、一九二七年中共閩西特別委員会書記。一九二八年二月福建臨時省委員会書記となり福建代表としてモスクワに行き、第六回党大会に出席。三〇年閩粤贛特別委員会で「社会民主党」粛清に抵抗し、毛沢東の支持を得る。三三年王明の批判を受ける。

李韶九（一九〇四〜三五年）湖南省嘉禾人。南昌蜂起で捕虜となり、一九二八年入党。三〇年紅第一方面軍政治部秘書長兼反革命粛清委員会主席。三一年粛清の行き過ぎを周恩来かち批判され、「留党察看六カ月」の処分。紅軍主力の長征後、残留し、三五年死去。戦死説と陳毅による殺害説とがある。

李立三（一八九九〜一九六七年）湖南省醴陵生まれ。勤工倹学でフランス留学。一九二七年南昌蜂起に参加し、政治局委員。一九二八年中央宣伝部長。一九三〇〜三一年中国共産党の最高指導権を掌握し、「李立三路線」を執行し失敗、コミンテルンから極左偏向を批判されモスクワに一五年間とどめおかれた。一九四九〜五四年政務院（国務院の前身）労働部長を務めたが、その後は目立った活動なく、文化大革命で批判され、睡眠薬自殺。

劉士奇（一九〇二〜三三年）湖南省岳陽人。一九三〇年贛西南特別委員会書記、紅二〇軍政治委員。一九三三年鄂豫皖根拠地で、張国濤により「改組派」として殺害された。毛沢東の妻・賀子珍の妹・賀怡の夫である。賀怡は後、毛沢東の弟・毛沢覃と再婚した。

参考文献

＊編著者名（中国書は日本語読み）の五十音順（英語文献はアルファベット順）に並べた。ただし編著者名のないものは末尾に書名順に並べた。

▼日本語文献

朝河貫一（矢吹晋訳）『比較封建制論集』柏書房、二〇〇七年。

飯島典子『近代客家社会の形成――「他称」と「自称」のはざまで』風響社、二〇〇七年。

外務省情報部編『広東客家民族の研究』外務省情報部、一九三二年。

韓鋼（辻康吾編訳）『中国共産党史の論争点』岩波書店、二〇〇八年（「中共歴史研究的若干熱点難点問題」二〇〇五年）。

スメドレー、アグネス（阿部知二訳）『偉大なる道――朱徳の生涯とその時代』岩波書店、一九五五年（Agnes Smedley, *The Great Road: The Life and Times of Chu Teh.*）。

諏訪哲郎『西南中国納西族の農耕民性と牧畜民性――神話と言語から見た納西族の原像』（学習院大学研究叢書16）第一法規出版、一九八八年。

瀬川昌久『族譜――華南漢族の宗族、風水、移住』風響社、一九九六年。

瀬川昌久『客家――華南漢族のエスニシティーとその境界』風響社、一九九三年。

ソールズベリー、E・ハリソン（岡本隆三監訳）『長征――語られざる真実』時事通信社、一九八八年（Harrison E.

Salisbury, *The Long March: The Untold Story*, Macmillan, 1985.）。

戴國煇編『東南アジア華人社会の研究』アジア経済研究所、一九七四年。

高木桂蔵『客家――中国の内なる異邦人』講談社現代新書、一九九一年。

チアン、ユン・ハリデイ、ジョン（土屋京子訳）『マオ――誰も知らなかった毛沢東』講談社、二〇〇五年（Jung Chang, Jon Halliday, *Mao: The Unknown Story*, Vintage, 2007.）

陳達（満鉄東亜経済調査局）『南洋華僑と福建・広東社会』邦訳、一九三九年（Chen Da, *The Chinese Migration.*）。

中川学編『客家論の現代的構図』アジア政経学会、一九八〇年。

仁井田陞『中国法制史』岩波全書、一九五二年、一九六三年増訂版。

橋本萬太郎編『漢民族と中国社会』山川出版社、一九八三年。

橋本萬太郎『現代博言学』大修館書店、一九八一年。

福本勝清『中国革命への挽歌』亜紀書房、一九九二年。

福本勝清『中国革命を駆け抜けたアウトローたち――土匪と流氓の世界』中公新書、一九九八年。

牧野巽『中国の移住伝説』（牧野巽著作集 第五巻）御茶の水書房、一九八五年。

毛沢東「井岡山の闘争」『毛沢東選集』（第一巻）邦訳、北京・外文出版社、一九七二年。

矢吹晋『朝河貫一とその時代』花伝社、二〇〇七年。

矢吹晋『巨大国家中国のゆくえ――国家・社会・経済』東方書店、一九九六年。

矢吹晋『日本の発見――朝河貫一と歴史学』花伝社、二〇〇八年。

横山宏章『中国の異民族支配』集英社新書、二〇〇九年。

渡辺一衛「富田事件とAB団――中国初期革命運動における粛清問題の教訓」『二〇世紀社会主義の意味を問う』社会主義理論学会編、御茶の水書房、一九九八年。

▼中国語・英語文献

王慶成「客家與太平天国蜂起」丘権政主編『客家與近代中国』中国華僑出版社、一九九九年。

何盛明「陳剛」『中共党史人物伝』（第三四巻）陝西人民出版社、一九八七年。

何長江「井岡功業銘千載」『何長江回憶録』解放軍出版社、一九八七年。

丘権政主編『客家與近代中国』中国華僑出版社、一九九九年。

龔楚『龔楚将軍回憶録』香港・明報月刊社、一九七八年。

景玉川「富田事変平反的前前后后」『百年潮』二〇〇五年一月号。

高華『紅太陽是怎様昇起的――延安整風的来竜去脈』香港中文大学出版社、二〇〇二年重印。

康康『紅色酷吏――李韶九伝略』(http://blog.sina.com.cn/panzhikang)。

黄克誠『黄克誠自述』人民出版社、一九九四年。

胡縄主編『中国共産党的七十年』中共党史出版社、一九九一年。

呉松弟『中国移民史』（第四巻）福建人民出版社、一九九七年。

呉沢主編『客家学研究』（第二輯）上海人民出版社、一九九〇年。

呉沢主編『客家史與客家人研究』一九八九年第一期、華東師範大学出版社。

蔡良軍「唐宋嶺南連係内地交通線路的変遷與該地区経済重心的転移」『中国社会経済史研究』一九九二年第三期。

謝重光『客家源流新探』福建教育出版社、一九九五年。

朱開巻「寧岡区郷政権和党的建設情況」、余伯流、夏道漢編『井岡山革命根拠地研究』江西人民出版社、一九七八年。
朱徳「在編写紅軍一軍団史座談会上的講話」『朱徳選集』人民出版社、一九八三年。
蔣洪斌『陳毅伝』上海人民出版社、一九九二年。
蕭克「蕭克談中央蘇区初期的粛反運動」中国革命博物館編『党史研究資料』一九八二年第五期。
曾山「為『富田事変』宣言」（一九三一年一月一四日）、戴向青、羅惠蘭著『AB団與富田事変始末』河南人民出版社、一九九四年。
曾山「贛西南蘇維埃時期革命闘争歴史的回憶（一九五九年六月一二日）」、陳毅、蕭華等『回憶中央蘇区』、江西人民出版社、一九八一年。
孫文「中国国民党第一回大会宣言」（一九二四年）、国民党中央執行委員会秘書処、一九四〇年版。
戴向青等『中央革命根据地史稿』上海人民出版社、一九八六年。
戴向青「略論富田事変的性質及其歴史教訓」『江西大学学報』一九七九年第四期。
譚其驤「晋永嘉喪乱後之民族遷徙」譚其驤『長水集』（上巻）人民出版社、一九九四年。
中共中央党史研究室編『中国共産党歴史』（上巻）中共党史出版社、一九九一年。
中共六次大会編『国民政府建国大綱（中国共産党第六次全国大会議決案）』大書坊、中華民国二〇年（一九三一）初版。
中共江西省党史資料征集委員会「関於李文林被錯殺情況的調査」中共江西省党史研究室編『江西党史資料』（第一輯）、一九八七年。
中央檔案館編『中共中央文件選集』中共中央党校出版社、一九八九〜一九九二年。
張国燾『我的回憶』（第二冊）現代史料編刊社、一九八〇年。

趙桐茂、陳琦「中国人免疫球蛋白質同種異型的研究――中華民族起源的一個仮説」『遺伝学報』第一八巻第二期、一九九一年。

陳永発『中国共産革命七十年』（上巻）台北・聯経出版、一九九八年。

陳正人「回憶羅坊会議的状況」、中共江西省党史研究室編『江西党史資料』（第六集）中共江西省党史資料征集委員会。

鄧小平『鄧小平文選』（第二巻）人民出版社、一九八三年。

滕代遠「談有関羅坊会議的状況」中共江西省党史研究室編『江西党史資料』（第六集）中共江西省党史資料征集委員会。

橋本萬太郎（余志鴻訳）『語言地理類型学』北京大学出版社、一九八五年。

房維中主編『中華人民共和国経済大事記一九四九～一九八〇』中国社会科学出版社、内部発行、一九八四年。

毛沢東「抗日民族戦争與抗日民族統一戦線発展的新階段――一九三八年一〇月一二日～一四日在中共拡大的六中全会的報告（「中国共産党在民族戦争中的地位」）」『毛沢東集』（第六巻）蒼蒼社、一九八三年。

毛沢東「井岡山前委対中央的報告」『毛沢東集』（第二巻）蒼蒼社、一九八三年。

毛沢東「前委通告第一号（一九三〇年二月一六日）」『中央革命根拠地史料選編』（中冊）江西人民出版社、一九八三年、および『毛沢東集』（補巻、第三巻）蒼蒼社、一九八四年。

毛沢東「総前委答弁的一封信（一九三〇年一二月二〇日）」、中国人民解放軍政治学院編『中共党史教学参考資料』（第一四冊）中国人民解放軍政治学院印行、一九八五年、および『毛沢東集』（補巻、第三巻）蒼蒼社、一九八四年。

毛沢東『毛沢東思想万歳（丁本）』復刻版、現代評論社、一九六九年。

羅香林『客家研究導論』希山書蔵、一九三三年。上海文芸出版社影印本、一九九二年。

羅香林『国父家世源流考』一九四二年。

羅香林『客家源流考』香港嘉応商会印刷、非売本、一九五〇年。北京・中国華僑出版影印版、一九八九年。
羅香林『客家史料匯編』香港・中国学社、一九六五年。
羅英祥『飄洋過海的客家人』河南大学出版社、一九九四年。
李維民「従共産国際擋案看反AB団闘争」『炎黄春秋』二〇〇九年第七期。
劉克猶「回憶寧岡県的党組織」、余伯流・夏道漢編『井岡山革命根拠地研究』江西人民出版社、一九七八年。
劉敵「給中共中央的信」(一九三一年一月一一日)、戴向青、羅惠蘭著『AB団與富田事変始末』河南人民出版社、一九九四年。
劉佐泉「客家文化中的単方土着民族習俗因素挙隅」『客家』一九九四年第一期。
梁方仲編『中国歴代戸口、田地、田賦統計』上海人民出版社、一九八〇年。
林彩美編『戴國煇這個人』台北・遠流出版、二〇〇二年。
「省行委緊急通告第九号」(一九三〇年一二月一五日)、戴向青、羅惠蘭著『AB団與富田事変始末』河南人民出版社、一九九四年。
「蘇区中央局関於処罰李韶九同志過去錯誤的決議(一九三一年一月二五日)」、羅英才・石言『陳毅文学伝記之三――探索』解放軍文芸出版社、一九九三年、二一四頁。
「前委開除江漢波党籍決議(一九三〇年四月四日)」、江西省檔案館編『中央革命根拠地史料選編』(上冊)南昌人民出版社・江西人民出版社、一九八三年。
Ball, James Dyer, *Chinese: Notes on Various Subjects Connected with China*, C. Scribner's sons, 1893.
Ferguson, Nail, *The Ascent of Money: A Financial History of the World*, The Penguin Press, 2008.

Gutzlaff, Charles, *Journal of Two Voyages along the Coast of China in 1831-1832.*

Hashimoto, Mantaro, *The Hakka Dialect: A Linguistic Study of Its Phonology, Syntax & Lexicon*, Cambridge University Press 1973.

Jacques, Martin, *When China Rules the World: The End of the Western World and the Birth of a New Global Order*, The Penguin Press, 2009.

Stephan, Feuchtwang, *An Anthropological Analysis of Chinese Geomancy*, Rep. Taipei: Southern Material Center, 1974.

Yu, Hashimoto（余靄芹）, *Substratum in Southern Chinese: The Tai connection*, Computational Analyses of Asian & Africam Languages, No.6, 1976, pp.1-9.

Ⅱ

「客家」再発見の旅

――革命の故地で考える

藤野　彰

はじめに――「客家」取材ノートから

個人的な話から始めさせていただく。ジャーナリストとして中国報道に携わるようになってから二十余年になる。中国は一つの世界と見立てていいほどの規模と多様性を持つ国なので、中国問題を担当する記者の取材対象は、森羅万象とまでは言わないが、極めて多岐にわたる。その中で、「客家」という存在を、中国理解を深めるための手がかり、あるいは取材テーマの一つとして、具体的に意識し始めたのはいつのことだったろうか。本書の筆を執るに当たり、記憶の引き出しの中をいろいろかき回してみたものの、あれやこれやの取材相手や現場の思い出が脈絡もなく錯綜して、にわかには思い出せなかった。段ボールの資料箱からこの間の取材ノートやスクラップ帳を探し出して調べたところ、どうやら、かれこれ二昔前の上海特派員時代（一九八八～九〇年）のことのようだった。

うかつなことに、古いメモで確認するまですっかり失念してしまっていたのだが、一九九〇年一月八日、著名な歴史学者である華東師範大学の呉沢教授に、中国の客家学についてインタビューしていた。当時、呉氏は七六歳の高齢ながら、華東師範大学中国史学研究所名誉所長や上海市華僑歴史学会名誉会長の

職にあり、客家研究の重要性を呼びかけていた。呉氏ら専門家グループが前年の一九八九年、華東師範大

学出版社から本格的な客家研究誌『客家史與客家人研究』（後に『客家学研究』に誌名変更）を発刊したことを、

地元メディアの報道で知り、どんな狙いがあるのかを知りたくて取材を申し込んだらしい。そのときの取

材ノートによれば、呉氏が語ってくれた話の内容はおおむね以下のようなものだった。

中国史には華僑の歴史が含まれる。華僑史を学ばなければ、中国史を研究しているとは言えない。そこで私は中国歴史研究の一部として華僑史も研究するようになった。歴史的に見て、華僑は中国と外国の間の文化、経済面の交流に大きな貢献をした。華僑を通して中国の伝統文化が海外に伝えられ、また海外の先進文化、経済、国際情報が祖国にもたらされた。特に対外開放時代を迎え、華僑は多くの役割を果たしている。

客家史も中国の歴史の一部である。客家は、もともとは河南など中原にいた漢民族の一部で、福建、広東、広西などに多く住み、四川、湖南、台湾にも散らばっている。おおまかな統計によると、世界に約四五〇〇万人いると見られる。客家は団結力が強く、教育熱心だ。歌もうまい。客家の女性は家事もやれば農作業もやる。私自身は客家ではないが、華僑の歴史を研究しているうちに、とりわけ客家に興味を持つようになった。彼らは他所から移ってきた人たちであるため、先住民たちから客家（「客」には「他の土地に居留する人、転居した人」という意味がある）と呼ばれた。中国の南方は北方に比べて文化が遅れていた。客家は北の進んだ文化を持ってきて南の文化の発展を促した。ただ、いま海外の客家の若い世代は客家語をしゃべれなくなってきている。これで客家と言えるだろうか。このままでは団結力も失われてしまいかねない。

客家は洪秀全〔太平天国の指導者〕、孫文〔辛亥革命で清朝を倒した革命家〕*、鄧小平〔改革開放を主導した中国共産党の第二世代指導者〕、葉剣英〔中国の全国人民代表大会常務委員長を務めた軍人〕、楊尚昆〔中国国家主席を務めた軍人〕、李登輝〔台湾初の民選総統〕ら多彩な人材を輩出してきた。私は総合的な客家研究を提唱している。昨年〔一九八九年〕五月、大学の華僑研究室の中に客家人研究室をつくった。客家の過去、現在、未来を研究していくつもりだ。言語、文化、民俗、建築、服飾など客家の総合研究をやらなければいけない。客家学はまだ新しい言葉だ。客家の研究は遅れているが、これから中国大陸で盛んになっていくだろう。世界の客家研究者が手をつないで研究していきたい。

実は、このインタビューの前月〔一九八九年一二月〕、重慶に出張した折に、当時の最高実力者・鄧小平の生まれ故郷の四川省広安県〔現・広安市〕まで足を伸ばし、まだ全国区の観光地とはなっていなかった鄧小平故居を見学していた〔「1四川省広安」参照〕。そんなこともあって、客家に対する興味が深まり、客家研究に取り組む呉教授に一度、話を聞いてみたいと考えたのかもしれない。もとより、当方は歴史の専門家ではない。取材とは言うものの、呉教授に客家学の初歩の初歩を個人授業で講義してもらったようなものだった。蛇足ながら、このときのインタビューは新聞記事にはなっていない。単独では一本の記事に仕立てにくい。いずれ別の素材と組み合わせてまとめて書こう——そんなふうに思案しているうちに、忙しさにかまけて、活字にするタイミングを失してしまったのだろう。呉沢氏と華東師範大学を中心とした客家研究については、本書前半の矢吹稿で詳しく触れられているので参照していただきたい。

ともあれ、取材ノートを読み返すと、中国における客家研究は一九八〇～九〇年代に新たな黎明期を迎え、総合的な「客家学」の確立に向けて大きく動き始めたことがうかがえる。それ以前の文化大革命（文革）のころは、「里通外国《リートンワイクオ》（ひそかに外国と内通する）」という、反革命を指弾する政治用語が流行したことからもわかるように、海外の親類縁者や友人と手紙をやり取りすることさえもが「スパイ」行為と断罪されてしまうような時代だった。そんな異常な政治情勢の下では、広く海外にまで視野を広げて研究する必要がある客家学は存立しようがなかったし、そもそも「革命」と関係のない歴史研究――本来、中国革命と客家の関係は大ありなのだが――など許されようもなかったのである。

しかし、鄧小平の改革開放によって状況は根本的に変化した。政治優先から経済建設を重視する方向へと大胆な路線転換が図られ、経済特区や沿海開放都市を窓口に外資の本格的な導入が始まった。その牽引役として期待されたのが客家を含む海外華僑・華人だった。鄧小平は一九九〇年九月、マレーシアを代表する大物華人実業家・ロバート・クオック（郭鶴年）と会見した際、「大陸の同胞と台湾、香港、マカオの同胞、さらに海外華僑は、みんな中華民族の子孫だ。我々はともに奮闘し、祖国統一と民族振興を実現しなければならない」と語り、中華民族の大同団結を呼びかけた。こうした潮流の中で、華僑・華人研究、また客家研究への新たな取り組みは時代の必然的な要請であっただけでなく、対外開放という国策と連動した、政治の極めて現実的な要求でもあった。

共産党の革命史観が厳然と屹立する中国では、政治から完全に自立した歴史学は存在しがたい。中国の客家研究が盛んになっていけば、それを一つの大きな吸引力として国際的な客家の交流や連携が強まり、ひいては世界中の客家の大陸に対する関心を呼び起こし、「中華民族の偉大なる復興」に資するであろう。中国当局がそう考えているとしても不思議ではない。研究者にとっては純粋に学問的探究心からの客家学であるにしろ、客家が社会的に広く注目されるようになった背景には、やはり改革開放の推進という大きな政治力学が働いたと言ってよさそうである。

さて、取材の現場に話を戻す。上海特派員、それに続く一回目の北京特派員（一九九〇～九三年）の任期を終え、いったん日本に帰国した後、一九九五年九月末、シンガポールに赴任した。周知のように、シンガポールは華人主体の都市国家である。シンガポール華人を方言集団別に分類すると、福建人が四三・一パーセント（一九八〇年、以下同）と最も多く、潮州人（二二パーセント）、広東人（一六・五パーセント）と合わせ、三大集団を形成している。これに続く勢力が客家人（七・四パーセント）と海南人（七・一パーセント）で、客家人は主として広東省東部や福建省南部を原籍としている。淡路島ほどの狭い国土だけに、何らかの形で客家と接する機会は中国大陸にいるときよりも多い。余談ながら、赴任後、最初に食べた中国料理は客家料理で、シンガポール支局の近くにある「梅江客家飯店」という小さなレストランだった。定番の「梅《メイ》菜《ツァイ》扣肉《コウロウ》（干し漬け菜と豚ばら肉の醤油煮）」に舌鼓を打ったのを覚えている。

シンガポール在任中に取材した、客家関係の最大イベントは、一九九六年一一月九日から四日間にわたって地元で開かれた「世界客属第一三回懇親大会」だった。主催はシンガポールの客家団体である南洋客属総会。このイベントは、一九七一年九月、香港崇正総会の主催により香港で第一回大会が開かれたのを皮切りに、二年に一回、世界各地で開催されているもので、各国・地域の客家が一堂に会する祭典だ。シンガポール大会では、国家博物院で「客家文化源流展」が開かれたほか、「客家学国際シンポジウム」「客家美食試食会」などさまざまな行事が繰り広げられ、レセプションには中国、香港、台湾、米国、東南アジア諸国など計一五の国・地域から約三〇〇〇人が参加し、客家系のリー・クアンユー（李光耀）元首相（現顧問相）の長男、リー・シェンロン（李顕竜）副首相（現首相）が歓迎のあいさつを行った。ちなみに、客家系団体の名称には、香港崇正総会のように、「崇正」という言葉が使われることが多いが、これは正統文化（中原の伝統文化）を崇拝するといった意味である。

この大会の取材を踏まえて書いたのが次の記事だ。私としては、初めて客家問題にテーマを絞って論評した解説記事である。当時、日本で流布していた一部の「客家論」と、客家の実像とのズレがまず問題意識としてあったように思う。


中国の経済成長を背景に、世界的な「華人ネットワーク」が注目されている。特に数々の著名人を輩出している漢民族の一系統「客家（ハッカ）」に対する関心が高いが、日本では誤解や誇張が流布し、華人社会の実像理解を妨げている。

世界各地の客家系華人が二年に一度集まって交流を深める「世界客家懇親大会」の第一三回会合が今月九日から四日間、シンガポールで開かれ、客家の文化を巡る学術討論会など多彩な催しが行われた。

今会合には各国から約三〇〇〇人が参加。式典には、シンガポール政府から、客家出身のリー・クアンユー上級相（前首相）の長男、リー・

シンガポールで開かれた客家の祭典「世界客属第13回懇親大会」

「世界客属第13回懇親大会」の客家美食試食会で伝統料理を味わう参加者たち（いずれも1996年11月）

シェンロン副首相や、同じく客家のリチャード・フー蔵相が出席、多士済々の客家人脈を印象付けた。

客家とは「外からやってきた人々」を意味し、古代より戦乱に追われて黄河流域から南中国に移住した漢民族の一群を指す。

総人口は中国華南や東南アジアを中心に約五〇〇〇万とも言われ、「苦労に耐え団結心が強い」とされる特性から、多くの有力な政治家、軍人、文化人らを輩出した。中国の鄧小平氏、台湾の李登輝総統、シンガポールのリー上級相らは現存する客家出身の代表的な指導者として知られる。

中国や東南アジアの華人社会の経済パワー台頭に伴い、日本でもここ数年、客家など華人・華僑問題が関心を集め、研究書や概説書が多数出ている。しかし、客家でない華人を客家として列挙、その特性を強調したり客家人脈を過大評価したりする傾向が目立ち、海外の客家関係者は困惑している。

日本の概説書の多くはシンガポールのゴー・チョクトン首相、ゴー・ケンスイ元副首相、インドネシア最大の企業集団サリム・グループの総帥・林紹良（スドノ・サリム）氏、バンコク銀行創業者の陳弼臣氏らを客家とするが、海外の専門家はこうした見方に否定的だ。例えば、ゴー首相やゴー元副首相は福建人と認知されている。

また、客家出身の実力者が散見されることから、「客家人脈は中国政治や東南アジアの行方を左右する」「客家は華人社会の主流」といった指摘が目につくが、誇大な観測として疑問を投げかける向きが多い。

国際客家学会副会長でシンガポール国立公文書館委員のC・C・チン氏は「日本の客家に関する本には誤りが多い。客家に大企業家は少なく、経済面では福建人の方が客家よりはるかに実力がある。また客家人脈といっても政治的ネットワークを持っているわけではない」と、客家の歴史、集団的な特殊性を過度に強調する傾向を批判する。

客家出身のシンガポールのジャーナリスト、チン・カチョン氏も「客家が独立心や団結心が強く、多くの人材を出しているのは事実だが、客家だけが華人の中で突出しているわけではない。経済力も言われているほどない」と指摘する。

日本の一部概説書には、客家の政治家らが特別な関係で結ばれているかのような解説も見られるが、国際政治の現実や各国内政を無視した議論だろう。

リー上級相は三年前、第二回世界華商大会（香港）で「我々の基本的な忠誠心は先祖の国ではなく、自国に向けられるものであることを認識しなければならない」と強調、中華民族意識の安易な称揚を戒めた。

一方、シンガポールのジョージ・ヨー情報芸術保健相も一二日、孫文生誕一三〇周年の式典演説で「華人であることとの文化的認識と政治的認識を峻別する」必要性を訴えた。両氏の指摘は、華人・客家問題を考える上で大いに傾聴すべきだ。

中国、東南アジアの華人社会の動向がアジアの将来に大きな影響を及ぼすであろうことは言うまでもない。現実に即した常識的な論議と冷静な視点が何よりも求められる。


（『読売新聞』一九九六年一一月一五日付）

記事でコメントを紹介したチン・カチョン（陳加昌）氏は、両親が「客家の里」とされる広東省梅県の出身である。日本語に堪能な知日派ジャーナリストとして知られ、歴代日本人特派員の身元保証人を引き受けてくれるなど、私も在任中にたいへんお世話になった。そのチン氏は私が取材した際、日本で出版されている一部の客家関係書の記述について「(当の客家は)みんな笑っているよ」と渋い顔を見せた。チン氏自身、邦字誌『月刊シンガポール』(一九九二年七月号)に、高木桂蔵『客家――中国の内なる異邦人』(講談社新書、一九九一年)に関してこんな書評を寄せ、苦言を呈している。

「同書では客家人の社会、経済、とりわけ金融方面での活躍をとり挙げているが、これは事実に相違していると言わねばならない。……一般に客家人は、金融界でとりたてて見るべきほどの地位は築いていない。當舗《タンプー》(質屋)を経営する客家人(特に大埔系客家人)は多いが、これをもって金融界に地位を築いているとする訳にはいかないだろう。……総じて、本書で語られている経済方面での客家人の位置付けにはかなりの無理があると見受けられる。中国国内外での客家人の経済的地位は、地位と呼べるほどのものではなかったし、これからも『勢力』と呼ばれるものになることは有り得ないだろう。なぜなら、客家人にとって大企業の経営といったようなことは不得意だからである」

一方、C・C・チン氏は私の取材に「客家人脈といっても政治的ネットワークを持っているわけではない」と答えている。これはまったく至極当然のことであり、常識の範疇の話であろう。例えば、記事でも触れたリー・クアンユーの演説をもっと詳しく紹介すると、超現実主義者のこの政治家は「海外華人は中華ショービニズム(極端な愛国主義)を警戒しなければならない。中国が一段と繁栄し、強大となる中で、このことはなおいっそう重要になってきている。……我々は華人であり、共通の祖先と文化を通じて、ある程度の特性を共有している。我々の間では信頼と関係を容易に築くことができる。しかし、我々は誠実でなければならず、要するに、我々の基本的な忠誠心は先祖の国ではなく、自国に向けられるものであるという事実を認識しなければならない」と明言した。つまり、民族的な血統を同じくするからといって、シンガポール華人（あるいは他の国・地域の華人）が中国に忠誠を誓うようなことは断じてあってはならないと力説したのである。

鄧小平が、李登輝が、あるいはリー・クアンユーが、それぞれの「国益」を脇に置き、「客家人脈」なるものを利用して「中国政治や東南アジアの行方を左右」しようとしたことがあったであろうか。「客家人脈」に複雑な政治関係を突き動かすほどの秘められたパワーがあるならば、台湾問題は鄧小平・李登輝時代に大向こうをうならせるような歴史的展開を見せてもよかったのではなかろうか。だが、冷厳な打算と駆け引きが渦巻き、国益が何よりも優先される国際政治の現実は、それらの可能性を明確に否定している。

現代中国政治の内部では激しい派閥闘争、権力闘争がある。しかしながら、少なくとも新中国建国以降、客家系の政治家たちが血脈をきずなとして徒党を組み、敵対勢力と暗闘を繰り広げたというような話はまず聞いたことがない。仮にそういう動きがあったとしても、今の共産党体制はそれを許さないし、放任もしない。これもまた、中国事情をよく観察している人たちにとっては、常識に属することであろう。

これまでの自分の取材を振り返って、我ながらおもしろいと感じるのは、長年、中国各地を駆けずり回るなかで、特に江西、湖南、四川、広東などの中国革命史跡を訪ねるなかで、客家問題そのものが必ずしも本来の取材目的ではなかったにもかかわらず、客家居住地にかなり多くの足跡を印す結果になったということである。そうした取材旅行の過程では、少なからぬ客家系の人々と触れ合い、脈々たる客家の伝統文化を垣間見ることにもなった。そのことは、とりもなおさず、中国共産党の革命史、さらには中国の政治や社会、文化における客家の「見えざる存在感」の大きさを自然と物語っている。

以下の私の報告は、このようにして歩き回った客家ゆかりの土地での見聞記である。また、現地を訪ねたうえで、関連の文献資料を渉猟しながら、「中国革命の中で客家はどのような地位を占め、いかなる役割を果たしたのか」「現代中国の客家系政治家たちはいかなるアイデンティティーを持ち、それは政治姿勢や政治活動にどんな影響を投げかけたのか」といった問題を自分なりに考えた研究ノートでもある。見聞記の部分については、過去二十余年の間のさまざまな旅の総括なので、訪問時期にかなりばらつきがある。現在とは状況が異なっている点もあるに違いないが、各地での見聞内容は当時の取材ノートやメモを基に書き記し、必要に応じてその後の関連情報を補った。文中の人物の肩書きや年齢は基本的に取材当時のものである（以下、敬称略）。

＊孫文の原籍については東莞説と紫金説の二説がある。孫文が生まれたのは広東省香山県翠亨村で、従来、祖先は明代に東莞から香山へ移ったと考えられてきた。これに対し、羅香林は『国父家世源流考』（一九四二年）で、紫金「孫氏族譜」を基に、孫氏は清代初め、紫金から増城を経て香山へ移ったと主張した。紫金は純客家県であり、紫金説が正しければ、孫文客家説の有力な根拠となる。しかし、東莞説を主張する論者は、翠亨村の孫氏の文物や伝承に紫金とのつながりを示すものが一切ないことや、孫氏の言葉や風習が紫金から移ってきた客家人とは異なることを理由に、紫金説を否定している（茅家琦等著『孫中山評伝』三八～四一頁）。

1　四川省広安——鄧小平「客家説」を追う

改革開放の総設計師を生んだ土地

冬の重慶はとてつもなく遠かった。「山城」と呼ばれるこの町特有の濃霧のために、中国民航の上海発の直行便が、待てど暮らせど一向に飛ばない。仕方なく、大回りしてまず成都へ飛び、夜行列車に乗り換えてようやく重慶にたどり着いたのは、上海で旅の荷物をまとめてから五日目の早朝だった。一九八九年の師走、天安門事件で騒然とした激動の一年がようやく終わろうとしていた時期の出張であった。東京本社からやってきたカメラマンと上海支局の中国人助手が同行していた。

上海に赴任してから三カ月目。重慶出張のそもそもの目的は、「20世紀文学紀行」という新聞の長期連載企画の取材だった。テーマは巴金の代表作の一つ『寒夜』で、抗日戦争下の重慶が作品の舞台となっていることから、関連の素材を探しに訪れたのである。長江（揚子江）とその支流の嘉陵江の合流点に位置する重慶は、「山城」という別称の通り、山の斜面全体を建物で埋め尽くしたような町で、起伏に富み、至るところ坂道だらけだった。冬場とあって霧の湿気が体に冷たくまとわりつき、昼間でも夕方のようにほの暗かった。当時の重慶は、現在のように近代的な高層ビルが林立し、ネオンサインが光り輝く華やかな都会ではない。黒っぽくすすけた裏通りの街並みやじめじめした路地に、一九三〇～四〇年代の重苦しい空気がよどんでいるような、どこか陰鬱な雰囲気が漂っていた。

この出張にはもう一つの目的があった。せっかくカメラマンを連れて重慶まで行くのだからと、重慶北方にある鄧小平の郷里・広安県協興郷牌坊村（現・広安市広安区協興鎮牌坊村）の訪問も取材スケジュールに組んでいたのである。宿舎の重慶飯店に着き、一休みしていると、午前九時過ぎに重慶市外事弁公室の男性職員が迎えにきた。念のため、説明しておくと、この外事弁公室というのは外国人記者の取材窓口で、略して外弁《ワイパン》と呼ばれる。当時の中国では、北京や上海に駐在する外国人記者が地方出張する場合、原則として現地の外弁に事前申請し、許可を得たうえで現地入りしなければならなかった。出張期間中は外弁職員が世話係兼監視役として、極端な話、トイレと寝るとき以外はずっと記者と一緒に行動する。昼食や夕食も一緒のことが多く、場所によっては朝昼晩と三食、こちらの都合はお構いなしにテーブルを同じくすることさえあった。

さて、すぐ広安に向けて出発するとのことで、午前一〇時四五分、外弁が手配した車に乗り、重慶を出発した。予期しないことだったが、広安は外国人旅行者に対して正式に開放されていないため、重慶市公安局で外国人旅行証を取らなければならないという。途中、公安局に立ち寄り、パスを取得した。一人四元の手数料を払った。未開放地区ということは、広安が四川省の中でも交通不便な僻地にあり、宿泊施設や通信、衛生などの面でかなり遅れた状況にあることを物語っていた。「改革開放の総設計師」と称えられる鄧小平を輩出した土地にもかかわらず、中国全体の中で見れば、広安はまだまだ改革開放の後進地域というのが当時の位置づけのようだった。実際、広安のホテルに入ってからわかったことだが、真冬というのに部屋は暖房が効いておらず、風呂の湯もまともに出なかったため、早々にベッドにもぐりこむしかなかった。

重慶から広安へ向かう道はひどい悪路だった。完全舗装されていない区間が多く、あちこちで工事が行われており、車の揺れが激しかった。おまけに小雨が降っていた。山道では急なカーブが連続し、ちょっと運転ミスを犯せば、すぐ事故につながりかねないなという不安感に襲われた。まさに、「蜀道の難きは青天に上るより難し」（李白「蜀道難」）である。ここが日本であれば、地元出身者が国の最高指導者を務めているわけだから、とうの昔に高速道路の一本くらいは通っているはずだ。地元住民にとってはいいのか悪いのか、民主選挙のない中国では政治家が有権者を意識して利益誘導型政治を行う必要性がない。のどかな山野の風光をゆったり楽しむ余裕もなく、約一七〇キロメートルをひたすら走り続け、午後四時過ぎ、ようやく渠江《きょこう》（嘉陵江支流）の中流域にたたずむ広安の県城にたどり着いた。

広安は広大な四川盆地の東端に位置する。中国では多くの町がそうだが、広安も歴史はかなり古い。現地での取材の際、県政府が参考用にくれたザラ紙二枚の地元紹介資料「広安県簡介（簡単な紹介）」によると、春秋戦国時代、広安は巴子国に属した。南北朝の劉宋・永初元年（四二〇）に県となり、当時は始安県と称した。その後、いくたびか名前が変わり、元代は広安府、明清時代は広安州と呼ばれた。民国二年（一九一三）に広安県となった。広安とは「広土安輯（広い土地を安んじやわらげる）」を意味する。

県域は一五七二平方キロメートルで、丘陵が八五パーセントを占める。人口一〇八万人（二〇〇七年現在の広安区の人口は一二五万人）のうち、一〇一万人が農業人口と言うから、ほぼ完全な農業県である。主要な作物はトウモロコシ、米、小麦、サツマイモ、油菜、ジュート、トウガラシ、果物など。なかでも特にトウモロコシの栽培が盛んなため、「金広安（黄金色の広安）」と呼ばれているという。気候は温暖で、雨量も多く、中国内陸の農業地帯としては自然条件にまずまず恵まれた土地と言える。ただ、からっと晴れる日は少ない。「蜀犬日に吠ゆ」という言葉があるが、四川盆地では雨や曇の日が多くて、たまにお日様が照ると、犬があやしんで吠え立てるほどだという意味である。トウガラシやサンショウを多用する四川料理は激辛で知られる。「四川人が辛いもの好きなのは、気候がうっとうしいから。辛いものを食べてたくさん汗をかき、体の新陳代謝をよくするのさ」。昔、知り合いの中国人からそんな講釈を聞いたことがあるが、ある程度、合理的な理由と言えるかもしれない。

鄧小平は清・光緒三〇年（一九〇四）八月二二日、当時の広安州望渓郷姚坪里に生まれ、幼少年期を過ごした。頭の回転が速く、努力家でもあった。一九一八年、一四歳で広安県の高等小学校を卒業し、県立中学に入学したが、当時、重慶にいた父親の鄧紹昌（字は文明）に呼び寄せられて、重慶に設立されたばかりのフランス留学勤工倹学（フランスで働きながら学ぶことを目的とした留学運動）予備学校に入った。田舎育ちで、まだ広い世間を知らなかった鄧小平にとって、重慶はとてつもない大都会であり、長江を通じて世界とつながる「未来への窓口」であった。鄧小平が重慶まで曲がりくねったデコボコの山道を歩んだのか、あるいは渠江を船で下ったのか、当時の様子は想像するしかないが、いずれにしろ、一〇代の少年には希望と不安が入り混じった、生まれて初めての大旅行だったに違いない。

父親の鄧紹昌は成都法政学校で学ぶなど新時代の教育を受け、交友範囲も広い地元の有力者だった。また、義侠心にあふれ、血の気の多い人物だったようで、望渓郷における「哥老会」のボスの立場にあった。

哥老会は清末に四川で組織され、湖南や湖北へと勢力を拡大した天地会系の秘密結社で、「反清復明」を唱え、辛亥革命に際して大きな働きをしたことで知られる。実際、鄧紹昌は辛亥革命の武装蜂起に参加し、広安の革命軍で下級指揮官を務めたりした。「祖父（鄧紹昌）は少なからず旧時代の思想、習慣に染まっていたものの、総じて思想的にはかなり開明的な人だった」とは、鄧小平の三女・鄧榕《とうよう》（筆名・毛毛）の人物評である（『わが父・鄧小平』八〇頁）。大事な跡取り息子を重慶に呼び寄せてフランス留学までさせたわけだから、進取の気性に富む一面があったことは間違いなかろう。その点、世界に目を見開こうという鄧小平にとっては幸いだった。

鄧小平の少年期、中国を取り巻く国際情勢は一九一四年に勃発した第一次世界大戦や、それに続く一九一七年のロシア一〇月革命などで騒然としていた。その二年後には反帝国主義、反封建主義の全国的な愛国民族運動「五・四運動」が起きる。風雲急を告げる時代の鼓動は少年・鄧小平の胸に愛国と救国の火をともしたことだろう。予備学校でフランス語や代数、物理などを学んだ鄧小平は一九二〇年八月二七日、フランスに向けて重慶を出発、同級生八十数人とともに船上の旅人となった。

これ以降、鄧小平は一九九七年二月一九日に九二歳で死去するまでの間、広安の土を再び踏むことはなかった。革命戦争中はともかく、新中国建国直後の一九四九年一二月には共産党西南局第一書記兼西南軍区政治委員として重慶に進駐し、市長も務めている。言わば、故郷に錦を飾ったわけだが、広安には里帰りしなかった。文革が終わり、最高権力を掌握した後も、広安との縁は薄く、生まれ故郷だからといって政治的に特別な計らいをするようなことはなかった。郷里への心遣いと言えば、せいぜい県内にある公園や発電所の名前の揮毫をしたぐらいである。

青年時代の鄧小平は一九二六年、モスクワの中山大学で勉学中にこんな個人史を書き記している。

父親〔鄧紹昌〕は小地主であり、家庭の経済的地位は破産の危機に瀕したプチブル階級であった。私〔鄧小平〕は幼いころから賢かったため、両親に宝物のように愛されて育ち、将来は役人になって財をなすよう期待された。私が一歳のとき、両親は〔当時の中国の慣習に従って〕地主の唐家の娘を私の嫁にすることを決めてしまったが、長じて渡仏した後、「自由恋愛」の声が頭に鳴り響き、婚約解消を決意した。まもなく共産主義青年団に加入し、この見ず知らずの女性は将来の自分の革命事業にとって障害になると思った。両親に婚約解消の手紙を書いたところ、父親から「お前は親不孝であり、人倫に背いている」と罵倒する返事が来た。私は婚約解消の意志を変えなかった。以後、実家とは事実上、関係を断つことになった。（中共中央文献研究室鄧小平研究組編『鄧小平自述』五～六頁）

革命家を志した青年・鄧小平にとって、郷里や実家とは自分の将来を束縛する、忌むべき旧時代の象徴のようなものだったのであろう。『わが父・鄧小平』によれば、鄧小平は自分自身が帰郷しようとしなかっただけでなく、家族が郷里へ行くことも許さなかった。行けば、「多くの人々を煩わせ、騒ぎになる」というのがその理由だった（三四頁）。仕事以外のことで煩わしい思いはしたくないし、他人にもさせたくないということだろうが、それ以上に、国全体の政治に責任を負う立場に身を置いた時点で、「広安の鄧小平」であることは完全に捨て去り、わが身を厳しく律したのではないか。さらには、個人的な地縁、血縁のしがらみにとらわれていては、革命家としての生涯を全うできないとの考えもあったかもしれない。

後述するように、鄧小平の先祖たちは明代以降、江西、四川、広東と各地を転々とし、乱世をくぐりぬけて血脈をつないできた。そうした「流浪の家系」のDNAを鄧小平自身も受け継いでいると想像をたくましくするのは夢想の度が過ぎるであろうか。いずれにせよ、毛沢東が最高権力の座に就いてから二度も郷里の湖南省韶山《しょうざん》に里帰りしていることと考え合わせると、鄧小平という政治家の、硬いクルミの殻でくるんだようなストイシズムが痛切に感じられるのである。

鄧小平故居を襲う市場経済の波

広安に到着後、さっそく県外弁主任の案内で、県城の北七キロメートルの協興郷牌坊村にある鄧小平故居（当時は県重点文物）を訪れた。鄧小平の生家は、四川地方の民家特有の黒っぽい瓦で屋根をふいた豪壮な農家で、思っていたよりもずっと大きかった。平屋の家が「コ」の字形に南向きに建っており、「広安県簡介」によれば、「典型的な川北（四川省北部）の特色を持つ三合院の農家」である。中庭には一面に板石が敷き詰められている。建築面積は六二〇・八平方メートルで、部屋数は全部で一七。建物、中庭ともほぼ昔のままの状態で保存されており、清末の農家の生活ぶりを知る文化財としても貴重な家屋だ。

故居を管理している陳賢松という老人が「これでも中規模農家ですよ。鄧家は五〇ムー（約三三アール）の田畑を持っていたが、多いほうではなく、地主とは言えない。農業のほかにハルサメ製造などの加工業もやっていました。部屋数が多いのは大家族だったからでしょう」と説明してくれた。わざわざ「地主とは言えない」と紹介したのは、地主という言葉の響きの悪さを懸念してのことか。いわゆる「貧下中農（貧農・下層中農）」の「下層中農」のレベルはずっと上回る生活水準だったはずだ。ハルサメ製造も手がけていたとすれば、それなりの現金収入があったはずであり、好況期の鄧家のまずまず恵まれた経済状況が想像された。ちなみに、中共中央文献研究室編『鄧小平年譜』は、『鄧小平自述』と同じく、鄧家は「小地主」だったとしている（上巻一頁）。

鄧小平は父・鄧紹昌、母・淡氏の長男としてこの家に生まれた。父親は一八歳、母親は二〇歳だったという。鄧小平（出生当時の名前は鄧先聖。幼少時に私塾に入ってから鄧希賢と改名。党活動に参加後、鄧小平と名乗る）が誕生した部屋は建物の正面左手にあった。清代の屋根つきベッド、机、食卓がゆかりの品として置かれている。正面玄関を入ったところの部屋は革命家・鄧小平の足跡を約五〇点の写真で紹介したミニ展示室になっており、鄧小平の活動歴が概観できる。いずれにしろ、鄧小平の政治的な功績と地位を考えれば、何ともささやかな故居兼記念館であるとの印象をぬぐえなかった。故居の見学者は一日平均一〇〇人前後、年間四万人程度とのことで、全国区の一大観光地と化している毛沢東の郷里の賑わいには及びもつかない。管理人曰く、「故居は県文物管理局の所有ですが、鄧小平は個人崇拝に強く反対しているので、記念館にする予定はありません。鄧小平の写真、バッジなど記念品も売っていません」とのことだった。

鄧榕は私の広安訪問の二カ月前、つまり一九八九年一〇月に、二番目の叔母・鄧先芙《とうせんふ》（鄧小平の二番目の継母の連れ子）と一緒に初めて父親の生家を訪れている。鄧榕は『わが父・鄧小平』の中で「〔父は〕旧居を陳列室などにさせたくはなかったのだ。解放後、祖母とほかの親族がここを離れると、この家は土地改革の最中、当地の貧しい農民に分け与えられ、十家族ほどが住むようになっていた。一九八七、八年ころから、やっとここの住人の生活が上向き始め、お金ができると家を建て、しだいにここから引っ越すようになった。そこでこの家は専用の陳列室へと様変わりし、参観できるようになった」と記している（四三頁）。

文革を否定した鄧小平は、確かに、毛沢東に対する異常なまでの個人崇拝が未曾有の政治混乱を招いたと考え、毛の二の舞を演じないよう努めた。家族もその意を汲み、広安の「韶山」化は望んでいなかったのであろう。

しかし、経済自由化の時代、地元が村おこしにつながる「金のなる木」をいつまでも放ってはおくはずがなかった。現実には、一九八七年時点で、すでに街道筋から故居へと通じる舗装道路が完成していたほか、駐車場も設けられ、観光地化は徐々に進行中だった。毛沢東、劉少奇といった中国の主要指導者たちの出身地にはいずれも死後、立派な記念館が建てられている。鄧小平本人や家族の思惑はどうあれ、将来、広安が韶山のように国内外からの多くの観光客でにぎわう日が否応なくやってくるに違いないと思われた。こういう交通不便な僻地を取材で訪れるのはふつうなら一度限り。ところが、七年二カ月後の一九九七年二月、寝耳に水の突発ニュースが飛び込み、再び重慶から広安への道をたどることになる。

当時、私はシンガポールに駐在していた。忘れもしない、二月二〇日午前三時半（現地時間）のことである。東京本社外報部デスクからの国際電話でたたき起こされた。「鄧小平が死んだ」という。頭に衝撃が走り、眠気がいっぺんに吹っ飛んだ。夜明けまで寝つけず、午前七時ごろ支局へ出勤、午後一番のシンガポール航空機で香港へ向かった。旅行社で中国のビザを取り、重慶に入ったのは二二日夜だった。北京へ向かわずに重慶経由で広安を目指したのは「この際、だれもカバーしていない地方の情勢を見ておくべきではないか」との判断からだ。翌日午前七時過ぎ、車をチャーターして広安へ向かった。一九八九年当時とあまり変わらない田舎道をひた走り、正午ごろ、広安の県城に着いた。中心街の通りに「鄧小平同志は永遠に不滅だ。遺志を継いで広安を立派に建設しよう」と大書した横断幕が掲げられているのが見えた。

鄧小平の死去後、広安の故居に押しかけた弔問の人波

鄧小平故居の前で弔問客を目当てに鄧小平グッズを売る屋台の土産物屋（いずれも1997年2月）

鄧小平故居とその周辺は、花輪などを掲げた弔問客で埋め尽くされ、足の踏み場もないほど混雑していた。花輪は四川省内のものが多いが、江蘇、上海など遠方のものもある。故居からは荘厳な音楽が流れ、鄧小平の遺影が飾られた正面玄関の前には兵士が二人立っている。多数の公安職員が敷地内を厳重に警備するなか、弔問客は職場単位などで途切れなく訪れ、遺影にお辞儀をし、記帳していた。地元関係者によると、この数日、日中は常に数百人から一〇〇〇人近い人出があり、一日当たりの弔問客は二、三万人という。

弔問風景をカメラに収めようと動き回っているうち、小さなトラブルに巻き込まれた。故居の中庭は人波で身動きできないため、すぐわきの石垣に上ってシャッターを押し続けたのが裏目に出た。警備の公安に「挙動不審」を見とがめられ、しつこく尋問される羽目に陥ったのである。パスポートをチェックされたが、シンガポールからやってきた日本人旅行者で押し通し、なんとか解放された。外国人などめったに来ない農村だけに、どうなることかと内心冷や汗ものだった。

ちょっと驚きつつも、おもしろかったのは、厳かな追悼の雰囲気とは対照的に、故居前には商機到来とばかりに土産物を売る屋台が一五軒ほど並び、縁日か何かのようなにぎわいを見せていたことだ。売り物は写真、バッジ、メダル、カバンなど多種多様な「鄧小平グッズ」。ある商人は「まずまずの売れ行き。青年時代、留学先のフランスで撮った写真が人気だね」とニンマリしていた。死去のニュースを知った後に急ごしらえしたのか、「鄧小平同志永垂不朽（鄧小平同志は永遠に不滅）」の文字が入った肖像写真も早々と売り出されていた。不謹慎と言うべきか、さすが商魂たくましい中国人と言うべきか、鄧小平の遺影をバックに一枚三元で記念写真を撮る商売も大はやりで、これも政治優先の抑圧的な毛沢東体制から人々の物質的欲望を解き放した鄧小平改革の産物なのかと、いささか複雑な思いにとらわれた。

その後、故居はさらに観光地化の一途をたどっており、もはや一九八〇年代のような静けさはない。当初、県レベルの文化財にすぎなかった故居は一九九六年に四川省文物保護単位に指定され、二〇〇一年には全国重点文物保護単位へと出世した。全国愛国主義教育基地の一つとなっていることは言うまでもない。四川省政府は二〇〇一年、面積約三〇平方キロメートルの「鄧小平故居保護区」の設立を認可、今では「鄧小平故居陳列館」「鄧小平銅像広場」などを擁する一大観光公園となっている。観光振興と言えば聞こえがいいが、中国各地を吹き荒れる再開発によってもたらされる俗化の一つである。毛沢東時代への反省から個人崇拝に反対した鄧小平も、市場経済という時代の潮流には抗えなかったということかもしれない。

鄧小平のルーツと「広東客家」説

鄧小平が客家であるという認識は、客家人の間はもとより、広く一般に共有されていると言っていいようである。しかし、私が承知している範囲では、中国共産党が公表している指導者の経歴資料の中に「鄧小平は客家である」と明記した文献は見当たらない。例えば、共産党の公式の人名事典と言っていい『中国共産党歴届中央委員大辞典』（党中央組織部、中央党史研究室編）は、鄧小平の出自について「漢族。四川広安人」としか記していない（一〇九頁）。ただ、この点に関しては、客家であることが明白な朱徳や葉剣英らについても扱いが同じである。一方、『鄧小平文選』（全三巻、人民出版社）や、その他の共産党指導者の文選、選集にも、鄧小平と客家の血脈関係に触れた記述はない。

鄧榕は「私たちの一族は湖北からの移民だと主張する者もいれば、広東の客家の出だという者もいる」（『わが父・鄧小平』四八頁）として、諸説の一つを指摘する形で「客家説」を紹介しているが、それ以上は深く言及せず、客家であるとも客家でないとも明言していない。先の「広安県簡介」にも、現在の広安市政府のホームページにも、郷土の偉人・鄧小平と客家とのつながりについてはひとことも言及がないのである。では、鄧小平が客家の流れを汲むと広く見なされている根拠はいったいどこにあるのか。

その前に、鄧小平が客家であると指摘している手持ちの資料をいくつか紹介しておきたい。やや古いものでは、李璜《りこう》『学鈍室回憶録』がある。李璜は一八九五年成都に生まれた四川人で、中華民国期に北京大学教授、国民政府国防最高委員会参議会参議などを務めた。青年時代、パリに留学し、勤工倹学で在仏中の鄧小平と交流を持った。李璜は同書で「鄧小平は四川広安人で、原籍は広東客家」と記している（一〇五頁）。これについて、客家出身の客家研究者・林浩は二人の関係から「信憑性が高いと思われる」としている（『客家の原像』二六頁）が、中国共産党史研究者のベンジャミン・ヤン（楊炳章）は「李の回想録には事実誤認がたくさんあり、根拠なしに客家の出身だと述べている」と否定的見解を示している（『鄧小平政治的伝記』三三〇頁）。

「広東客家」との記述は、シンガポールで発行された謝佐芝主編『世界客属人物大全』にも見られる。

同書は各国・地域の客家系著名人（歴史上の人物を含む）を網羅した人物事典で、上下巻約一二〇〇頁の大部の資料であり、鄧小平の原籍について「広東の客家人」と指摘している（上巻三一四頁）。ただ、人物事典という性格上、独自の調査研究に基づくものではなく、既存の関係資料からの引用であろうと推測される。

一方、比較的新しい資料としては、凌歩機《りょうほき》『鄧小平在贛南』がある。凌歩機は中央革命根拠地史と贛南《かんなん》（江西省南部）地方党史の専門家で、同省贛州市党委員会党史工作弁公室副主任などを歴任している。同書は「鄧小平は原名を鄧希賢といい、四川省広安県人である。彼の原籍は江西吉安府廬陵《ろりょう》県（現・吉水県）、明・洪武一三年（一三八〇）に江西から四川に入った。『客家』民系に属する」と記述している（一二頁）。中国の党史研究者が鄧小平を客家とはっきり認定した資料がほかにあるのかどうか、私の知見は限られているが、同書が極めて数少ない資料の一つであることだけは間違いない。

このほか、四川大学教授を務めた方言学者・崔栄昌の著書『四川方言與巴蜀文化』も、鄧小平は吉安客家の末裔との認識を示している。同書は、明清代に江西、福建、広東の三省から四川に移住した客家人計六〇姓氏の族譜を紹介し、これらの中に「江西吉安出身の鄧氏」を含めている（一六四頁）。しかし、鄧氏は客家の居住地・吉安の出身なので客家であろうという見立てによるものなのか、あるいはそれ以上の根拠があっての認定なのか、そのあたりの判断基準は明確ではない。

これら四点の資料を読んで、どうも物足りないと感じるのは、鄧小平を客家と見なす理由について、実証的かつ系統的に説明していない点である。言わば、検証のプロセスを飛び越して「結論」だけが周知の事実であるかのように鎮座している。そこで、まず、鄧榕が『わが父・鄧小平』の中で明らかにしている一族の系譜「鄧氏家譜」を基に鄧小平のルーツを探ってみよう。それによれば、鄧家の一世は江西省吉安府廬陵県の鄧鶴軒という人物で、明・洪武一三年に兵部《へいぶ》員外郎《いんがいろう》（兵部の員外官）として四川省に赴任し、広安に居ついた（四九頁）。これは広安県志『広安州新志』の記述とも一致している。「鄧氏家譜」で注目すべきは江西省吉安府廬陵県という原籍である。現在の行政区画でいうと、江西省南西部の吉安市に当たる。

歴史的に見ると、吉安は客家が南方へと移動したときの重要な拠点の一つであった。現在も客家系住民が少なくない。吉安市の行政区域のうち、客家の主要な居住地区は遂川県、泰和県、永豊県、吉水県、井岡山市の五県市で、ざっと一〇〇万人（吉安市人口の二一・七パーセント）を数える（孫暁芬編著『明清的江西湖広人與四川』二一九頁）。客家研究の先駆者、羅香林の『客家研究導論』によれば、吉安は「非純客家県」（住民の一部が客家である県）に区分されている（九四頁）。

二〇〇四年三月、全球客家・崇正会聯合総会首長視察団が吉安を訪問した。この際に一行を接待した吉安当局者は、市党委員会の呂《ろ》濱《ひん》書記、温新華副書記、市政治協商会議の周谷生主席、市政府の楊群宝副市長といった面々であった（吉安市政府ホームページ）。呂濱、温新華、周谷生の三人は吉安客家聯誼会名誉会長であり、楊群宝は同聯誼会の会長である。市指導部のこうした顔ぶれを見ても、吉安における客家の存在感の大きさがうかがわれよう。鄧小平の祖先が吉安出身であることは、鄧小平客家説の重要な状況証拠ではある。もっとも、それをもって鄧小平すなわち客家と即断するには根拠がなお不十分であるように思われる。

鄧氏の族譜をさらにたどってみる。明代の第八代、鄧士《とうし》廉《れん》は進士（科挙の最終試験の殿試合格者）となり、広東海陽（現・潮安県）令を務めたが、滇緬《てんめん》（雲南・ミャンマー地方）で殉職した。その子供の鄧昉《とうほう》は明末、妻と幼い息子二人（鄧嗣《とうし》祖《そ》と鄧紹《とうしょう》祖《そ》）を連れて鄧士廉の任地である粤東《えっとう》（広東東部）へ赴いた。ところが、彼らは広東高耀県で海賊に襲われてしまい、運よく息子二人だけが助かった。

嗣祖と紹祖は物乞いをしながら伍家村という村まで流れ着き、伍員外という人物に拾われて育てられた。嗣祖が成長した後、伍員外は自分の娘と結婚させ、若夫婦の間には息子・鄧琳《とうりん》が生まれた。清・康熙一〇年（一六七一）、嗣祖は妻子、弟とともに四川に戻り、鄧氏の家督を継いだ（清代・鄧氏の第一代）。帰郷後、二人目の息子・鄧琰《とうえん》が誕生し、それ以降、広安の鄧氏は二大家族に分かれた。紹祖は帰郷後のある日、山の中でトラに襲われて亡くなったため、こちらの系統は途絶えた。

先に「鄧小平は広東客家」との説を紹介したが、ここで気になるのは広東で鄧氏と縁戚関係になった伍氏の出自である。四川省社会科学院副院長などを歴任した客家文化専門家・陳世松（客家人）の編集による『四川客家』に重要な記述があるので指摘しておきたい。同書は「四川籍の傑出した客家人」の一人に鄧小平を挙げ、「血統から論じれば、この家庭（鄧氏）と客家の淵源上の関係は言わなくても明らかである」と断じている（三〇四頁）。つまり、こういうことだ。嗣祖の妻の伍夫人は生え抜きの粤東客家であり、鄧氏の子孫から「始祖妣《しそひ》（最初の母）」として敬われた。彼女の二番目の息子・鄧琰から数えて第八代目が鄧小平だ——というのである。

陳世松には、もっぱら伍夫人の出自について考察した論文「広安鄧母伍夫人事略」（『客家婦女』二一六〜二二五頁）がある。それによれば、伍夫人の出身地の粤東は、広義では広東全省一〇郡を意味する。しかし、狭義では広東東部の潮州府、恵州府および嘉応州を指し、清代に粤東から四川へ入った移民の大部分はこれらの地域の出身者だった。粤東は広東客家の主要な居住地域であり、閩粤贛《びんえつかん》（福建、広東、江西）にまたがる客家根拠地の一部を構成している。したがって、伍夫人は客家人と見なすことができるという。もっとも、ここでは確たる根拠と見なしうる史料が提示されているわけではない。示されているのは以上のような状況証拠である。ともあれ、鄧小平のルーツに客家の重要拠点の一つである粤東が深くからんでいることは間違いないようだ。このため、鄧小平を「広東客家」としている資料が散見されるのは故なしとしない。

鄧小平の「客家」アイデンティティー

鄧小平が広東客家の血筋を引くとすると、その周辺に客家文化の「匂い」がうかがえないのはなぜなのかという疑問がわいてくる。例えば、鄧小平は四川なまりのきつい北京語を話したが、客家語を話せたという話は聞かない。もし多少なりとも客家語を操れたのであれば、鄧小平に生活秘書のように常時付き添っていた鄧榕は何らかの形でそれを書き記しているはずである。あるいは、鄧小平と接点のあった党関係者が回想記などの中でそれに言及していてもおかしくないが、そうした記録はまったく見当たらない。

前出の『四川客家』は続けてこう解説する。清代初めに広安へ入った移民のうち、広東籍の者は一割を占めるにすぎなかった。現地調査によると、広安で客家語が生活言語としてある程度生き残っているのは花橋鎮（広安区）、天池鎮（華鎣《かえい》市）といったごく一部の地域だけで、鄧小平が生まれた協興鎮は少なくとも今日においては客家語使用地域には含まれていない（協興を基点にすると、花橋は北に約二八キロメートル、天池は南東に約二六キロメートル離れている）。湖広（湖北、湖南両省）の文化的影響が色濃い広安の社会環境の中で、協興鎮牌坊村の鄧氏一族は言語面でも風俗習慣面でも、伍夫人が携えてきた客家文化の習俗や伝統を受け継いでいくことができなかった、と（三〇四頁）。

もう一つ、興味深い現象がある。四川の客家は自らを「広東人」と称し、自分たちの言葉を「広東話」あるいは「広東腔（広東なまり）」と呼んできた。これに対し、四川の土着の人々は彼らのことを「土広東」、またその言葉を「土広東話」と呼んできた。わざわざ「土（その土地の）」という字を冠したのは、本来の広東人や広東方言と区別するためである。四川客家はなぜ「客家人」あるいは「客家語」という言葉を使わなかったのか。

理由はいくつか挙げられる。第一に、客家という言葉自体がそんなに古いものではなく、文献に頻繁に登場するようになったのは明末清初以降であること。第二に、客家は土着人から白眼視され、排斥されてきたために、生活そのものが「半隠棲」的であったこと。さらには、移住当初こそ、広東の郷里との間で手紙のやり取りがあったものの、年月が流れるにつれ、音信が途絶えたと思われること。閉鎖的な四川の内奥で、陶淵明が描く「桃源郷」の住民のような生活を送るうちに、少しずつ自らの来歴を忘れてしまい、「土広東」になってしまったのではないかということ（蕭平『客家人』一〇〜一一頁）。以上は、歴史的に見た、四川客家の全体的な状況であるが、『四川客家』の解説と重ね合わせて考えれば、鄧小平の周辺に客家文化の「匂い」がうかがえないことの背景がいくぶんか理解できるような気がする。

鄧小平家の料理人・劉兆水の証言によると、鄧小平の好きな食べ物はカニや海産物で、四川料理の中では回鍋肉《ホイクオロウ》（豚肉とキャベツの辛味噌炒め）と宮保鶏丁《コンパオチーティン》（鶏肉とナッツの炒め物）が好物だった。また、葱焼海《ツォンシャオハイ》参《シェン》（ナマコのネギ風味煮込み）、紅焼猪肉《ホンシャオチューロウ》（豚肉の醤油煮）といった山東料理や北方の餃子も好んで食べた（中共中央文献研究室、中央電視台《百年小平》撮制組『百年小平』二九一頁）。

劉兆水は一九八〇年から少なくとも二四年間にわたって鄧家の料理人を務め、鄧小平の食習慣を熟知している。その証言から判断する限り、鄧小平の食生活に客家系の特色や名残を見いだすことはできない。ただ、鄧家の日常の食事は、昼は麺食（麺類やマントウ、餃子）、夜は米食で一汁五菜と比較的質素だったと劉兆水は語っている（同上二九一頁）。贅沢を戒める客家の生活理念を髣髴《ほうふつ》とさせるが、これは鄧小平が長い革命人生の中で身につけた質素倹約の気風を反映したものと素直に理解すべきだろう。一方、馮光宏編著『鄧小平平民化的健康之道』には、鄧小平はトウガラシが大好きで、麻辣豆腐《マーラートウフ》をよく食べた、とある（一二〇頁）。食べ物の嗜好は、トウガラシなしには夜も日も明けない四川人の典型と言っていい。

ところで、ベンジャミン・ヤンは「鄧の故郷を取材中、彼を客家の出身という村人は皆無だった」と記している（『鄧小平政治的伝記』三三〇頁）。清代初め、広安に部分的に流入した客家文化が、その後約四〇〇年の歴史の中で徐々に消失し、ほとんど土着文化に呑み込まれていったとすれば、現在の牌坊村の住民たちが「鄧小平は客家の血を引く」との認識を持ちえないのも、当然と言えば当然であろう。別の言い方をすれば、清代はいざ知らず、歴史知識の面でも生活実感の面でも客家とはかなり縁遠いところで暮らしているに相違ない今日の村人たちに「鄧小平は客家なのか」と問うこと自体、現実問題としてあまり意味のあることではない。繰り返すが、鄧小平が生まれた協興鎮は客家語使用地域ではない。「彼を客家の出身という村人は皆無だった」という反応をもって、鄧小平は客家とは関係ないと結論づけるとすれば、あまりにも皮相的にすぎる分析である。鄧家の系譜はかなり複雑である。一般の村人たちがそれを正確に理解して物事を語っているとはとうてい思えない。

江西吉安出身の鄧氏一世・鄧鶴軒は果たして客家であったのかなかったのか。状況証拠はその可能性を強く示唆しているが、今となっては確定しがたい。吉安地区（現・吉安市）党委員会党史工作弁公室は、鄧小平の原籍地を詳細に特定すべく、一九九三～九四年に第一次現地調査、一九九六年に第二次現地調査をそれぞれ行っている。結果は「鄧小平の原籍が吉安府廬陵県であることは確かであるが、廬陵県のどの郷、どの村なのかは史料に記載がないため、確定できない」というものであった（『明清的江西湖広人與四川』二二五頁）。

ちなみに、吉安当局の一連の調査は鄧鶴軒が客家の出であるかどうかという問題には触れていない。そもそも、そういう問題意識を持って調査したのかどうかもわからない。しかし、仮に鄧鶴軒が客家ではなく、土着の江西人であったにせよ、『四川客家』で言及されているように、広東客家と見られる伍氏を先祖に持つ鄧小平は客家の血を引いている可能性が高い。同書は「客家区域文化叢書」の一冊として編まれた研究書であり、四川客家研究センターの専門家たちが執筆している。現時点では、数ある類書の中でも記述内容の信頼性が比較的高い資料と判断して差し支えなかろう。

客家であるということの条件は何か。つまり、何をもってその人物を客家と規定できるのであろうか。これについては、①客家の血統である、②客家の文化（言語・習慣）を有する、③客家との自己認識がある――の三条件のうち二条件を満たす者を客家と見なせる、との考え方がある（董励『客家』一三～一四頁）。これに従えば、鄧小平の場合、少なくとも②と③は該当しないようである。とすれば、可能性として残るのは①だけであり、三条件のうち二条件を満たすことにはならないため、鄧小平は「客家ではない」という結論になってしまう。しかも、客家の血統についてさえも、鄧小平自身がそれを自覚的に深く認識していたかどうかはよくわからない。

伝統的に宗族（父系血縁集団）を基本単位とする中国社会においては、祖先崇拝の責任を負う男子の血統こそが重要であった。吉安府廬陵県の鄧鶴軒が客家であることが明々白々とすれば、問題は複雑ではない。しかし、もしそうではなく、鄧家に嫁いだ伍氏が広東客家の出という事実のみがあるとするなら、宗族としての客家アイデンティティーは代々継承されようがなかったと考えられる。

『四川客家』の記述を前提として推測すれば、清初以降、鄧氏は何代にもわたる世代交代の過程で、当然ながら広東客家の血が薄まり、文化や習俗の面でも完全に土着化した。おそらく、鄧小平にしてみれば、いかに世間で「鄧小平は客家だ」との言説が取りざたされようとも、若くして故郷を捨てた自分にはどうでもいいことであり、たいして関心などなかった。ましてや、革命家、共産主義者であるからには階級と直接関係のない民系の種別に拘泥することはタブーであった。鄧榕ら家族も、父親がそういう態度である以上、この問題について特別なこだわりも探究心も持ちようがなかった。

まさしく、鄧榕が『わが父・鄧小平』の中で「父は郷里の家のことはほとんど話してくれない。もっとも父はわずか一五歳で家を出てしまったのだから、家の事情や一族の歴史などはあまり知らなかったのかもしれない」と述べている通りである（四八頁）。鄧榕によれば、そもそも鄧家に族譜が残っていることを家族は誰も知らなかったという。彼女が初めて族譜を探し出して読んだのは同書を執筆する必要があったからで、ずっと昔の祖先が何者であったかという問題はそれまでまったく自分の視界の外にあった。「鄧小平客家説」がこれだけ世界中に広まりながら、なんとなく不透明感というか隔靴《かっか》掻痒《そうよう》の感をぬぐえないのは、当の鄧一族からそれを多少なりとも裏づける証言や傍証が出てこないという理由も大きいのではないか。

鄧小平が客家であるかどうかという問題に、あえて結論らしきものを下すとすれば、鄧小平は「グレーゾーン」に属する。客家か非客家か、黒か白かという二者択一の問題設定ではいまひとつすっきりした答えが出てこない。もう一つ選択肢を増やして考えたい。ここで参考にしたいと思うのは、『湖南客家』の著者で、客家研究家である楊宗錚《ようそうそう》（広東省梅県出身の客家）が同書の中で紹介している「客家後裔《こうえい》」という概念だ（一一〇〜一一二頁）。

「客家後裔」とは、客家を先祖に持ちながらも、長い年月を経て世代がどんどん変わり、居住地の環境に染まってしまった客家の末裔たちを指す。今日では彼らの生活や文化の中に客家特有の属性を見いだすことはできなくなっており、彼ら自身、客家との自覚は持っていない。したがって、周囲の人たちも彼らを客家とは見なさない（楊宗錚は「客家後裔」に該当するケースとして毛沢東を挙げているが、これについては「4湖南省瀏陽」で触れる）。つまり、鄧小平が「グレーゾーン」に属するというのは、鄧小平は「客家後裔」の範疇に入るという意味である。

世間一般には「客家」という用語しか通用していない。客家の血を引く者、客家を祖先に持つ者を、客家文化の継承の有無をよく検証せずに、すべて一緒くたに「客家」という概念でくくろうとするから、論理的にいろいろ無理が出てくるという気がする。客家世界には、客家の伝統文化を継承し、客家アイデンティティーを保持している正統型の「客家」と、祖先をたどれば客家であるが、すでに客家の特性もアイデンティティーも喪失してしまっている変形型の「客家後裔」がいる。両者を分かつ最も明確でわかりやすい基準は客家語を話すかどうかである。現代中国の著名な革命家の中では、朱徳や葉剣英が前者に属し、鄧小平は後者である。このように分けて考えれば、客家であるかないかという人定問題の曖昧模糊とした部分も整理がしやすくなるのではなかろうか。

ただ、一般的には、「客家後裔」とは自称ではなく、他称である。仮に当事者が「客家後裔」との認識をまったく持っていないとしても、それと見なしうる根拠がある場合はやはり「客家後裔」と言えるであろう。逆に、周囲から「客家後裔」と見なされている当事者が、「いや、自分の認識としては『客家』そのものだ」と主張する場合、部外者がそれを否定することは難しいであろう。たとえ客家語が話せなくとも、自らの血統に誇りを持ち、自分は客家であるとのアイデンティティーを有するならば、その者を客家と呼ぶしかない。アイデンティティーとは本来、極めて主観的なものであり、客家問題の一つの複雑さがそこにある。

ないものねだりを承知で極端なことを言えば、状況証拠はあるのだから、鄧小平自身が「私は客家だ」、あるいは「私は客家の血を引いている」と、何らかの形で語ってさえいれば、問題はそれで解決していたのである。いや、鄧小平が自分の出自について客家であると語ったという証言があることはあるのだ。政財界に多彩な人脈を持ち、「昭和の怪物」の異名をとった田中清玄（元総合人間科学研究会理事長）は一九八〇年四月に北京を訪れた際、人民大会堂で鄧小平と一時間半にわたり会談した。田中は自らの回想録の中で、「このときの話では、鄧小平さんの先祖は河南省で地方豪族だったが、その後一家を挙げて四川省に移られた客家なのだと言っておられた」と述べている（『田中清玄自伝』二八四頁）。これが事実とすれば、極めて重要な証言であり、鄧小平がいちおうの客家アイデンティティーを有していたことを裏づける証拠となろう。この会見は『鄧小平文選』には収録されていない。鄧小平がどのような中国語の言葉遣いでこのくだりを語ったのか、可能であるなら、中国側の未公開の会見記録を読んでみたいものだ。

中国の関連書の多くは、客家の著名人リストに鄧小平を含めることを慎重に避けている。しかし、見過ごしてはならないのは、一方で、「鄧小平は客家ではない」と明確に否定している研究書もまた見当たらないことである。鄧小平客家説はこれだけ国内外に広まってしまっている。もし鄧小平が明らかに客家ではない、そもそも客家とはまったく関係がないとするならば、中国の専門家からきちんとした反証があってしかるべきだが、それはない。「状況証拠はある。とは言え、決定的な確証に欠ける」。そんなあいまいさに甘んじて一種の思考停止に陥っているかに見える。

鄧小平について興味深いのは、その気質を客家人の一般的な特性と比べてみると、極めて共通点が多いことである。客家は歴史的に山間部や僻地など厳しい自然環境の中で暮らしてきただけに、自信（自分を信じる）、自立（独り立ちする）、自強（向上心を持って努力する）、自我奮闘（自ら奮闘する）の「四自」意識が強烈だとされる。また、大胆に発想し、行動し、開拓精神に富み、忍耐強いという（『客家』一八頁）。これらの特性はまさしく鄧小平の資質、性格そのものだ。よく知られているように、鄧小平は生涯に三度失脚し、そのつど我慢強く時機を待ち、復活を果たした。とりわけ、文革開始後に失脚（二度目）したときは、三年余にわたって江西省南昌郊外の新建県で半幽閉生活を余儀なくされたが、いずれ自らの出番が再びめぐってくることを信じ、将来の計略を練りながら、静かに雌伏のときを過ごした。まさしく、「鄧小平のかしこさ、剛毅な、不撓不屈の精神は客家の特質を端的にしめす」と言ってよい（矢吹晋『鄧小平』二四頁）。

鄧小平逝去一〇周年を記念して制作されたドキュメンタリー「ニーハオ鄧小平」（監督・脚本＝阮柳紅、呂木子）を見ると、鄧小平という人間がよくわかる。第一次天安門事件で失脚した一九七六年、本人は「楽観主義だよ。泣いてどうする」と泰然自若の構えだった。改革開放を推し進めるにあたっては、「広東ではアヒルを三羽飼うと社会主義、五羽飼うと資本主義だと言っている。おかしな話だ」と無意味な教条主義を嘲笑い、「私は論争をしない。実事《じつじ》求是《きゅうぜ》だ」と言い切った。一日の執務時間はたった二時間。強烈な自負心と徹底した合理主義である。

鄧小平語録の中で、鄧小平という政治家の思考を最もよく象徴する言葉として知られているのは、いわゆる「白猫黒猫論」だろう。鄧小平は一九六二年七月、共産主義青年団の会議で、「黄色い猫であれ、黒い猫であれ、ネズミを捕らえるのが良い猫だ」と述べ、教条主義にしばられることなく、生産向上を図る必要性を訴えた。本来は、鄧小平が「劉伯承同志（元帥、一九八六年死去）がいつも口にする四川の言葉だ」と前置きして語ったものだが、その実利主義を象徴するセリフとして有名だ。客家の人々は土着民からの差別や圧迫と闘いながら、限られた土地を最大限に有効活用して生きてきた。当然ながら、理屈や建て前よりも経済の合理性や効率を重んじなければ、暮らしは成り立たなかった。この「白猫黒猫論」とは、結局のところ、客家人の生活哲学そのものではないかと思えてくる。

洛帯鎮に見る四川客家

四川省は客家の主要な居住地域の一つである。そもそも客家が四川省に大量流入したのは清代前期（康熙後期～雍正、乾隆年間）であり、明末清初の戦乱で四川の人口が減少、田畑も荒廃したため、四川への入植が朝廷によって奨励されたことによる。これは歴史上、「湖広填四川（湖北、湖南からの移民で四川の人口減を補充する）」と呼ばれる。実際に四川に流入したのは、湖北、湖南からの移民だけにとどまらなかった。福建、広東、江西からも数多くの移民が入植した。民族大移動の背景には、これらの客家居住地域が増大する人口を支えきれなくなったという問題や、自然災害によって暮らしが成り立たなくなったという事情があった。

『四川客家』によると、一九九三年末時点で、四川には客家人の多い県市が四六あるほか、客家人の居住者がいる県市も一七を数える。客家人の居住地域は一八・三万平方キロメートル（全省面積の三八パーセント）に及び、客家人口は約三〇〇万人に上る。このうち、成都市東郊の竜泉山脈一帯には客家人が集中的に居住しており、その数五〇万という。今でも客家語を話せる者は全四川客家の約半数の一五〇万人とされる（三頁）。

一方、『四川方言與巴蜀文化』は、客家語を話せる客家は全省で約一〇〇万人とし、客家語をすでに忘れてしまった客家の末裔は一〇〇〇万人近いと指摘している（一四二頁）。いずれもおおざっぱな推計と見られ、正確な統計はないようであるが、客家の血を受け継ぎながらも文化的にはもはや純粋の客家とは言えない「客家後裔」が相当数に上ると見られる。

二〇〇九年一一月、成都市東郊の客家村「洛帯鎮《らくたい》」を訪れる機会があった。洛帯鎮は行政上、成都市竜泉駅区に属し、成都市街から東へ約一八キロメートル離れた農村地帯にある。三万余の鎮人口のうち、客家人が約九〇パーセントを占め、清代〜中華民国期の古建築がよく保存され、客家の文化や習俗を今に伝えていることから、「天下客家第一鎮」を自称している。広東会館、川北会館、湖広会館、江西会館の四大会館を中心に古い街並みが残っている鎮の目抜き通りは、「洛帯古鎮」として今や観光名所になっている。

見学に訪れた日は秋の観光シーズンの日曜日だったため、芋の子を洗うような混雑ぶりだった。近代化という名の乱開発が中国全土に吹き荒れるなか、かろうじて歴史遺産を守った各地の「古鎮」はその希少価値から観光ブームの波に洗われているが、漢民族文化の中でも独自色が強い客家文化はかなりの集客力があるようである。通りの案内板の説明文は中国語のほかに英語、日本語、韓国語で書かれていた。それから推測すると、成都観光のスポットの一つとしてわざわざ訪れる外国人旅行者も少なくないのであろう。

『明清的江西湖広人與四川』によれば、洛帯鎮の客家の十大姓は、劉、張、李、陳、曾、黄、林、鐘、葉、楊であり、広東（特に五華、興寧）を原籍とする客家が多いという（一五三頁）。そのためか、四大会館の中でもとりわけ造りが豪壮なのは広東会館（南華宮とも呼ばれる）である。敷地面積約三二五〇平方メートルと広大で、建物は東南を向く形（故郷の広東を望むとの意味が込められている）で鎮座している。中庭はバレーボールができるぐらいゆったりしている。清・乾隆一一年（一七四六）、広東出身の客家人たちの寄付によって建てられ、中国国内では規模が最も大きく、よく保存された会館の一つとされている。建物内に天井《ティエンチン》（吹き抜けの空間で、真下に雨水を排水する天井溝を掘ってある）が設けられており、同じ様式の天井は以前、客家地区である江西省瑞金の古い家屋でも見かけたことを思い出した。中庭に面した茶店の女性従業員は、聞いてみたら客家人とのことだったが、働き者の客家の女性らしく、立ち居振る舞いがきびきびしており、見ていて

四川客家博物館の鄧小平コーナー。四川の代表的な客家人の一人として紹介されている

清乾隆年間に建てられ、客家の団結心を今に伝える洛帯鎮の湖広会館（いずれも2009年11月）

気持ちがよかった。

湖広会館の玄関をくぐり、中庭に入ると、正面の建物に「四川客家博物館」という看板が掛かっていた。客家の歴史や民俗、生活用具などを紹介した小さな博物館である。興味深かったのは、「客家人物紹介」のコーナーだ。まず、地元四川出身の著名人である朱徳、鄧小平、郭沫若の三人を並べて紹介してあった。朱徳は儀隴《ぎろう》県出身の軍人で、広東省韶州府乳源県（現・韶関市乳源瑤《ヤオ》族自治県）を原籍とする。また、郭沫若は楽山県出身の文学者、政治家で、福建省汀洲《ていしゅう》府寧化県（現・三明市寧化県）が原籍だ。二人とも四川を代表する正真正銘の客家人と言える。朱徳は生前、鄧小平と違って、「わが家は小作農だった。原籍は広東韶関《しょうかん》で、客籍〔客家〕人である」と自らの民系をはっきり語っている（『朱徳選集』一一〇頁）。朱徳は流暢な客家語を話すことができ、自ら客家語を用いて大衆に紅軍の任務や党の政策を説明した、という紅軍時代の関係者（元広東省党委員会書記・古大存）の証言もある（福本勝清『中国革命外伝』一九頁）。

さて、博物館でいちばん注目したのは、当然ながら、鄧小平に関する展示である。鄧小平の写真に添えられた説明文には「四川広安人。原籍は広東」とあった。広安の鄧小平故居と鄧小平故居陳列館の写真のほか、鄧小平の小さな胸像、鄧小平が一九五〇年代に使用した黒い万年筆などささやかな文物が飾ってあった。鄧小平の祖先についての詳しい説明はなく、それが物足りなく感じられたが、四川客家博物館としては「鄧小平の源流は広東客家」と認識していることを意味している。四川の客家研究界の「広東客家」説を反映した展示内容と理解していいだろう。

湖広会館の中庭の一角にある土産物屋で客家関連の書籍を物色していると、店の主人がこの本はどうだ、こんな資料もあるよ、と話しかけてきた。雑談をしているうちに、四川客家博物館を定年退職した地元客家人（六四歳）であることがわかった。原籍は広東興寧（現・興寧市）で、自分は一二代目だという。「鄧小平は客家だとされているが、どう思うか」と聞いたところ、「客家だと考える者もいる。でも、まだ確定していない」という答えが返ってきた。博物館の展示との矛盾を感じたが、鄧小平の系譜に通じた専門家でないとすれば、いちばん無難な返答かもしれないと思われた。「客家だ」と肯定するにせよ、「客家ではない」と否定するにせよ、自説を開陳するにはそれ相応の面倒な講釈が必要になるのは不可避であろうから。

洛帯鎮を含む竜泉駅区一帯は、漢語の四川方言が話される成都にあって、全区人口の約半数が客家語を話すという異質な「方言島」を形成している。四川客家語は客家語の標準音とされる広東の梅州客家語と似通っており、例えば、「穿衣（服を着る）」を「着衫」、「下雨（雨が降る）」を「落水」という。客家は「たとえ先祖代々の田畑を失おうとも、客家の言葉は失わない」というほど、自らのアイデンティティーの柱となる客家語を大切にしてきた。しかし、新中国建国後、学校教育やマスメディアを通じて普通話（標準中国語）の普及が進み、経済発展に伴って人口流動が加速するなかで、客家語の継承はだんだん難しくなってきているようである。先の土産物屋の主人は「自分は客家語を話せるが、若者の中にはしゃべれない者もいる」と嘆いていた。

実際、広東会館の茶店の、三〇歳代と思われる客家の女性従業員は、私が「地元の客家語を少し教えてくれないか」と頼んだところ、「客家語はできない」と恥ずかしそうにうつむいた。また、洛帯鎮をめぐるため、成都でチャーターしたタクシーの若い運転手もたまたま広東客家の末裔だったが、客家語は話せず、一家の原籍も知らないとのことだった。成都北東の綿陽市三台県では三〇万の客家人のうち、「客家語を話せる」者、「聞いてわかるが、話せない」者、「聞いてわからず、話せもしない」者がそれぞれ三分の一というのが現状で、都市化が進んでいる地区ほど客家語ができない中青年層が増えている（孫暁芬編著『四川的客家人與客家文化』五八頁）。江西省南部や広東の梅州一帯など客家人口の集中度が極めて高い地区はともかく、四川のような客家の飛び地では独自文化が土着文化への「同化」の危機に直面していると言えるのかもしれない。

洛帯鎮は古い町並みが運よく保たれていることから、多くの人々が関心を寄せてはいる。しかし、観光客が集まる目抜き通りの両側にはどれもこれも似たり寄ったりの土産物屋や食堂が延々と軒を連ね、その点では中国のどこにでもある俗っぽい観光地の一つと化している。いささか軽佻浮薄の感もある観光開発が、本質的な意味での客家文化保存の追い風になるとはどうも思えない。いかに客家の血統であっても、客家語を忘れてしまえば、客家との自己認識は将来的には維持しがたいであろう。言葉はアイデンティティーの本質である。人目を引く古い建物や観光客目当てのお祭りのような行事だけが残り、その陰で、目には見えない文化の中核がどんどん溶解していくということにならないか。そうなれば、四川の客家文化は形骸化してしまう。「天府之国」で異彩を放ってきた「方言島」の将来が案じられた。

2　江西省井岡山——毛沢東と「客家の緑林」たち

農村根拠地革命の原点

二〇世紀があと三年で終わろうという一九九七年暮れ、勤め先の新聞社で、ある大型連載企画がスタートした。二〇世紀という激動の一〇〇年はどんな時代だったのかを総括しようという企画で、第一部では、「革命の世紀」という歴史的位置づけから、まずロシア革命が取り上げられた。これに続いて中国革命を検証することが決まり、当時、東京本社勤務だった私は急遽、取材班に引っ張られて、翌一九九八年の一月中下旬、中国に出張することになった。

一口に中国革命と言っても、中国全土に現場（革命ゆかりの土地）は数え切れないほどたくさんある。限られた日数の中、どこで何を取材するか。迷わず第一候補に選んだのが、中国共産党の最初の農村根拠地となった江西省井岡山だった。井岡山は「農村から都市を包囲する」という毛沢東革命路線の原点とも言うべき場所である。中国革命を考える場合、やはり絶対にここを避けては通れないと思った。しかも、私にとっては未見の土地だった。よけいやる気をかきたてられた。成田から香港へ飛び、中国共産党第一回党大会が開かれた上海を経て、南昌蜂起の現場となった江西省の省都・南昌へ。ここを拠点に井岡山を取材し、最後は北京に出る。旅のルートはすんなり決まった。

取材の受け入れを頼んだ先は、上海市外事弁公室である。通常、地方の外事弁公室が国外の外国人記者の出張取材を直接受け入れてくれるケースは多くない。取材地点がその省や市（例えば上海市）だけでなく、複数の省市にまたがる場合は手配がいろいろ面倒になるので、なおさらである。しかし、このときはわりと簡単に受け入れ了承の返事が来た。市場経済化のこの時代、革命の歴史に関心を持つ者は中国人であってもますます少ないというのに、それをわざわざ日本から取材に来たいとは奇特なヤツだとでも思われたのかもしれない。

上海からの同行者は同市外事弁公室のSという男性職員だった。私とほぼ同い年で、文革世代である。国は違っても同時代に生まれた者同士、不思議とウマが合った。彼は上海の高級中学を卒業した後、自ら志願して長江河口にある崇明島の国営農場へ下放した。毎月一四元の給料が出た。下放した当初はまだ文革後期で、島に一生いるつもりだったが、滞在中に文革が終わり、結局、下放生活は四年でピリオドを迎えた。二二歳で上海市内に戻り、母親がいたバス会社に就職した。いわゆる「頂替《ティンティー》」（親が退職した後、後釜として就職すること）である。給料は月三六元だった。

一九七六年九月九日、毛沢東が死んだときは、みんなが涙を流したという。「農村では田植えの時期、朝四時起きで働いた。おかげで肉体的にも精神的にも鍛えられた。農村体験をした者と、そうでない者とは人間の幅が違う」。純粋に革命の大義を信じ、ひたすら労働に汗した、ある意味で単純明快そのものの時代を懐かしそうに振り返って語った言葉が強く印象に残っている。

取材のハイライトである井岡山行きの当日、南昌から現地まで車で延々約六時間半もかかった。現在は全区間、高速道路が通じているが、当時は町から村へ、里から山へと狭い旧道をなめるようにくねくね走り、ほとんど半日がかりの行程だった。革命の聖地・井岡山を詣でるため、文革中は幾十万、幾百万の紅衛兵が赤旗を掲げ、胸を躍らせながら、この道を歩いたことであろう。青年時代のSにとっても、井岡山は独特の響きを持つ憧れの場所だったに違いない。

井岡山は沖縄とだいたい同じ緯度の南方に位置するものの、やはり内陸の山岳地帯である。年平均気温は一四度。冬は長く、夏は短く、秋は早く訪れ、春は遅くやってくる。一月は一年でいちばん寒い時期で、最低気温は氷点下一一度にも達する。足を踏み入れたのはまさしく、その厳寒期とあって、樹木は厚い霧氷に覆われ、山全体が巨大な天然の氷室と化したかのようだった。

周囲は標高一〇〇〇～二〇〇〇メートル級の山々に囲まれている。山と山の間に茶碗の底のような狭い盆地がいくつも点在し、かろうじて人間がわずかな田畑を耕して生活できる空間を提供している。井岡山の観光名所の一つとなっている黄洋界（革命根拠地時代、井岡山の五大歩哨基地の一つで天然の要害）を訪れた。標高一三〇〇メートル。凍

周囲を山々に囲まれた井岡山の中心地・茨坪。小さな盆地にしがみつくように街が広がる

全山が白く凍りついた真冬の井岡山。往時の革命闘争の厳しさをしのばせる（いずれも1998年1月）

てつく山肌を踏みしめながら登ると、あたり一面、見渡す限り山また山である。この土地の自然環境の厳しさが身にしみて感じられた。

一九二七年九月末、毛沢東は、湖南省での武装蜂起（秋収蜂起）に失敗し、江西・湖南省境に横たわる羅霄《らしょう》山脈の山懐「井岡山」へ逃げ込んだ。当時はまだ三三歳の青年革命家だった。率いる残存部隊は約一〇〇〇。苦しい行軍の途上では脱落兵が相次ぎ、軍規も緩みがちだった。

国共合作の統一戦線は同年七月、蔣介石の四・一二クーデターによって、わずか三年半で崩壊していた。中国共産党はコミンテルン（第三インターナショナル）の指令を受け、武力による権力奪取へと路線を転換し、八月一日、周恩来、賀竜らの指揮の下、江西省の省都・南昌に約二万の兵力を結集し、武装蜂起した。共産党が独自の軍隊を初めて持つに至った中国革命史上の重要事件「南昌蜂起」である（このため、八月一日は中国人民解放軍の建軍記念日となっている）。

蜂起軍は激戦の末、南昌市街を占領したが、同月六日までに南昌を放棄、広東省に向けて南下した。七日、党中央は湖北省漢口で緊急会議を開き、秋の収穫期に湖北、湖南、江西、広東の四省で武装決起する方針（秋収蜂起）を決め、国民党との妥協路線をとって更迭された陳独秀に代わり、瞿秋白《くしゅうはく》らを中心とする新指導部を選んだ。しかし、都市での蜂起に固執する瞿秋白ら党中央の戦略はことごとく裏目に出て、秋収蜂起後、組織は深刻な打撃をこうむった。まさしく、毛沢東の井岡山入りは工農革命軍の存亡をかけた選択だった。

紅米とカボチャと革命

中国では旅先で暇を見つけては資料探しをするのを常にしている。井岡山革命博物館を見学した後、館内の売店で上下二巻の資料集『井岡山革命根拠地』(井岡山革命根拠地党史資料征集編研協作小組、井岡山革命博物館編)を見つけた。定価は上下で一〇元なのに、店員は「希少な本だから、定価では売らない」という。骨董市場ではあるまいし、革命博物館で革命資料を売るのに吹っかけるとは変な話である。北京でまた探すのもたいへんだからと思い、結局買うことにした。いくら払ったのか正確には覚えていないが、一〇〇元くらいだったような気がする。しかし、この資料はなかなか優れ物であった。根拠地当時の多くの関係者の証言が詰まっており、井岡山革命を知るうえで不可欠の文献と言っていい。以下、本稿でも大いに参考にさせてもらった。

さて、当時の井岡山の生活水準はどのようなものだったのか。例えば、農民たちの主な食料はサツマイモやトウモロコシ、ダイコン、カボチャ、タケノコなど。数少ない中レベルの家でも、来客があった際に、せいぜい卵や小魚の類を振る舞える程度だった。豚肉はぜいたく品で、春節(旧正月)のときでさえも貧しい家では一～二斤(一斤は五〇〇グラム)買うのがやっと。多くの家でも一〇斤を超えることはなかった。ほとんどの貧乏人は小さな茅葺きの小屋に住んでおり、とりわけ、客籍(客家)人は辺鄙な山間のくぼ地や山のふもとで暮らしていた。土籍(本籍)人はだいたい固まって暮らしていたが、彼らの家にしても泥レンガを積み重ね、茅で葺いた小屋にすぎなかった。一家全員が一つの綿布団にくるまって寝なければならないような家もあり、冬場はその上に蓑をかけて寒さをしのいだ(張泰城、劉

茨坪の井岡山革命博物館。館名は朱徳の揮毫による(1998年1月)

家桂『井岡山革命根拠地経済建設史』一〇〜一一頁）。

ありていに言えば、井岡山はどん詰まりの辺境である。中国内地の中でもこれ以下はあまりないであろうと思われるほどの貧困地区であった。そもそも客籍人を中心に二〇〇〇人足らずの住民しかおらず、平地が乏しく生産力も低い地域に一〇〇〇人からの敗残兵が流入したのだから、ただでさえ窮乏状況にあった食料、住居をはじめとする生活条件が一段と緊迫化したことは容易に想像される。

もうかなり昔の話だ。井岡山にまだ生き証人が残っているかどうかわからなかったが、幸いなことに地元の関係者の手配で一人のお年寄りから往時の体験談を聞くことができた。羅尚徳（当時、九一歳）という客籍の女性だ。井岡山の東にある万安県の貧しい農家に生まれ、一九二八年九月、革命に参加した。朱徳の妻で、同じく客籍の康克清とは同郷である。「悪辣《あくらつ》な地主から搾取され、生活が苦しくて共産党に入った。病院管理の仕事をしたが、ゲリラ部隊だったので、決まった住居はなく、食料も干したタケノコや苦い野草ぐらいしかなかった」。彼女が革命に加わったのはまだ二〇歳くらいの食欲旺盛なころだ。「サツマイモさえ買えなかった」という言葉に胸を突かれた。

毛沢東にも会ったことがあるという。「一緒に食事をした。長衫《チャンシャン》（男用の長い中国服）を着ていた。みんなが毛沢東を崇拝し、擁護していた」。組織化されていても、しょせんは山の中のゲリラ部隊である。雲上人になった、ずっと後の毛沢東と違い、当時はふつうの党員や兵士にとっても、けっこう身近な存在だったのだろう。彼女は建国後、婦女管理工作に携わり、今は五人の子供と七人の孫がいるとのことだった。

当時、井岡山の食料や物資が極端に乏しかったことは、多くの資料に記録されている。部隊の訓練時の苦労は特にたいへんなものだったという。兵士たちはみんな稲藁の上に横になり、薄っぺらな毛布をかけて寝る。食事は、塩味も何もついていないカボチャのスープと苦い野草。あるとき、兵士たちが野草の入ったお椀を持ちながら、「こんな苦い菜っ葉をどうやって食えっていうんだ」と愚痴をこぼした。それを耳にした毛沢東は自ら野草を口にし、「苦くても政治的栄養はいっぱいある。これを食べられるなら、もっと多くの苦労を克服できるぞ」と諭したとされる。そこで、兵士たちはこんな歌を歌って自らを励ました（『毛委員在井岡山』三八～三九頁）。

紅米のめし、カボチャのスープ
うまいもんだよ、秋ナスも
毎度毎度きれいさっぱりたいらげる

干した稲藁、黄色くて軟らかい
金糸のふとんをかぶろうよ
北風だって大雪だって怖くない
あったか、ぐっすり、夢の中

紅米は山地に産する赤米で、胭脂米《えんじ》ともいう。当時の井岡山の主食の一つだった。カボチャのスープというのは、塩も油も欠乏していたことを考えると、カボチャをただ水で煮ただけのものだったのだろう。

今の豊かな食生活から見れば、料理と言えないような粗末な食事だ。それでも、味はともかく、腹の足しになるという意味で紅米やカボチャは共産党軍にとって不可欠のエネルギー源だった。

毛沢東は「銃口から政権が生まれる」との名文句を残した。もっとも、当たり前のことながら、仮にいくら武器があったところで、生身の兵士たちがまったくの腹ペコでは国民党軍との戦《いくさ》はできなかった。紅米とカボチャはたとえ粗食であっても共産党の井岡山闘争を支え、毛沢東の革命を生きながらえさせたのである。現在も紅米やカボチャは井岡山の特産物に数えられている。もちろん、今はカボチャにしても油で揚げたり、砂糖をからめたり、多分に料理らしい工夫が凝らされているが、人々が革命の聖地で先人たちの艱難辛苦をしのぶ縁《よすが》となっているようである。

ちなみに毛沢東が「井岡山の闘争」（『毛沢東選集』第一巻）で「軍長から炊事兵にいたるまで、主食以外は一律に五分ぶんの食事しかとっていない」（一〇三頁）と書いているように、部隊における食料の分配は上から下まで基本的に平等だった。当時の関係者の一人は「毛〔沢東〕党代表、朱〔徳〕軍長をはじめ将兵の生活はみんな同じで、毎日、カボチャと紅米を食べた。ときには紅米を食べられず、カボチャしかなかった。毎日、一人に支給される油、塩、野菜代はほんの五分だったが、油も塩も口にできないことがあった」と回想している（『井岡山革命根拠地』下巻五四二〜五四三頁）。物資の絶対量が少なかったのはもちろんだが、厳格に平等化を図らなければ、兵士たちの不満が鬱積して組織の統制を維持できない環境だったのだろう。

ただ、そこには、ある種の思想があった。近代的なものとしては、共産党員たちがどこまで咀嚼《そしゃく》できていたかはともかく、マルクス・レーニン主義の思想であった。さらに、「食べ物があればみんなで食べ、着る物があればみんなで着る」といった、中国に伝統的な平等主義のユートピア思想（大同思想）も投影されていたのではないか。

井岡山革命博物館には「将兵は衣服も食事も一律平等」との紅軍スローガンが展示されていた。このほか、「共産主義の落ち着く先」は「天下為公、世界大同（天下は公のものとなり、世界も理想的平等社会となる）」であると記された根拠地政府の文書（一九二八年末）も紹介されていた。「共産主義の理想は大同思想の一種の変形と言える。共産主義は大同思想を詳細かつ具体的、科学的に語っている」とは、当時、私が香港でインタビューした歴史研究者、金観濤・香港中文大学中国文化研究所高級研究員の言葉である。中国の歴史や古典に造詣の深かった毛沢東の思想を色濃く染めていたのは、マルクス・レーニン主義というよりも、むしろ中国の伝統思想であったのかもしれない。

食べ物の話に戻る。主食でさえこんなありさまであったから、タンパク源はさぞ貴重だったであろう。井岡山の代表的な伝統料理の一つに「紅焼狗肉《ホンシャオコウロウ》（犬肉の醤油煮込み）」がある。客家には昔から犬肉を好んで食べる習慣があり、醤油煮込みは犬肉料理としては非常にポピュラーなものだ。もっとも、革命根拠地時代、犬肉はそうそう簡単には手に入らなかっただろうし、たまに口にできたとすれば、たいそうなご馳走だったはずである。客家に限らず、南方人はわりとよく犬肉を食する。果たして毛沢東も井岡山でたまには舌鼓を打つ機会があっただろうか。

『井岡山革命根拠地』には、兵士たちが田んぼでタニシやドジョウを捕まえておかずにするといういじらしい話が紹介されている（下巻六六一～六六二頁）。客家の食習慣はこれらの「山の魚介類」を好んで食材とした百越《ひゃくえつ》（古代中国の南方諸民族の総称）文化の影響を受けているとされる。井岡山の客籍人にも昔からドジョウなどを捕って食べる習慣があり、兵士たちはこれをまねたのであろう。ともあれ、食べられるものは何でも食べるという発想で生きなければ、根拠地でタンパク質などの栄養を補給することは難しかった。まさに自力更生のサバイバル生活であった。

「客籍」が支えた井岡山闘争

ところで、「井岡山」という地名はときに「井崗山」とも表記される。「岡」と「崗」のどちらが正しいのか。ずっと疑問に感じていたが、ある小冊子で地名の由来を知り、そういうことかと合点がいった。

ここは険しい山々に囲まれた土地なので、地形が井戸のような格好をしている。もともと小さな村があって、そこには小川が流れており、地元の客籍人はこの川を「江」と呼んでいた。このため、「井江」という地名が生まれたが、村は山沿いに川に面して広がっていたことから「井江山村」とも称するようになった。客籍人の言葉では「江」と「崗」は同じ発音であり、「井江山村」は後に「井崗山村」と称した。ところが、それから「村は山の上ではなく、ふもとにある。『崗』の字から『山』を削ったほうがいい」と考える者がいて、「井岡山村」と書くようになったという（夏夢淑編著『井岡山旅游大全』二頁）。客家語が地名の成り立ちに深く関わっているところが、この土地の住民特性を如実に物語っている。

毛沢東はなぜこんな山間辺地へと逃げ込み、革命根拠地を築こうとしたのであろうか。井岡山の中心地・茨坪《しへい》の高台にある革命烈士霊園から盆地を見渡すと、その理由がよくわかる。急峻な山々が連なり、そこに深い森が広がっている。敵から見れば、進攻のルートが限られているため、非常に攻撃しにくい。逆に言えば、共産党軍にとっては、地形上の要所をしっかり押さえさえすれば、防御しやすい天然の要塞に守られているわけである。辺地であるということは生産、交易、交通などいろいろな面で不便であることをえで有利だった。

意味する。反面、国民党の支配地域からはそれだけ遠く離れているわけで、自らの生存空間を維持するうえで有利だった。

「井岡山の闘争」で、毛沢東は労働者、農民の武装割拠が存在し、発展するには五つの条件が必要だと述べている。つまり、①優秀な大衆、②優秀な党、③相当の力を持つ紅軍、④作戦に有利な地形、⑤給養をまかなえるだけの経済力――が存在することである（九一頁）。毛沢東が井岡山に入ったとき、これら五条件のすべてがそろっていたわけではなかった。井岡山が備えていた好条件の第一は「作戦に有利な地形」であった。次に、「給養をまかなえるだけの経済力」。これはもちろん万全ではなかったが、井岡山では長いこと貧しいなりに自給自足の経済が成り立っていたわけで、部隊を動員して地域の地主や土豪から物資や現金を徴発するという手立てもあった。地形は好都合、経済も苦しさに耐え抜けば何とかなるはずだ。毛沢東はそう判断したであろう。

共産党を支持する「優秀な大衆」、そして「優秀な党」組織を持てるかどうかは、井岡山革命根拠地の大きな課題であった。ただ、これらは党の政策しだいで実現可能なレベルの問題だった。実際、毛沢東は「六〇パーセント以上が地主に握られ、農民の手にあるのは四〇パーセント以下」（「井岡山の闘争」一〇九頁）という土地の所有問題の解決に全面的に取り組み、一九二八年一二月、「井岡山土地法」を制定した。地主の土地を没収し、実際に田畑を耕す者たちに公平に分配することによって、自分の土地を持ちたいという農民たちの最大の欲求に応え、広範な支持基盤を築いていった。

一方、毛沢東は一九二七年九月末、井岡山へ向かう途中、江西省三湾で部隊を「工農革命軍第一軍第一師団第一連隊」へと編成し直した。歴史上、「三湾改編」と呼ばれるもので、軍内各レベルに党組織を設け、党が軍を指導する体制を確立するなど紅軍の基礎を固めた。創設まもない軍の中には元流民なども少なくなく、農民から食糧をかすめ取ったり、地主・土豪からの徴発品を山分けしたりする問題が見られた。このため、毛沢東は「三大規律」「六項注意（後に八項注意）」という厳格な軍規を定め、「行動は指揮に従う」「人民からは針一本、糸一筋も取らない」などの方針を徹底させた。

最後に残った条件は「相当の力を持つ紅軍」。軍を立て直し、強化していくには、新たな兵力や武器を確保し、訓練していく必要がある。勢力増強を急いでいた毛沢東にとって、井岡山には紅軍建設のために是が非でも味方につけなければならない人物が二人いた。緑林（盗賊）出身の袁文才と王佐である。二人とも客籍の顔役で、それぞれ一五〇～一六〇人の配下と銃六〇丁を有し、地元住民に対して大きな影響力を持っていた。袁文才は井岡山北麓の寧岡県（現在は井岡山市の一部）茅坪《ぼうへい》、王佐は山上の茨坪や大小五井（大井、小井、中井、上井、下井の五カ村）を拠点とし、互いに助け合う義兄弟のような関係にあった。前述したように井岡山は客家の土地だ。「よそ者」の毛沢東軍が井岡山に乗り込んで、根拠地を築くには何よりも彼らの理解と協力が不可欠だった。

三湾改編を終えた毛沢東は一〇月三日、寧岡県古城で前敵委員会拡大会議を開き、袁文才と王佐の武装部隊を思想教育と軍事訓練によって改造し、共産党軍の中に組み入れる方策を協議した。前敵委員会とは革命戦争期に前線部隊と地方党組織を統一的に指導し、作戦を展開する党の臨時組織で、毛沢東が書記を務めていた。毛沢東は会議の数日後、さっそく寧岡県大蒼村で袁文才と会談し、約一〇〇丁の銃を袁に贈った。これに対して袁もその場で一〇〇〇銀元の軍費を援助し、よしみを結んだ。井岡山に入ってから、王佐には銃七〇丁を贈った。

毛沢東の工農革命軍とはいったい何者なのか。自分たちよりも大部隊だが、こちらの地盤を奪い取ろうというのではないのか。当然、袁文才と王佐は強い警戒心を抱いたはずである。毛沢東はそんな心理を見透かすように、乏しい武器の中から多量の銃を贈ることによって、まず彼らの猜疑心を解きほぐした。緑林出身の海千山千の相手に、毛沢東の人心掌握術の巧みさ、戦術のしたたかさが遺憾なく発揮されたと言える。その後、毛沢東は袁文才、王佐と何回も話し合って革命の意義を説き、二人を懐柔した。一九二八年二月、二人の部隊は工農革命軍第一師第二団へと正式に改編され、袁文才が団長、王佐が副団長にそれぞれ任命された。

実は寧岡県古城の会議では、「袁文才らの部隊を武装解除し、袁と王の二人を殺してしまえ。銃は数十丁しか持っていないのだから、包囲して武器を取り上げればすぐ片づく」との強硬意見が出た。しかし、毛沢東は「口で言うほど簡単ではない。お前たちはあまりにも偏狭で、度量が小さすぎる。大魚が小魚を呑み込むような併呑政策をとってはいけない」と反対し、「全国の山々に仲間はまだたくさんいるのだ。歴史上、誰が山々の土匪を滅ぼすことができたというのか。みんなが団結すれば、大部隊になる」と述べ、仲間を説得した。以上は、三湾改編当時、衛生隊の党代表を務めていた何長工（建国後、中国人民政治協商会議副主席などを歴任）の証言である（『井岡山革命根拠地』下巻二四七頁）。何長工はその後、工農革命軍第一師第二団の党代表に就任した。つまり、袁と王のお目付け役だった。

緑林の輩が跋扈《ばっこ》する土地にはそれなりの社会的背景がある。当時、井岡山の農民たちの小作料はおおむね四〇パーセント以上で、七〇パーセントという異常なケースさえ見られた。地主の多くは高利貸しを兼ねていたが、利率は三〇パーセントにも達し、農民たちはこれを「閻王債《えんおうさい》（高利の金）」と呼んでいた。「米麦をどっさりつくっても百姓は腹ペコさ。布をたくさん織っても百姓には着る物がない。家をいくつ建てても百姓が住むのは茅葺き小屋よ」。当時、湘贛《しょうかん》辺界（湖南・江西省境地区）ではこんなざれ歌が流行っていたという（『井岡山革命根拠地経済建設史』一二頁）。

袁文才は一八九八年一〇月、寧岡県茅坪馬源坑の客籍の貧しい家庭に生まれた。元の名前を選三という。私塾や中学で学ぶなど多少の学歴はあった。一九二四年、地主や土豪劣紳の圧迫に耐えかねて緑林組織「馬刀隊」に加わったが、一九二六年九月、共産党の指導の下で部隊を率いて寧岡で暴動を起こし、寧岡県農民自衛軍の総指揮を務めた。実はこの年に共産党に入党している。つまり毛沢東と会ったときにはすでに党員の身分だったわけだが、現在の共産党のように、完全なピラミッド型の上意下達の組織が全国津々浦々に張りめぐらされていた時代ではない。袁文才は小なりとはいえ、井岡山の有力者だった。毛沢東より年少だったものの、五つしか違わない。地方ボス意識が強く、おそらく、毛沢東何するものぞ、という気持ちも心のどこかにあったであろう。

井岡山革命根拠地時代、遂川県党委員会書記などの職にあり、建国後に江西省党委員会書記や中央政府の第八機械工業部長を務めた陳正人は「袁文才が入党したのはマルクス主義を理解していたからではない。当時、土籍の支配階級と対立しており、一般的な民主革命を求めていたというのが主な理由だ。彼はいくらか自分の見解というものを持っていたが、独りよがりの英雄主義の傾向が目立ち、性格も強情なところがあった」と回想している（『井岡山革命根拠地』下巻二三頁）。組織の統制に素直に従うタイプではなく、我が強かったらしい。毛沢東にも「無法無天（法も神も恐れず、やりたいほうだい）」の気質がある。個性の強烈な二人は性格的にはすんなりウマが合うという感じではなかったのではないか。袁は根拠地幹部の一人として工農革命軍第二団長、工農革命軍第四軍軍事委員会委員、湘贛辺界工農兵政府主席、寧岡県党委員会書記などの要職を歴任したが、後述するように、一九三〇年二月、王佐とともに悲劇的な最期を遂げる。

王佐はまたの名を王雲輝といい、南斗と号した。このため、地元の人々からは南斗哥《ナントウコー》（南斗の兄さん）と呼ばれていた。袁文才と同じく一八九八年生まれで、遂川県下荘の貧農出身だ。もともとは仕立屋だった。読み書きはできなかったという。一九二一年、緑林組織に参加したが、一九二六年、革命の影響を受けて部隊を遂川県農民自衛軍に改めた。共産党に入党したのはその二年後である。毛沢東の指揮下に入ってから工農革命軍第二団副団長兼二営営長、紅四軍軍事委員会委員、湘贛辺界防務委員会主席などを務めた。陳正人の回想記によれば、王佐は袁文才と意気投合し、毛沢東が井岡山に入る七、八年前には緑林の首領になっていた。周辺各地の土豪劣紳や地主を敵と見なし、金持ちを捕まえては身代金を分捕っていたという。なお、陳正人は王佐の出自について「土籍」であると記している（『井岡山革命根拠地』下巻二三三頁）が、「父は土着民、母は客家」との指摘もある（小林一美「客家と土地革命戦争」一一三頁）。

「大都市でのビル暮らしなど御免だ。農村に行き、山に入って（封建支配に反抗する）英雄豪傑と交わりを結びたい」。中共中央文献研究室編『毛沢東年譜』によると、毛は南昌蜂起後、瞿秋白から上海の党中央機関で働くよう求められたが、こう言って断った（上巻二〇九頁）。まさにその言葉の通り、毛沢東は井岡山に入って袁文才、王佐という「英雄豪傑」たちと交わりを結んだわけである。兵力で圧倒的な優位に立つ国民党軍の包囲掃討攻撃を受け、孤立無援の戦いを余儀なくされていた毛沢東にとって、土匪であれ流民であれ、共産党を支持し、力を貸してくれる者は味方であり、同志であった。井岡山革命根拠地は、『水滸伝』の主人公、宋江らがたてこもった梁山泊のイメージと重なってくる。もっとも、文革中、「『水滸伝』

は貪官にだけ反対し、皇帝に反対していない」として『水滸伝』批判を呼びかけた毛沢東に言わせれば、「俺は宋江とは違う」ということかもしれないのだが。

ともあれ、武装集団を率いる袁文才と王佐が平和的に話し合いによって共産党の指導下に入ったことで、毛沢東らは大きな障害にぶつかることなく関門を通過し、井岡山に腰を落ちつけることができた。このため、当時の状況をよく知る党関係者たちは二人が果たした役割を客観的に評価している。

例えば、毛沢東の下で井岡山前敵委員会委員などを務めた譚震林《たんしんりん》（建国後に党政治局員、副首相などを歴任）は「彼ら二人（袁文才と王佐）は地元のボスであり、彼らの支持がなかったら、井岡山革命根拠地の建設は容易なことではなかった。我々は井岡山に登り、険要の地を得たが、さらに彼らを頼りにして防備を固める必要があった。彼らは大衆に支持されており、井岡山革命根拠地の建設に功績があった」と語っている（『井岡山革命根拠地』下巻一九頁）。このほか、地元の江西省永新県出身で、一九二九年に紅軍に参加した張国華（建国後、チベット自治区党委員会第一書記などを歴任）も「毛沢東と朱徳が指導する紅軍が井岡山に根を下ろすことができたのは、周辺各県の党組織の働きもあったが、袁文才と王佐が共産党の指導を受け入れたということと切り離せない」と指摘し、「もし二人が緑林暮らしを続けたとすれば、紅軍が井岡山に根を下ろすことは難しかった。というのは、彼らは一定の社会的基盤を持っていたからだ」と述べている（『井岡山革命根拠地』下巻二六四頁）。

ここで、張国華が言及した「もし……」をもう一歩踏み込んで考えてみることにしよう。袁文才と王佐がどうしても共産党に従わなかったとしたら、毛沢東はどう対処したであろうか。緑林勢力は何とも始末が悪い、別の場所を探すしかない、とでも考えて、すごすご部隊を移動させたであろうか。いや、そのようなことはまずなかったはずだ。当時、毛沢東らは羅霄山脈の全域をくまなく歩き回った末、寧岡県を中心とする羅霄山脈の中部地域（すなわち井岡山一帯）が軍事的割拠に最も有利であるとの結論に達した（「井岡山の闘争」一二五頁）。つまり、起死回生の根拠地建設を目指していた毛沢東に、あえて戦略的に不利な羅霄山脈の北部や南部を拠点とするという選択肢はなかった。

とすれば、共産党に従順ならざる袁文才と王佐は敵であるから、武力を用いてでも彼らを排除するということになる。しかし、井岡山は客籍の土地であり、住民同士の団結心は強い。地元の実力者である二人と事を構えるとなれば、民心は共産党から完全に離反することになる。共産党が最も重視していた大衆的基盤が崩れてしまうということだ。その結末は火を見るよりも明らかで、根拠地建設どころの話ではなくなってしまう。最悪の場合、わずかに残っていた紅軍は寄る辺を失って潰えてしまい、ひょっとしたら毛沢東の革命人生もそこで終わっていたかもしれない。結果的には、二人をうまく懐柔し、配下に取り込んだ毛沢東の巧みな政治手腕が発揮されたがゆえに事なきを得たと言えるだろうが、袁文才らが中国革命の興亡の関頭で演じた役どころはやはり決定的に大きかったと結論づけられるのではないか。

井岡山革命根拠地は、全盛期には面積七二〇〇平方キロメートル（東京都の三・三倍）、人口五〇万にまで勢力圏を拡大した。井岡山取材の帰路、南昌でインタビューした何友良・江西省社会科学院現代江西研究所所長は「毛沢東の井岡山闘争の最大の意義は、中国革命の新たな時期を切り開いた点にある。革命をいかにやるかという基本的問題のスタート台になった」と語っていた。その毛沢東の井岡山闘争を支えた陰の主役は、客籍の袁文才であり、王佐であり、さらには井岡山という「客籍の里」そのものだったのである。

一つ付け加えれば、毛沢東が井岡山で娶った二番目の妻・賀子珍は客籍だった。一九一〇年八月、井岡山のふもとの永新県黄竹嶺村に生まれ、父親は安福県長を務めた知識人、母親は客家文化の中心地として名高い広東省梅県の出身だった。永新女子職業学校を卒業後、共産党に入党。一九二七年、永新農民武装暴動に参加後、袁文才の部隊に付き従って井岡山に入り、毛沢東と出会った。また、兄の賀敏学は永新農民武装暴動の指導者の一人で、袁文才とは中学の同窓だった。毛沢東個人の周辺にも客籍の影は色濃くまつわりついていたわけであり、そのことは自分たちが客籍の土地で生かされている現実を、毛沢東に強く認識させたであろう。

「土籍」と「客籍」の矛盾

歴史的に見ると、井岡山の住民の系譜はだいたい二分される。一つは宋代後期に山東、河南などからこの地に移住してきた人々で、後に土籍と呼ばれるようになった。もう一つは清代以降に北方から広東、福建へと南下し、その後さらにこの地へ転居した人々で、客籍と称されている。土籍は主として井岡山の北東地区に居住し、言葉や風俗習慣は北隣の永新県のそれと似たり寄ったりである。言葉は湖南方言系統の永新方言を話す。一方、客籍は井岡山の南側に住み、言葉や風俗習慣は南隣の遂川県の客籍人と同じだ。茨坪や羅浮《らふ》は土籍、客籍の雑居地となっている（『井岡山革命根拠地経済建設史』八頁）。

井岡山の土籍が宋代後期に中原から南下した移住民の子孫ということは、彼らも元をただせば客籍だったということだろうか。そうだとすれば、長い年月にもまれるなかで湘贛地域の地元文化に同化してしまい、実質的に土着民になったのかもしれない。宋代後期と清代では五〇〇年前後の時代差がある。同じく中原に源流があるとは言っても、これだけ時代が違えば、しかも一方が完全に土着化してしまったとなれば、お互いに同胞意識はまったく持てないであろう。あるのは敵愾心と利害関係だけである。

井岡山を含む吉安市の東南に位置する贛南（行政上は贛州市の域内）では、土着民と移住民の間にこんなややこしい状況がある。贛南で「『客家語』と呼ばれていたのは明末清初にやってきた汀江・梅江流域の出身者を主とする移民とその後裔の母語だけ」である。一方、「それ以前から贛南に住んでいる人々の母語は、言語学的分類では客家語とされている」ものの、「地元では『本地話』と呼ばれて」きた。かくして、「『本地話』の言語主体は『本地人』、『客家語』の言語主体は『客家』と呼称されていた」という（蔡驎「客家語とその言語主体」四一頁）。つまり、言語学的には同じ客家語を話すにもかかわらず、土着民と移住民はそれぞれ別個の、相対立するアイデンティティーを持つというのである。

とにもかくにも、土着民とよそ者の客家との間で、限られた土地やその他の資源をめぐって反目や軋轢が絶えないという問題は、歴史上、各地で頻発した。贛南においてもそうであったし、井岡山も例外ではなかった。実は、毛沢東が井岡山を根拠地とし、党内をまとめていくに際して、最も心を砕いた政治課題の一つが、この土客籍の対立をどう解決するかという問題だった。

これについては「井岡山の闘争」で詳しく触れられている。毛沢東の観察によれば、土籍が農業生産に有利な平地を占有しているのに対して、客籍は山地に追いやられている。客籍は土籍から圧迫を受け、政治的には権利と言えるようなものが何もなかった。このため、土籍と客籍との間にはミゾがあり、歴史的な反目から「時には激しい争いが引き起こされる」という状況だった。土客籍の問題は地域内の寧岡、遂川、酃《れい》県、茶陵の各県にまたがっていたが、寧岡の問題がとりわけ深刻だった（一一八頁）。

陳正人も『井岡山革命根拠地』の中で、「矛盾は寧岡が特に深刻だった」と回想している。当時は土籍と客籍の生徒は同じ学校に通うことさえできず、客籍は土籍から「よそ者の、一段劣る連中」と見なされていたという（下巻三三頁）。陳正人は「土籍・客籍矛盾は本質的には地主階級と客籍農民の間の矛盾だった」と指摘しているが、土籍には地主もいれば、一般農民もいたわけで、問題はもっと複雑だったであろう。

土籍と客籍の対立とは、具体的にはこういうことだった。一つには、山林と土地をめぐる紛争。山間部は客籍の領分だったが、土籍の土豪劣紳は客籍人に山林税を納めるよう要求し、納税しない場合はモノを奪い取った。また、客籍人が開墾した荒地について、土籍の先祖が開墾したところだと主張し、地税を無理やり徴収しようとした。客籍人は納税を拒んだことから、流血の闘争がしばしば起きた。もう一つは、教育面の差別。県の役人は土籍人が務めているため、官庁が各県に割り当てる受験生の定数から客籍人を除外するということがしょっちゅう行われ、客籍人はこれに強く反発した（李忠、蕭子華『井岡山革命根拠地政権建設史』一〇二頁）。

毛沢東は自身が農村の生まれであり、生活圏や宗族の違いによる軋轢の構造をよく知っていた。その毛沢東がいちばん恐れたのは、土客籍の対立の構造が党内に持ち込まれることであった。したがって、毛沢東は当然ながら、土客籍の問題は「搾取されている労農階級の内部に持ち込まれるべきではないし、ましてや共産党内に持ち込まれるべきではない」と主張し、「党内ではこの二つの部分の党員が必ず一致団結するよう教育を強めることだ」と訴えた。

こうした対立が党内に影響を及ぼせば、党が混乱し、二つに割れてしまう可能性があった。毛沢東にすれば、客籍が集中的に居住する省境地区は自分たちのお膝元であり、彼らとの間で良好な関係を維持することは根拠地を維持していくうえで極めて重要だった。しかも、彼らは「土籍に圧迫され、政治的に無権利」であったことから、反抗精神が旺盛で、共産党の指導下に取り込みやすい状況にあった。ただし、客籍に一方的に肩入れすれば、土籍の労農階級の反発を買うことになり、彼らを反革命の側に追いやってしまうことになりかねなかった。毛沢東にとって何とも悩ましい問題であった。

土客籍問題を党内に持ち込んだらたいへんなことになる。井岡山の現実を見て、毛沢東ら党指導部はそんな危機意識をしっかり抱くようになった。陳正人の上記の回想によれば、毛沢東はこう語っていたという（下巻三三三～三四頁）。

「地方主義、土客籍の対立は敵を利するものであり、労農階級の利益に反する。土客籍の矛盾の危害は非常に大きく、敵はしばしばこの矛盾を利用して械闘〔集落間や宗族間の武力闘争〕を引き起こし、革命勢力をたたきつぶそうとする」

「土客籍の対立と地方主義は封建社会の産物であり、封建搾取階級の思想の反映だ。我々は共産主義者であるから、階級闘争の観点に立って封建的な土客籍の対立と地方主義に反対しなければならない」

「共産党員は、誰それは土籍であるとか客籍であるとかの区別をしてはならない。また、どの県や区、郷の者であるという区別をしてもいけない。これらはみな共産党の思想とはそぐわないからだ。我々が区別しなければならないのは、誰がその階級に属するのかということだけだ」

共産党が階級闘争を金科玉条としていた時代、毛沢東のいうように、地主か貧農か、資本家か労働者かという階級問題は決定的に重要であったが、階級とは無縁の民系問題（客家かどうか）をうんぬんすることは忌避すべき行為であった。そもそも共産党は、公式には分派活動を認めない。現実はともかく、少なくとも制度上は厳禁している。自然と、党内では客家問題はもとより個々人の出自に関わる問題を、あえて取りざたすることは一種のタブーになった。これは共産主義者としてのいちおうの政治原則であり、たしなみでもあるということだろう。

鄧小平の項で触れたことだが、党の公式人物事典に、明らかに客家出身である指導者、幹部についても「客家」との記述が見られないのは、一つにはこうした原理原則によるものと考えられる。さらに言えば、共産党は「中華民族」というイデオロギーで漢民族と計五五の少数民族を統合しようとしている。中華民族という大きな政治的概念の前では、少数民族は漢民族の同胞と見なされ、個々の少数民族が独立性を主張することは許されない。ましてや客家は少数民族ではなく、漢民族の一つの民系にすぎないわけだから、いかに異彩を放つ存在であろうが、政治的には特別視する必要は何もない。理論的理由はそんなところではないか。しかし、現実問題としては、毛沢東が井岡山時代に抱いた危機感からもうかがわれるように、むしろ党の組織防衛——安定・団結の維持——という意味合いが大きいように思われる。

毛沢東が細心の注意を払ったのは、土客籍の勢力バランスであった。土籍幹部を育成するとともに、客籍幹部の育成にも気を配った。客籍が多く、土籍が少ない地域では、意図的に客籍幹部を育て、彼らに郷政府主席や支部書記のポストを回すようにした。党組織をつくったり、規模を拡大したりするときには、客籍の貧農・顧農の党員を増やすよう配慮した。経済面では、土客籍の民衆をすべて平等に扱うようにしたが、客籍の農民にわざわざ条件の悪い田畑を分配するようなことは差し控えた。経済力など全体的な力関係から見れば、土籍が客籍よりも優位にあった。えこひいきということではないが、より繊細な気配りを要したのは、客籍への対処だったに違いない。しかし、土客籍の対立は極めて根深く、結局のところ、毛沢東が恐れていたそれは、ものの見事に党内に持ち込まれてしまった。

袁文才と王佐の悲劇

井岡山の大小五井の一つ、大井の中央に「毛沢東旧居」がある。現在建っているのは根拠地当時のものではない。もともとの建物は、一九二九年二月、国民党軍が大小五井を攻略した際に焼き払われてしまっており、一九六〇年に復元されたのが今の旧居だ。根拠地当時のものは三〇〇年以上前に、没落した広東の材木商人が建てたとされ、毛沢東が入居する前は王佐が自分の部隊の兵営として使っていた。広東客家人式の平屋で、毛沢東の執務室兼寝室は六畳ほどの簡素な部屋である。窓が一つあり、木製のベッド、机、椅子が置かれている。近くの部屋では兵士が土間に藁を敷いて寝起きしていたという。

大井の毛沢東旧居。毛沢東が読書時によく腰掛けた石(手前)が保存され、「読書石」と呼ばれている(1998年1月)

旧居の裏庭に二本の大樹が立っており、いかにも革命の聖地にふさわしい「伝説」が伝わっている。これらの木は国民党軍が旧居を焼き払ったときに枯れてしまったが、毛沢東が国共内戦に勝利し、井岡山を再び支配下に置いた一九四九年、古株から再び芽吹き、元気に葉を茂らせた。さらに、一九六五年五月、毛沢東が井岡山を再訪した際には、これを喜ぶかのように花をつけ、実を結んだ。以来、人々は二本の木を「感情樹」「常青樹」と呼ぶようになった。

だいたい中国の革命史跡はどこもきれいに整備されているうえに、美しい言葉で着飾られており、目を覆わんばかりに血生臭い内部抗争の歴史とはほとんど無縁であるかのようなたたずまいを見せている。井岡山も例外ではない。茨坪の革命烈士陵園の碑林には、「光栄ある井岡山の革命伝統を継承し発揚しよう」(江沢民前総書記)、「井岡山の紅旗は代々伝えられる」(李鵬元首相)などという美辞麗句を刻んだ、指導者たちの石碑が林立している。毛沢東旧居と並んで井岡山観光の定番コースだが、参観者が本来、真に学ぶべき革命史は形のある史跡ではなく、その裏側に隠れた、目に見えない史実である。

根拠地時代に時計の針を戻すと、毛沢東の政策的配慮にもかかわらず、土客籍の矛盾は複雑化する一方だった。『井岡山革命根拠地政権建設史』によれば、当時、根拠地では「土籍の党、客籍の軍」という言い方がはやったという(一〇三頁)。「土籍の党」とは土籍の地方党組織幹部である竜超清、朱昌偕、王懐らを指し、「客籍の軍」とは軍内の客籍指導者の袁文才、王佐らを指していた。両者の反目は血生臭い内ゲバ事件へと発展していく。羅学渭、蕭長春『井岡山革命根拠地党的建設史』などを参考に経緯をたどってみよう。

そもそも、袁文才と王佐は竜超清、朱昌偕、王懐らとの間に深刻な軋轢を抱えていた。一九二九年後半以降、袁、王と、土籍幹部が主導する湘贛辺界特別委員会(辺界特委)との対立は激しさを増し、同委員会書記の鄧乾元は「〔袁、王は〕辺界に十分危害を及ぼす第一の勢力」との報告を党中央へ書き送ったほどだった。「辺界特委は問題処理に際して、党内の左の思想の影響を受けただけでなく、激しい個人的怨恨と先入観を抱いていた」(『井岡山革命根拠地党的建設史』一四一頁)とされるが、あるいは「左の思想の影響」うんぬんよりも、むしろ根拠地建設以前からの「個人的怨恨」の要素のほうが大きかったのではないか。福本勝清は「井岡山が袁文才、王佐の根城であったということ、かつ客家の郷であったということにより、毛沢東も他の党員たちも、客家に十分すぎるほど気を遣わざるを得なかったことが、土籍の党員たちの焦りにつながったのだろう」と分析している（『中国革命を駆け抜けたアウトローたち』一六二～一六三頁）。

ところで、「左の思想の影響」とは何か。少し前の一九二八年七月、モスクワで開かれた中国共産党第六回大会で「ソビエト政権の組織問題決議案」が採択されており、その一項目に「土匪との関係」と題する決議があった。全文は次のような内容である。

暴動前は彼らと同盟を結んでよいが、暴動後はその武装を解除して指導者をたたきつぶさなければならない。土匪ないし類似団体との同盟は、暴動前においてのみ適用してよい。暴動の後はその武装を解除し、彼らを容赦なく鎮圧すべきである。これは地元の秩序を保ち、反革命の頭目が再び盛り返すのを防ぐための先決的な前提条件である。彼らの頭目は反革命の首領として扱わなければならず、たとえ彼らに暴動の支援を命じるとしても、そのようにしなければならない。こうした頭目はすべてきれいさっぱり殲滅すべきである。土匪が革命軍や政府の中に侵入することは、危険であり、ただならぬことだ。これらの分子は革命軍と政府機関から追い出さなければならない。最も頼りになる連中であっても、彼らを利用していいのは敵に対する防御工作においてのみである。断じて彼らをソビエト政府の枠内に配属してはならない。（中央檔案館編『中共中央文件選集』第四冊、三九九～四〇〇頁）

一言で要約すると、「土匪は利用するだけ利用してからたたきつぶせ」ということだ。この決定が井岡山に伝えられた後、前敵委員会は対応を協議したが、内部の意見はなかなかまとまらなかった。永新県党委員会の王懐や寧岡県党委員会の竜超清らは党中央決議に従って二人を殺すよう主張した。これに対し、毛沢東らは、すでに共産党に参加している二人を敵と見なすべきではないとして異議を唱え、いったんは毛沢東らの主張が通った。二人の根拠地建設に対する貢献を認めているうえに、井岡山特有の土客籍矛盾の拡大化に神経を尖らせていた毛沢東としては当然の判断であった。

紅軍第四軍の軍党部は一九二九年、共産党と土匪との連携を呼びかける「緑林の兄弟に告げる書」を公布している。「共産党と紅軍はあなたたちが強暴だなどとは考えていない。土匪という名前は土豪劣紳がつけた罪名にすぎず、どうということはない。あなたたちと私たちは、耕す田畑も仕事も食べ物も衣服も住まいもない貧しい友人同士なのだから」(『井岡山革命根拠地』上巻二一六頁)。そこには毛沢東の考えがよく示されている。はるかに遠いモスクワで、根拠地の特殊な状況を頭から無視して採択された第六回党大会決議に、彼は同調していなかった。

しかし、問題は現地事情をよく理解せずに教条主義的な方針を押しつける党中央の姿勢に乗じて積年の内部対立に一気にけりをつけようとする土籍幹部の深謀遠慮であった。一九二九年一月、毛沢東は朱徳とともに紅四軍主力約三六〇〇人を率いて井岡山を出発、贛南へと進軍した。以後、各地を転戦しつつ、江西・福建省境地区での根拠地確立に忙殺されていた。こうした状況下の同年後半、中央特派巡視員の彭清泉が湘贛辺界を視察に訪れて袁・王問題の解決を促したことから、事態が大きく動き始めた。翌一九三〇年一月、彭清泉は遂川で開かれた、紅五軍軍事委員会と辺界特委、贛西特委の連合会議に出席し、「断固として袁、王を処分しなければならない」との決議を行った。

運命の時は同年二月下旬に訪れた。袁文才と王佐は二二日、それぞれ辺界特委から、部隊を率いて永新に集合し、紅五軍と協力して吉安を攻撃せよ、との通知を受け取った。二人はただちに永新へ向かい、同夜、各県の責任者らを集めた連合会議に出席した。彭清泉は席上、思想の整頓を名目に、袁文才と王佐を槍玉に挙げ、「部隊の改編を受け入れても指図に従わない」「土豪とグルになってソビエト政府をぶち壊し、永新の赤色政権をかき乱した」などと非難した。袁文才らはこれに激しく反駁し、双方が互いに拳銃を手にするほどの緊迫した事態にまで発展、会議は結局けんか別れに終わった。

ちょうどこのころ、彭徳懐率いる紅五軍が永新から三〇キロメートル離れた安福洲湖地区に陣取り、安福県城に攻め込もうとしていた。特委書記の朱昌偕や王懐は彭徳懐のもとに駆けつけ、会議の状況を報告する一方、このままでは辺界党組織が一網打尽となってしまうと危機感をあおり、袁文才と王佐を片づけるよう要請した。彭徳懐にとってはあまりにも突然のことであったが、朱昌偕らがしきりに訴えたため、状況をよく調べることなく、部隊を永新へ派遣した。こうして二四日明け方、部隊は袁文才と王佐の駐屯地を包囲し、朱昌偕は袁文才の部屋へ押し込んで袁を射殺した。王佐は銃声を聞いて逃げたものの、途中で浮き橋から水に落ちて溺れ死んだ。犠牲になった袁、王側の関係者は四〇余人にも上った。

彭徳懐は紅五軍の軍長として湘鄂贛《しょうがくかん》（湖南・湖北・江西）省境でゲリラ戦を指揮していたが、一九二八年暮れ、井岡山に入り、紅四軍が贛南へ進軍した後の現地の防衛を担っていた。井岡山に遅れて入った彼は、おそらく毛沢東ほどには土客籍矛盾の複雑さをよく理解していなかったのであろう。後に彭徳懐は袁・王事件について「当時、特委の同志の報告が事実でなかったとすれば、特委の同志にも責任がある。我々にもそれを軽々しく信じた責任がある」と苦い心中を率直に吐露している（『彭徳懐自述』一四四頁）。

一方、毛沢東は一九五一年、張国華にこう語ったという。「袁と王を処分したのは間違いだ。彼らは我々にとって有用だった。彼らがいくらか独立性を主張したところで差し支えはなかった。たとえ寝返りだったとしても処分すべきではなかった」。そのとき、毛沢東は誰の間違いによるものだったかについては直接言及しなかったが、後で張国華は彭徳懐が悪いという意味だと気づいた(『井岡山革命根拠地』下巻二六五頁)。

彭徳懐がもっと慎重に対処していれば、最悪の事態は防げたであろうか。二月二二日の事件そのものは回避できたかもしれないが、一触即発の危機が先延ばしされただけのことではなかったかという気がする。というのは、袁文才と王佐の側にもライバルたちにつけいられる隙があったからである。袁、王およびその配下は紅軍に編入され、思想教育を受けたとはいえ、やはり長年体にしみついた土匪の気質は容易には払拭できなかった。一九二九年二月、袁は贛南から部隊を離れて勝手に帰郷し、処分を受けたことがある。それ以降、袁は組織への反感を強めたが、こうした気分は王にも伝染し、二人の部隊はしだいに特委の指示に従わないようになっていた。「土匪排除」を命じた党中央決議を二人がまったく知らなかったとも思えない。張り詰めていた緊張関係の糸がプツンと切れるのはいずれにせよ時間の問題だったであろう。結局、この内ゲバは国民党軍を利することになり、共産党軍は井岡山革命根拠地を維持できなくなった。

新中国建国翌年の一九五〇年、党中央は袁と王の名誉を回復し、「革命烈士」の称号を追贈した。彼らは共産党の内ゲバの犠牲者であり、敵軍との戦いの中で命を落としたわけではない。「革命烈士」というのは何とも珍妙だが、それでも紆余曲折と艱難辛苦に満ちた革命の道程における痛ましい犠牲者ということか。毛沢東は一九六五年に井岡山を再訪した際、わざわざ二人の遺族と会って懇談した。毛沢東としては、二人を守ってやることができず、申し訳なかったという気持ちがあったのかもしれない。

しかし、一九三〇年代の根拠地での革命闘争から文化大革命に至るまでの共産党の歴史は、ある意味で血塗られた「粛清の歴史」でもあり、党の政治・思想的指導者であった毛沢東はその主たる責任を免れることはできない。

一九三〇年以降、江西の根拠地では反革命的な地主や富農に対する粛清運動が始められたが、その過程で多数の党員が反共組織「AB団（アンチ・ボリシェビキ団）」のメンバーとの疑いをかけられて弾圧される事件が起きた。同年一二月、毛沢東の紅第一方面軍前敵委員会は、江西省行動委員会の置かれていた富《ふ》田《でん》に部隊を送り、「AB団」党員の一斉逮捕を断行した。これに対して、粛清の対象となることを恐れた江西地方党部の指導者たちは反撃に立ち上がり、江西人主体の紅二〇軍を率いて、前敵委員会に逮捕されていた党員たちを奪還したうえ、紅第一方面軍からの離脱を宣言した。いわゆる富田事変である。

「AB団」とはそもそも国民党が南昌で成立させた反共組織で、すでに一九二七年四月に消滅していた。したがって、共産党内に「AB団」が紛れ込んでいるというのはまったくの憶測であり、濡れ衣であった。しかし、その後、党中央政治局は富田事変を「AB団」による「反革命行動」と決めつけ、紅二〇軍に属する小隊以上の幹部のほとんどを殺害した。各根拠地での大規模な反革命粛清によって「AB団」七万余人、「社会民主党」六二〇〇人、「改組派」二万人余りが殺された（韓鋼『中国共産党史の論争点』一一〇頁）。「社会民主党」というのも実際には存在しない組織であり、一連の粛清事件は冤罪、あるいはでっち上げというべきものだった。

今日の中共党史は根拠地での反革命粛清について「重大な拡大化の誤りを犯した」と自己批判しているものの、反革命分子に対する粛清闘争そのものは、敵が八方手を尽くして内部から革命を破壊しようと企む状況下においては「必要であった」として正当化している（中共中央党史研究室『中国共産党歴史』三〇六〜三〇八頁）。共産党政権にとって、中国革命が基本的に「正義の物語」である以上、これが歴史評価の限界であろう。共産党は自らの正統性を損壊も否定もしないという前提で、歴史上の政策の誤りを一定範囲内で認める。だが、それでは負の遺産は根底から清算されようがなく、歴史に対する反省も本質的な意味では行われようがない。

「AB団」事件以降も、粛清の嵐はしばしば党内外を見舞った。一九四〇年代前半の延安整風運動（矢吹稿一九頁注参照）、建国後の粛反運動（反革命分子粛清運動）、反右派闘争（矢吹稿二九頁注参照）、文化大革命など相次ぐ政治運動の中で、多くの知識人や党内反対派が理不尽な理由で犠牲になった。仮に袁文才と王佐と王は生きていたとして、一九三〇～四〇年代の粛清の暴風とまったく無縁でいることができたかどうか。たとえ幾多の修羅場をくぐり抜け、建国後まで生き延びたとしても、「出身が悪い」という理由から、文革で悲惨な目にあったであろうことは容易に想像される。

かくして、土客籍の根深い対立を背景として起きた井岡山の粛清事件は、共産党の暗い「粛清の歴史」の起点となり、異常なほど暴力的で非理性的な内部闘争の遺伝子を党組織に植えつけた。同時に、革命史の拭いがたい汚点として、共産党の政治的トラウマとなった。とりわけ、井岡山粛清事件の底流にあった客家問題はうかつに手を触れればやけどをしかねない禁忌とされ、パンドラの箱の中に長いこと封印されることになった。改革開放後、客家研究も新たな時代を迎えたが、政治的文脈で客家問題を検証することは完全に自由になっているわけではない。しかし、歴史的に差別され、虐げられてきた客家たちの反抗精神が共産党の革命思想を触媒に根拠地での革命闘争を推し進める大きなエネルギーに転化したとするならば、革命史は角度を変えて彼らの視点からも書かれなければならない。いや、革命の一方の正統な担い手として歴史は書き直されなければならないだろう。

3　江西省瑞金――「客家」ソビエト共和国の実像

鄧小平と江西の因縁

瑞金という地名を耳にすると、まず上海の瑞金二路、瑞金大廈を思い出してしまう。上海特派員時代、瑞金二路の一本西隣の茂名南路にあるオフィスビル・瑞金大廈に支局があったからだ。ビルにはマンションも併設されていて、そこに住んでいた。何しろ自宅と事務所が同じビルの中だから、「通勤時間」と言ってもほんの数分、東京のように満員電車に乗る必要もなく、その点はすこぶる快適な生活環境だった。ところが、極端な職住近接というのも良し悪しで、早朝であろうが深夜であろうが気軽に支局へ行けるものだから、仕事とプライベートの区別がほとんどなくなってしまった。もっとも、海外特派員、それも一人支局の生活とはどこでもだいたいそんなものではある。

淮海《わいかい》路を目抜き通りとするこの界隈はプラタナスの並木が続く旧フランス租界で、瑞金二路はその昔、「金神父路」と呼ばれていた。租界時代、外国由来の名称が多かった上海の道路は、新中国建国後に全面的に改称されたが、新しい名称は省名や都市名をそのまま借用したものが多い。瑞金二路という名前は江西省の革命根拠地・瑞金にちなんでつけられたものだ。江蘇省の省都・南京にも瑞金路という通りがある。人民路、中山路といった、ありふれた道路名と同じように、全国にどれだけ多くの瑞金路があるのかわからないが、元来、客家が住む山間の田舎町にすぎなかった瑞金は、革命の舞台という特別な歴史に彩られることによって、一躍、全国区の地名となった。

ここまで書いてふと思い出したが、上海に赴任して瑞金大厦に入るまでの数日間を過ごしたのはすぐ隣の瑞金賓館だった。租界時代の上海の雰囲気を色濃く残したヨーロッパ風の庭園式ホテルで、一九七九年に一般向け宿泊施設として対外開放されるまでは上海の迎賓館だった。かつて周恩来、劉少奇、朱徳ら中国指導者のほか、スハルト、ネルー、ホー・チ・ミン、金日成ら各国要人が宿泊したことがあるという。瑞金大厦側からホテルの敷地へと入る通用門があり、上海駐在中はときどき食事や散歩をしに通った。

上海駐在の二年間、これだけ瑞金という地名に親しみながら、瑞金現地を取材で訪れる機会を得たのは一四年も後の二〇〇四年八月のことだった。瑞金訪問のきっかけは「鄧小平生誕一〇〇周年」だった。鄧小平の誕生日は一九〇四年八月二二日。共産党がメディアを総動員して生誕一〇〇周年記念キャンペーンを展開しているのにかこつけて、鄧小平が文革中に半幽閉生活を送った江西省南昌市新建県の現場がどうなっているのか見てみようと考えた。わざわざ北京から南昌まで行くのだから、ついでに近場でもう一つ別の取材をしようと思い、それまで訪問の機会がなかった瑞金まで足を延ばすことにした。振り返ると、中国ではこのように複数の異なる取材目的を設定して出張するパターンが多かった。こうするほうがいろいろな土地の事情を観察できるし、効率よく仕事ができるのである。

閑話休題。北京から南昌に入ったのは夏の盛り、八月八日だった。長江支流の贛江沿いのこの町はうだ

郵　便　は　が　き

恐れ入りますが切手をお貼り下さい

101-0051

東京都千代田区
神田神保町１－３

株式会社　東方書店　行

フリガナ		性別		年令
ご氏名		男	女	歳
〒・☎	（〒　　　－　　　）（☎　　　－　　　－　　　）			
ご住所				
E-mail				
ご職業	1．会社員　2．公務員　3．自営業　4．自由業（　　　） 5．教員（大学・高校・その他）　6．学生（学校名　　　） 7．書家・篆刻家　8．無職　9．その他（　　　）			

購入申込書

（書店）	定価 ¥	部
（書店）	定価 ¥	部

※小社刊行図書をご入手いただくために、このハガキをご利用ください。
ご指定書店に送本いたします。書店のご利用が不便の時、お急ぎの時は代金引換え払いでお送りいたします。送料は冊数に関係なく、税込380円（2010年1月現在）です。

ご指定書店名

お問い合せ先
東方書店業務センター　☎03（3937）0300

愛読者カード

このたびは小社の出版物をご購入いただきましてありがとうございます。

今後の出版活動に役立てたいと存じますのでお手数ですが諸項目ご記入の上ご投函いただければ幸いです。お送りいただいたお客様の個人情報につきましては小社の扱い商品の販売促進以外の目的に使用することはございません。

●お買い求めになったタイトル（必ずご記入ください）

●お買い求めの書店（所在地・サイト名）

●本書をお求めになった動機に○印をお願いいたします

1：書店の店頭でみて　2：広告・書評をみて（新聞・雑誌名　　　　　　　　　　）
3：小社の（月刊東方　ホームページ）をみて　4：人にすすめられて
5：インターネットの情報をみて　　6：その他（　　　　　　　　　　　　　　　）

●ご希望があれば小社発行の下記雑誌の見本誌をお送りいたします

1：人民中国〔中国発行の月刊日本語総合誌〕
2：東方〔中国出版文化の月刊総合情報誌〕
上記のうち（　1　・　2　）の見本誌を希望

●E-mail での各種情報の送信を　　希望する　・　不要
●小社図書目録（無料）を　　希望する　・　不要

●本書についてのご意見　いずれかに○をお願いします。

1：価格（　安い　普通　高い　）2：装幀（　良い　可　不可　）

●本書を読まれてのご感想、ご希望、編集者への通信、小社の出版活動についてのご意見などご自由にお書きください

るような暑さで、冷房が効いているはずのホテル内を移動するだけで汗が出てくるほどだった。翌九日、新建県にある鄧小平ゆかりの元トラクター修理工場を訪れた。正門をくぐると、けっこう広い敷地に作業用の建物が六、七棟並び、中規模の工場という感じだった。一〇〇周年に合わせて八月二二日に鄧小平記念館としてオープンさせるため、古びたレンガ造りの作業棟をちょうど改装しており、建物の内壁には「毛主席が打ち立てた大慶〔油田〕の赤旗を高々と掲げよう」「断じて階級闘争を忘れるな」などの文革スローガンが書かれ、政治突出時代の雰囲気を醸し出していた。

文革期、失脚中の鄧小平が労働に従事した新建県の元トラクター修理工場（2004年8月）

文革開始後、「資本主義の道を歩む実権派〔走資派〕」として批判され、失脚した鄧小平は、北京から南昌へと送られ、一九六九年一〇月から三年四カ月の間、新建県で家族とともに暮らした。「半幽閉生活」と書いたが、鄧小平が毎日、夫人の卓琳《たくりん》と一緒に、元福州軍区南昌歩兵学校内の寓居から作業をしに通ったのがこの工場だった。工場内には鄧小平が当時使った作業台などが展示してあった。鄧小平はフランス留学勤工倹学時代にルノーの自動車工場で組立工をやったことがあり、昔取った杵柄で、トラクター修理工場ではやすりで部品を研ぐ仕事に取り組んだ。青年時代に生活のために覚えた技術が、老年になってからこんな形で役立つことになるとは夢にも思わなかっただろう。

工場へ通う以外に行動の自由はなく、経済的にも苦しい生活だったが、軍区の施設に住まわせられたことで、造反派の襲撃を免れ、身の安全はある程度保障されていた。文革中に失脚した要人の置かれた状況としては——とりわけ、一九六九年一一月、河南省開封で獄死した国家主席の劉少奇と比べれば——決して悪いものではなかったと言える。もちろん、いつ復活できるのか、再び北京に戻れるのかどうか、皆目見当がつかない、不安と忍耐の日々であった。

工場の敷地の奥には畑が広がっており、その中を細い小道がくねくねと延びている。鄧小平はこの農道を歩いて歩兵学校と工場の間を往復した。この道はその後、「小平小道」と呼ばれるようになった。鄧小平は深い思索と早い決断を旨とする政治家である。毎日、この小道をとぼとぼ歩きながら、文革の行く末はどうなるのか、毛沢東は何を考えているのか、自分を今後どう扱おうとしているのか、とめどなく脳裏に浮かぶ疑問に思考をめぐらしたことだろう。しかし、どれも簡単に明確な答えの出る問題ではなかった。

おそらく、鄧小平が自分の将来に一つの解答を見出したのは、一九七一年一一月六日のことであった。この日、工場から鄧小平に、中央文書の伝達があるので聞きにくるようにとの通知があった。それは同年九月一三日に起きた林彪事件に関する通達だった。鄧小平はそれを聞いた後、ずっと沈黙したままだったが、家に戻ってから一言だけ口にした。「林彪死せざれば、天理許さず！」。その二日後、鄧小平は毛沢東に手紙を書く。「体はまだ健康で、引退するまであと数年間は働けます。多少仕事をし、懸命に働く中で万分の一でも、誤りを償うことのできる機会を得たいと思っております」と（毛毛『「文革」歳月』上巻二九九～三〇三頁）。

自分が打倒された主要な原因の一つであった林彪が消えた。まだ曖昧模糊としたものだが、復活への一条の光が見えた。鄧小平はそう直感したに違いない。どんな逆境にあっても、それにへこたれないしぶとさ。「1四川省広安」でも触れたが、こうした鄧小平の資質を改めて考えると、論理の飛躍は重々承知しつつも、客家の一般的な特性に通じるものをどうしても感じてしまう。もっとも、単に忍耐力があるだけでなく、好機を逃がさず機敏に行動するしたたかさは鄧小平生来の個人的属性であろう。

前述したように、鄧小平のルーツは江西省吉安府盧陵県（現・吉安市）にある。ここで連想されるのは、鄧小平と江西との不思議なほどの因縁深さである。フランス留学勤工倹学、モスクワ留学を経て、一九二六年末に帰国した鄧小平は、上海や広西で活動した後、一九三一年八月に広東、閩西経由で中央根拠地（中央ソビエト区）のある江西省瑞金に入った。吉安は経由しなかったものの、約六〇〇年前の父祖の地・江西に第一歩を印したわけである。この年の一一月、瑞金では中華ソビエト共和国臨時中央政府が成立し、毛沢東が臨時中央政府主席に選出された（毛沢東はそれまで「毛党代表」「毛委員」「毛総政委〔総政治委員〕」と呼ばれていたが、このときに「毛主席」との呼び名が生まれた）。一九三〇年代初頭、全国の共産党員は一〇万、紅軍は六万余を数え、根拠地も江西・福建省境の中央ソビエト区（面積五万平方キロメートル、人口二五〇万人）を筆頭に大小十数地区にまで拡大していた。

鄧小平は二七歳の若さで瑞金県党委員会書記に就任し、その後、会昌中心県党委員会書記や江西省党委員会宣伝部長を歴任する。蔣介石率いる国民政府軍の第五次包囲掃討戦で中央ソビエト区が大打撃を受け、一九三四年一〇月に紅軍が長征を開始するまでの間、革命家人生で最初の失脚（毛沢東の農村ゲリラ戦に同調したため、大都市攻撃を主張する中央ソビエト区中央局から批判されて宣伝部長の職務を解任された）の憂き目を見るなど波乱に満ちた瑞金時代だった。二番目の妻・金維映と結婚し、ほどなくして離婚したのも、この瑞金での出来事だった（金維映はその後、李維漢〔元党中央顧問委員会副主任〕と再婚し、李鉄映〔前全国人民代表大会常務副委員長」を産む）。鄧小平の瑞金時代は三年余と短かったが、若くして責任ある仕事を担い、また公私ともに挫折を経験し、極めて印象深く忘れがたい歳月だったはずである。

それから約四〇年後、鄧小平は感動的な瑞金再訪を果たす。林彪事件によって自らの復活の道が開け、監禁を解かれた鄧小平は一九七二年一一～一二月、南昌から井岡山および贛南地区への視察旅行を認められ、瑞金も訪れた。鄧小平は瑞金に到着するなり、地元の指導幹部から「私どもにとっては大先輩の県委員会書記です。お戻りを歓迎いたします」とのあいさつを受け、感激のあまり、しばらくその指導幹部の手をしっかり握り締めて離さなかった（凌歩機『鄧小平在贛南』一三〇頁）。鄧榕は『「文革」歳月』の中で、このときの情景に関連して、「父は瑞金に一方ならぬ深い感情を抱いていた。革命の旧跡は相変わらず四十年前のままで、何とも馴染み深かった」と描写している（上巻三六八～三六九頁）。

鄧小平にとって瑞金は第一回目と第二回目の失脚の記憶と結びついた土地だ。本人がそもそも「自分の過去はあまり語りたがらない」（鄧榕）タイプであり、これにまつわる思い出話を自ら記録に残していないことは理解できる。しかしながら､釈然としないのは鄧小平の公式の著作物である『鄧小平文選』に「中央ソビエト区」という言葉がたった四カ所（いずれも第一巻）しか登場しないことだ。しかも、後述するように、瑞金を首都とする中華ソビエト共和国は実質的に「客家」ソビエト共和国だったが、「客家」の文字は『鄧小平文選』には一カ所も出てこない。もちろん、活字となって公表されている鄧小平の談話記録は全体のごくごく一部であり、また、重要文献の出版に際しては編集上のさまざまな加工も施されているに違いないから、『鄧小平文選』だけをもって何らかの結論を導き出すべきでないということはわかっている。

ただ、客家を抜きに中国革命は語れないのだ。後述するように、中国革命のハイライトとも称すべき二万五〇〇〇華里（一万二五〇〇キロメートル）の長征にしても客家抜きには語れない。言うまでもなく、鄧小平はその経歴からして、客家が中国革命の中で果たした役割の大きさを十分認識していたはずである。鄧小平の「客家」アイデンティティーをめぐる疑問や、中共党史（指導者の文選などを含む）に客家がほとんど登場しない理由についてはすでに推論を明らかにしたので、ここでは一つだけ問題点、いや個人的な不満を述べておきたい。

『鄧小平文選』は極めて発行部数が多く、共産党の基本的かつ代表的な政治文献の一つと見なされている。当然ながら、その内容は現役指導者の講話やさまざまな書物、論文、報道記事に頻繁に引用され、社会的な影響が大きい。ところが、それを読む限りでは、あたかも中国革命の舞台には客家という役者がまったく登場しなかったかのようである。結果として、多面的な考察に欠け、奥行きが乏しく、血の通わない革命史の流布に少なからず貢献してしまっている。「実事求是」の鄧小平らしからぬ所業と言うしかない。

鄧小平は果たして革命と客家の問題について、生涯何も語らなかったのであろうか。もとより、いたずらに客家問題を取りざたすることは慎んだであろう。しかし、繰り返すが、鄧小平は江西という土地とこれだけの因縁があったのである。鄧榕の言うように、真に「瑞金に一方ならぬ深い感情を抱いていた」のであれば、そこで同志的関係を持ち、ともに戦った客家の人々について何も語らなかったと考えるのはやはり不自然ではないか。少なくとも、家庭では「瑞金の時期のことをよく口にした」という（毛毛『わが父・鄧小平』三七三頁）。政治家は何をなしたかで功罪を判断されるのはもちろんだが、何を語ったかでも評価される。残念ながら、もはや本人の口からは何も聞けない。詮ないことと知りつつ、『鄧小平文選』

に八つ当たりするのがせいぜいである。

客家文化圏に重なる中央根拠地

新建県で鄧小平関連の取材をした翌朝七時、車で南昌を出発し、瑞金へと向かった。撫州市、南城県、南豊県、広昌県と、全行程三八〇キロメートルの道のりを一路南へ。高速道路ではなく、ふつうの国道を走るのだが、運転手は時速一〇〇～一二〇キロメートルのスピードでやたらに飛ばす。正午、瑞金に無事到着し、いつものことながら、運よく事故に遭わなかったことを天に感謝しつつ、宿舎の瑞金賓館で車を降りた。上海にあるホテルと同じ名前だが、もちろんこちらが正真正銘の本家と言うべきであろう。毛沢東、鄧小平、胡耀邦ら歴代指導者が瑞金視察時に泊まったこともある老舗ホテルだ。

その昔、瑞金では砂金がたくさん採れたらしい。金が採れれば瑞気が満ちるというわけで、唐・天佑元年（九〇四）に瑞金という地名がつけられたという。中華ソビエト共和国が成立した当時、瑞金は「瑞京」と改名された。中国では歴史上、王朝の交代に伴って都の名前がしばしば改称されているが、そんな封建王朝時代からの伝統を共産党も引きずっていたかと思うと、何やらおかしい。小なりとはいえ、首府である以上、「京（首都）」の字を使いたかったのだろう。その後、瑞金は「紅色故都」「紅都」などの別称でも人口に膾炙《かいしゃ》するようになった。

市域は武夷《ぶい》山脈南部の西麓に広がっている。東隣は純客家県として有名な福建省長汀《ちょうてい》県だ。全市面積は二四四八平方キロメートルで、神奈川県と同じくらいの広さがあるが、森林が約七割を占める。井岡山革命根拠地のイメージを引きずっていたためか、瑞金の中心部は山間のこじんまりした町であろうと勝手に想像していたが、意外と平坦地が多く、展望がきくというのが第一印象だった。

南国らしく、随所に明るい緑と陽光があふれており、峻険な山々に囲まれた井岡山や、荒涼とした黄土高原の延安と比べて自然条件に恵まれていることは一目瞭然だった。年平均気温は一八・九度、厳寒期の一月でも平均気温が七・六度という過ごしやすい気候である。一九三〇年代初め、中央根拠地の中心を瑞金に置いたのは、地理的、戦略的制約の中で最良の選択だったのだろう。それから約七〇年後の二〇〇四年夏、瑞金は総人口六〇万を数え、市街地には物産の豊かな市場や商店が集まり、活気のある地方小都市のたたずまいを見せていた。

瑞金を中心とする中央ソビエト区の範囲は、最盛期には以下の二一県にまで拡大した。総面積五万平方キロメートルというのは中国全土の中では足の指先ほどの領域にすぎないが、日本の九州の約一・四倍に相当するから、それなりの広さではある。

▽江西省（一一県）…………瑞金、会昌、尋烏《じんう》、安遠、信豊、于都、興国、寧都、広昌、石城、黎川
▽福建省（一〇県）…………建寧、泰寧、寧化、清流、帰化、竜岩、長汀、連城、上杭、永定

これらの地域における客家人口の密度はどの程度だったのだろうか。当時の統計データはないが、資料を基にアウトラインを描いてみたい。蕭平《しょうへい》『客家人』は、客家の居住地区を「純客家県」（客家人口が総人口の九〇パーセント以上を占める県）と「非純客家県」（客家人が集中的に住む郷鎮や村落が形成されている県）に分類し、以上の二一県については次のように区分している（七八頁）。

▽純客家県（一六県）……［江西省］瑞金、会昌、尋烏、安遠、信豊、于都、興国、寧都、石城、［福建省］寧化、清流、明渓（帰化）、長汀、連城、上杭、永定
▽非純客家県（三県）……［江西省］広昌、［福建省］泰寧、竜岩

参考までに紹介すると、羅香林『客家研究導論』の分類に基づいて二一県を区分した結果は以下の通りである。

▽純客家県（七県）………［江西省］尋烏、安遠、信豊、［福建省］寧化、長汀、上杭、永定
▽非純客家県（一一県）…［江西省］瑞金、会昌、于都、興国、寧都、広昌、石城、［福建省］清流、帰化、竜岩、連城

以上の状況から浮かび上がってくるのは、中央ソビエト区のほとんどの地域が純客家県ないし非純客家県であるということである。特に江西、福建両省の純客家県の大半が域内に入っていることは注目に値する。つまり、中央ソビエト区と客家文化圏はぴったりと言っていいほど重なっており、中央ソビエト区とは、極論するなら、要するに「客家」ソビエト区であったということだ。その意味で、中華ソビエト共和国も「客家」ソビエト共和国であった。客家抜きには中国革命も長征も語れない所以である。

中央根拠地には通常の客家とは異なる特殊な「客家」もいた。福建省の上杭県など汀江（韓江の支流）流域に居住している漢化（客家化）された少数民族の畲（ショオ）族である。「畲」という字はもともと「雑

木や雑草を焼いて作物の種をまくこと」、あるいは「焼き畑」そのものを指す。陶淵明の詩「劉柴桑に和す」に「新疇《しんちゅう》復た応に畬《まさ》すべし」との一句があるが、「新しく開墾した畑もまたそろそろ焼き畑せねばならぬ」という意味である（松枝茂夫、和田武司訳注『陶淵明全集』岩波文庫）。そもそもは特定の民族や人々を指す言葉ではなかったが、時代が下るにつれて、原始的な焼き畑をして暮らす山の民の呼称になったのであろう。

今日、畬族の総人口は七〇万九五九二人（二〇〇〇年の第五回国勢調査）で、九〇パーセント以上が福建、浙江両省の山間部に住む。特に福建省には畬族の民族郷が計一六カ所（一九九二年現在）あり、三七万五一九三人（総人口の五二・九パーセント）と最も多くの畬族が居住する。畬族総人口の九九パーセント以上は客家語に近い言葉（一部の者は潮州方言）を使っているとされる（《畬族簡史》修訂本編写組『畬族簡史』一八頁）。汀江流域は畬族の主要な居住地域の一つで、例えば、上杭県には官荘畬族郷、盧豊《ろほう》畬族郷の二つの民族郷がある。畬族は客家と長年にわたって雑居し、文化的影響を受けた結果、客家語を話すようになった。少し脇道にそれるが、文革中、林彪の攻撃を受けて失脚した総参謀長代理の楊成武は、汀江上流の福建省長汀県宣成郷生まれの客家だ。生家は下畬村というところにある。すぐ南隣は上杭県官荘畬族郷で、まさに畬族と客家の雑居地域の出身である。

汀江流域の畬族は、戸籍上の民族登録が畬族であっても、強い客家アイデンティティーを持っており、『私は（漢族の）客家だ』と主張し続ける者に出会うことも珍しくない」（蔡驎『汀江流域の地域文化と客家』六三頁）という。畬族の「客家化」が極めて興味深い点は、血縁よりも文化が客家アイデンティティーをつくるということである。彼らもまた、一般の客家と同様、赤衛隊（生産に従事する大衆革命武装組織）やゲリラ隊に参加するなどして革命を底辺で支えた人たちだった。

瑞金の代表的な革命史跡である中華ソビエト共和国臨時中央政府大礼堂（2004年8月）

瑞金は中央根拠地の中心だっただけに多くの革命史跡が残っている。よく保存されている革命史跡だけでも約一八〇カ所あるというので、たった一度の瑞金訪問ではとても全部回りきれなかったが、第一回全国ソビエト代表大会旧址、中華ソビエト共和国臨時中央政府大礼堂など代表的なところは見学した。沙洲壩《さしゅうは》という村で中央執行委員会旧址などを参観したとき、村の党支部書記の案内で近くの民家を訪問した。民家といっても写真館を営んでいる三階建ての家で、住人は客家とのことだった。

お茶をご馳走になりながら、書記に話を聞くと、沙洲壩は三九二戸、一三八五人の村民全員が客家だという。完璧な「純客家村」である。農業が主産業で、米、サトウキビ、大豆、落花生、タバコなどを産する。村の一人平均年収は三六〇〇元、瑞金では「まずまずいいほう」とのことだった。興味深かったのは今日でもなお「客家同士での結婚が多い」という話だ。「純客家村」であるから、その通りなのだろうが、客家の結束力の強さがうかがわれた。だが、これは別の角度から見れば、依然として客家と非客家の間に融合を阻むような、見えざる壁が厳然と存在しているということなのかもしれない。

中央根拠地時代、毛沢東は沙洲壩の中央執行委員会の建物に住んだことがあった。中共中央文献研究室編『毛沢東年譜』によれば、一九三三年四月から翌年七月までの約一年四カ月間である。毛沢東は沙洲壩へ移り住んでから、村民たちが飲み水に困っていることを知り、幹部や大衆を動員して井戸を掘った。そもそも村に井戸がなかったのは、井戸を掘ると、土地の風水が損なわれるとの迷信を、村人たちが信じていたからだという。毛沢東が掘った井戸は後に「紅井」と名づけられ、わきに「水を飲むときには井戸を掘った人を忘れず、いつも毛主席のことを懐かしく思う」との一文を刻んだ石碑が建てられた。今は革命史跡見物の旅行者がよく訪れる名所の一つになっている。

毛沢東は日々、客家の村に暮らしつつ、客家の存在をどのように意識したであろうか。あるいは、土客籍問題が党内に持ち込まれて大事件に発展した井岡山での教訓から、あえて客家のことを意識しないように努めたであろうか。そもそも客家との言語上のコミュニケーションは支障がなかったのか。あったとすれば、どう対処していたのか（毛沢東は大革命期〔一九二四～二七年〕に尋烏で現地調査した際、客家語がわからないので、地元の客家幹部に通訳を頼んだ〔楊宗錚『湖南客家』一一一頁〕）。次から次へと、いろいろ疑問がわいてくる。やはり、いちばん好奇心をかきたてられるのは、人間の息吹が伝わってくるような裏面史であるが、書かれていないことがあまりにも多過ぎる。

長征の陰に客家あり

瑞金から陝北（陝西省北部）まで大陸内陸部を大きく迂回北上した長征は、客家の流浪の歴史を髣髴《ほうふつ》とさせる。戦乱に追われ、あるいは飢餓から逃れるため、生存を図ることができる安全な土地を探し求めてさまよう客家の人々。その

純客家村の沙洲壩に残る「紅井」。記念碑に「水を飲むときには井戸を掘った人を忘れず、いつも毛主席のことを懐かしく思う」とある（2004年8月）

姿は長征に加わったあまたの客家人兵士たちの行軍と二重写しになって脳裏にイメージされる。異なるのは、紅軍は革命という明確な政治目的を持った軍事集団であったということだろう。しかし、それはまた、否応なく、客家が主体となった太平天国の革命軍を連想させる。中国近現代における三つの革命――太平天国革命、辛亥革命、土地革命（ソビエト区革命）――は、いずれも客家が主役であった。客家にまつわる歴史の連続性、あるいは反復性といった問題を考えざるをえない。

なぜ客家はかくも革命とゆかりが深いのか。黄明光（江西省贛州市文化局）、廖軍（贛州客家聯誼会）の論文「客家與中国革命之管見」は、四つの要因を指摘している。第一は、貧困から脱却するため、現状を変革しようという強い願望があること。第二は、四方に志を持ち、異郷での生活をいとわない性格であること。第三に、誰もが平等という大同思想を信奉していること。第四に、苦しんでいる民衆のために立ち上がる造反精神に富んでいること。これを受けて、黄明光らは「客家人が中国革命と密接な関わりがあるのは、決して偶然の一致ではなく、彼らが持っている内在的な思想と品格によって決定されたものである」と結論づけている（羅勇等主編『客家文化特質』四一九～四二一頁）。以上はあくまでも一般論として理解すべきであろうが、客家の特質の要点を押さえており、説得力がある。

ここで、瑞金滞在中に取材した一人の老紅軍《ラオホンチュン》（元紅軍兵士）にご登場願おう。劉家祁《りゅうかき》という一九一三年生まれの老人である。客家であろうと見当をつけていちおう確認したが、案の定その通りであった。当方には老紅軍を探す手づるはないので、こういう取材の場合は現地の外事弁公室に該当者を見つけてもらう。この老人は一九九六年九月、瑞金を視察に訪れた江沢民国家主席の表敬を受けたことがあるとのことだった。地元ではちょっとした有名人なのだろう。メディアから老紅軍取材の要請があったときには、まずこの人のところに案内することになっているのかもしれない。ともあれ、今や瑞金でも老紅軍の生存者は数えるほどしかいないということだったから、生き証人の体験談を直接聞けたのは貴重な機会であった。

劉老人は瑞金黄柏郷の貧しい農家に三人兄弟の長男として生まれ、イモや雑穀を食べて育った。米は高価で、地主から米一袋借りると、利子分を入れて三袋返さなければならないような暮らしだったという。弟二人は子供の時分に飢えから病気になって死んだ。薬を買う金はなかった。「家にいても飯が食えない」ため、紅軍の兵士になり、一九三二年に入党した。

当時、兵力の優勢な国民党軍に何度も包囲掃討攻撃を受けていた瑞金は陸の孤島に等しく、物資不足が深刻だった。「紅軍内では衣食はみんな平等。ところが、国民党軍に封鎖されていたので、布もマッチも薬もない。特に塩不足にはまいったね。軍から毎月二〜五元の生活費をもらうと、まず塩を買った。五〇〇グラムで二元もしたよ。自分たちで野菜をつくり、豚を飼った。豚肉は週に一回くらいは食べた。肉を食わなきゃ、力がつかず、戦ができないからね」。

かつて長征に参加した客家の老紅軍、劉家祁。自宅の壁には毛沢東や周恩来の肖像画が掲げられてあった（2004年8月）

塩など生活必需品はできる限り国民党軍から奪ったが、それだけでは追いつかなかったようだ。塩不足は井岡山革命根拠地でも紅軍の頭痛の種だった。

もともと客家の伝統的な食べ物には塩辛い漬物などの保存食が多い。林浩『客家の原像』によれば、客家料理が塩辛いのは客家の移住の歴史や生活環境と関係がある。つまり、「長期間にわたる流転、激動の生活上の必要から、客家は携帯と防腐のために、塩漬けをはじめとして極めて多くの漬物類を作り出した」という。また、塩辛くしたのは、苦しい生活の中で「おかずを節約する手段の一つ」であり、中国南部の炎熱地帯での激しい労働で費消する塩分を補給するためでもあったという（一四〇〜一四一頁）。客家の生活上の合理的理由があるわけで、それだけに当時の塩不足はかなりこたえたと思われる。

一九三四年一〇月、紅軍は包囲掃討戦に耐え切れずに、瑞金を捨てて「長征」を開始し、劉老人もこれに従った。「昼間は敵機が襲来するので、夜に入ってから行軍した。食い物はだいたいイモや雑穀だったね。仲間が次から次へと命を落とした」。自身も湖南省の湘江まで達したところで敵機の襲撃を受け、右足を負傷した。現地の農民に面倒を見てもらい、裁縫の仕事をして金を貯め、一九三七年に瑞金に帰郷した。その後、地元で共産党の地下活動に携わり、建国後は公安局などに長年勤務した。白い角刈り頭に伸びた背筋。紅軍兵士時代の精悍さを髣髴《ほうふつ》とさせる風貌は、とても九〇歳代には見えなかった。彼もまた刻苦勉励の客家精神を体現した人間の一人と言えるだろう。

日本で戦前生まれと戦後生まれの間に価値観の違いがあるように、中国でも革命世代と建国後世代（特に改革開放世代）の間には大きな価値観ギャップがある。実は老紅軍の苦労話を聞きながら、そのことが頭をよぎった。というのは、今回の取材に南昌から同行した省政府の女性職員（二〇歳代、大卒）が、初対面の私にあっけらかんとこんな話をしていたからである。

「共産党に入党したいかって？　腐敗問題とか目にしていると、入党したいとは思わないわ。上司からは、そろそろ入党したらと勧められるけれども、まだ若いから入らなくてもいいと思っている。私の世代には同じような考えの人が多いわよ。公務員は党員でないと出世できないということはわかっているけれどもね。職場で政治学習資料とかが配布されるけれども、勉強なんかしない。学習会も二〇分くらいですぐさぼって退席してしまうので、よく叱られるわ」

この若者の考え方がおかしいというのではない。しごく覚めた目で共産党を眺めているというのはある意味まともなのかもしれない。感じたのは、事の善し悪しはともかく、「革命はどんどん遠くなっていく」ということである。ついでに言うと、彼女自身は江西人だが、客家とはどんな特性を持った人たちなのか、客家と革命の間にどんな関係があるのかといったような問題にはあまり関心がないように見えた。中国ではそういう観点からの歴史、社会教育はほとんど行われていないので、無理からぬ面もあるにはある。

本題の話を続ける。当時、瑞金の人々の紅軍に対する人的、物的貢献はたいへんなものだった。瑞金の歴史や見所を紹介したガイドブック『紅都覧勝』（劉慶春、廖国良編著）に、「瑞金人民の長征への貢献」と題して以下のような数字が紹介されている（八二～八三頁）。

まず人的貢献。紅軍は一九三四年五月以降、戦闘で失った兵員を補充するため、中央ソビエト区で大々的な拡紅（紅軍拡大）運動を繰り広げた。党中央の決定は五～七月の三カ月間で五万人増員するというものだったが、瑞金県はわずか一カ月で五四〇〇人を集め、早々にノルマを上回る実績を上げた。革命に参加した瑞金人は約四万九〇〇〇人を数え、このうち約三万一〇〇〇人が長征に加わった。

革命のために命をなげうった瑞金人の烈士は氏名がわかっている者だけで一万七一六六人に上り、このうち長征の途上で落命した者は一万八四二人だった。これらの瑞金人兵士は全員ではないにしろ、その多くが客家の出身だったと思われる。共産党から見れば、すべて革命への「貢献」であろうが、それを当然のこととして求められた側の人々から見れば、あるいは、否応なく払った「犠牲」という側面があったかもしれない。

次に物的貢献。中央ソビエト区政府は経済封鎖による困窮を緩和するため、「敵の対ソビエト区経済封鎖を打破するために大衆に告げる書」を発表し、瑞金の人々に増産、節約に励み、さまざまな物資を紅軍に提供するよう呼びかけた。特に、長征に備えて紅軍の食糧を確保するため、一人三升の米を節約して紅軍に寄付する大衆運動を展開したり、全ソビエト区での緊急動員を通じて食糧一万二〇〇〇トンの供出を要求したりした。

瑞金の人々はこれらの要求に応えただけでなく、草鞋から毛布、衣類、靴下、軍帽、水筒などに至るまでさまざまな物資を紅軍に提供した。女性たちは髪飾りや金銀の装身具を売り払うなどして紅軍の軍費確保に協力したという。これらについても「貢献」と言えば聞こえがいいが、紅軍は生き残れるかどうかの瀬戸際にあった。死に物狂いで物資集めを行ったはずで、形式はともかく、実質的には徴発に近かったのではないか。ただでさえ貧しい瑞金の庶民にとって、さらに暮らしを圧迫する負担だったことは想像にかたくない。

女性たちは男手が兵隊にとられる中で農作業の主要な労働力となった。その一方で縫製、慰問、歩哨、偵察、救護などさまざまな紅軍支援の夫役に駆り出され、文字通り天の半分を支えた。女性たちの前線支援がなければ、四回にわたる反包囲掃討戦での勝利はなく、紅軍の長征の勝利もなかった。彼女たちはまさしく世界の戦争史上でも珍しい「後方勤務部隊」であった（鐘日興『紅旗下的郷村』一二三頁）。ただし、男女平等を政策にうたったソビエト区においても、実際には女性たちの社会的地位は低く、男尊女卑の観念がなお支配的だった。伝統的に客家地区での男尊女卑の気風には根深いものがあり、女性たちは家庭でも社会でも決して「解放」されたという状況にはなかった。

『中央革命根拠地詞典』（李敏、孔令華主編）によると、土地革命戦争期の瑞金県の総人口は二四万人で、紅軍に参加した者は約五万人、赤衛隊、洗衣隊（洗濯隊）など前線支援作戦に携わった者は五万余人に上った（六三五頁）。二四万人の県民のうち約一〇万人が革命に駆り出されたということは、子供や老人、病人を除いて、ほとんどの住民が総動員されたことを意味している。

結局のところ、根拠地の住民は上からの強制的な命令や割り当てによって過重な兵役と夫役を課せられた。このため、赤衛隊に入るのを拒否したり、紅軍から脱走したりする者が少なくなかった。民衆の利益がはなはだしく損なわれたことから、彼らの離反傾向が表面化し、理想社会実現という共産党の目標はしだいに吸引力を失った。こうした問題点は「ソビエト区の闘争が失敗した原因の一つ」とされている（張玉竜、何友良『中央蘇区』二二〇頁）。

建国後、少将に任命された瑞金出身の人民解放軍軍人は一三人を数えるという（『紅都覧勝』一七〇頁）。瑞金人の軍事的な貢献と存在感の大きさを物語る証拠である。今日、こうした歴史は地元の誇りと言えば誇りなのかもしれない。だが、こんなふうにも考えてみたい。中国では旧革命根拠地を「革命老区」と呼ぶ。瑞金にしても井岡山にしても、もともとは平凡な山里にすぎなかったが、根拠地になった（否応なく根拠地にさせられた）ことで、後に「革命の聖地」という名誉を与えられた。果たして土地の住民にとってそれは幸いなことだったのか。「革命」が飛び込んできたことで、人々の生活は一変した。多くの家族や親族が戦闘などで犠牲になった。革命が成就した後も、革命老区は交通不便な辺境ゆえに、長い間、経済発展から取り残され、生活も文化も教育も低い水準に甘んじてきた。

一九九三年二月、私は代表的な革命老区の陝西省延安を初めて訪れた。急速度で成長している沿海地区に比べ、全体的に活気が乏しく、発展格差は歴然としていた。地元当局は遅れた現実を認め、延安には「国の援助を待ち、頼り、求める依存思想」や「現状に安んじる小農経済思想」「保守的な後進思想」があるとして、発展への出口を模索していた。そんな延安の道端では封建的な迷信とされている「紙銭」（死者を祭るときに焼く紙の銭）の束が堂々と売られていた。寒々とした、延安の土気色の街並みを眺めながら、革命とはいったい何だったのかと考えさせられたのを昨日のことのように思い出す。本来、歴史はいろいろな視点や角度から考察、検証されるべきものだ。革命は正義であった、正しかったという、共産党史観に代表される観点はもちろんあってもいいだろう。しかし、それが唯一絶対のものであり、他の観点からの考察を許容しないとすれば、歴史の事実を歪め、真実を見失うことになりかねない。

瑞金客家の豊かな食文化

いささか硬い話になったので、少し軟らかい話題で口直しをしたい。瑞金賓館で地元政府の職員たちと昼食をとった際、中国料理に混じって、思わぬ日本料理が出てきた。ウナギの蒲焼きである。内陸の江西省、しかも南昌から車で五時間もかかる山里でお目にかかっただけに、いかなる由来の蒲焼きかといぶかしく思った。最初、北京あたりでもよく売られている冷凍蒲焼きだろうと見当をつけたが、正真正銘の「瑞金産」とのこと。もっぱら輸出用であるため、市内のふつうの店には出回っておらず、瑞金賓館の特別メニューだという。ふっくらと焼き上がり、適度な歯ごたえがあって、脂の乗りもちょうどいい。市内に工場があるというので昼食後、さっそく見学に押しかけた。

工場はその名も「紅都水産食品有限公司」。福建省福清市出身の総経理補佐によると、一九九八年初めに操業を開始した。今では三〇〇～四〇〇人の従業員を雇い、四〇〇〇トンの生産能力を誇る。近くの贛州に三十数カ所ある養殖場からウナギを仕入れ、オートメーション設備で蒲焼きにした後、福建省アモイ（厦門）まで陸送し、日本へ輸出している。二〇〇三年の納税額は七〇〇万元を超え、今や瑞金の最優良企業の一つになっている。江西省南部は水が豊かで気候も温暖なため、ウナギの養殖に適しているのだという。

中国で日本向けの蒲焼きを作っているところは福建、広東あたりの海辺に違いない。瑞金で蒲焼きに出くわすまではてっきりそう思い込んでいたが、改めて地図で瑞金の位置を確認しているうちに、目から鱗が落ちた。北京や上海からではなく、福建省側から瑞金の位置を眺めると、けっこう海に近いのだ。アモイまで陸路を数時間かけて輸送すれば、船便も航空便もある。日本国内では中国産の安い蒲焼きがたくさん売られているが、知らず知らずのうちに「瑞金蒲焼き」を食べた消費者はかなりいるかもしれない。日本とはあまり縁のない「客家の里」が、蒲焼きという身近な食品を通じて日本人の生活と結びついていることを知ったのは、瑞金取材のうれしい副産物だった。

蒲焼きはそれとして、瑞金にはもちろん客家の本場ならではの郷土料理がある。印象に残った瑞金の味を一つ紹介しておきたい。名前を「飯包肉丸《ファンバオローワン》」という。見た目はシューマイのような格好をしているが、シューマイではない。名前は肉団子を連想させるが、肉団子とは似て非なるものだ。一口味わっても、教えてもらうまでは素性がよくわからない、ちょっと不思議な食べ物であった。

作り方は、まずつぶした米飯に小麦粉を加え、野菜や油、塩を練り込む。それを団子状に丸めた後、セイロで蒸し上げる。肉は入っていないが、けっこう脂っこく、食感はシューマイに近い。地元の人によれば、「瑞金だけの客家の味。お祝い事などがあるときに作る」ということだった。肉を使わずに、肉を食べているような食感と満足感を味わえる。主材料は米飯だから腹持ちもいい。質素倹約を第一とする客家の創意工夫がよく伝わってくる郷土料理である。素材だけを見ると、決してぜいたくな料理ではないが、作る手間隙はそれなりにかかるので、生活が苦しかった根拠地時代であったら、おそらくご馳走の部類に入るだろう。こういう郷土色豊かな料理はやはり現地でないと食べられない。

瑞金には「擂茶《レイチャー》」という一風変わった客家の飲み物もある。茶葉、米、ゴマ、落花生、大豆、緑豆などを擂《すり》鉢の中に入れ、擂粉木で細かくすりつぶす。ゴマなどの油分がにじみ出て、香ばしい匂いが立ち上ってくるまでじっくりするのがポイントだ。これに水を加えて鍋で煮ればできあがり。瑞金人は一働きした後などに擂茶を飲んで疲れを癒すそうである。瑞金では賞味する機会がなかったのだが、後日、台湾の客家文化圏である新竹県の北埔《ほくほ》で初めて擂茶を飲んだ。台湾擂茶は瑞金擂茶とは作り方が若干違うようで、カボチャの種、松の実、砂糖なども入り、すったものにお湯を直接かけて混ぜる方式だった。汁粉みたいにややトロリとしており、飲み物というよりも腹持ちのいいデザートという感じがした。栄養価は高く、台湾客家は農作業で忙しいときに飲むことが多いという。

擂粉木で丹念に具材をすりつぶす擂茶作り（台湾・新竹県北埔で、2008年5月）

そもそも擂茶に類するものは中原地区で飲まれていたが、茶の色や香りを重視する上品な喫茶文化が広まるにつれて、宋代以降、士大夫や文人の間で擂茶の習慣はすたれてしまった。ただ、客家地区では厳しい生活・労働環境もあって、擂茶の習慣が継承され、今日に至るも食文化の一つとして命脈を保っている。擂茶は客家人だけの習慣ではなく、湖南省西部の土家（トゥチャ）族、苗（ミャオ）族といった少数民族も擂茶を好んで飲むという（謝重光『客家形成発展史綱』三〇九～三一〇頁）。客家と周辺少数民族との文化交流の一端をうかがわせる習慣ではなかろうか。日本で雑煮の具や味が地方によって大きく異なるように、擂茶文化も多様性に富んでいる可能性がある。客家世界とその周辺における擂茶の地域間比較をしてみたら、おもしろいかもしれない。

さらにもう一つ。これは瑞金ではなく、すぐ隣の福建省長汀県の名物だが、「旧中華ソビエト共和国の特産」ということで記しておく。長汀県河田鎮一帯では「河田鹿角鶏」という、美味で知られる地鶏が飼育されている。伝説によれば、その由来がおもしろい。北宋の末年、金軍が攻め込んできたため、多くの人々が中原から南方へ避難した。ある農民が一かごの鶏卵を携えて長汀県河田まで落ち延びたところ、いくつか残っていた卵が孵化し、ひよこが生まれた。これらが親鳥になり、地鶏と交雑した結果、もともとの中原の鶏よりも大型の鶏ができあがった。トサカが鹿の角のような格好をしていたことから、「鹿角鶏」と呼ばれるようになったという（杜福祥、謝幗明主編『中国名食百科』七二九～七三〇頁）。河田鹿角鶏《ホーティエンルーチアオチー》は「ニワトリの客家」ということか。いかにも客家の土地にふさわしい伝説だ。

客家料理に鶏肉は欠かせない。河田鶏の料理法は多種多様だが、以前、福州で火鍋《フオクオ》（鍋料理）にして食べたことがある。「河田鶏火鍋」という。鶏を丸ごと鍋に入れた豪快な料理で、干しナツメ、クコ、漢方の生薬などを一緒に煮込んでとった濃厚な白濁スープが目玉だ。鶏はそのままの形では食べにくいため、レストランでは店員が客に丸ごと一羽の鶏を披露した後、ぶつ切りにして鍋に戻してくれる。これに野菜や揚げ湯葉、春雨などを適当にどんどん入れて食べると、体のしんまで熱くなってくる。客家料理には贛南、閩西あたりの客家文化圏で飲まれる米酒《ミーチウ》（ドブロクに似た甘口の地酒）がよく合う。

客家という実体は、外国人など部外者にはなかなかつかみがたい。漢民族の一系統だから、顔つきは他の漢民族と基本的に変わらない。客家の伝統的な涼帽《リアンマオ》（直射日光をさえぎる大きな帽子。周りに布を垂らしてある）でも頭にかぶっていれば、すぐそれとわかりはするものの、大半の客家の普段着にこれという特徴があるわけではない。客家語が理解できるのであれば、客家人かどうかを見分ける有力な武器になるし、彼らの文化をよく知る手がかりになるが、まずたいていの部外者は客家語に不案内だ。そうしたなかで、簡単に、しかも視覚、嗅覚、味覚を通じて感覚的に「客家的なもの」を教えてくれるのは客家料理である。瑞金にいて、「ああ、ここはやっぱり客家の土地なのだな」と実感したのは、正直なところ、街を歩いているときでも革命史跡を見ているときでもなく、地元の人の講釈を聞きながら、珍しい郷土料理を味わっているときであった。

「客家の里」を文字通り表看板にして観光地として売り出している四川省成都の洛帯鎮などと違って、同じ客家居住地でも瑞金の場合は、「中国革命の揺籃」という政治的に重い看板を背負っているだけに、「客家の里」がその陰に隠れてしまっている感がある。瑞金といえば、どうしても「客家より革命」ということになってしまい、瑞金の顔としては、客家はどうも脇役に甘んじているようだ。

二〇〇三年当時、瑞金を訪れる観光客は年間約四五万人を数えた。そのほとんどは革命史跡を見て回る、いわゆる「紅色旅遊」が目的だった。地元政府は「紅色旅遊」の促進に力を入れているが、できることならば、今後は革命と客家を結合して「革命と客家の里」をキャッチフレーズに、町おこしに取り組んでもらいたいと思う。そのためには、まず中国革命において、また瑞金の中央根拠地において、客家が果たした役割がもっと深く検証され、正当に評価されなければならない。何よりもそれは漢民族文化の豊かな地下水脈を新たに掘り当てる作業になるはずである。

4 湖南省瀏陽——悲運の「客家総書記」胡耀邦

湖南客家の熱い血

中国特派員時代、共同記者会見は別として、中国のトップクラスの要人（政治局常務委員級）を単独会見なりで直接取材する機会はそうそうなかった。読売新聞単独あるいは私個人が加わった代表団という形で会ったのは、喬石、李瑞環、李鵬、習近平くらいである。しかし、取材現場で要人たちを目にするチャンスはけっこうあった。例えば、中国の指導者が訪中した日本の政治家と会見する際の「頭撮り」は、その指導者の人物像を観察する貴重な機会だった。このほか、指導部の面々を全部まとめて見ることができる場もあった。五年に一回の共産党大会と、毎年三月に北京の人民大会堂で開かれる全国人民代表大会（全人代）および中国人民政治協商会議（政協）である。元総書記・胡耀邦の姿を初めて見たのは、一九八九年三月二〇日の第七期全人代第二回会議開幕当日のことだった。

全人代開幕を取材する外国人特派員は巨大なドームのような人民大会堂議場の二階記者席に陣取り、遠くの雛壇に居並ぶ政治局常務委員、政治局員らを双眼鏡で観察するのを習いとしている。レンズを通して様子をうかがった胡耀邦は、快活な人物というイメージとは裏腹に、まったく表情がさえず、弱々しくて、病み上がりのような感じがした。一九八六年一二月、中国各地で学生デモが吹き荒れ、胡耀邦はそれへの対応が甘かったとして党内保守派の攻撃を受け、翌年一月に総書記を辞任していた。それから二年余。ヒラの政治局員にとどまってはいたものの、もはや実権はほとんどなかったはずで、政治への失望感が顔に表れていたのかもしれなかった。胡耀邦が会議中の心臓発作が原因で急逝したのは全人代開幕日の約四週間後、四月一五日のことだった。結局、胡耀邦の尊顔を拝したのはこの年の全人代が最初で最後の機会となった。

後に、胡耀邦の長女、李恒（筆名・満妹、中華医学会理事）が執筆した回想録『回憶父親胡耀邦』を読んで、舞台裏の状況はこういうことだったのかと納得し、また、心が痛んだ。李恒によれば、一九八七年一月一六日の政治局拡大会議で総書記を辞任した直後の胡耀邦の落胆ぶりは相当なものだった。彼は家族に「誰も会いに来るな」と伝言し、中南海（共産党中央委員会と国務院の所在地で、要人の居住区でもある）の執務室に引きこもって二週間も自宅に戻らなかった（四七三頁）。保守派からの圧力と解任をめぐる騒動の心労がよほど激しく、しばし一人で気持ちの整理をつけたかったのであろう。それにしても、共産党トップの地位にあった権力者が辞めたとたんに「引きこもり二週間」とは尋常でない。

胡耀邦はもともと明朗闊達な性格だったが、失脚後は十数カ月間、一歩も外出せず、終日何も語らずに読書と思索にふけったという。彼の性格が一変したことについて、李恒は「沈黙こそが党への忠誠であり、安定団結への貢献だった」と述べている（三頁）。だが、これは家族ならではの思いやりゆえの、体面を取り繕った解釈にすぎるような気がする。胡耀邦は一九八〇年二月、党規約にのっとり中央委員会総会の選挙によって総書記に選出された。ところが、ブルジョア自由化問題を名目とした権力闘争に巻き込まれ、中央委員会総会が召集されることなく、辞任という形で詰め腹を切らされた。彼の深い沈黙の底にあったのは、やはり、忠誠といったようなきれい事ではなく、内向する怒りであり、燃焼しない抗議の炎ではなかったか。

一般にはあまり知られていないことだが、胡耀邦は湖南省瀏陽《りゅうよう》生まれの客家である。湖南は毛沢東、劉少奇、彭徳懐ら大物革命家を何人も輩出した、血の気の多い土地柄で知られる。その中でも、胡耀邦は若干一五歳で革命に身を投じ、「紅小鬼《ホンシアオクエイ》」（紅軍に参加した少年に対する愛称）からたたき上げた革命家だ。それ以上に、胡耀邦の身中を流れる「湖南客家の熱い血」を思えば、彼は発露の場を見出せない反骨精神を胸のうちに無理やり押さえ込みながら、悶々とした日々を送ったに違いないと想像されるのである。

胡耀邦は一九八六年末に全国を席巻した学生デモに関して「少数の者たちが騒ぎを起こしたが、一部の者の騒ぎは正しい。我々自身に官僚主義があるからだ。ごく少数の者はわが党と社会主義をひどく憎んでいるが、差し支えない。ごく少数なのだから、たいしたことにはならない」と事態を静観し、「多くの青年、学生は良い。彼らは純粋で、国を愛し、成長している。国家と民族の未来であり希望でもある」と語った（『回憶父親胡耀邦』四七二頁）。しかし、当時、最高実力者だった鄧小平は「数年来、ブルジョア自由化に断固として反対してこなかった結果である。非常に重大な事件だ」と、事態を深刻に受け止め、陳雲（党政治局常務委員）、李先念（同）、薄一波（党中央顧問委員会副主任）ら保守派の長老たちに迎合して胡耀邦更迭へと動いた。

胡耀邦が若者たちに大きな期待を託していたことについて、李恒は「長いこと青年工作に携わり、青年と学生を偏愛していたせいかもしれない」と解釈している（四七二頁）。確かに、胡耀邦はかつて共産主義青年団（共青団）中央第一書記を務めるなど、青年工作の責任者だった。このように学生デモに対してさえも比較的寛容だった胡耀邦は、改革に積極的な開明派指導者として知識人や学生の間で人気が高かった。その突然の死が学生たちの民主化運動を誘発し、六月四日の天安門事件への導火線となったことは周知の通りである。以降、私にとって胡耀邦は最も気になる政治家の一人となった。一九八〇年代の民主化運動に対する評価見直し問題とからみ、彼の名誉回復問題が共産党政治の行方、特に政治改革の動向を占ううえで重要な注目点として浮上したからだ。

仮に「民主化運動を弾圧した反ブルジョア自由化闘争は誤りであった」「ブルジョア自由化に甘かったとして胡耀邦を辞任に追い込んだのは間違いだった」というような歴史の見直しが行われるとしよう。そうなれば、胡耀邦の名誉回復だけにとどまらず、天安門事件の評価見直しや同事件にからんで解任された趙紫陽元総書記の名誉回復問題にも大きな政治的影響が及ぶ。こう考えると、胡耀邦はすでに亡くなってはいるものの、決して過去の政治家ではない。今後、政治の風向きいかんでは否定的評価が肯定的評価へと逆転する可能性があるという意味で、「棺を蓋いて事定まらず」の状況が続いている。

この名誉回復問題に関しては、あるいは多少なりとも突破口が開けるかと若干期待した時期があった。二〇〇五年秋の胡耀邦生誕九〇周年（誕生日は一九一五年一一月二〇日）を機に、共産党が人民大会堂で記念式典を開いたときである。式典は一一月一八日に非公開座談会の形で行われ、温家宝（首相）、曾慶紅（国家副主席）、呉官正（党中央規律検査委員会書記）ら約三五〇人が出席した。失脚した指導者を記念する行事が党主催で開かれるのは異例のことであり、胡耀邦の業績に対する評価の中身が注目された。

式典で演説した曾慶紅は「胡同志は改革開放と現代化建設で不朽の功績を残した」と称え、「胡同志の歴史的功績と優れた人徳は党と人民の心に永遠に刻まれている。生誕九〇周年を記念するのは、その偉大な革命精神と高尚な思想、人徳に学ぶためだ」と述べた。しかし、その文言は内容的に一九八九年四月二二日の胡耀邦追悼大会で趙紫陽が述べた弔辞の内容を大きくはみ出すものではなく、全面的な名誉回復への道のりの険しさをうかがわせた。加えて、奇妙なことに、遺族の代表に発言の機会は与えられなかった。

胡耀邦は共青団の育ての親であり、それを権力基盤とする胡錦濤にとっては大先輩に当たる。胡錦濤は国民の間に根強い胡耀邦人気をテコに政権の求心力を高めたいとの思惑を記念式典に込めたのかもしれない。だが、ブルジョア自由化問題の壁はやはり厚く、胡錦濤のやり方は腰が引けていた。自らが前面に出ることなく、曾慶紅に演説をさせたことがそれを如実に物語っていた。この問題に不用意に手をつければ、政権の命取りになる。その意味では、胡錦濤の対応にも自ずと限界があり、全面的な名誉回復はなお時代の変化を待つしかないということだろう。

曾慶紅の名前が出たついでに、彼の出自に少し触れておこう。曾慶紅は典型的な太子党（高級幹部の子弟）の一人で、父親は元内務部長の曾山、母親は解放戦争中に軍幹部子弟の保育責任者を務め、「鄧奶奶《トンナイナイ》（鄧おばあさん）」と慕われた鄧六金である。彼女は「純客家県」として知られる福建省上杭県の貧しい農家に生まれた客家だ。彼女が客家であることについては『紅旗下的郷村』（鐘日興）にその旨の記述がある（一〇九頁）。ちなみに、鄧六金をはじめ、康克清（朱徳夫人、江西省万安県出身）、鐘月林（宋任窮夫人、江西省于都県出身）ら著名な女紅軍《ニュイホンチュン》（長征に参加した女性党員）はいずれも客家である。

一方、曾山は江西省吉安県永和鎮の錦原曾家村に生まれた。曾山の最も詳しい伝記『曾山伝』（蘇多寿、劉勉玉主編）よると、曾氏の祖先は西暦一〇年に山東から江西へ入り、九九五年に錦原に移って居を定めたという（一頁）。同書には曾山が客家であるとの記述はないが、郷里の吉安は多くの客家が住む「非純客家県」であり、しかも祖先が中原から南下したということであれば、客家と推定するだけの十分な理由がある。長男の曾慶紅は第一六期政治局常務委員会で序列五位ながら、党内に幅広い人脈を持つ実力者として存在感を発揮した。中国では客家の指導者に関して、公に出自を取りざたすることはほとんどないが、曾慶紅の国家副主席就任は二一世紀の中国政界においても客家が健在であることを示した。

話を胡耀邦に戻す。彼の政治家としての魅力は、学生デモを前に、「一部の者の騒ぎは正しい」「ごく少数の者はわが党と社会主義をひどく憎んでいるが、差し支えない」と言い切ってしまうような、共産党の指導者らしからぬリベラルな思考にある。一九八九年の天安門事件で総書記の座から追われた改革派の趙紫陽は「胡耀邦はまことに寛容にして寛大な人物だった。とくに知識層に対する寛容な政策の実施を唱えた。彼は知識人にはつねに同情的で寛大だった」と回想している（『趙紫陽極秘回想録』三八六頁）。しかし、守旧派が跋扈する共産党政治の世界にあっては、胡耀邦の開明的な政治スタイルは「党の指導を堅持する」との原則問題で立場が堅固でない、脇が甘いというマイナス評価になるのであろう。別の言い方をすれば、政敵に足をすくわれやすいタイプとも見なされよう。発想が民主的で、腹蔵なくものを言う政治家は中国では生きにくい。

鄧小平との関係についても、胡耀邦は歯に衣着せずこんなことを言っている。

「小平同志が我々より経験が豊かで優れていることはみんなが認めている。だが、我々だって六〇過ぎの人間だ。彼が我々に無理強いすることができるかい？　我々を派閥分けして、胡耀邦は鄧小平の弟子だ、という者がいる。まったくのでたらめだ。私は一九三〇年に革命に参加し、一九四四年になって初めて小平同志と知りあった。いま中央が安定しているのはちゃんと集団指導を実行し、民主集中制を行っているからだ。党の事業が依拠するのは集団であって個人ではない」（田紀雲「近距離感受胡耀邦」『炎黄春秋』二〇〇四年第一〇期、二頁）。

これは一九八一年一月二四日、中央党校で行った講話の一部である。胡耀邦の鼻っ柱の強さが伝わってくる刺激的な発言だ。鄧小平の重厚なキャリアは認めつつも、家父長的な人治体質には常日ごろ強い違和感を覚えていたのかもしれない。ともあれ、最高実力者を向こうに回してここまではっきり言い切れば、党内に波風が立たないわけがない。胡耀邦は鄧小平同志を尊重していない、不逞の輩だ、と。中央党校での講話とあれば、鄧小平の耳にも届いた可能性がある。

保身第一の官僚政治家から見ると、軽率な発言であり、賢い処世とはとうてい言えない。しかし、国民の目線に立てば、評価は変わってくる。胡耀邦の驚くほどの率直さや正義感、寛容な態度からは、冷酷な現実の政治には本質的になじめないのではないかと思わせるような人間味が感じられる。「胡耀邦は誠実な人柄であった。わたしが接した指導者の中で、心臓と脈拍の鼓動を感じることのできた唯一の人であった」。かつて胡耀邦のブレーンを務めたことのある阮銘（元中央党校副教授）はそう評している（『中国的転変』一二六頁）。胡耀邦の人となりは貧しい客家の農家に生まれて苦労を重ねた彼自身の経歴と、あるいは何らかの関係があるであろうか。

「紅小鬼」の郷里と判官贔屓

近づく胡耀邦生誕九〇周年の足音に背中を押されるようにして、胡耀邦の生まれ故郷の湖南省瀏陽市中和鎮蒼坊村を訪れたのは、二〇〇五年一一月一日のことだった。瀏陽は省都・長沙市に属する県級の市で、花火製造が盛んなことで知られる。中国国内では胡耀邦の郷里というよりも、「花火の里」という看板のほうが、通りがいいかもしれない。一地方都市にしてはなかなか多彩な人材を輩出しており、清末の光緒二四年（一八九八）、西太后の戊戌の政変で処刑された硬骨の思想家・譚嗣《たんし》同《どう》はここで生まれた。市中心部には立派な構えの故居が残されている。共産党関係では、王震（元国家副主席）、宋任窮（元党中央顧問委員会副主任）、王首道（元政協副主席）、李志民（元中央軍事委員会委員）、楊勇（元中央軍事委員会副秘書長）、彭珮《ほうはい》雲《うん》（元全人代常務副委員長）といった著名な政治家、軍人たちが瀏陽の出身だ。このうち、王首道と李志民は客家である。

瀏陽は湖南省の中でも客家人口が最も多い市（県）の一つに数えられる。楊宗錚『湖南客家』によれば、瀏陽の三三の郷鎮のうち、永和をはじめ張坊、小河、大圍山など二〇余の郷鎮に客家が集中的に居住しており、全市人口一三八万人のうち約二〇万人（一五パーセント）を占める（九〇頁）。いわゆる「非純客家県（市）」である。地理的には江西省と背中合わせの位置にあり、一九二七年秋、毛沢東が指揮した秋収蜂起の現場の一つになった。瀏陽から省境の山沿いにそのまま約一五〇キロメートル南下すれば井岡山に至る。

その昔、広東嘉応州（現・梅州市）からトラ狩りの客家人が何人か瀏陽にやってきて、山の中でトラを追っているうちに土地の地味が肥えていることに気づいた。ここを開墾したらいいと考え、郷里に帰って人を集めて瀏陽に引っ越した――。以上は伝説だ。瀏陽客家の源流は宋末にまでさかのぼることができるという。元末明初の人口流入を経て、多くは明末清初（特に康熙、乾隆年間）に広東、福建、江西などから移ってきた。広東から入った三六の移民集団を調査したところ、三一の集団が清前期の移民で、このうち広東嘉応州からの移民が最も多かったという。『瀏陽県誌』の「宋季兵事」編によると、宋・徳祐二年（一二七六）、元兵が潭州《たんしゅう》（現・長沙市）を制圧し、瀏陽はほとんど滅ぼされてしまった。その後、隣県の住民を住まわせよとの詔令が下ったため、外地から移民がどんどん入り、元・元貞元年（一二九五）には人口が大幅に増え、県から州に昇格した（『湖南客家』九二～九五頁）。

さて、胡耀邦故居の取材については、実はちょっと不愉快な経緯があった。九月五日に湖南省外事僑務弁公室に取材を申し込み、その後、「同意する」との返事を受け取った。ところが、一〇月二七日になって先方から「長沙市の関係部門によれば、故居は改修中のため、しばし取材を受け入れられない」とのファクスが届き、一方的にキャンセルされてしまった。こういう場合、再交渉しても時間のムダなので、あっさり見切りをつけた。記者ではなく、「旅行者の身分」で故居を自由に参観させてもらうことにしたのである。役所の腹の内はだいたい想像がついた。胡耀邦は党内対立のあおりで政治的評価が微妙な政治家だ。記者の取材を許可し、後で問題になって責任をとらされるのは困る。事なかれ主義に徹したのだろう。

一〇月三一日、北京から長沙へ飛び、空港でタクシーを拾って瀏陽へ直行した。またも運悪くカミカゼ運転手にぶち当たった。「焦るな、もっとゆっくり」という当方の絶叫も馬耳東風、休まず一二〇～一三〇キロメートルの速度で突っ走ってくれたので、たった三〇分で瀏陽にたどり着いた。個人旅行だから、うっとうしい役所との懇談などはない。町中で適当な大衆食堂を探し、一人で夕食をとった。「竹筒《チューートン》飯蒸菜《ファンチョンツアイ》」という地元料理が看板メニューだった。おかずが三品付き、ご飯はおかわり自由。市場経済化で競争社会になった中国だが、田舎にはまだおおらかなところがある。魚のアラの燻製を辛く味つけしたおかずが絶品中の絶品だった。湖南では燻製にした肉や魚をよく食べる。竹筒飯は竹筒で炊いたご飯で、野趣に富んだ客家料理の一つだ。ビールを一本つけて計一五元だった。確認はしなかったが、客家人が経営する店だったのかもしれない。

翌一一月一日朝、車で中和鎮蒼坊村へ向かった。緑豊かな山々のはざまに田畑が広がるのんびりした風景を眺めること一時間余、静かな山里といった風情の中和鎮に着いた。瀏陽の市域の中で最も江西省寄りの町の一つだ。胡耀邦故居は樹木がうっそうと茂った小山に抱かれるようにひっそりたたずんでいた。

蒼坊村には東側に筆架山、西側に西嶺という小さな山が横たわっている。胡耀邦の生家はその西嶺のふもとに位置する。背後を森林に囲まれるようにして南向きに建てられており、木々の濃い緑と、黄色っぽい土塗りの外壁、南方特有の黒い屋根瓦とのコントラストが目に鮮やかだ。正面の大広間を中心に「コの字」形に建物が広がり、寝室、台所など大小合わせて計一九部屋ある。延べ面積四五〇平方メートル。大広間を挟む東西の建物にはかつて胡耀邦の曾祖父兄弟の一家がそれぞれ居住し、胡耀邦は西側の部屋で生まれた。旧居全体は小地主だった鄧小平の生家と比べれば、二回り小さく、毛沢東の生家と比べても簡素である。だが、家全体が高台にあるので、中庭の日当たりはよい。清・咸豊年間（一八五一～六一年）の普請とされ、かなり古びた農家ではあるが、一世紀半の星霜に耐えて、それなりに落ち着いた風格を漂わせていた。

平日の午前中だったため、ほかに訪問客はいないのではないかと心配したものの、案に違い、後から三々五々、見学者がやってきた。写真を撮るのに好都合なので、少しほっとした。それにしても、「故居は改修中のため、取材を受け入れられない」とはいったいどこの話なのか。役所の見え透いたウソであることは最初からわかっていたが、こうやって外国人記者をだまそうとするのだから、国民をたぶらかすことなど平気の平左でやってのけるわけである。

ぼやきはさておき、故居の話を続ける。建物は胡耀邦が亡くなってから六年後の一九九五年に、修復したうえで一般公開され、その翌年、湖南省政府から省級文化財に指定された。故居管理事務所の関係者は「参観者は全国から何万人とやってくるよ。党の老同志が多いね。五一（メーデー）とか七一（共産党創立記念日）のときは特にたくさん来る」と話していた。故居の正門の上に掲げられている看板「胡耀邦故居」は元国防部長・張愛萍《ちょうあいへい》の揮毫によるものだった。一九三三年九月、中央ソビエト区で共産党に入党した胡耀邦は翌年春、少共（共産主義青年団の当時の呼称）中央局秘書長の仕事を前任の張愛萍から引き継いだ。二人はそのころからの親しい関係だったと見られる。

同じ湖南省内にあっても、毛沢東故居や劉少奇故居と違って、ここはいわゆる観光名所にはなっていない。全国区の愛国主義教育基地として大々的な宣伝が行われているわけでもない。それでも全国各地から胡耀邦を慕って多くの人々が見学にやってくる。そのことは、故居の中に展示されていた参観者の書き置きからもうかがわれた。「胡耀邦精神は永遠なり」「耀邦は偉大だ、偉大だ、本当に偉大だ」「指導者の模範であり、人民の公僕」「人民の心の中には永遠にあなたがいる」――手放しの賛辞のオンパレードである。多くは党・政府関係者の書き置きだ。わざわざこんな田舎まで足を運んでオベンチャラを書く理由は見当たらないから、どれもまずまず素直な気持ちを書き記したものだろう。政治に敏感な北京であったら、おそらく、こういう内容の展示はできない。地元だからこその特例と言っていい。

故居の西隣に平屋建て民家風のこじんまりした記念館があった。記念館と名乗るほど大仰なものではないということか、入口の看板は「胡耀邦故居陳列室」と控え目である。入ってすぐ目についたパネルにこんな前口上が書いてあった。

「胡耀邦——その名前は歴史の高大な石碑に永遠に刻まれ、キラキラと光り輝いている。革命に身を投じてから彼の一生は中国人民の運命にぴったり寄り添っていた。一人の紅小鬼から抗日軍政大学政治部副主任、一八兵団政治部主任になるまで、また中国新民主主義青年団中央委員会書記から党の総書記になるまで、一歩一歩着実に前進し、中国人民の解放事業と社会主義建設事業のために立派な仕事を成し遂げた。……胡耀邦同志は親しみがあって近づきやすく、仕事ぶりはまじめである。公明で小事にこだわらず、正しい気風を一身にみなぎらせている。彼の個性、態度、品格は独特の人生の輝きを放っている。彼の音容と笑顔、高尚な品性は永久に人民の心の中に刻まれるだろう」

胡耀邦の生涯を紹介する写真が多数展示してあったが、最終コーナーで一枚の白黒写真に目が釘づけになった。昼間、天安門広場に集まった黒山のような大群衆を、人民大会堂方向から北京飯店を遠景に収めるようにして撮ったもので、「胡耀邦の死去後、国を挙げて哀悼の意が表せられ、一一億の中国人民が彼に別れを告げた」と

蒼坊村の山のふもとにひっそりとたたずむ胡耀邦の生家

胡耀邦故居陳列室に展示されている1989年当時の天安門広場の写真。胡耀邦の死を悼む群衆の姿をとらえている（いずれも2005年11月）

「耀邦精神を発揚し、中和の事業を振興しよう」——中和鎮の役所の正面玄関に掲げられたスローガン（2005年11月）

の短い説明文が添えてあった。撮影日時は明記されていなかったが、広場のポールの国旗が半旗になっており、自転車を引いている学生らしき姿もちらほら写っていることから、死去の翌日か翌々日あたりに撮られたものだろう。まさに、胡耀邦の死に触発される形で民主化運動が大きなうねりとなって盛り上がろうとしている時期の天安門広場の光景である。

「反革命暴乱」と断罪された天安門事件に関連する写真を公開展示することは中国では今なおタブーとなっている。中国の数ある公設記念館の中で、そんな写真を堂々と飾っているのはおそらくここだけだろう。一枚の写真と簡単な説明文のほかには一切余計な解説はない。だが、それだけにインパクトが大きい。深読みすれば、この写真の展示を決めた責任者の意図はこう解釈できるのではないか。人々はただ胡耀邦の死を悼んで天安門広場に集まった。それがそもそもの始まりなのだ。この写真を見よ。どこを探せば、「反革命暴乱」といったような屁理屈が出てくるのか、と。

一九八九年当時、上海に駐在していた私は四月半ば以降、地元の民主化運動を日々追いかけており、取材応援で北京に入ったのは首都に戒厳令が布告された五月二〇日当日だった。そのときには天安門広場はすでに学生たちの完全な「解放区」になっていた。遠い日の自分の記憶に連なる写真の光景をじっと見つめながら、こういう写真をわざわざ展示するのは地元の判官贔屓《ほうがんびいき》もあるのかな、と思った。中和鎮の党委員会が入った役所の正面玄関には、「耀邦精神を発揚し、中和の事業を振興しよう」との金文字のスローガンが堂々と掲げられてあった。北京の党中央が胡耀邦にどんな評価を下そうとも、地元にとっては、彼は疑いなく郷土の誉れであり、瀏陽客家の誇りなのだ。

「心は人民にある。もともと大事小事を問わず、利は天下に帰する。損得を争う必要がどこにあろうか」。胡耀邦のそんな言葉も展示してあった。けれんみのない、几帳面な字である。遺品の一つとして並べてあったインスタント・コーヒーの空き瓶には、いささか意表を突かれた。こういったものはフタがしっかりしていて携帯に便利なので、中国の庶民はよく湯飲みに代用するが、「天下人」の胡耀邦も愛用していたとは……。ネスカフェの瓶だったから、改革開放後の時期に使ったものであろう。それは当人の質実で飾らない人柄を、千言万語を費やす以上に雄弁に物語っていた。

「十大元帥」の一人で副首相、国防部長などを歴任した徐向前（一九九〇年死去）は、胡耀邦の死後、「権力を握りながら、それを乱用せず、真心をもって人民に奉仕するという党の目的を終始忘れなかった。優れた品性は党の指導幹部が学ぶ価値がある」との追悼文を書いている。胡耀邦を絶賛するこの一文は波紋の大きさを考慮して長らく秘められ、二〇〇六年四月になって『炎黄春秋』誌上でようやく公開された。胡耀邦の失脚当時、徐向前は中央軍事委員会の副主席として主席の鄧小平を補佐していた。追悼文からは、立場を超えた、胡耀邦への哀惜の念が伝わってくる。これを読んで、皇帝型ストロングマンの毛沢東や鄧小平には「人徳」という言葉はそぐわないが、胡耀邦についてはそれを使ってもいいような気がした。

ところで、地元では、胡耀邦の初めての本格的な記念館となる「胡耀邦陳列館」が建設中だった。場所は敏渓という小川を挟んで旧居と向かい合っている小山の山腹で、旧居から歩いて三分ほどのところだ。建築面積三二〇〇平方メートルの豪壮な記念館で、建物そのものはほとんどできあがっており、現場の工事関係者によれば、生誕九〇周年までに竣工にこぎつけるとのことだった。しかし、完成を目前にして、関係方面から建設中止の圧力がかかったらしく、計画は沙汰止みになった。その後も記念館がオープンしたという話は聞かない。「過ち」を犯して更迭された総書記の功績を宣伝する施設は政治の安定上よろしくないとの判断が上から降ってきたのだろう。失脚した政治家には故居のミニ陳列室が分相応と言わんばかりの措置である。胡耀邦本人は大金を投じた記念館など決して望まないであろうが、大人気ない仕打ちと、草葉の陰であきれ果てているかもしれない。

「不公平」憎む客家魂

現在、最も信頼に足る胡耀邦の評伝は、生誕九〇周年を機に出版された張黎群等主編『胡耀邦伝』である。ただ、これは第一巻（一九一五～七六年）しか公刊されておらず、胡耀邦の総書記時代を含む脱文革、改革開放期については空白となっている。党内の改革派知識人グループが共同執筆したこの評伝はそもそも全三巻で発行される予定だった。ところが、関係部門は政治的に論議の少ない第一巻のみの出版を承認し、総書記時代などを描いた第二巻（一九七七～七八年）と第三巻（一九七九～八九年）は出版を差し止めた。生誕九〇周年当時、関係者に取材したところ、「胡耀邦の改革をめぐり、党内に異なる意見がある。第二、三巻の審査結果はまだ通知されておらず、いつ発行できるかわからない」とのことだった。

胡耀邦の生家にも陳列室にも、胡一族が客家であることを指摘する展示は見当たらなかった。しかし、胡耀邦と客家の関係は数々の資料によって裏づけられている。『胡耀邦伝』を頼りに、胡耀邦のルーツをたどってみる。「胡氏族譜」によれば、始祖は胡《こ》允欽《いんきん》（字は建十、一五六九年～?）という人物だ。彼はおおよそ明・万暦年間に江西楽安県浯塘《ごとう》村（現・撫州《ぶしゅう》市楽安県）から瀏陽県中和郷の西嶺のふもとに移り住み、「始祖建十公」と敬われた。胡耀邦は胡允欽から数えて一二代目に当たる。『胡耀邦伝』は「歴史上の移民の状況から考えて、西嶺胡氏は客家人というべきである」と結論づけている（三頁）。

李恒の『回憶父親胡耀邦』も客家の家系であることを認めている。李恒は「多くの人はわが家が客家人という背景を持つことを知らない」と述べ、「明末清初に約四〇〇〇戸の江西、広東の客家人が続々と西方へ、あるいは北方へと移動し、江西・湖南省境に入植した。その中で私の先祖も苦しい長旅をしていた」と解説している。さらに、客家について「漢人の中でいちばん開拓精神と堅忍の性格を備えた特殊な集団」と位置づけ、「中国近代の革命闘争史上だけでも、孫中山、廖仲愷《りょうちゅうがい》、鄧演達、朱徳、葉剣英、彭湃《ほうはい》、葉《よう》挺《てい》ら多くの客家の背景を持つ傑出した人物が現れている」と、いささか誇らしげに紹介している（三七～三八頁）。

彼女は一九五二年の生まれで、鄧小平の三女・鄧榕とほぼ同世代である。だが、それぞれが書いた父親の回想録、伝記を読む限り、二人の客家に対する認識はかなり違う。鄧榕は「鄧小平客家説」を他人事のように語り、まったくと言っていいほど客家に関心を示していないが、李恒は非常に自覚的に客家という存在を意識している。彼女は胡耀邦から何らかの形で自分の一族が客家の系統であることについて話を聞いていたのではないか。そうだとすれば、胡耀邦は鄧小平とは異なり、それ相応の客家アイデンティティーを持っていた可能性がある。瀏陽が鄧小平の郷里の四川省広安と決定的に違うのは、現に客家が集中的に居住する地域であるという点である。特に胡耀邦が生まれた中和鎮は二万余の住民の約四割を客家が占める。そうした社会、文化的な環境を考えれば、胡耀邦の内なる客家意識の存在を仮定するのはあながち不当ではないだろう。

さて、胡耀邦の父親は胡祖倫（一八八二～一九五四年）といい、一四歳で父母を相次いで亡くした。このため、本人は叔父の胡成檻《こせいかん》に、一二歳の妹と八歳の弟は伯父の胡成杓《こせいしゅく》に扶養された。一八歳のとき、文家市鎮五神嶺黄花沖村の農家の娘・劉明倫（一八八二～一九六七年）と結婚した。彼女は纏足《てんそく》をしていたという。伝統的に客家の女性は農作業に従事するのがふつうだったことから、漢民族の他の民系の女性と違って、動き回るのに不自由な纏足をする習慣がない。したがって、劉明倫の家系は客家以外の民系かもしれない。ちなみに、胡耀邦故居陳列室に展示してあった胡祖倫と劉明倫の顔写真を見ると、胡耀邦の顔立ちは明らかに母親似である。顔の輪郭はもとより、目のあたりと鼻から口元にかけての感じが実によく似ている。性格の優しそうな面立ちであった。

夫婦は西嶺の家に入り、一二人（六男六女）の子宝に恵まれた。しかし、無事に育ったのは三男の耀福、四男の耀邦、長女の石英、三女の菊華、五女の建中の五人だけだった。耀邦は上から九番目の子供だったため、両親から「九伢子《チウヤーツー》」（伢子は湖南方言で「子供」の意）と呼ばれた。胡家には田畑がほんの数ムー（一ムーは約六・七アール）しかなかったうえに、貧乏人の子沢山で生活が非常に苦しかった。そこで胡祖倫は荷担ぎ人夫をして生計を立てた。毎朝、かごを担いで一〇キロメートル離れた文家市鎮まで行き、五〇キログラム以上もの石炭を詰めてあちこちに運んだ。「おやじは長いこと荷担ぎ人夫をしていたので、両肩にでっ

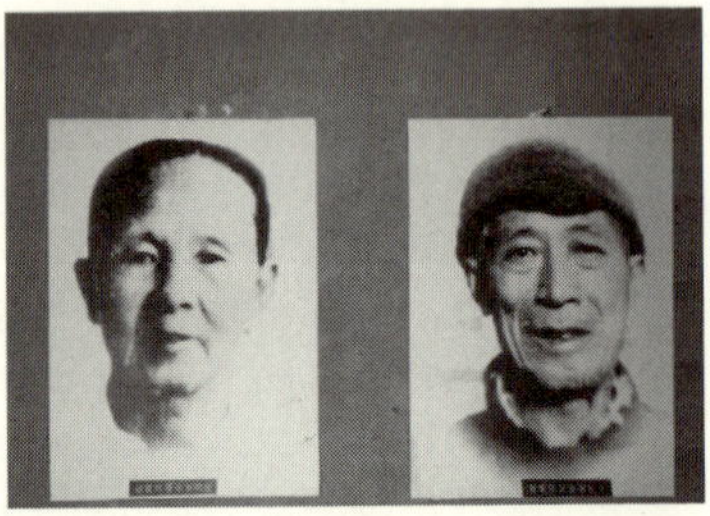

胡耀邦の父母の写真（故居陳列室）。胡耀邦は顔立ちが母親（左）に似ている（2005年11月）

かいたこができていたよ」。胡耀邦は生前、働き詰めだった父親の思い出をそう語っている。

子供のころ、胡耀邦は発育が遅かったという。やはり生活が貧しく、栄養不足が響いたのだろう。ふつうの子供が言葉を発する年齢になっても、なかなかうまくしゃべれず、どもった。だが、頭がよく、性格も活発だった。幸い胡家には生活は貧乏でも子供の教育を重んじる気風があった。教育に投資するのは客家の伝統である。胡氏宗族には昔から公田があり、族長が管理していたが、その収益のほとんどは一族の子供たちの教育に使われた。胡耀邦の曾祖父・胡名鐘は地元では知識人として知られた人物で、一族の教育のために「種桃書屋」という私塾を創設した。胡氏の子弟であれば、学費は不要だった。胡耀邦も五歳のときにこの私塾に入って勉強した。

その後、胡耀邦は初級小学校（初小）を経てトップの成績で文家市鎮の高級小学校（高小）に合格した。一族は欣喜雀躍し、胡氏祠堂の会議で学費は宗族と胡祖倫の近親者でつくる互助組織「久如会」が共同で負担することになった。成績優秀だった胡耀邦はさらに瀏陽県立初級中学に進学する。七〇～八〇戸の胡氏一族からは役人が一人も出ておらず、高小や中学に上がった者さえもほとんどいなかった。このため、羽振りのいい他の一族から侮られていたという（『回憶父親胡耀邦』四一頁）。科挙の時代はとうに終わっていたが、胡耀邦は胡氏一族の希望の星だった。ゆくゆくは立身出世し、自分たちを軽んじてきた連中を見返して欲しい。周囲のそんな期待が彼の小柄な体に重くのしかかったことだろう。

しかし、一九二七年九月、秋収蜂起を起こした工農革命軍が文家市鎮に一時集結するなど、革命の熱気は瀏陽にも押し寄せ、胡耀邦はその嵐に巻き込まれていった。彼は地元では数少ない「知識少年」だったことから、郷少年先鋒隊長や児童団長をまかせられ、そのうち党組織に若手幹部候補生としてスカウトされることになる。一九三〇年一一月、胡耀邦は父母ら家族に別れを告げ、江西省のソビエト区へと旅立った。満一五歳の紅小鬼の長い革命人生の幕開けだった。

胡耀邦が革命に身を投じた動機は何だったのか。李恒によると、胡耀邦は失脚後の一九八八年冬、湖南省への帰郷の途上、人にこんなことを語ったという。「そもそも私はなぜ革命に参加したか？ 姉さんが無残にもいじめ殺されたことが一つの重要な原因だった。世の中はあまりにも不公平だからね」(同上三九頁)。長姉の石英は、不運にも「飲む、打つ、買う」の三拍子がそろったノラクラ男に嫁がせられ、ついにはいじめ殺された。胡耀邦を学校にやるため、機織りの仕事に精を出し、二銀元の学費をつくってくれた弟思いの姉だった。薄幸の人生を送った姉への追慕の念が世直しの情熱をかきたてたということだろう。胡耀邦の人間性をしのばせるエピソードである。

それにしても、「世の中はあまりにも不公平だ」という言葉は、権力の中枢に上り詰めてからの胡耀邦の仕事を振り返ると、あるいは彼は少年のときからずっとその思いを胸に秘めてさまざまな矛盾と格闘してきたのではないかとの感を深くする。胡耀邦の政治家としての最大の業績は、脱文革の過程で「真理の基準」論争(「実践は真理を検証する唯一の基準である」との主張を理論的武器に、毛沢東路線の正統な継承者を自認する華国鋒を批判した)を推進し、文革中に「冤假錯案(冤罪、でっち上げ、誤審事件)」で失脚させられた多数の幹部の名誉回復を図り、職務に復帰させたことである。それだけでなく、一九五〇年代の反右派闘争で「右派分子」のレッテルを張られた知識人の再審査を行い、彼らのうちのほとんどの名誉を回復した。

もう一つ、胡耀邦の業績として評価したいのは、文革終了後、問題の多かったチベット政策を軌道修正したことだ。文革中、チベットでは仏教寺院の破壊、チベット語教育の軽視など民族文化に対する大々的な抑圧が行われ、もともと生産力の低かったチベット経済も疲弊の極に達した。一九八〇年五月、チベットを視察した胡耀邦はあまりにも貧しく立ち遅れたチベットの実態に驚き、「中央が与えたカネをヤルンツァンポ川に捨ててしまったのか」と現地指導者を厳しく叱責した。そのうえで、経済建設に全力を挙げるよう指示するとともに、教育や文化の重視、チベット人幹部の積極登用などの新政策を打ち出した（ツェリン・オーセル『殺劫』三〇〇頁）。ここにも、世の不公平への怒り、弱者への慈しみの視線が感じられる。

いずれにせよ、胡耀邦は共産党が毛沢東時代にしでかした数々の不始末の尻拭いを率先して行ったわけである。今なお中国の多くの知識人が、とりわけ反右派闘争や文革で辛酸をなめた老齢の知識人が、胡耀邦を極めて高く評価し、敬愛しているのは、そういう不滅の業績があるからだ。胡耀邦は植えられたばかりの改革開放という苗木が大きく育ち、葉を茂らすための政治的土壌を整備した。改革開放はこういうプロセスを経なければ、まず成功しなかった。政治的に困難で、勇気の要る仕事に立ち向かった胡耀邦を支えたのは何かと考えると、世の不公平、理不尽に対する激しい憤りであったように思われる。これも客家の反抗精神に一脈通じるものがあろう。

湖南客家をめぐる遺聞

湖南省には「純客家県（市）」はなく、「非純客家県（市）」のみ一一県（市）を数える。瀏陽をはじめ、平江、攸《ゆう》県、茶陵、炎陵、桂東、汝城《じょじょう》、郴州《ちんしゅう》、新田、江華、江永の各県（市）である（蕭平『客家人』七八頁）。地理的には江西省境の東部と広東省境の南部に集中している。両省とのつながりの深さを暗示しているが、これと関連して興味深いのは湖南の客家が自分たちのことをどう称しているかという問題だ。

『湖南客家』によると、湖南の客家は「客家人」と自称するほかに、「客辺人」「客姓人」「広東人」「福建人」「江西人」などと言ったりもする（一七頁）。瀏陽の客家の中には自らを「客家人」と呼ばずに「広東人」あるいは「江西人」と自称する（つまり原籍地を名乗る）者たちがいる（九六頁）。江西省を原籍とする胡耀邦の一族は郷里で何と自称していただろうか。江西が父祖の地である以上、「江西人」と称した可能性がなくもないが、実態は推測の域を出ない。

一方、湖南省における客家語の使用地域は、湖南・江西省境と湖南・広東省境に沿って、要するに、ほぼ「非純客家県（市）」に沿って、L字を横に反転させた形で広がっている。湖南の客家語は広東東部・北部、福建西部、江西南部の客家語と似たり寄ったりで、例えば、炎陵の山奥に住む客家人であっても広東梅州の客家語テレビ番組を聞いて理解できるという（『湖南客家』五六頁）。胡耀邦が客家語を話せたのかどうか、話せたとしてどの程度のレベルだったのかは確認できない。しかし、本人が瀏陽の客家文化圏で育ったことを考えると、多少なりとも話せた（理解できた）と見るのが妥当ではないか。また、瀏陽など湖南東部では江西方言が一般に話されていることや、本人が中学教育まで受けたことを勘案すれば、当然ながら、江西方言と湖南方言にも不自由しなかったと思われる。

『胡耀邦伝』に、ちょっと示唆に富む記述がある。食料も娯楽も乏しいソビエト区の厳しい生活の中で、胡耀邦は同世代の紅小鬼の友人たちと一緒によく「山歌《シャンコー》」を歌って英気を養ったというのだ（三五頁）。「山歌」は山に住む客家が柴刈りや田植えをしながら歌う伝統的な民謡である。一般に客家は歌が大好きで、「山歌」は「客家山歌」とも呼ばれる。彼の歌仲間は陳丕顕《ちんひけん》（元全人代常務副委員長）、頼大超（元広州市人民代表大会常務委員会副主任）といった面々であった。陳は福建省上杭県、頼は同省永定県の生まれで、ともに客家の出身だ。郷里を異にする客家が三人そろって「山歌」を口ずさんだとなれば、自分たちの共通語である客家語で歌ったと考えるのが自然だろう。歌は「頼大超がいちばんうまく、胡耀邦も上手だった」という。

同書が画竜点睛を欠いているのは、せっかくこういう貴重なエピソードを紹介しながら、「山歌」とは何なのかに言及せず、陳、頼の二人が客家であることにも触れていない点だ。本来、評伝の類は、こういった細部にまで筆を走らせないと、行間からリアリティーが浮かび上がってこない。今で言えば、高校生くらいの年頃の多感な若者たちが、しかも同じ客家の文化を背負っている青年たちが、親元を離れた寂しさをお互いに慰めあうかのように、声を張り上げて歌っている。そこには客家同士であるからこそ、心と心がすんなり通じ合うものがあったであろう。「山歌」に「客家」というキーワードが結びつくことによって、情景のイメージはぐんと膨らんでくるのである。

「山歌」は瀏陽の客家人の間でも盛んに歌われてきた。一九七〇～八〇年代、瀏陽の客家人は一〇〇～五〇〇首の「山歌」を歌うことができたとされる。一九八七年に瀏陽市文化館が「山歌」の採録を実施したとき、中和郷（鎮）に住むある老女（七〇歳代）は、字が読めないにもかかわらず、三日間に約五三〇首もの「山歌」を歌った（『湖南客家』二三七頁）。胡耀邦はこのような文化環境の中で生まれ育ったわけであるから、知らず知らずのうちに多くの「山歌」を覚えたであろう。

ここで、胡耀邦と陳丕顕の関係について若干補足しておく。ソビエト区で陳丕顕が共青団中央児童局書記だったころ、胡耀邦は同じ職場で宣伝と雑誌編集を担当していた。一緒に寝起きし、仕事もし、兄弟のような間柄だった。二人の親しい関係はその後半世紀にわたって続き、胡耀邦が総書記に就任した一九八二年、陳丕顕も中央書記処書記として指導部入りした。胡耀邦の長男・胡徳平（元党中央統一戦線工作部副部長）は、わざわざ『炎黄春秋』（二〇〇四年第一二期）に二人の交友に関する回想記（「胡耀邦陳丕顕傾心交往五十年」）を寄せている。このことを見ても、二人の特別親密な関係がうかがわれよう。その理由を「お互いに客家だから」と解釈するのはあまりにも単純で皮相的すぎるだろうが、まったく関連がないと否定すべき根拠もない。

話がいくらか脇道にそれるが、湖南とくれば、韶山出身の毛沢東に多少なりとも触れないわけにはいかないだろう。毛沢東と客家の関係について、である。毛沢東もルーツをたどると、江西省に行き着く。場所は吉安府竜城（現・吉水県八都鎮）だ。奇しくも吉安は毛沢東、鄧小平という現代中国の二大巨人と深い縁で結ばれた土地ということになる。韶山毛氏の原籍がやはり吉安であることは意味深で、客家との関連の有無を考えさせる。始祖の毛太華は明朝の開国時、参軍して南瀾滄《なんらんそう》（現・雲南省瀾滄拉祜《ラフ》族自治県）へ遠征し、現地で妻を娶り、子供をもうけた。明・洪武一三年（一三八〇）、毛太華は湖南省湘郷県へ移住し、その一〇年後に彼の二人の息子が近くの湘潭県韶山沖へ引っ越したとされる（中共中央文献研究室編『毛沢東伝』上巻一頁）。

『湖南客家』は、毛沢東について「客家後裔」であるとの見解を示している。湖南における「客家後裔」の分布は広域にまたがり、毛沢東に代表される、湘潭《しょうたん》市および周辺地区の住民はその範疇に含まれるという（一〇頁）。現代の湘潭人はもはや自らを客家人とは認識していないが、毛沢東もそういう湘潭人の一人であった。毛太華の湖南入りから毛沢東の誕生までにはすでに約五〇〇年もの歳月が流れている。客家の痕跡が跡形もなく消えてしまっていても何らあやしいことではない。中華人民共和国が成立した一九四九年一〇月一日、毛沢東が天安門城楼で叫んだ「中国人民はここに立ち上がった」との宣言は生粋の湖南なまりを帯びていた。

付言すると、おもしろいことに、韶山のすぐ北隣の寧郷県に生まれた劉少奇の原籍も江西吉安であり、始祖の劉時顕は明・嘉靖年間（一五二二～六六年）に湖南へ移ったとされている（『湖南客家』一一頁）。劉少奇もひょっとしたら「客家後裔」の範疇に入るのかもしれない。ただ、念のため、『劉少奇年譜』（中央文献出版社、一九九六年）をめくってみたが、これには吉安とのつながりに関する記述はなかった。

胡耀邦故居を参観した翌日、ついでに韶山を訪れた。一六年ぶり三度目の韶山だったが、毛沢東記念館、滴水洞、故居とお決まりのコースをまた見て回った。記念館と滴水洞ではそれぞれ三〇元の入場料を取られた。昔に比べると、観光地としての俗化が著しく、「革命の聖地」という言葉を使うのが気恥ずかしくなるようなありさまだ。安っぽい土産物屋が軒を連ね、物売りや食堂の呼び込みが観光客の車に襲いかかるように駆け寄ってくる。記念館は小学生の団体がワーワーうるさくてゆっくり見学するどころの話ではない。昔とまったく変わっていなかったのは、記念館の展示に大躍進、反右派闘争、文革など建国後の毛沢東の重大な失政に関するものがほとんど見られないことぐらいだった。

韶山を見た後、車で三〇分ほどの劉少奇故居にも立ち寄った。記念館や故居のある地区一帯が一つの大公園として観光開発され、銅像公園なるものが出現するなど仰々しい。ここの記念館も文革に関しては申し訳程度にしか触れておらず、興ざめすることはなはだしかった。文革期、国家主席の劉少奇は「中国のフルシチョフ」「資本主義の道を歩む実権派（走資派）」と批判され、一九六九年一一月、河南省開封で獄死した。劉少奇を生かすか殺すか、毛沢東のさじ加減一つであったが、毛沢東は事実上、劉少奇を見殺しにした。二人の元指導者の記念館はこの文革最大の悲劇と正面から向き合っていない。それは共産党の歴史に対するご都合主義の反映だ。「歴史を鑑にする」とは、現在の中国指導者が特に対日外交の際によく口にする常套句だが、自らの負の歴史については例外扱いをし、まったく恥じないようである。

客家問題からいささか脱線してしまった。ただ、共産党史において客家は日陰者の扱いを受けており、それは突き詰めれば、共産党の独善的な歴史観の問題に帰着するから、実事求是とは言いがたい記念館展示とまったく無関係のことではないだろう。ともあれ、湖南省の「紅色旅遊」コース中の二大拠点をめぐった後で感じたのは、歴史の真実はやはり見えないところにあるということであった。そして、華やかなスポットライトとは縁のない胡耀邦故居のひっそりしたたたずまいが不思議と好ましく思い起こされた。

5　広東省梅州――「客都」が育んだ葉剣英の革命精神

客家の根拠地

北京を拠点に政治や外交の取材をしていると、意外にも広東省というのはそうしばしば出張で訪れるところではない。日本メディアにとっての広東ニュースは基本的に経済関係のものが多いが、その方面の取材は経済専門記者が担当するし、重大な事件や事故があった場合もアクセスが便利な香港に駐在している記者がカバーするのが通常だからだ。そんなしだいで、私の場合、省都の広州や経済特区の深圳はともかく、広東省内の他地方となると、あまり行く機会がなかった。広東北東部の梅州までようやく足を延ばすことができたのは、北京駐在最終年（二〇〇六年）の二月二六日。スワトウ（汕頭）で中国初の民間「文革博物館」を取材し、そのついでに一泊旅行で立ち寄ったのである。

梅州は言わずと知れた、中国いや世界の客家の根拠地で、「世界の客都」と称されている。広東、江西、福建三省の境に位置し、域内では海抜五〇〇メートル以下の山地と丘陵が八割以上、平地と台地が一割余、川や貯水池が一割弱をそれぞれ占めることから、「八山一水一分田」と言われてきた。行政的には梅江区、興寧市、梅県、大埔県、豊順県、五華県、平遠県、蕉嶺《しょうれい》県の一区一市六県で梅州市を構成する。清代には嘉応州と呼ばれ、辛亥革命後に梅州と称されるようになった。

梅州は先秦時代にまで遡れば、いわゆる「百越」の生活圏であった。畲（ショオ）族や瑤（ヤオ）族の居住地でもあり、中原から下ってきた漢族とこれら土着民族の文化が混合するなかで、梅州の客家文化が形成されてきた。今も梅州には畲江鎮をはじめ、孔畲、畲営、谷畲、粟畲など「畲」の字がつく地名が非常に多い。また、「斜」の字がつく地名もたくさんあるが、これは「斜」と「畲」が客家語では同音であることによる。二〇〇〇年の国勢調査によれば、梅州には三九七人の畲族がおり、主に豊順県に住んでいる。

スワトウから梅州までは高速道路が通じており、車で三時間ほどだった。出張のオマケのような旅だから、客家の本場がどんなところか一度見ておこうという以上の目的があったわけではない。だが、新聞記者にとっては、街をぶらぶら散策することも、市場や商店を冷やかすことも、酒場で一杯ひっかけることも、ことごとく仕事と言えば仕事である。そのようにして「道草を食う」ことで、そこがどういう町かを五感で理解できるようになる。他人には「どこが取材なの？」と訝しがられそうだが、生きた中国を知るにはこうした世情観察が欠かせない。梅州でも気の向くまま、足の向くまま、街の探訪に徹した。

宿は梅州旧市街の梅江沿いに建つ望江楼大酒店。四つ星ホテルだが、春節休みも終わったオフシーズンとあって閑散としていた。部屋代は一泊二〇〇元と、北京あたりの同じクラスのホテルに比べれば驚くほど安い。部屋に荷物を置いて廊下に出ると、フロアの受付に暇をもてあましている様子の若い女性従業員がいた。聞けば、地元生まれの客家人というので、さっそく、簡単な客家語を教えてもらうことにした。梅州の客家方言は中国の代表的かつ標準的な客家語とされている。

まずは基本的な数字から。一（イー）、二（ニー）、三（サン）、四（スィー）、五（ン）、六（リュウ）、七（チー）、八（バー）、九（キュウ）、十（スッ）。客家語は「中古時代の発音を多く保っているので、日本漢音、宋音との間に共通性があるということは何も不思議なことではない」（羅齋立『客家語』二頁）とされている。実際に耳にすると、何やら本当に日本語の発音のようで、親しみやすい。次にあいさつ語など。你好（ニーハウ）、多謝（トーチァ）、再見（ザイキャン）、日本（ニップン）、日本人（ニップンニン）……。「ニップン」「ニップンニン」には思わず頬がゆるんだ。ほとんど「日本語」ではないか。逆に日本人が「ニッポン」「ニッポンジン」と言えば、客家人はほとんど「客家語」だと感じるだろう。蛇足ながら、私の名前「藤野」は「テンヤー」（普通話では「トンイエ」）と発音するとのことだった。日本漢音読みでは「トウヤ」となるから、確かに客家語の発音と似ている。

彼女は梅州以外の土地で暮らした経験がなく、「話せるのは客家語と普通話だけ。潮州語はわからないし、広東語も話せない」という。広東では客家、潮汕（潮州、汕頭）、広府が三大民系である。その広東に住みながら、有力方言である潮州語、広東語の両方ともできないというのはちょっと意外だった。しかし、裏返せば、梅州は日常生活でそれらをほとんど必要としないくらいの「客家語王国」であるということだ。さすが、客家の根拠地というべきか。フィンランド一国とほぼ同じ約五〇〇万の客家人口を擁する梅州ならではの特殊な言語環境であろう。

付言すると、梅州では、潮州市に隣接する豊順県の湯坑鎮など四つの鎮で潮汕方言が話されている（使用人口約一二万）以外は、ほとんどの住民が客家語を話す（梅州市政府ホームページ）。中国の客家語人口は漢族総人口の三・六パーセント（黄伯栄、廖序東『現代漢語』上六頁）であり、二〇〇〇年の国勢調査の漢族総人口約一一億三七三八万人を基に計算すると、約四〇九四万人ということになる。梅州一市だけでその約一二パーセントを占めるから、集中度はかなり高いと見ていい。

同じ広東省でもさまざまな地域の出身者が集まり、近代化が進んでいる大都市の広州あたりになると、客家が母語を代々継承していくのはなかなか難しいようだ。興寧県（梅県の西隣）出身で、今は広州に住む客家の知識人家庭をかつて訪問したことがあるが、広東人の夫人と広東語で話し、孫たちとは普通話で話す生活をしていた。今の子供たちは学校で普通話教育を受けているので、こんなケースが多いということだった。

台湾の客家社会でも母語の継承はなかなか厳しい状況にある。二〇〇八年五月、客家人が多く住む台湾新竹を旅した際、嘉義県出身の客家女性（一九七九年生まれ）に一日ガイドをお願いした。彼女は祖父母と父親が客家語を話す家庭に育ったため、母語を流暢に操るが、「私の世代の客家人で客家語を話せる人はとっても少ない」とのことだった。実際、新竹で出会ったある地元の老人は彼女の客家語を聞き、「若いのに客家語を話せるとは珍しい。今はだいたい年寄りしか話せないからね」と驚いていた。

台湾客家は明末清初以降に広東、福建から移住した客家人の子孫で、「自分は客家人」とのアイデンティティーを有する者は約四二八万人（台湾総人口の一八・六パーセント）を数える。しかし、客家語を話せる者は半数以下の四八・七パーセントしかいない（行政院客家委員会の二〇〇八年調査）。先祖が広東省海豊県というこのガイドの女性は「大陸の客家語はほとんど理解できる。発音はだいたい同じで、あまり違和感がない」と話していた。中台の客家を結ぶ文化の絆が先細りになるとするなら、何とも惜しいことだ。

梅州のホテルに場面を戻す。先の女性従業員に客家語を教えてもらったついでに、梅州では食べ物は何がうまいのか聞いてみた。彼女がすかさず勧めたのが犬肉料理。条件反射のように、前夜、スワトウの繁華街で食事をした店のそばに犬肉料理の露店があったのを思い出した。煮込んだ犬の頭や尻尾、足先がそのままの形で並べられていた。残念ながら、私は根っからの愛犬家なので、他の肉はだいたい何でも食べるが、犬肉だけは食べない。梅州客家人は犬肉が大好物という。後で街を歩いてすぐわかったが、犬肉を扱う店舗や食堂がたくさん目についた。

犬肉は体力の消耗が激しい夏場に食べるのがよいとされ、真偽は不明ながら、「小さい犬は腎臓に滋養があり、中ぐらいの犬は血を補い、年老いた犬はリューマチに効く」（房学嘉等著『客家梅州』一五六頁）そうである。余談だが、清末の太平天国運動は最高指導者の洪秀全をはじめ、馮雲山、楊秀清、石達開ら幹部や上帝教徒のほとんどが客家であった。記録によれば、「太平軍が戦闘に勝ったあとの最大のごちそうは犬肉だった」という（小島晋治「客家と太平天国」一二三八頁）。客家の食生活において犬肉がいかに重要な地位を占めているかをうかがわせる逸話だ。

結局、夕食は街中のふつうの客家料理屋に入り、まず客家料理の定番である「塩焗鶏《イエンチュイチー》」を注文した。内臓を取り除いた鶏を干した後、紙で包み、熱した塩の中に埋めて蒸し焼きにした料理だ。肉は軟らかくあっさりしており、ビールがすすんだ。「客都」にいるという気分の味つけも効いていたのだろう。客家料理にはサツマイモやサトイモを使ったものが多い。「炸芋泥《チャーユィニー》」という、イモを油で揚げた料理も食べたが、内陸の山里料理らしい素朴な味がした。

梅州につながる多彩な人脈

梅州の市街地図を開くと、「剣英記念大橋」「剣英公園」「剣英図書館」など、郷土が生んだ元帥・葉剣英にちなんだ固有名詞が散見される。葉剣英は職業軍人出身で、党中央軍事部参謀長、紅軍第一方面軍参謀長などを歴任し、長征に参加した。建国後、広州市長、中央軍事委員会副主席、国防部長、党副主席などを経て、一九七八年から全国人民代表大会常務委員長を一期務めた。一九八六年一〇月、八九歳で亡くなっている。中国では共産党指導者個人の故居や記念館を除き、当人の名前を冠した地名や施設名はあまり聞かない。文革中の毛沢東個人崇拝への反省から、指導者個人に関する過剰な宣伝を慎む方針があるためと思われるが、梅州は他地域とはちょっと空気が異なるようである。新中国を代表する客家の英雄に対する郷土の敬愛の情がなせる業であろうか。いかにも誇らしげに葉剣英の名前を目立たせるところに、梅州客家の団結心や連帯感がうかがわれなくもない。

団結心と言えば、梅州にはそうした客家の特性を象徴するような建物がある。「囲竜屋《ウエイロンウー》」という伝統的な集合住宅で、梅州滞在中にその中でも築五〇〇年の歴史を持つ代表的な囲竜屋「仁厚温公祠」(梅県)を見学した。仁厚温公祠は温氏という一族の祖廟を中心に据えた家屋

築500年の歴史を持つ客家の伝統的な囲竜屋「仁厚温公祠」の内部。半円形の長屋が三重にめぐる

「仁厚温公祠」の中で見かけた老婦人たち。客家の同族意識は強い(いずれも2006年2月)

群を、半円形の長屋が三重に取り囲む構造をしており、明・弘治三年（一四九〇）に建設が始まった。部屋数はざっと三九〇。かつては約九〇家族四〇〇人の住民を数え、現在も一族の子孫が住んでいる。広大な囲竜屋の内部には細い通路が縦横に走り、迷宮に足を踏み入れたような気分に襲われた。客家の伝統家屋としてはドーナツ型の「円形土楼（円楼）」が有名だが、そもそもは集団で外敵の襲撃から身を守るとともに、限られた土地を有効活用するのが目的だったとされる。いずれにせよ、客家社会の根底に強烈な同族意識がなければ、土楼や囲竜屋のような集合住宅は発達しなかったであろう。

　さて、街の探訪である。中国では、どの町でも、旧市街が残っている場合はまずそこを見学すべきだが、梅州の旧市街は梅江の北側にあり、凌風路、仲元路、文保路、周増路といった古い通りが縦横に入り組んでいる。一歩足を踏み入れると、マレーシアのペナンあたりの裏通りに迷い込んだかと錯覚させるような独特の雰囲気があった。そんな印象を受けたのは、商店や民家の二階から上が歩道に張り出してアーケードを形作っている「騎楼《チーロウ》」という建築様式が街並みの基本になっているからだ。多くは二～三階建てである。高温多湿の中国南部によく見られる家並みだが、分家とも言うべき、東南アジアのチャイナタウンのごく一般的な景観でもある。梅州の旧市街には、建国前の建築と思われる、黒っぽいカビが生えたような外壁の騎楼が軒を連ね、そこだけ眺めていると、セピア色の世界だった。狭い通りを、輪タクやバイクがひっきりな

梅州の旧市街には「騎楼」が軒を連ね、東南アジアのチャイナタウンの風情が漂う（2006年2月）

しに行き交い、喧騒が渦巻く。そこは中国南部でもあり、また東南アジアでもあった。

中国と南洋が渾然一体となったような梅州の街の雰囲気に浸っていると、この土地が歴史的に多くの華僑を海外に送り出した「華僑の古里」であることが自然と実感される。一八世紀後半、嘉応州から現在のインドネシア・カリマンタン島に渡り、「蘭芳公司」を創設して未開の土地に「客家王国」を築いた羅芳伯（「大唐客長」の尊称で呼ばれた）はあまりにも有名だが、梅州をはじめ、中国南部各地から海外移住者が大量に流出したのはアヘン戦争（一八四〇～四二年）後のことである。背景には、増え続ける人口と生活の困窮、また、列強の植民地になった東南アジア各地の労働力不足などがあった。とりわけ、一八五六年に勃発したアロー戦争（第二次アヘン戦争）の結果、スワトウ、南京、漢口など計一〇港が開港されたことはこの流れに拍車をかけた。

梅州は山に囲まれた内陸の町だが、見落としてはならないのは域内を流れる梅江とその下流に当たる韓江の水運を通じて潮州、スワトウ、さらには南シナ海と直接つながっているという地理的特性である。韓江の河口に位置するスワトウが開港されたことにより、梅州の人々の目は一段と海外へ向けられるようになった。

これは孫引きだが、『客家梅州』が紹介している陳達『南洋華僑與閩粤社会』（一九三八年）によれば、華僑の海外移住理由のうち、生計困難が七〇パーセント、南洋に親戚がいるというのが二〇パーセント、

梅州の町中を流れる梅江。「客都」はこの川を通じてスワトウや海外とつながってきた（2006年2月）

天災が三パーセントであった。梅州出身の華僑・華人は東南アジアを中心に世界六〇カ国・地域に分布している。東南アジアで人数が最も多いのはインドネシアで約六五万人、次いでタイ六三万人、マレーシア三八万人。シンガポール、ベトナム、ミャンマーなどにもそれぞれ一万人以上が住んでいる（『客家梅州』二六九頁）。かつては革命や抗日に参加するために祖国に舞い戻った帰国華僑も多かった。例えば、元最高人民検察院検察長の劉復之は梅県出身の客家で、帰国華僑の一人である。付け加えると、興味深いことに、劉復之は一九三八年から一九四一年にかけて、八路軍で朱徳（総司令）や鄧小平（一二九師政治委員）の秘書を務めている。

梅州をルーツとする客家系華人の中で最もよく知られているのは、シンガポール元首相のリー・クアンユー（李光耀）であろう。彼の父方の曾祖父は清・道光二六年（一八四六）、梅州大埔県の韓江沿いの唐渓村に生まれた。『リー・クアンユー回顧録』には「ジャンク（平底帆船）に乗ってシンガポールへ移住してきた。一八七〇年、シンガポール生まれで店員の華人女性セオウ・フアンネオと結婚したことはわかっているが、それ以前の詳しい話はほとんどわからない」とある（上巻一三頁）。おそらくスワトウ開港後の移住ブームに乗って南洋へ向かったのではないか。シンガポールで一旗揚げた曾祖父は清・光緒八年（一八八二）に郷里に戻り、家を建てた。現在もその平屋の客家式民家は「李光耀（リー・クアンユー）祖居」として保存され、一般公開されている。

東南アジアにはもう一人、梅州にルーツを持つ著名な客家系政治家がいる。タイ元首相のタクシン・シナワット（丘達新）である。タクシンはタイ北部チェンマイ県生まれの華人系タイ人で、母方の祖父は梅県松口鎮梅教村の出身だ。祖父は若いころ、タイへ移住し、彼の娘（タクシンの母親）は第二次世界大戦中、梅県の家に戻り、二年間暮らしたことがあった。タクシンは首相在任中の二〇〇五年七月、中国を訪問したついでに、息子を連れてわざわざ梅県に立ち寄り、祖父の家を訪ね、義理のおばら親戚の者たちに会っている。『人民日報』のインターネット版「人民網」によると、当時、タクシンは親戚に「地元方言で話しかけた」とあるから、少なくともあいさつ程度の客家語は解するのかもしれない。

旧市街を一回りした後、輪タクをつかまえ、近くの黄遵憲《こうじゅんけん》故居（人境廬《じんきょうろ》）へ向かった。黄遵憲は近代中国を代表する客家の政治家、外交官の一人であり、愛国詩人としても名高いが、日本との因縁が深い。清・道光二八年（一八四八）、当時の嘉応州に生まれ、二〇代で挙人（科挙の郷試合格者）となり、初代駐日公使・何如璋の書記官として日本に駐在した。日本研究に取り組み、『日本国志』と『日本雑事詩』を著したことはよく知られている。米国、英国などにも駐在し、変法運動を支持した開明派だったが、戊戌の政変で失脚して帰郷し、晩年は地方の教育振興に尽力した。清朝時代の科挙（文官、武官）で、梅州は進士一九七人、挙人一四三三人を輩出した（『客家梅州』二四一頁）というから、伝統的にかなり教育文化レベルが高い土地柄であったことが知れる。

故居は敷地面積五〇〇平方メートルほどの、中庭つきの邸宅で、ささやかな陳列館を兼ねていた。展示を見ていて興味をひかれたのは、胡耀邦が総書記時代の一九八四年二月六日、余秋里（副首相）、張廷発（空軍司令員）、郝建秀《かくけんしゅう》（中央書記処候補書記）を引き連れてわざわざ見学に訪れていることである。梅県を視察した際に立ち寄ったもので、胡耀邦は黄遵憲の詩を愛好していたらしい。愛国客家の先達に対する敬愛の念もあって自ら参観を希望したのであろう。

なお、胡耀邦に随行した張廷発は福建省沙県出身の客家である。一九七七年から五年間、中央軍事委員会常務委員を務め、同委員会副主席の葉剣英の下で働いた。葉剣英派の軍人と言っていい。軍内に「客家閥」と呼べるようなグループが存在するのかどうか明確な答えはないが、人間である以上、少なくとも同じ客家としての密かな心情的連帯感はこれまで確実に存在したであろうし、今も存在していると考えたい。

葉剣英の長男・葉選平の写真も展示してあった。一九八五年三月、葉選平がカナダのバンクーバーを訪れたとき、黄遵憲の嫡孫・黄廷超と一緒に撮った記念写真である。葉選平は当時、広州市長（同年八月に広東省長）の職にあり、地元・広東を権力基盤とする実力者だった。二人の個人的関係がどのようなものなのかはうかがい知れなかったが、原籍を同じくする客家の絆を、その写真は無言のうちに語っていた。

葉選平にはかつて人民大会堂で一度会ったことがある。とは言っても、全国人民代表大会か政治協商会議の全体会議が終わった直後のロビーでの「ぶらさがり」取材である。あの葉剣英元帥の息子、しかも広東の主のような政治家とあって、香港メディアが彼のところに殺到し、芸能人のような人気ぶりだった。みんなが彼にノートやメモ帳を差し出しているので、何事かと思ったら、サインのおねだりだった。日本の記者にはそんなことをする習慣はないのだが、好奇心から試しにメモ帳を渡したら、気さくに名前を書いてくれた。ふつう中国の指導者が記者にこんなサービスをすることはまずない。対外開放の最先端でもまれてきた政治家ならではの、さばけた応対というべきか。もちろん、中国の要人にサインをもらったりしたのは後にも先にもこれ一回きりである。

「華僑」出身の元帥・葉剣英

葉剣英という軍人政治家は、歴史的に共産党の危機的局面において非常に重要な役回りを演じた人物だが、日本では意外と一般に知られていない。ひょっとしたら一冊ぐらいは研究書か伝記の類が出ているのではないかと考え、国立国会図書館の蔵書を検索してみたが、一件もヒットしなかった。同じ客家出身の軍人政治家でも、朱徳がアグネス・スメドレーによる評伝『偉大なる道――朱徳の生涯とその時代』(岩波書店)のお陰で、日本でも昔からよく知られているのに比べれば、どうも認知度に差があるようである。だが、後述するように、葉剣英は一九七六年の「四人組」逮捕に際して中国の命運を左右する決定的な役割を果たすなど存在感の大きい指導者だった。

こういう言い方が妥当かどうかわからないが、葉剣英は正統派の客家だ。客家文化の本場の梅県に生まれ、客家語を母語として育ち、多くの梅州客家がそうであるように海外に縁戚関係があり、自身もごく短い期間ながら南洋での「華僑」生活を体験している。しかも、客家が多数の人材を送り込んでいる軍・政界で本流中の本流を歩んだ。その文化的なバックボーンは極めて明瞭であり、経歴も現代中国の代表的客家人という名に恥じない。葉剣英と鄧小平は同じ客家として一つにくくられることが多いが、二人を一緒に並べてみると、バックボーンの濃淡の差が歴然と浮かび上がってくる。

梅州に着いた翌日、梅州市中心部の北東約三〇キロメートルの梅県雁洋《がんよう》鎮虎形村にある葉剣英故居を参観した。農村部でよく見られる瓦葺きのふつうの民家である。故居の左隣は二階建ての「葉剣英元帥記念館」で、揃いの迷彩服を着た高校生と思しき集団がぞろぞろ入館する場面にちょうど出くわし、館内はにわかに騒々しくなった。いわゆる愛国主義教育活動の一環であろう。記念館の玄関前には高さ二メートルの葉剣英の銅像があった。中山服姿で石の上に腰掛け、右手に大きな麦藁帽子を持つ格好をしている。だいたい、中国の指導者たちの銅像は実物以上に恰幅がよく、りりしい顔立ちに作られているものが多い。この銅像の顔もかなり眉目秀麗であった。しかし、青年期から壮年期にかけての葉剣英の写真を資料で見ると、実際、体格が優れ、目に力があり、鼻筋も通っていて、映画俳優にしたいような男前である。中国には珍しいリアリズムの政治家銅像かもしれない。

葉剣英の全生涯をたどるのが本論の主旨ではないので、ここでは客家人としての色彩が濃厚に垣間見える梅州時代と南洋時代を中心に語りたい。葉剣英は清・光緒二三年（一八九七）四月二八日、梅県雁洋堡下虎形村（当時）の小さな商家に生まれた。名を宜偉、字を滄白といった。『葉剣英年譜』（中国人民解放軍軍事科学院編）はその出自についてこう記している（上巻一頁）。

梅県の葉剣英故居。毛沢東や鄧小平の生家に比べればかなり質素だ（2006年2月）

「葉氏の祖先は南宋時期に中原地区から南方へ移住した漢人、つまり『客家人』である。まず江西へ移り、さらに福建、粤東を経て、最後に梅県雁洋に定住した。祖父の名前は福智といい、結婚して五人の子供――銘祥、欽祥、鑑祥、錫祥、鉆祥《てんしょう》――をもうけた。葉鉆祥は一九歳のとき、梅県松口鎮梅教郷の貧農の娘、陳秀雲と結婚し、全部で八人の子供をもうけた。葉宜偉（剣英）は二番目の子供である。このうち、四人の子供は成人することなく夭折した」

葉剣英の秘書を一七年間務めた張廷棟（少将）の回想録『愛書元帥葉剣英』によれば、祖父の葉福智は豚肉売りで生計を立てていた。てんびん棒を担いであちこち売り歩き、後に雁洋から五キロメートル離れた場所に茅葺きの家を建て、そこで商いをした。五人の息子のうち上の四人は相次いで南洋へ渡り、一番下の鈷祥が地元に残った。彼の八人の子供の中で無事に育ったのは、剣英と弟の道英、妹の才英、順英の四人である。妹二人は小さいとき、よその家に「童養媳《トンヤンシー》」としてもらわれていったという（四〜五頁）。

旧中国には、他家の幼女を引き取って育て、大きくなってから自分の息子の嫁にするという独特の婚姻方式があり、このようにしてもらわれた幼女を「童養媳」と言った。新中国建国後、「童養媳」は一種の陋習《ろうしゅう》として禁止されたが、かつて客家地区では「童養媳」が他の地区よりも頻繁に見られ、梅州でもごく一般的な風習だったという。客家地区では女性が家事だけでなく、重労働の農作業も担う文字通りの大黒柱であることから、「童養媳」をもらうことによって労働力を確保するなどの生活上の必要があったとされている。前章で紹介した客家の鄧六金、康克清、鐘月林といった有名な女紅軍たちは、いずれも「童養媳」として他家にもらわれた経験を持つ。幼いころから辛酸をなめた共通の体験は、客家としての連帯感以上に濃厚な仲間意識を彼女らの心に植えつけたに相違ない。

子供時代の葉剣英にはちょっとおもしろい逸話がある。大人たちが太平天国の「長毛《チャンマオ》造反」の話をしているのを聞き、本人は何のことかよくわかっていなかったものの、「大きくなったら、おいらも長毛に会いに行く」と語ったというのである（『愛書元帥葉剣英』六頁）。「長毛」とは太平軍のことを指すが、彼らが清朝に反抗して、辮髪《べんぱつ》を拒否し、髪をふさふさと伸ばしていたことからそう呼ばれた。太平天国とは満洲人王朝に対する客家の反乱だった。意味はわからなくても、子供ながらに葉剣英の客家の血が騒いだのであろうか。

三つ子の魂百まで——。「長毛」に触発された葉剣英の反抗心は、成長するにつれ、どんどん頭をもたげた。一一歳で隣町・丙村鎮の三堡学堂（高等小学校）に入ると、孫文の革命思想を宣伝する『梅州雑誌』などを読むようになり、また中国同盟会の会員だった校長の謝魯倩《しゃろせい》や教師の林修明の影響を受けて、清朝の封建体制に不満を抱くようになった。このため、葉剣英は一部の進歩的な学生たちと一緒に辮髪を切り落とし、清朝への反抗姿勢をアピールしたという。まさしく、「長毛」に続け、である。また、在学中、「潮勇（潮州府の清兵）」を懲らしめる活動にも参加した。当時、潮州府の清兵は梅県一帯で徴発をする際、町でカネやモノをゆするなどの悪事を働き、住民を苦しめていた。そこで、あるとき、葉剣英は校長に率いられ、学友たちとともに、町でのさばっていた清兵数人を捕まえ、県府に突き出したりしたことがあった（『葉剣英年譜』上巻五頁）。

血気盛りの若者を過激な行動へと駆り立てたのは、風雲急を告げる革命運動だった。一九一一年四月、同盟会の黄興が率いる革命派が広州で蜂起し、校長の謝魯倩と教師の林修明もこれに参加した。しかし、林修明は戦闘の中で犠牲となり、葉剣英は恩師の死に大きな衝撃を受けた。一〇月一〇日、湖北省武昌で新軍が武装蜂起（武昌起義）したことにより、辛亥革命の烽火が上がった。梅県地区でも一二月に蜂起軍が県城を占領する事態となったが、葉剣英は時代が急展開していくさまを直接目撃し、大いに共感を覚えると同時に、自分も社会変革に積極的に参画していきたいとの思いを強くしたようである。

革命の洗礼を受けた葉剣英は、その後、地元の東山中学を卒業し、一九一六年春から小学校で教鞭をとり始めたものの、向学心を抑えがたく、広州へ行って勉強を続けたいと願った。ところが、多くの客家人家庭がそうであるように貧しい家計が進学を許さなかった。そこで、葉剣英が思いついたのは、南洋にいる四人の伯父に経済的支援を頼むことだった。葉剣英は上海にある南洋公学が南洋華僑の子弟を募集していることを知り、英領マラヤ（現・マレーシア）のイポーにいる伯父に手紙を書いて助力を求めた。しかし、三番目の伯父の息子・葉宜桐が手紙を寄こして言うには、「四人とも小商いをしているので生活が苦しく、学資を援助する余裕はない。学校に行くよりも、むしろ南洋に来たらどうか」とのことだった。葉剣英は父母と相談し、南洋行きを決めた。一九一六年冬、スワトウから船に乗り、香港、シンガポールを経由してイポーに到着した。

イポーは現在、マレーシア・ペラ州の州都だ。私はシンガポール特派員時代に一度だけ出張で訪れたことがある。イポー近郊の山岳地帯で山津波が起き、多くの犠牲者を出した先住少数民族「オラン・アスリ（土着の人）」の村を取材するのが目的だった。市内には一泊しただけだったが、広東風の騎楼が立ち並ぶ市街のあちこちに中華レストランがあり、とにかく華人の姿が目立つ町だった。これはスズ鉱業で発展したイポーの歴史と深い関係がある。

一九二一年当時、英領マラヤの華僑人口は一一七万四七七七人を数え、福建人と広東人が二大勢力だった。客家人は二一万八一三九人（一八・六パーセント）と第三勢力だったが、スズ鉱業労働者の多くは客家人が占めていた（唐松章『マレーシア・シンガポール華人史概説』二六頁）。このため、イポーは南洋における客家人の拠点の一つとなった。華僑は祖国での地縁、血縁関係をそのまま移住地に持ち込み、同じ方言を話す者たちがまとまって居住する傾向が非常に強かった。葉剣英の伯父たちもそうであったし、葉剣英自身もそうした慣例に従って南洋へ渡ったわけである。

駆け出しの華僑になった葉剣英だったが、異国での生活は順風満帆とはいかなかった。『葉剣英年譜』には、「職探しをする過程で、何度も資本家から冷たい扱いを受け、社会の不公平を身にしみて感じた」

とある（上巻一一頁）。鄧小平らフランス留学勤工倹学組とは滞在した国が異なるが、葉剣英もほぼ同じ時代に生活と勉学のために苦闘し、広く世の中を見る目を養ったと言えるかもしれない。一九一七年春、彼はイポーの華僑学校・明徳小学校の国語教師に採用された。

明徳小学校はイポーの都市建設に貢献した客家の大物華僑として知られる姚徳勝が私財を投じて建てた学校だ。姚徳勝は清・咸豊九年（一八五九）、梅州平遠県に生まれ、一九歳で英領マラヤに渡り、スズ鉱の採掘労働者になった。その後、スズ鉱開発で成功を収め、南洋客家の立志伝中の人物になった。マラヤ各地に多数の嘉応会館を建てるなどして同胞を支援し、明徳小学校のほかに育才中学も創設した。一八九二年六月、イポーが大火に見舞われたときには町の再建に尽力した。姚徳勝は辛亥革命の前年に故郷の梅州に戻って定住し、紡織工場を建てたり、学校をつくったりした。葉剣英が卒業した東山中学も姚徳勝の資金援助を受けて創設されている。

姚徳勝は葉剣英よりも一世代上で、葉剣英がイポーに行く前年に他界している。郷土出身の華僑の成功者として、彼は当然ながらその名前をよく知っていたはずである。ましてや、自分も多少なりともその恩恵をこうむっただけに、華僑の一つの理想像ととらえていたのではないか。外国と個人的つながりがあることが危険視された文革期、海外に華僑の親族を持つ人々は非常に肩身の狭い思いをさせられたが、葉剣英は一九七一年の林彪事件後、華僑政策の偏向を正すため、担当者にこう指示したという。

「海外には数千万の華僑の同胞がいる。彼らは愛国心が強い。彼らの祖国に対する感情を損ねてはならない。我々の同志の中には華僑の状況を理解していない者がいて、海外関係を複雑な関係と同一視し、複雑な関係を反動関係と同一視している。何とも幼稚でばかげたことであり、華僑の栄えある歴史がわかっていない。三、四〇年代に華僑は帰国して抗日に加わったが、妻子を置き去りにし、豊かな生活を捨てた。こういう愛国の熱情は極めて貴いものであり、大いに宣伝しなければならない」(『愛書元帥葉剣英』四四〇〜四四一頁)

葉剣英が林彪事件後の政治の変化を敏感に読み取って、華僑政策転換の必要性を明確に指摘できたのは、彼自身が若いころから華僑世界と濃密に交わってきたことと深い関係がある。「華僑の古里」に生まれ育ち、一時的であれ、南洋の華僑生活を体験している葉剣英は、おそらく指導部内の誰よりも、華僑の重要性、とりわけ中国がいずれ対外開放時代を迎えるときに華僑が担うであろう役割の大きさをよく理解していた。中国が改革開放後、外資導入などの経済発展戦略を念頭に華僑を重視する政策を推し進めたことは、葉剣英の見通しの的確さを裏づけている。葉剣英は南洋での生活体験があるだけでなく、共産党の指示で三〇代前半の若いころにモスクワ留学もしている。青年期の外国体験で培った視野の広さこそ彼の持ち味であった。これは鄧小平とも共通する点である。

ところで、葉剣英の伯父たちはスズ鉱を掘って一山当てようとしたが、姚徳勝のようにはうまくいかなかった。もし伯父たちの新たなビジネスが順調に成功していたら、葉剣英も自然とそれを手伝う形になり、腰掛けではない本格的な華僑の道を歩むことになったかもしれない。しかし、彼は新聞で孫文の演説を読んで、「力の及ぶ限り孫中山先生の革命を助け、軍閥を打倒し、中華を統一しよう」と決意するに至り、南洋生活に早々に見切りをつける。雲南陸軍講武学校が華僑子弟を募集しているとの情報がイポーにも届き、葉剣英はこれに応募して首尾よく合格した。一九一七年夏、彼は七人の仲間とともに香港、ベトナム経由で雲南省昆明へ赴き、第一二期生として講武学校に入学した。その際、軍に身を投じて国に報いる決意を明らかにするため、名前を「剣英」に変えた。若干二〇歳、以後約七〇年にも及ぶことになる軍人生活の第一歩であった。

客家の気概

若き日の葉剣英の歩みをざっとたどってみたが、彼が生まれてから大人になるまで一貫して客家社会の濃密な人間関係の中で過ごしてきたことがよくわかる。何しろ、郷里の梅県にいたときはもちろんのこと、にわか華僑として南洋イポーで暮らしたときも客家人に囲まれていたわけだから、強烈な客家人意識が培われたであろうことは想像にかたくない。雲南陸軍講武学校時代でさえも、休日祝日には同郷の学友たちと連れ立って、昆明市内にある、「客家人の第二の古里」とも言うべき互助親睦施設「両広会館」によく集まった（『愛書元帥葉剣英』二一～二二頁）。やはり、異郷にあって心を許せる人間、信頼できる仲間は同胞の客家人であったということだろう。幼少期から青年期にかけて血肉の一部となった客家人意識は生涯消えるものではない。葉剣英を憂国の革命軍人の道へと導いたのは、清末以降の歴史的な激動の時代であることは疑いないが、それ以上に、反抗と革新の気概に富んだ客家社会そのものではないかとの感を深くする。

客家の気概という言葉を持ち出したところで、書いておきたい歴史的事件が二つある。ともに葉剣英が深く関わっており、いかにも客家の軍人政治家らしい気骨が十二分に示された事件と言える。まず時代は一気に建国後の一九六七年へと飛ぶ。前年に始まった文革の混乱が全国に拡大していたこの年の二月、軍長老をはじめとした古参指導者たちが、既存の秩序をずたずたに引き裂く文革のやり方に抗議し、中央文革小組の面々と対立する重要な事件が起きた。いわゆる「二月逆流」である。その古参指導者たちの中で急先鋒として文革派に鋭い批判の矢を放ったのが、当時、中央軍事委員会副主席（政治局員）の葉剣英であった。

二月一一日、周恩来の主宰により、中南海の懐仁堂で政治局打ち合わせ会が開かれた。譚震林、陳毅、李富春、李先念、徐向前、聶栄臻《じょうえいしん》ら古参指導者が居並ぶなか、葉剣英は彼らの意見を代表する形で中央文革小組組長の陳伯達に語気鋭く詰め寄った（以下は『葉剣英年譜』下巻九五九～九六〇頁、『愛書元帥葉剣英』二二六～二二七頁、王年一『大動乱的年代』二〇八頁を基に再現）。

「あなたたちは党を混乱させ、政府を混乱させ、工場も農村も混乱させた。それでも飽きたらずに軍隊を混乱させようとしている。何をやろうというのか。上海で奪権を行い、〔上海の権力機構を〕上海コミューンに改名した。国家体制に関わる重大な問題なのに、政治局の討論も経ずに勝手に名前を変えるとは、何をやらかすつもりなのか」

葉剣英は若いころから血の気が多かったが、七〇近くになってもまったく意気軒昂である。さらに陳伯達に追い討ちをかけた。

「私らは本を読まず、新聞も見ないので、何がパリ・コミューンの原則なのかわからない。ちょっと教えてもらいたいが、パリ・コミューンの原則とは何かね。革命は党の指導がなくてもいいのか。軍隊がなくてもかまわないのか」

その気迫に、陳伯達は「葉帥《イエシュアイ》（葉剣英元帥の呼び名）、あなたにそう言われては、私は身の置き場がないですよ」と一瞬ひるんだふりをして見せたが、すかさず部下の組員の関鋒が怒りもあらわにカバンを机の上に投げ出し、「そんなふうに言うんなら、こっちにもうんと言うことがあるぞ」とすごんだ。

毛沢東の威光を背に文革運動の上げ潮に乗って政治の主導権を一気に握ろうとする文革派に対して、建国の功労者である古参指導者たちが真っ向から挑戦状をたたきつけた図である。この日は周恩来が場を収めたが、散会した後、同じく中央軍事委員会副主席（政治局員）の陳毅が葉剣英の耳元でささやいた。「剣《チエン》公《コン》（剣さん）、あっぱれだったよ」

両者は二月一六日の政治局打ち合わせ会でも激しく衝突する。結果は古参指導者側の「負け」であった。毛沢東が彼らの主張を文革否定の動きととらえ、「懐仁堂での大騒ぎは資本主義を復活させようとするものだ」と批判したからである。中央文革小組顧問の康生は「二月逆流で最初の大砲を放ったのは葉剣英だ」と攻撃したが、葉剣英は屈服しなかった。ただ、文革派からの圧力はどんどん強まっていく。一九六七年、林彪グループの黄永勝が軍事委員会弁事組の組長になり、軍事委員会常務委員会に取って代わった。葉剣英は事実上の軟禁生活を強いられ、電話も自由にかけられないような状況に陥った。彼が再び軍事委員会の日常業務を取り仕切るようになったのは、一九七一年九月に林彪事件が起き、軍事委員会弁事組が廃止された後のことである。

もう一つの重要な事件は、時代が少し下って、文革最終年の一九七六年一〇月六日に起きた。毛沢東夫人の江青（政治局員）と仲間の姚文元（同）、張春橋（政治局常務委員）、王洪文（党副主席）が一種の宮廷クーデターで一網打尽となった「四人組」逮捕である。この事件に関しては、当時、党第一副主席兼首相だった華国鋒が、同年九月九日の毛沢東死去の翌日に「四人組」逮捕の腹を固め、長老の協力獲得に向けた根回しに着手したことが本人の証言で明らかになっている（華国鋒の知人の元吉林省長・張根生の回想記「華国鋒談粉砕『四人幇』」『炎黄春秋』二〇〇四年第七期、一〜五頁）。

それによると、華国鋒は九月一〇日、副首相の李先念と密談し、「四人組には党の最高権力を奪い取ろうという野心があり、もはや一刻の猶予も許されない」と述べ、李先念に葉剣英と連絡をとるよう要請した。この時点で、華国鋒は「四人組とは両立できない。連中を葬らなければならない」との決意を固めていたとされる。李先念は一三日、「四人組」に察知されないよう「植物園に行く」との口実で外出し、葉剣英を訪ねて会談。こうした根回しを経て華国鋒は葉剣英と面談し、「非常手段を用いて問題を解決する」ことで合意したという。

『葉剣英年譜』によれば、葉剣英は九月二四日、北京西山の自宅で李先念と密談し、「我々と彼ら（四人組）との闘争は生きるか死ぬかの闘争だ。連中をやっつけない限り、我々に活路はない。妥協の余地はない」と一歩も引かぬ決意を語り、翌日、華国鋒を訪ねて長時間話し合っている（下巻一一一二頁）。この場で両者の連携は最終的に固まったと推測される。「四人組」逮捕は、ともかくも政権中枢にいた華国鋒の意志がなければ、うまく事が運ばなかったが、彼を支えたキーパーソンが二人いた。軍に対して大きな影響力を持っていた葉剣英が第一のキーパーソンであり、党中央弁公庁主任兼中央警衛局長として実動部隊を指揮した汪東興が第二のキーパーソンである。二人の果たした役割はともに重要だったが、何はさておき、葉剣英が不退転の決意で華国鋒の参謀となり、また後ろ盾を務める腹を固めなければ、クーデターはまず容易には成功しなかった。

共産党の原理原則から言えば、葉剣英は客家である以前に、革命家であり、人民解放軍の軍人であり、党の指導者の一人であるということになる。客家という血統が特別な扱いを受けて、そこに割り込む余地はない。しかしながら、一個人としての葉剣英を見れば、彼は軍人とか政治家とかいう以前に、やはり典型的な客家であると理解すべきではなかろうか。一人の人間の人格形成にとって、どのような環境に生まれ育ったかはかなり重要だ。葉剣英が客家の家庭に生まれ、客家の人脈や伝統文化、価値観と濃密に触れ合い、それらにもまれながら育ったことを考えれば、客家に見られる特有の気質を無視して葉剣英の思想と行動を解釈するのは、ある種の妥当性を欠く感じがする。

葉剣英は文革初期に自分たちの正論が「二月逆流」として厳しく批判された屈辱を一日たりとも忘れていなかった。抑圧者に対して、なすすべもなく、ただ屈服するのは、誇り高い客家の流儀ではない。彼にとって、「四人組」逮捕は「二月逆流」の雪辱戦でもあったのである。自らにとっての「正義」を貫き通すため、彼の堅固な反骨精神と熱い闘争心はここにおいて遺憾なく発揮された。「四人組」逮捕後の政治局会議で、葉剣英は華国鋒から党主席就任を要請されたが、「毛沢東主席が後継者に指名したのはあなただ」として固辞し、華国鋒の党主席兼軍事委員会主席就任を後押しした。天安門事件（一九七六年四月）で失脚した戦友の鄧小平がいずれまた復活することになれば、文革路線を引きずった華国鋒政権は短命に終わるであろう――葉剣英には、あるいはそんな読みがあったのかもしれないが、そもそも「四人組」逮捕をテコとして個人的に権力を簒奪することが彼の目的ではなかった。大局的には文革によって歪められた党と軍の秩序の回復こそが優先事項だった。また、それを成し遂げることが自身の尊厳を取り戻す道でもあったのである。

葉剣英が青年時代から大きな影響を受け、終生敬愛してやまなかったのは、中国革命の先駆者である孫文と、その片腕の国民党左派幹部・廖仲愷（客家人。共産党政治局員、中日友好協会会長を務めた廖承志の父）であった。一九二〇年に国民党に入党した葉剣英にとって、同じ広東出身の孫文と廖仲愷は革命の先達であり、仰ぎ見る存在だった。葉剣英は一九二四年、国民党の軍幹部養成学校「黄埔軍官学校」（広州）の教授部副主任に就任したが、当時、廖仲愷は同校の党代表であった。このため、特に親しく廖仲愷の謦咳《けいがい》に接した。『葉剣英選集』（人民出版社、一九九六年）には廖仲愷の遺徳をしのぶ作品が一編（「回憶廖仲愷先生的片断」）収められている。葉剣英の彼への熱い思いには、当然ながら、客家同胞としての親愛の情も織り込まれていたことだろう。

外務省情報部が戦前まとめた調査報告書『広東客家民族の研究』（矢吹稿五九頁〜参照）は、広東における客家勢力の大きさについて「『客家に非ざれば人に非ず』との観を抱かしめ」ると述べ、「民国後客家は軍界、政界に進出する者多く、殊に国民党の勢力増大するに当り革命憂国の志情に富む客家は多く同党に馳せ参じた」と指摘している（八、一一頁）。葉剣英はまさしく、そういう時代の空気に感応した「革命憂国の志情に富む客家」の一人であった。

また、葉剣英の郷土への愛着も晩年まで薄れることがなかった。一九八〇年五月、彼は梅県を訪れた際、地元幹部を前にこんな講話を行っている。「外地から梅県に来た幹部には地元の大衆の言葉を覚えてもらいたい。言葉がわかれば、状況を理解できるようになる。この地区（梅県）に来たら、客家語を話せるようにならないといけない」（『葉剣英年譜』下巻一一八九頁）。梅県出身であるからこその、客家人の目線に立った呼びかけである。そして、自然と口からこぼれ出たのであろう、人間くさい真情を吐露した。「人は年をとると、古里の様子を見に帰りたくなるものだよ」と。葉剣英は文字通り、客家として生まれ、客家として生き、客家として死んだ。彼の遺骨は革命軍人として若き日々を過ごした広州の紅花崗烈士陵園に眠っている。

参考文献

＊編著者名（中国書は日本語読み）の五十音順に並べた。ただし編著者名のないものは末尾に書名順に並べた。
［ ］内は書名・論文名の本文中の略称。

▼日本語文献

外務省情報部編『広東客家民族の研究』外務省情報部、一九三二年。

韓鋼（辻康吾編訳）『中国共産党史の論争点』岩波書店、二〇〇八年（「中共歴史研究的若干熱点難点問題」二〇〇五年）。

阮銘（鈴木博訳）『中国的転変――胡耀邦と鄧小平』教養文庫、一九九三年［『中国的転変』］（『歴史転折点上的胡耀邦』八方文化企業公司、一九九一年）。

小島晋治「客家と太平天国」『増補 アジアの差別問題』（西順蔵、小島晋治編）明石書店、一九九三年。

小林一美「中共、中央革命根拠地における客家と土地革命戦争」神奈川大学人文学会『人文研究』第一五五集、二〇〇五年［「客家と土地革命戦争」］。

蔡驎『汀江流域の地域文化と客家――漢族の多様性と一体性に関する一考察』風響社、二〇〇五年［『汀江流域の地域文化と客家』］。

蔡驎「客家語とその言語主体のエスニック・アイデンティティー上での差異」国際アジア文化学会『アジア文化研究』第九号、二〇〇二年［「客家語とその言語主体」］。

田中清玄『田中清玄自伝』文藝春秋、一九九三年。

趙紫陽、バオ・プー、ルネー・チアン、アディ・イグナシアス（河野純治訳）『趙紫陽極秘回想録』光文社、二〇一〇年（Bao Pu, Renee Chiang and Adi Ignatius, *Prisoner of the State: The Secret Journal of Premier Zhao Ziyang*, Simon & Schuster,2009）。

ツェリン・オーセル著、ツェリン・ドルジェ写真（藤野彰、劉燕子訳）『殺劫（シャーチエ）――チベットの文化大革命』集広舎、二〇〇九年［『殺劫』］（澤仁多吉＝撮影、唯色＝文字『殺劫』台北・大塊文化出版股份有限公司、二〇〇六年）。

唐松章『マレーシア・シンガポール華人史概説』鳳書房、一九九九年。

福本勝清『スーパーエッセイ 中国革命外伝――歴史に涙する時』蒼蒼社、一九九四年［『中国革命外伝』］。

福本勝清『中国革命を駆け抜けたアウトローたち――土匪と流氓の世界』中公新書、一九九八年。

ベンジャミン・ヤン（加藤千洋、加藤優子訳）、『鄧小平 政治的伝記』岩波現代文庫、二〇〇九年（Benjamin Yang, *DENG: A Political Biography*, M. E. Sharpe, Inc., 1998）。

毛沢東「井岡山の闘争」『毛沢東選集』（第一巻）北京・外文出版社、一九七七年。

毛毛（鄧榕）（長堀祐造ほか訳）『わが父・鄧小平Ⅰ――若き革命家の肖像』徳間書店、一九九四年［『わが父・鄧小平』］（『我的父親鄧小平』（上巻）中央文献出版社、一九九三年）。

毛毛（鄧榕）（藤野彰、鐙屋一ほか訳）『わが父・鄧小平「文革」歳月』（上下）中央公論新社、二〇〇二年［『「文革」歳月』］（『我的父親鄧小平「文革」歳月』中央文献出版社、二〇〇〇年）。

矢吹晋『鄧小平』講談社学術文庫、二〇〇三年。

羅肇立『客家語と日本漢音、鎌倉宋音の比較対照研究――閩南語文語音、浙江呉語との関わりをめぐって』台北・致良出版社、二〇〇五年〔『客家語』〕。

リー・クアンユー（小牧利寿訳）『リー・クアンユー回顧録』（上下）日本経済新聞社、二〇〇〇年（Lee Kuan Yew, *The Singapore Story: Memoirs of LEE KUAN YEW*, The Straits Times Press and Times Editions Pte Ltd, 1998）(Lee Kuan Yew, *From Third World To First, The Singapore Story: 1965-2000——Memoirs of LEE KUAN YEW*, The Straits Times Press and Times Editions Pte Ltd, 2000）。

林浩（藤村久雄訳）『アジアの世紀の鍵を握る 客家の原像——その源流・文化・人物』中公新書、一九九六年〔『客家の原像』〕。

▼中国語文献

王年一『大動乱的年代』河南人民出版社、一九八八年。

夏夢淑編著『井岡山旅游大全』江西美術出版社、一九九七年。

黄伯栄、廖序東『現代漢語（増訂三版）』（上下）高等教育出版社、二〇〇二年〔『現代漢語』〕。

崔栄昌『四川方言與巴蜀文化』四川大学出版社、一九九六年。

謝佐芝主編『世界客属人物大全』（上下）崇文出版社、一九九〇年。

謝重光『客家形成発展史綱』華南理工大学出版社、二〇〇一年。

朱徳『朱徳選集』人民出版社、一九八三年。

鐘日興『紅旗下的郷村——中央蘇区政権建設與郷村社会動員』中国社会科学出版社、二〇〇九年〔『紅旗下的郷村』〕。

蕭平『客家人』成都地図出版社、二〇〇二年。

《畲族簡史》修訂本編写組『畲族簡史』民族出版社、二〇〇八年。

井岡山革命根拠地党史資料征集編研協作小組、井岡山革命博物館編『井岡山革命根拠地』（上下）中共党史資料出版社、一九八七年。
蘇多寿、劉勉玉主編『曾山伝』江西人民出版社、一九九九年。
孫暁芬編著『四川的客家人與客家文化』四川大学出版社、二〇〇〇年。
孫暁芬編著『明清的江西湖広人與四川』四川大学出版社、二〇〇五年。
中央檔案館編『中共中央文件選集』（第四冊）中共中央党校出版社、一九八九年。
中共中央党史研究室『中国共産党歴史』（上巻）人民出版社、一九九一年。
中共中央文献研究室、中央電視台《百年小平》撮制組『百年小平』新世界出版社、二〇〇四年。
中共中央文献研究室鄧小平研究組編『鄧小平自述』国際文化出版公司、二〇〇九年。
中共中央文献研究室編『鄧小平年譜（一九〇四―一九七四）』（上中下）中央文献出版社、二〇〇九年〔『鄧小平年譜』〕。
中共中央文献研究室編『毛沢東伝　1893―1949』（上下）中央文献出版社、一九九六年〔『毛沢東伝』〕。
中共中央文献研究室編『毛沢東年譜』（上中下）人民出版社・中央文献出版社、一九九三年。
中国人民解放軍軍事科学院編『葉剣英年譜一八九七―一九八六』（上下）中央文献出版社、二〇〇七年〔『葉剣英年譜』〕。
張玉竜、何友良『中央蘇区政權形態與蘇区社会変遷』中国社会科学出版社、二〇〇九年〔『中央蘇区』〕。
張泰城、劉家桂『井岡山革命根拠地経済建設史』江西人民出版社、二〇〇七年。
張廷棟『愛書元帥葉剣英――一位身辺秘書的回憶』中央文献出版社、二〇〇三年〔『愛書元帥葉剣英』〕。
張黎群等主編『胡耀邦伝　第一巻（1915～1976）』人民出版社・中共党史出版社、二〇〇五年〔『胡耀邦伝』〕。
陳世松主編『四川客家』広西師範大学出版社、二〇〇五年。

陳世松主編『客家婦女——紀念朱徳母親鐘太夫人逝世60周年文集』天地出版社、二〇〇五年〔『客家婦女』〕。
党中央組織部、中央党史研究室編『中国共産党歴届中央委員大辞典』中共党史出版社、二〇〇四年。
董励『客家』広東人民出版社、二〇〇五年。
杜福祥、謝幗明主編『中国名食百科』山西人民出版社、一九八八年。
馮光宏編著『鄧小平平民化的健康之道』中共党史出版社、二〇〇三年。
茅家琦等著『孫中山評伝』南京大学出版社、二〇〇六年。
房学嘉等著『客家梅州』華南理工大学出版社、二〇〇九年。
彭徳懐『彭徳懐自述』人民出版社、一九八一年。
満妹『思念依然無尽——回憶父親胡耀邦』北京出版社、二〇〇五年〔『回憶父親胡耀邦』〕。
楊宗錚『湖南客家』広西師範大学出版社、二〇〇七年。
羅学渭、蕭長春『井岡山革命根拠地党的建設史』江西人民出版社、二〇〇七年。
羅香林『客家研究導論』（影印本）上海文芸出版社、一九九二年。
羅勇等主編『客家文化特質與客家精神研究』黒竜江人民出版社、二〇〇六年〔『客家文化特質』〕。
李璜『学鈍室回憶録』台北・伝記文学出版社、一九七三年。
李忠、蕭子華『井岡山革命根拠地政権建設史』江西人民出版社、二〇〇七年。
李敏、孔令華主編『中央革命根拠地詞典』檔案出版社、一九九三年。
劉慶春、廖国良編著『紅都覧勝』百花洲文芸出版社、二〇〇三年。
凌歩機『鄧小平在贛南』中央文献出版社、一九九五年。

『毛委員在井岡山』江西人民出版社、一九七七年。

Ⅲ

対論

なぜ今、客家に注目するのか

矢吹 晋×藤野 彰

――六月二五、二六の両日（二〇一〇年）、福建省アモイ（廈門）を拠点に、竜岩市永定県の客家土楼地区と漳州市漳浦県赤嶺畲（ショオ）族郷を取材しました。まずは本書の書名となっている「客家と中国革命」という問題意識に引きつけた形で、お二人から率直な感想をお聞きするところから始めたいと思います。

藤野　客家の土楼の見学、これには、どのような地理的環境の中で客家の居住地区が形成されているのか、やはり現地で、この目で確認したいという一つの大きな目的があったわけです。

今は観光開発が進んでいるとはいっても、永定県をはじめとする福建省南西部の客家居住地区は、かつては車が通れる道もなかなかないような、山また山の渓谷を縫ってようやくたどり着けるという、文字通りの山間の僻地であったわけですね。昔だったら、例えばアモイから、おそらく何日も歩かないとたどり着けないところにある。客家はそのように地理的環境や自然条件が非常に厳しい場所で生活を営まざるをえなかった、そして実際にたゆまぬ努力と創意工夫によって独自の生活文化を育んできたということが、今回、現地に行ってよく実感できました。

特に代表的な客家土楼（円楼）である永定県高頭郷高北村の承啓楼は圧巻でしたね。明の崇禎年間（一六二八～四四年）に建設が始まり、清の康熙四八年（一七〇九）に完成したということですから、優に三〇〇～四〇〇〇年の歴史を持っているわけです。直径七三メートル、ドーナツ形の「土のマンション」で、かつては約六〇〇人の住民が住み、現在も約二〇〇人が暮らしていると聞きました。実物を見学して、想像していた以上に迫力のある建物でした。客家人たちが数百年前に、生産資材が限られている中でいろいろ工夫を重ねながら、あれだけのものをつくり、しかも今日に残している、現実の生活の場としてなお活用している、ということはまったく驚きでした。

客家の土楼は、客家人たちの団結心の強さといったものをうかがわせる一つの証拠として語られることが多いわけですけれども、確かに、ああいった形で集団的に居住するという形態からは、客家人たちの強烈な同族意識が育まれ、強固なものになっていった歴史的環境が偲ばれました。

福建、江西、広東の三省にまたがる山間の僻地で、客家人たちが、一つの「独立王国」と言っていいのかどうかわかりませんが、独自の生活圏・文化圏というものを築いてきた。そこは中国共産党の革命根拠地のフィールドともほぼ重なってくるわけです。非常に生活条件の悪いところから、歴史を突き動かす大きなエネルギーが生まれてきた。考えれば、もろもろの生活条件が厳しい環境であったからこそ、また、土着の人々から長年虐げられてきた客家の居住地であったからこそ、変革への熱いエネルギーが湧き起こったのではないか。共産党革命はそのエネルギーを積極的に活用することによって活路を開いた、つまり客家に依拠しなければ革命の成就は難しかった、革命と客家の巧まざるコラボレーション、そんな取りとめのない思いにとらわれました。

矢吹　そうですね。藤野さんが訪問地域の特徴を要領よくまとめられたわけですが、そういう辺鄙なところだからゲリラ活動に適していたということですね。もし交通が便利であれば国民党の包囲軍に簡単につぶされてしまったはずです。あのような山また山の中を霧に隠れて逃げ回る、機会をとらえて自軍に有利なところで敵を討つ。それが毛沢東のゲリラ作戦です。「敵が進めば、われは退く。敵がとどまれば、われは攪乱する。敵が疲れれば、われは襲う。敵が退けば、われは追撃する」（「中国革命戦争の戦略問題」）という作戦要領です。私自身は台湾の新竹、中壢や香港新界の客家農民の村落訪問を除けば、大陸客家の居住区を訪問したのは初めてです。ですから非常に印象的でした。

「やはり」と合点がいったのは、台湾の嘉義の黄氏宗親会一行がバス七台を連ねて南靖県の山道を上る隊列に、私たちが巻き込まれたことです。おかげで山道はノロノロになって、だいぶ時間を浪費させられた。狭くて耕地がほとんどない。自然環境はいいとしても、農業にとっては条件が厳しい。人口が増えていくと、もう台湾や東南アジアに移民するしかない。阿里山のふもとの嘉義、あの地域はわりあい客家の村が多いのだけれども、そこからやってきた数百人の一族による故地訪問の隊列にたまたま遭遇して、中台交流の一端を垣間見て、印象深かったわけです。

土楼の起源について

藤野　私たちが参観した福建の土楼群ですが、二〇〇八年七月に「福建土楼」という名称で世界遺産に登録されているのですね。なぜ「福建土楼」で登録したのか、どうして「客家土楼」あるいは「福建客家土楼」という名称で登録しなかったのか、疑問に感じました。中国側の関連資料からは明確な説明が見つからなかったのですが、いくつか中国の文献を読んで、土楼の起源をめぐり専門家の間に見解の相違があるということがわかりました。

これは土楼――円形、方形などさまざまなタイプがあるけれども、ここでは具体的にはドーナツ形の円楼が、客家によるオリジナルの集合住

黄氏宗親会故郷訪問ツアー団体のバス7号車

宅なのか、あるいはそうではなくて、もっと沿海部寄りの地区に住む閩南系の人たちが考案したものが客家地域に移入され、発展してできあがったものなのかという問題です。これは中国の専門家の間でも意見が一致していない。「客家起源説」に対して「漳州起源説」がある。例えば、福建省の建築家・黄漢民は「円楼は砦や山寨が発展、変化したもので、ルーツは漳州にある」と主張しています。さらに、土楼の分布自体を見ると、必ずしも客家地区だけにしか土楼がないというわけではなくて、けっこう閩南地域全体に広範囲に点在している。土楼に実際に住んでいる人たちを見ても、居住者は客家だけということではなくて、客家以外の人たちもいるという状況がある。また、円楼の本場は福建省ですが、いろいろな形の、広い意味での土楼は福建省だけでなく、広東省、江西省の客家居住地区でも見られるわけです。

とすると、当局としては、福建省の土楼について「客家土楼」の総称で言い切ってしまうことには、ちょっと慎重にならざるをえない。「客家土楼」という名称にするにしろ、あるいは「福建客家土楼」という名称にするにしろ、とにかく「客家のオリジナル」ということで土楼を定義してしまうと、いささか不都合な問題が出てくるわ

直径 73 メートル、最大規模の土楼・承啓楼

承啓楼の内部。外円部は 4 階建て、その内側に平屋の円楼が二重にめぐる。中心部は祖堂

けです。いろいろ検討した末、ともあれ「福建にある土楼だ」ということで、「福建土楼」の名称でこれを対外的に宣伝していくのが妥当であるとの結論に至った。おそらく、そういうような経緯ではなかろうかと思うのです。地元政府について言えば、当然ながら、まず「福建」という地名を世界に向けてアピールしたいという意向も強かったでしょうね。

「福建土楼」の名前で売り出しているからといって、客家をできるだけ表に出さないようにしているということではない。なぜかというと、現地に行ってみればわかりますけれども、当然ながらそれは、「福建土楼」であると同時に「客家土楼」なのです。福建省内の至るところの観光案内看板でも「客家土楼」と宣伝していますし、いろいろなＰＲの文言でも客家という存在をないがしろにしているわけではない。あえて客家の色彩を抑えているということはないと思うのです。「福建土楼」という名称に落ち着いたのは、やはり、土楼の文化的な、あるいは歴史的な起源や発展の経緯というものについて定説がまだ確立している状況にはないというのが一つの理由でしょう。もう一つの理由は先ほど述べた土楼の現状ですね。繰り返しますが、土楼を客家という言葉でくくってしまうのはちょっと問題がある、そういう判断があったのではないでしょうか。

矢吹　私は「客家土楼」でなくて「福建土楼」という言い方に違和感を持ちます。藤野さんの解説はいちおう理解できるのですが、私はこれまで長らく「客家土楼」あるいは「客家円楼、方楼」と理解してきたからです。私たちの訪問した承啓楼のある永定県南東部は、むろん客家居住地の一つですが、今回、大雨の影響で通行止めになっていて行けなかった田螺坑《でんらこう》土楼群のある南靖県あたりになってくると、客家世界としては周辺部分、閩南人との共住地域ですね。閩南人と客家人、両方が共存している地域の建物という文脈で、すなわち地理的説明として福建が出てくるのはわかります。文化交流は相互浸透のケースが多いので、客家人と閩南人の双方にこの建築が見られるとしても、どちらにとって土楼が「より必須であったか」を考えると、沿海部寄りに多く住む閩南人に比べ、少数派として疎外されることの多かった客家の側にとって、より必要な建築物であったと思われるのです。

中国共産党史から消された客家

矢吹　私は一九六九年にたまたま戴國煇さん（矢吹稿八頁参照）と一緒に東南アジアを旅行し、香港で羅香林教授（矢吹稿五一頁参照）にお会いして、「客家という存在」を初めて認識しました。その後、シンガポールの南洋大学で一年間遊学し、さまざまな華人・華僑とつきあいました。私はマンダリン――中国語では華語《ホワユィ》と言う、要するに南方系の普通話《プートンホワ》（標準中国語）を勉強していました。ヒアリングの一助にと思ってラジオをつけると、全然役に立たない。なぜかと言うと、普通話は短いニュースだけで、大部分が閩南語、広州語、潮州語の番組であり、次いで福州語、海南語、客家語の番組でした。方言六つと標準華語、この七つの言葉でラジオ放送（英語は別チャネル）をやっていました。さまざまな方言があり、さまざまな華人社会の存在することに気づいたしだいです。当時、シンガポール中華総商会では「幇派論争」の余波が残っていました。「幇」とは、「閩南幇」とは何か、それは社会の発展にどのような役割を果たすか、といった議論です。結局は、共通語としての華語あるいは英語、生活語としての方言、そして両者の使い分けに落ち着く。そのような社会で暮らしていたわけです。なかでも客家は強烈な自己主張をする特異なエスニック・グループだと注目してきたのですが、研究対象にしようとは考えませんでした。

客家の友人たちの話ですが、いまは廃校になった南洋大学で、例えば地理学の若手教授などは、「中国革命というのは全部客家がやったのだ」と、いろんな例を挙げて自画自賛する。私は当時、半信半疑でした。それはマレー半島で現にゲリラ活動を続けていたマラヤ共産党の話と重なるだけに、シンガポールにおいては「敏感な話題」であり、大陸革命の客家伝説と、インドシナ半島におけるベトナム戦争の進展と、マラヤ共産党のゲリラ闘争が三重写しになる「革命伝説」の世界でした。ベトナム和平交渉前夜の熱い時代の話です。

客家の人たちは自己宣伝するけれども、革命史にはどうも記述がない、文献にはほとんど出てこない。「井岡山の闘争」という毛沢東論文ですが、「土籍（土着民）」と「客籍（客家）」の矛盾に言及しています。毛沢東が契りを交わして同盟を組んでいた袁文才、王佐という緑林の英雄たちを、毛沢東が前線に出て不在のときに、彭徳懐（矢吹稿一五三頁参照）の部隊が殺害してしまうという事件が起こります。それ以後、「客家」や「客籍」という用語が『毛沢東選集』あるいは中国共産党の文献からほとんど消えてしまう。なぜだろうと、私はずっと不可解に感じてきました。しかし改革開放期になってから、関係文献が少しずつ漏れ出てきた。

――袁、王という名前が出ましたが、「井岡山の闘争」が収録された『毛

承啓楼の入り口前で土楼取材の感想を語り合う矢吹（左）と藤野

選』（『毛沢東選集』）の日本語版が北京の外文出版社から出るのが一九六八年、その前に三一書房が翻訳したのが五二年、日本共産党も六二年に翻訳しています。これまで、外文出版社によって各国語版が出されてきているわけです。私が『毛選』を最初に読んだのはおそらく六九年だと思うのですが、「井岡山の闘争」は第一巻にあって、全巻を通じて中国革命史の物語ということを考えたときには、非常に大きなインパクトがありました。都市における蜂起に失敗し、毛沢東が朱徳と合流しながら農村根拠地を形成していく過程において、最初の大きな山場となるのが袁、王との出会いではなかったかと思うのですが、当時の私には、客家という問題意識はまったくなくて、要するにゴロツキ集団を上手く革命へ動員していく毛沢東の人間性にひかれたというようなことだったと思います。そのあたり、つまり客家が、革命史の中で多くの指導者を輩出しながらも、表に出てこなかったということは、どういうふうに考えたらいいのでしょうか。

矢吹　私は『毛選』を何度か読んでいますが、印象深いのは、文化大革命期に毛沢東思想とは何だという問題意識で読んだころです。冒頭に出てくる井岡山根拠地の物語には特にひかれた。中国語を勉強していたから中国語で読みました。袁文才と王佐が山の民、客家だということは認識しており、緑林の英雄たちの「思想を改造して、真のプロレタリアートに育てる」という「翻身《ファンシェン》（生まれ変わること）」の物語に魅力を感じていたのです。

今回、ふつうの日本の知識人がどんなふうに客家を認識してきたのかを顧みようとして、「井岡山の闘争」の翻訳を調べて、「客家」という訳語がまったく登場しないことに気づいて、非常に驚いたのです。訳本では、「土籍」に対しては「土着民」の訳語を当て、「客籍」は「移住民」と訳している。北海道開拓にたとえてみましょう。アイヌという「土着民」がいた、そこへ大和族が開拓のため移住した。それを大和のほうは

「移住民」といい、アイヌのほうは「土着民」といったら、アイヌも大和もわからなくなります。単に「土着民」や「移住民」と一般化しては、「土着民」の個性も、「移住民」の特性もまるでわからなくなる。これはもしかして意識的な訳語選択なのか。「客家隠し」ではないのか、と疑問を感じたわけです。単に知識がなかっただけのことで、どうやら意図的に隠したのではないようですが、なんとなく釈然としません。

根拠地にはいろんな民族が全国各地から集う。解放区での闘争で自らも解放され、一つの中華民族として、「抗日民族統一戦線」として一体になって革命戦争を戦う。要するに中華民族の大団結が肝要だ、味方の陣営内部におけるさまざまな対立や矛盾は、副次的矛盾として扱われ、ときにはタブー扱いにされる。

確かに、井岡山革命根拠地における内ゲバ殺人事件、袁文才と王佐の殺害事件は、深刻な問題でした。第六回党大会（一九二八年六月にモスクワで開催された中国共産党第六回全国代表大会）の決議が、この悲劇の契機となりました。そもそも中国の根拠地闘争の方針に関わる決議を、遠く離れたモスクワで行うというのもおかしな話ですが、当時は「世界革命の一環としての中国革命」という位置づけであり、コミンテルンの権威を疑う者は、ほとんどいなかった。

唯一、コミンテルンの指示に疑問を抱き、これを排してこそ革命を勝利させることができると考えたのは毛沢東だけだったと、私は見ています。毛沢東の内ゲバは、いわばコミンテルンに追随する者によって井岡山革命根拠地を崩壊させられた、江西ソビエト（中央根拠地）において二の舞を許してはならないとする強い決意に基づいていたと、私は理解しています。因果関係の脈絡をたどると、初めにコミンテルンの代理人の意を受けた者による袁文才、王佐の殺害事件があり、井岡山革命根拠地が崩壊した事実があります。次いでその対策に着手した毛沢東の動向に掣肘を加える動き――江西ソビエト内における指導権の争いが見られた。江西ソビエトの運命をコミンテルンの代理人に委ねてはならないという警戒心に発した先制攻撃こそが富田《ふでん》事変（矢吹稿一五頁～参照）の第一幕ではないでしょうか。

さて客家問題ですが、袁文才と王佐の殺害が井岡山革命根拠地を崩壊させた先例が繰り返され、富田事変が江西ソビエトを崩壊させる。こうして長征という名の逃亡劇が続きます。そういう深刻な事態の中で、客家の貢献や位置づけを論ずる余裕はなく、中華民族団結の大合唱の声に、少数民族や少数派漢族の扱いは、団結にプラスにはならないという理由で、事実上タブー視されていったとしても、それは理解できないことではありません。

問題は革命後、すなわち権力奪取以後の動きです。例えば客家であれ、あるいは畲族、他の少数民族でも同じことですが、固有の民族文化なり生活圏なりを冷静に認識することは、諸民族の解放という革命の大義名分に照らして、喫緊の課題であるはずです。現実には「中国の抱える複雑な民族問題」といった類のあいまいな説明のもとで、団結ばかりが強調される。毛沢東の批判した「大漢族主義」や「中華ショービニズム」への警戒はカゲを潜め、少数民族の分離・独立論が一方的に批判される。その結果、現実の民族政策においては、多数派による少数派への同化の強制という、およそ二一世紀世界にはふさわしくない民族政策がまかり通ることになります。

客家に即して言いますと、毛沢東は『毛選』に収める前の「井岡山の闘争」の原文、当時上海にあった中共中央への「井岡山前敵委員会の報告」（一九二八年一一月二五日）ですけれど、その中で土客問題について括弧つきの「『民族』闘争」というような言い方をしています（『毛沢東集』第二巻五四頁）。つまり毛沢東自身、そのときには「土籍と客籍の闘争」は、「漢民族内部」の問題なのか、それとも「漢民族と少数民族」の問題なのか、その辺があいまいだったようです。その背景には、土籍と客籍の土客械闘（集落間や宗族間の武力闘争）の歴史がずっと中国史に記録されてきたからです。太平天国もその一部ですけれども、そういう中国史の中で、どうやって革命の大義のために人々をまとめて動員していくかというのが中国革命の課題でした。権力奪取までは強い敵を前にして団結あるのみでしたが、いまや革命以後六〇年です。「大同団結」の名において封印してきた民族問題を改めて検討することは、喫緊の課題と思います。さもないと漢民族という多数派による少数民族への同化強制のみが進められ、世界中から指弾を受け、世界に孤立することになりかねない。いまや民族問題は、中国にとって最も重大なアキレス腱の一つになっています。例えばチベット問題やウイグル問題に象徴されるように民族問題は山積している。これを解くうえで「中華民族」という図式で解決できるのか。おそらく不可能ではないか、そのあたりが私の問題意識です。

――今、矢吹さんから、いくつか問題が出されたと思うのですが、中華民族のくくり方といいますか、民族問題に関わるところで客家ということをどうとらえるか、これはまた後ほど、お話しいただこうと思います。井岡山から富田事変に至る経過は、お二人それぞれが本文の中で書かれていますので、これはもう一度、読者の皆さんに読み返していただきたいと思います。

藤野さん、今の矢吹さんのお話を踏まえて、土客の矛盾というところに焦点を当てるような形でお話いただければと思います。

藤野　まず「井岡山の闘争」ですけれども、あれは一九二七年に書かれている報告ですね。つまり、袁文才・王佐事件が起きる前に書かれているわけです。したがって、その時点では、毛沢東は土客の対立の問題というものを非常に冷静かつ客観的に論文の中では記述していると言えると思います。ですから、矢吹さんがおっしゃった「客家隠し」うんぬんという問題、これはあくまでも日本語の訳文の表現をめぐり一つの疑念が生じてくるということだと思います。重要なのは中国語の原文の表現であり、そこではやはり「土籍」「客籍」という言葉がきちんと使われ、両者の間に矛盾が存在するという点が明確に指摘されているわけですね。もしも中国語の原文で、毛沢東オリジナルの「土籍」「客籍」という言葉が、正確な意味を失った別の言葉に置き換えられていたとしたら、ことは重大です。でも、原文に関してはそういうことはないわけです。

推測ですが、翻訳に際してこのような判断があったのではないでしょうか。『毛選』の日本語版が編集された時代状況というのを考えれば、日本の多くの読者にとって客家というものが、今よりもはるかに遠い存在だったことは疑いない。「客籍」を、そのまま「客籍」とするにせよ、「客家」と言い換えるにせよ、日本の読者には非常にわかりにくい言葉だった。そこで、単純に一般化して「移住民」と訳した。もっとも、わかりにくいと判断したのであれば、「注」をつければいいだけの話です。訳者や編集者の、「土籍」「客籍」矛盾の重要性に対する感度がいまひとつ足りなかったのではないかという疑念は残りますね。

私が注目したいのは、「土籍」「客籍」といった言葉、いわゆる客家と先住民との対立、そういう話が『毛選』全体を通して「井岡山の闘争」にしか出てこないということです。それ以降の、少なくとも公開されている彼の著述の中には「客家」という言葉は一切出てこない。もう一つ、『毛選』だけではなくて、『鄧小平文選』にしても、あるいは他の中共指導者の著作にしても、公刊されているものには「客家」という言葉はまずほとんど出てきません。これが第一の大きな疑問点です。

井岡山、あるいは瑞金を中心とする中央根拠地時代、客家の居住地区というものがどのように江西、福建、広東の三省境界地区に広がっていたのかを調べてみると、まさしくそれは当時のソビエト区の範囲とほとんど重なり合っているわけです。そういう中で、革命史において「客家」という言葉がほとんど登場しないという現在の中国の研究状況、というよりも歴史観、これにはやはり大きな疑問符をつけざるをえないと思います。要するに、中国共産党の革命史において「客家隠し」ということが、意図的に行われてきたのではないかと。現在もそういう状況が続いていると感じます。

それはなぜなのかということですが、矢吹さんもおっしゃったように、やはり中華民族という政治的な概念、この問題とも関連してきます。第一に、中国共産党にとってみると、中国革命というのは、各民族人民（中華民族）が一致協力し、手を取り合って立ち上がって、侵略者である日本を追い出して、また帝国主義と戦って、勝利を勝ち取ったという、神聖にして侵すべからざる歴史になっているわけです。

こういう革命史の背骨がある以上、一九二〇年代あるいは三〇年代の中国革命において客家が非常に大きな役割を果たした、事実上の革命勢力の中核であったということを強調する、あるいは強調はしないまでも、その事実を淡々と書き記すということは、各民族人民の革命闘争という大義に微妙に抵触する部分が出てくる。つまり、特定の民族とか、漢民族の一つの民系が革命の重要な勢力だったというのは、歴史事実であるにせよ、現在の中国共産党史にとっては一つの不都合な真実、そういう受け止め方なのではないかと思います。

――今、いわゆる「客家隠し」という言葉でお二人が語られたことですけれども、確かに翻訳という問題に関して言えば、当時の状況等々を考えたときに、なかなか的確な訳語を見つけ出せなかったのではないかというようなことも考えるのですが、今の藤野さんのお話をうかがうと、少なくとも訳す段階で原文にある「客籍」「土籍」という言葉に対する訳し方は問われたはずで、何らかの問題意識があったはずだろうと思います。それが翻訳というプロセスの中で失われてしまうということは、やはり単なる翻訳の問題ではなくて、お二人が話されたように、根拠地と客家居住区との不可分な関係、客籍出身の指導者を多く輩出していること、二つのことを考えると、やはり何かそこには、意図した中国共産党の政策というものがあったのではなかろうかという強い思いが出てくるのですけれども、矢吹さん、どうでしょうか。

矢吹　訳文の中に「客家」という二文字が出てこないという話は、翻訳を読む日本の読者の客家認識、あるいは中国革命認識に欠落部分を生じさせることを意味します。藤野さんのご指摘のように、根拠地で実際に闘争している人たちにとっては、客家の村でゲリラをやっているわけです。客家語が日常的に飛び交い、あるいは食べ物も客家料理が出てくるわけですから、当たり前の前提として客家社会を受け止めている。しかしその事実にあえて触れない、指摘しないというタブー化に問題があるのです。

共産党の革命史の正統的な解釈において、客家の位置づけが難しいという藤野さんのご指摘は、事実認識としてはまったく同感です。問題は、これからどのように位置づけていくのかです。漢民族の中の「少数派の扱い」は、漢民族という「多数派による少数民族の強制的同化」の問題と直結しており、いまやこの問題は避けて通れないところにきています。

日本人の中国理解に立ち戻ると、客家がやはりわからない。そこから途方もない客家イメージが出てきます。典型的な例が講談社現代新書の『客家』（高木桂蔵著）ですね。

日本、そして中国における客家認識

矢吹　あの本のように、何か特殊な、血縁グループと見るような、妙な客家論が横行していました。そもそも中国革命の原点ともいうべきゲリラ根拠地は客家の村に樹立され、中央根拠地というのは事実上、「客家解放区」といってもいいほどの実情であったことが日本人には十分理解ができていなかった。これが日本人の現代中国理解にとって一つの死角になりました。

――客家に対する認識の問題ですけれども、矢吹さんによれば、一つはもともとの中国共産党の認識の問題、もう一つは日本、日本人がそれをどう理解したかという問題があるということですけれども、後者の問題に関連して、『客家』が出た当時というのを私なりに思い出すと、「華僑・華人」という言い方が出てきて、ヒト・カネ・モノが動く世界のネットワークは彼らが動かしている、その延長線上に客家というものに注目して意味を付与していくという流れで、「客家」が表に出てきたと思うのです。それはやはり日本の研究者が、客家というものについて、きちんと研究してこなかったから、そうした形で出てきてしまった、中国共産党の客家認識をきちんと分析できていないで、言うなれば中国革命史、中国そのものに対しても、ずばりと分析できないというか、不透明な、もやもやもやもやとした感じでやってきたというようなことがあるのではないかと思います。

矢吹　そうだと思います。さっき、羅香林さんとお会いして「客家の存在を初めて認識した」と個人的なことを言いましたけれども、実は単に私の個人体験だけではなくて、東南アジア全体で起こっていた状況認識の変化なのです。契機はシンガポールの独立です。一九六五年に独立して、リー・クアンユー（李光耀）

が首相として長期政権を運営し、いまはその息子リー・シェンロン（李顕竜）が首相です。シンガポールが「建国」され、東南アジアの一角で安定的に発展してきた。その裏の事実は、マラヤ共産党のゲリラ闘争の破産という事実です。文化大革命前期の中国は、ベトナム支援を強調し、東南アジアにおけるゲリラ闘争に声援を送っていた。しかし、中ソ国境衝突を契機として、米国との和解を探り、国外のゲリラ闘争への支援を停止した。

淡路島のような大きさのシンガポールは「国家」として成り立つのか――私が一九七一年にシンガポールに遊学した当時、懐疑的な見方が多数派でした。マレー半島のゲリラ活動は活発で、イポー市近郊までゲリラ部隊が出没していました。雲南省発のマラヤ共産党ラジオ放送に耳をそばだてる学生たちも少なくなかった。そんな時代に「客家の英雄」リー・クアンユー首相が新興独立国のリーダーとして国際社会に登場したのです。続いて台湾の李登輝総統もまた客家だという話になります。いわば「二人の李」を通じて客家という存在が日本人のイメージの中に飛び込んできた。

そこへ今度は、鄧小平も客家だという話が出てくる。いや違うという話もあり、甲論乙駁。この問題については本書に書かれた藤野さんの考証が詳しい（藤野稿一八六頁〜参照）。鄧小平の身元調べは当分はこれで打ち止めでしょう（笑い）。天安門事件（矢吹稿四五頁注参照）の後、悪のりというべきか、李鵬＝客家説さえ現れた（前掲『客家』）。こうなると、シンガポール、台湾、北京と、客家の秘密結社が組織されているかのようなイメージで語られるようになる。当時は日本が東南アジア貿易に進出するとき、華僑が頼りになるとか、台湾や香港のパートナー探しにおいても華僑がいいとか、「華僑ネットワーク」論が大流行した。そして、華僑、その中でのスーパー華僑が客家である、といったイメージさえ生まれた。

藤野　私が始めて客家問題に関心を持ったのは上海特派員時代（一九八八～九〇年）ですけれども、そのころまでは、やはりリー・クアンユーだの李登輝だのあるいは鄧小平だのという、現代アジアの代表的な政治家を数多く輩出している集団だという程度のイメージしか持っていなかったのです。

客家に対する認識が変わったのは九五年にシンガポールに赴任して、客家出身のチン・カチョン（陳加昌）さんというジャーナリストを取材してからです。そのころ、日本でいろいろ客家論の本が出ていましたが、彼は日本語ができますから読んでいるわけですね。で、まあ笑いながら言うわけですよ。「おかしなことを書いているなあ、日本の客家論の本は」と。「何がおかしいのですか」と聞くと、「客家でもない者を客家に挙げているし、客家はビジネスでアジアを動かしているみたいなことを言っているが、客家は本来そうではないのだ。軍人だとかジャーナリストだとか教育者だとか、そういう人材は多く出しているけれども、経済人というのは実は少ない」と言いました。

「タイガーバームの胡文虎のように実業家として成功したのもいるけれども例外だ」と言うわけです。そこで、高木桂蔵『客家』『客家がわかればアジアが見える』（光文社、一九九四年）、松本一男『客家パワー』（サイマル出版会、一九九五年）など、いくつかのいろいろな客家本を読んでみると、かなり誇張されていて、事実誤認も多い。他のシンガポールの客家研究者にも取材してみて、これらの客家論には確かに問題があるということに気づいたわけです。それは新聞記事にも書いた通りですけれども（『読売新聞』一九九六年一一月一五日付）、一部の論者が常識的なレベルの論議というのを飛び越えて、おもしろおかしく客家論というのを広めてしまった時期が日本ではあったのですね。今はさすがにそういう論を堂々とまくしたてる人は見当たらないようですが、一時のおかしな客家論ブームによって、日本では歪んだ客家イメージがかなり広まってしまったと思います。

矢吹　私はそのころから、誰か早く客家の本を書いて欲しいと思うようになったのです。一九九五年一〇月、あるシンポジウムのスピーカーの一人として台湾で李登輝総統に会いましたが、彼は当時「経営大台湾、建設新中原」のスローガンを繰り返し語っていました。その直後に、大陸から江沢民の罵倒が続き、両岸で大喧嘩が始まった。私の理解では、台湾でうまくいった経済建設の経験を大陸にも教えたい、それが「新しい中原」でした。一九八八年の総統就任以後、この時点までは李登輝は、必ずしも台湾独立一辺倒ではなかった。リー・クアンユーとも不仲ではなく、彼と手を携えて、大陸と台湾・東南アジアの橋渡しの役割さえ、示唆していたのです。ところが、江沢民と李登輝の罵倒合戦の中で、李登輝は台独論に固まっていった。こうして台湾海峡の疑似緊張がもたらされ、東アジア世界は、ポスト冷戦期の平和の配当を受ける契機を逸した。私はこの動きを身近で観察していただけに、非常に残念でした。ポスト冷戦期に東アジアの平和に向けて舵を切る機会を失ったわけです。

一例を挙げましょう。私は一九八〇年に高雄の輸出加工区を訪れ、日立のカラーテレビ組立工場を見学しました。そのころは今の集積回路ボードと違って、女工さんがハンダづけをやっていました。それと同じ工場を、鄧小平が日立に作ってくれと言ったのです。それが福日テレビ（福建日立電視配件有限公司）です。私は八六年に福州に行って福日テレビも視察しました。驚いたことに、高雄で私を案内してくれた工場長が、今度は福日テレビの工場長でした。

途中から気づいて、「おや、高雄でお会いましたね」と言うと、「実は、高雄と同じものを作ってくれと鄧小平から依頼された。高雄時代からはだいぶ年数もたっているから、新しい修正提案も考えたけれども、結局、同じものを作りました」と、笑いながら言うのです。改革開放の初期には、何をやったらいいのかさっぱりわからない。台湾でうまくいっている高雄工場と同じものを作れば間違いないという話です。今をときめく大陸の経済発展も、そういうレベルから出発しています。福日テレビは八五年一二月に生まれ、それを素材にした、李洪林（元中共中央宣伝部理論局副局長）の『理論風雲』（生活・読書・新知三聯書店、一九八五年）という本があります。福日騒動を改革派の立場から分析した論文も含まれています。そのときの福建省書記は項南（矢吹稿五〇頁参照）でしたが、彼は客家で、胡耀邦の仲間ですね。というわけで、根拠地の活動家たちだけではなく、一九八〇年代の改革開放の最前線にも客家の指導者がいました。改革改革開放とは、一言でいえば、シンガポール、香港、台湾の経済発展を学ぼうというところから出発している事実がこの一例からよくわかります。それから三〇年、今日の台湾経済は、もうほとんど大陸と一体化しています。

藤野　日本でああいったような客家論が広まってしまったのは、あえて言えば、その原因の一端は中国にもあると思うのです。中国の新しい客家研究そのものが一九八〇年代末から学術界で本格的に始まったわけですが、いずれにせよ歴史が浅い。加えて、共産党そのものが革命と客家のつながりに関する情報を積極的に提供してこなかった、今も提供してないということがあるわけです。

例えば、鄧小平の出自について、客家であるとかないとか、長年いろんなことが言われてきた。それに対して、少なくとも共産党はまったく無視を決め込んでいるというか、公式には何も論評しない。それが彼らのスタンスなのだと理解するしかないわけです。けれども、中国の一部の客家研究者たちは鄧小平客家説を支持している。一方、少なくとも共産党も鄧小平客家説を否定はしていないという状況を見ると、鄧小平は客家に連なるということを中国当局も暗黙のうちに認めているということだろうと私は理解しているのです。まあ、いろんな論説が飛びかっているのはなぜかと考えると、中国サイドの「客家隠し」ではないですけれども、きちんと情報を提供してこなかったことが認識の混乱を招いているのではないかという感じがします。

矢吹　根拠地における客家がらみの粛清は、やはり恥部なのでしょう。本書でも書きましたが、大きいのは富田事変という粛清問題です。富田事変で最初に殺害された江西人たちは、ほとんどすべてが袁文才と王佐の殺害に関係した人々です。その後、粛清はどんどん拡大していって、後には客家でも粛清されている人がいますから、単に客家側の江西人に対する復讐戦というものではなくなっていくのですけれども、少なくとも最初に殺されている人々は袁文才と王佐を殺した側であり、これは革命陣営内部の汚点というほかない。江西ソビエト、すなわち中央根拠地で展開された英雄物語の原点に潜む原罪であり、扱いが難しい。

毛沢東時代には、毛沢東の決断を覆せないので何も変えられなかった。毛沢東がAB団事件（矢吹稿一五頁〜、藤野稿二三三頁〜参照）の渦中で立場を明言しており、その線を動かせない。毛沢東の没後、現地調査が始まり、それを踏まえて胡耀邦も再検討を指示して、平反《ピンファン》（名誉回復）を指示した。ところが胡耀邦の急死後、中途半端に終わり、天安門事件があってまたお蔵入りになった。富田事変を発掘した功労者は戴向青（元江西省党校党史研究室主任）です。彼が丹念な調査によって犠牲になった人を明らかにし、平反のための申請書を出した。それを支持したのが蕭克（矢吹稿一五四頁参照）であり、江西ソビエトの生き残り組が支持してようやく報告書を書いたものの、中央に宛てた決裁書類は未決のままお蔵入りです。

中国のゲリラ闘争の原点ともいうべき江西ソビエトで亡くなった活動家たちは、ほとんどが三〇歳前後の若者です。犠牲者の名誉回復を行い、光栄ならざる歴史に対して共産党は責任を明らかにする義務がある。そういう現実に蓋をしたまま、声高に抗日戦争における共産党の功績ばかりを強調するのが江沢民流の「愛国主義教育運動」ですね。

藤野 それは全部つながっている問題ですよね。だから、一九二〇年代から三〇年代にかけての革命根拠地時代の、ああいう不名誉な出来事というものに蓋をしてしまっているということが、その後の歴史も事実に基づいて正しく書けないという意味で、天安門事件までつながってきているわけですね。だから、反右派闘争（矢吹稿二九頁注参照）がそうだし、文革もそうなのですが、それぞれまったくご都合主義的な解釈によって歴史が書かれてきてしまっている。最初に掛け違えたボタンを掛け直さずにそのまま放置してきたことから、歴史の矛盾がずっと解消されずに連鎖的につながってきているという印象があります。

矢吹 それがただちに対日政策にも影響してくる。共産党の失敗に関わる部分の評価はややこしいから、いつもそこから抗日戦争に逃げ込む。抗日戦争で勝利した、悪い東洋鬼《トンヤングイ》を追い出した、だから共産党の指導・支配には道理がある、全面的に正しいのだと、開き直る。文革の内ゲバも、江青ら「四人組」がらみの加害・被害問題などいろいろあるにもかかわらず、一切それらには頬かむりして「南京屠殺三〇万」（中国側が主張する虐殺者数）を意図的に繰り返す。それが日本側の反発を招き、日中関係の再構築の妨げになっている。

日本における客家像も、中国革命史に対する見方も、欠落部分が残るために歪んでしまう。革命史や現代史を書いた本に、客家はほとんど登場しないし、内ゲバも書かれていない。太平天国では、客家人たちが大活躍するのに、井岡山や江西ソビエトでは行方不明になるのは、実に奇怪な現象です。

藤野　これからいろいろ改革が進んでもっと自由に研究できるようになると、あの中国革命そのものが共産党の主張するような正義だったと言えるのかどうか、あの闘争の中にいやいや巻き込まれて犠牲になった人たち、あるいは関係者、そういう人たちの声というものが、おそらく歴史の証言として出てくる。というか、記録に書きとどめられなければいけない、そういうことになってくると思うのです。

だから、中央根拠地で地元の客家の人たち、みんながみんな行軍に賛成して、革命を支持して、積極的に参加して、物資も提供して……、ということが革命史には書いてあるのだけれども、行間を読むだけでも必ずしもそうではないということがうかがわれるわけですね。紅軍への参加を嫌って逃げ帰る者たちが実際にはけっこういた。人間ですから、当然のことですね。ところが、そういった歴史の裏側のことというか、共産党の体面にかかわる事実は「正史」から排除されてしまっている。基本的には、一つの非常に画一的な歴史観しか存在できていない。今後の民主化の進展具合によりますが、こういう不正常な状況は将来いずれ打破されるであろう、革命史に限っていえば、客家というキーワードによってそれは打ち破られるであろうと思います。

中国革命史の中の客家

矢吹　藤野さんの見解に、あえて一つ補足をしたい。共産党の第二回大会では連邦制ということがはっきり出ていて、いろんな民族の違いと、それぞれの解放をはっきり強調しています。ところが、厳しいゲリラ闘争を通じて、あるいは特に抗日民族統一戦線期あたりから、中華民族の大団結だけが一面的に強調されて、諸民族の解放という視点が一切無視されるようになる。第二回大会で明言していた連邦制、民族自治権・自主権を一切無視し、中央集権や統一だけを強調する独裁的権力体制になります。

冷戦体制下の四九年体制についていえば、革命権力を打ち固めるためには、「民主集中制」が必要だったことは理解できますが、条件の成熟を待って少しずつ自治権を拡大すべきでした。いわんや今日の中国は、すでに経済力で世界二位、『ストックホルム国際平和研究所（ＳＩＰＲＩ）年鑑』(Stockholm International Peace Research Institute, *SIPRI Yearbook 2010: Armaments, Disarmament and International Security.*)によると軍事力でも世界二位なのです。中国より強く大きい国は米国だけです。それ以外の国はすべて中国の脅威を感じている。そのような大国化を一方では誇らしく自慢しながら、他方で列強による内政干渉や分裂策動を語るのは、実に滑稽な姿です。民族自治の拡大とか、連邦制への移行を考える条件は、すでに十分に成熟しているはずです。ところが、そういう議論は、なぜか一切出てこない。このことに私は強い疑問を持っています。中国共産党は初心に立ち返り、革命の原点からもう一回見直すということが必要ではないか。反省のない現状は、かつての「国民党官僚資本主義体制」という規定において、「国民党」の三文字を「共産党」に置き換えた姿そのものです。つまり国民党の政治を止揚しようとした共産党は、結局、国民党に似せて自らの姿を改造したことになります。

藤野　中国共産党という組織が、革命のときからいろんな試行錯誤、失敗を重ねる中で教訓として得たのはこういうことではないでしょうか。この中国という国は非常に多様性に富んでいる、漢民族だけの世界にしたっていろんな地域差があって、言葉も違えば風俗習慣も違い、北と南では身体の大きさも違う。しかも封建時代を通じてそれぞれの地域、宗族間の械闘だとかの諍《いさか》いが絶えず日常的に行われてきた。だから革命をやるうえで、誰それはどこの地域出身であるとか、あるいはどういう血統であるとかといったようなことにこだわると、これはやはり一致団結を旨とする組織体として収拾がつかなくなってしまうということがあると思うのです。つまり、伝統的に地縁・血縁による人間のつながりが重視される中国社会では、例えば、福建のどこそこ出身者のグループ、あるいは四川のどこそこ出身者の集団といったようなものが、放っておくと自然に形成されてしまう。人間というのはそういうものですから必然的にそうなりやすいですね。だけれども、原則として共産党はそういう分派活動を、どういう意味合いであれ、党内でやることを許さない。分派の存在を容認すれば、上意下達の中央集権的な組織として成り立たないからです。文革中の「四人組」の独断専行がいい例です。したがって、派閥活動はもちろんですけれども、地縁・血縁によるグループ作りといったようなものには常に警戒を怠らず、そうした問題が起きればつぶしてきたわけです。

もっとも、いくら厳しく管理しても、いろんな形での人と人とのつながりが、ある種の勢力を作って政治を動かしていくということは、非常に起こりやすいですね。今でも上海グループといったような政治的色分けがなされたりする。だから、客家というのは、一つの有力な文化集団、地縁・血縁の集団として、やはり、党内の大きな分派勢力となりやすい、なりかねないというところが警戒の対象となる。共産党の論理としては、組織内で客家という属性を強調する、あるいは政治利用することはタブーということではないかと思うのです。

——今、藤野さんがおっしゃった、党内分派活動を認めないということで言えば、革命党が絶えず外部の敵によって危機にさらされる中でいかに分派活動を抑止していくかという問題は、粛清の問題と表裏の関係にあると思います。では、党内に対する政策ではなく、党外の大衆工作において、対立を抑え、どのような方法で党へと意識を集約していったのか。特に客家の場合、党内における客家の存在、それからまた革命根拠地が客家の居住区であったという二つの要素から考えなければならないと思いますが、そのあたりはどのように考えたらよいでしょうか。

矢吹　毛沢東自身はその思想改造論、翻身論からして、どちらかといえば客家を頼りにしていた。というのは、最も抑圧され、差別されている者こそが最も優れたプロレタリアートに自らを変革できるというのが、思想改造の論理だからです。西側でこれを「洗脳」と呼び、恐怖するのは朝鮮戦争の捕虜に対する洗脳以後のことですが、思想改造により翻身して、自らを解放するという運動の原点は、ここにあります。他方、より公式的なマルクス主義者からすれば、そもそも農民はプチブルであり、匪賊のようなルンペンに至っては革命の担い手、主力軍とはなりえないと見る差別意識がある。江西党部の指導者たちは上海の中央、そしてコミンテルンとつながっている。そういう意味では実は深刻な矛盾です。

毛沢東の戦略戦術、思想改造論を理解しない江西党部は、客家を差別し、内部闘争が起こる。この内部闘争から視線をそらすためにも、中華民族の大同団結、統一戦線を強調することが共産党の方針になったのは当然の帰結でしょう。

中国を解放したあとは条件の成熟を待って、連邦制みたいなものを改めて考えればよかったのです。全国解放から旧ソ連の崩壊までは、冷戦体制の下で、選択の余地が狭かったが、いまや内外環境は大きく様変わりしています。連邦制を考える条件は成熟しつつある。若き毛沢東の原点は「湖南省独立」論であり、独立した各省による連邦制でした。これが毛沢東だけの発想ではないことは中国共産党の第二回大会がこのアイディアを決議していることからわかります。

このような初心を顧みると、今日の中国政治はあまりにも強権的です。少数民族を抑圧し、農民工を搾取し、あるいは漢族でも豊かなところと貧しいところの格差がどんどん広がっている。この問題は一般には、単に「格差の拡大」として理解されていますが、私見ではこれはもはや「新しい搾取階級の誕生」としてとらえ直す必要がある。ここで詳論はできませんが。

「中華民族」宣揚の背景

藤野　中華民族というと、孫文と毛沢東の発想法というか思考の共通点というか、そのあたりをかいつまんで指摘しておこうと思います。孫文は満洲人を追い出して漢人の国をまた復活させようということで、革命に取り組みました。いわゆる華と夷を区別する「華夷之辨」（文明的に優れた中華と野蛮な夷狄を峻別すること）という理屈で中華の正統重視というか、主人公は漢人なのだから、他の異民族、少数民族というのは、新しく作る漢人の国には入れなくていいという考えでした。漢人の国とは漢人が住む一八省だけだといったようなことを主張したわけです。ところが、いざ清朝を倒して中華民国を打ち建てると、「中華民族」という新概念を打ち出し、それまで夷狄と蔑んで呼んでいた民族も中華民国の一員であるとして、漢民族中心の中華帝国的な発想に戻ってしまうのですね。「大一統」（夷狄世界をも包含して大中華を統合すること）的な発想に回帰してしまう。

毛沢東もまさしく今、矢吹さんがおっしゃったように、若いころは「湖南共和国」樹立を主張し、「統一」に反対した。また、連邦制を提起するなど、今日から見れば、非常に柔軟で先進的な思想を持っていたのだけれど、いざ政権を取って中華人民共和国を建国すると、そうではなくなった。少数民族も含めて大中華の家族の一員であるという、孫文と同じく「大一統」「中華民族」の考えに戻ってしまったということですね。

体制への反乱者が天下を取って新たな支配者になると、頭の中に伝統的な中華帝国の意識というのがふくらんでくる。そういう国でなければならないという考えに立ち戻ってしまうというところが、何か非常に興味深いと思いますね。

矢吹　中国文化の伝統の魔力というか、自然にそういう陥穽《かんせい》に陥るわけですね。ただ、孫文と毛沢東であえて一つ違うところを挙げれば、毛沢東はやはり共産主義、インターナショナリズム（国際主義）でした。いつもそれを意識せざるをえなかった。早い話が、中央根拠地にソビエトという名前をつけた。ソビエトというのはロシア語で評議会とか代表会議のことで、ロシアとも中国とも、およそ国境とか地域とかを特定することにまったく関係ない概念です。ロシアで最初に拠点を作り、ロシアを拠点にして世界中にそれを広める、最初から世界革命を構想していました。つまり毛沢東や中国共産党員は、客家の居住区、山の中にゲリラ拠点を作ったけれど、これは決してそこの地域に特に興味があったわけではなく、ゲリラ活動がやりやすいから選んだだけのことです。それを中国全体に広げて、さらに東南アジアにも、世界中にも広げる世界革命の拠点として作っていたわけですね。

中国共産党員は今も「国際歌（インターナショナル）」を歌っているわけだけれど、愛国主義、民族主義に極端に傾斜し、国際主義の精神はどこにも見られないといっていいほどです。かつては例えば、タンザン鉄道（中国の援助により一九七五年に完成したタンザニアのダルエスサラームとザンビアのカピリ・ムポシを結ぶ鉄道）の建設を援助するなど、象徴的な国際主義が存在した。ところが、改革開放期になってこの三〇年、共産党の呼称は依然変えてはいないけれども、国際主義はほとんど見られない。国内的には農民工搾取に疑いを持たず、民族主義、愛国主義、国益一辺倒です。中華民族主義、大漢民族主義であり、ときには民族排外主義の匂いさえ感じられます。では民衆は豊かになったか。なるほど少しは豊かになったけれども、官僚主義者は途方もない成り金になって、ますます蓄積を増やしています。繰り返しますが、これは新しい支配階級の誕生と見るべきではないでしょうか。

——中華民族主義、大漢族主義といった観点から、革命史における客家を考えたときに、分派活動につながる政治的集団として客家集団が党内に存在していたとは思えません。しかし、共産党にとって、客家集団は全漢民族、全民族を中華民族というイデオロギーに統合していくときの一種の阻害物として存在していたのではないのかと思います。だからこそ隠していったのではないのかというふうに今のお二人のお話を聞きながら思ったのですけれども、どうでしょうか。

矢吹　私の印象ですけれども、客家の人たちというのは非常に強いアイデンティティーを持っています。自分たちの先祖は中原から来た、自分たちこそ漢民族の主流だということを一面的に強調するのです。初めは私もなるほどと聞いていたのですけれども、後から考えてみると、むしろそれは劣等感の裏返しではないかと気づいた。自分たちは後から南下したので、いい耕地は閩南人であれ広東人であれ、先住者によって占められていた。自分たちは山間で生活するしかない。当然、生活条件が厳しいから、貧しい。しかも閩南人や広東人からは「客家はそもそも漢民族ではない、漢文化を習得した少数民族だ」とさえ揶揄されたりする。

そのような差別、侮蔑に対して、いや、自分たちこそが漢民族の正統だと開き直る。文天祥（矢吹稿一四一頁参照）あたりを引き合いに出し、「異民族の来襲に際して、いちばん抵抗したのは文天祥に代表されるような客家出身者だったのだ。これこそが中華、漢民族文化の精鋭である」というように自己を正当化する。それがいわゆる客家ナショナリズムですね。客家ナショナリズムはすぐそのまま漢民族ナショナリズムに重なっていく。共産党の組織内部では、先ほど藤野さんが強調されたように、それをあえて言わない、大同団結だから、言えないのですけれども。

しかし内輪の会話、認識ではそんなことはない。私がいちばん強く感じたのは、東南アジアを放浪していたとき、客家コミュニティー、客属崇正会というのがどこにでもあって、客家イデオロギーの中心だった。共産党の外にいたリベラルな知識人、例えば羅香林は清華大学出身ですが、そういう人たちも、客家＝漢民族ナショナリズムだった。中国内外で、共産党の正統的な歴史講釈と一般の議論では、ニュアンスはかなり異なっていたということですね。

「中華民族」のナショナリズム、「漢民族」のナショナリズム、「客家」のナショナリズム――これが同心円のトリプル・アイデンティティーとして重なり、それこそが抗日勢力の結集軸になった。共産党は極力これを宣伝してきたので、いまや自縄自縛に見えます。

漢民族や、いわゆる中華民族から見ると、対日認識は非常に屈折しています。もともと日本は東夷の国だから文化は全部中国に学んできた。ある意味では事実です。ところがその教え子に等しい日本が、明治維新で力をつけ日清戦争で師をやっつけてしまったから、漢民族の日本民族認識というのは、華夷の秩序、価値観からして許しがたい仕打ちを受けた、と屈折している。つまりアヘン戦争でイギリス人に敗れる、またフランス人、ドイツ人に敗れる、これは白人だから、しょうがない。しかし東洋鬼《トンヤングイ》の横暴は、許しがたいという意識が中国の庶民の間にもあって、それをうまく利用したからこそ抗日民族統一戦線で広範な中国大衆をひきつけることができた。

ただし民族主義をあおることは両刃の剣になる。結果として、少数民族の問題も表面上は消えていったし、客家も取り扱いができなくなっていく。

民族主義のジレンマはうまく解かないと自縄自縛です。毛沢東もときどき言っていたのです、「虚君共和（君主を象徴として共和制をしくこと。過度の中央集権を廃する意味につながる）」という言葉で。中央は単に、例えば防衛と外交のようないちばん大事なところだけを押さえればいいいと。徹底的に分権化したほうがうまくいくのだということを文革期にも言っています。現在の共産党からは全然そういう発想は出てこない。

藤野　中華民族ナショナリズム、つまり事実上は漢民族ナショナリズムなのですけれども、これはもちろん中国共産党にとっては宣揚すべきものであるわけです。もっとも、それは単独で存在していればいい。地域主義的な、あるいは種族主義的なナショナリズムは不要なのです。その意味で、客家ナショナリズムというものが今日あるとすれば、それは漢民族ナショナリズムとぶつかるし、漢民族イコール中華民族ナショナリズム観から見ると、やはり客家ナショナリズムというのは邪魔者だというのが共産党の考え方だと思います。

客属崇正会、そういった人たちが何年かに一回、梅州に集まって大会を開く、あるいはシンガポールでやる、香港でやる。そういうのは一向にかまわないし、むしろ中国政府は積極的に奨励している。彼らがそういう活動を盛んにすることによって中華民族の国際的な連携が促され、経済発展の面でも実益を生んでいくからですね。ただし、客家の連携や団結が過度に強調され、エスニック・グループとしての、社会的、文化的な自己主張が強まっていくということになると、中国共産党は心中穏やかではいられない。

例えば太平天国――清末に客家が主体となった大反乱が起こり、洪秀全らによって「客家王国」がつくられた。彼らは当時の清朝皇帝を「満妖咸豊」と蔑み、「滅満興漢」を革命のスローガンに掲げました。客家が団結し、他の民系の大勢の不満分子をも糾合し、天下に叛旗を翻す大騒動になったという前例があるわけです。

もう一つ、中国当局が非合法団体に指定している法輪功（吉林省出身の李洪志が創始した気功集団で、国内外に多くのメンバーを擁する）という組織がありますが、ああいった集団に対してさえも共産党は非常に強い警戒感を抱き、取り締まりに躍起になっている。自分たちとは異質な組織、自分たちの指導に素直に従わない自立的な集団を放置すれば、安定団結、すなわち一党体制にヒビが入るとの強迫観念にとらわれている。

だから、客家人たちが、いや、上海人でも広東人でも同じですが、彼らが中央政権に対して、ある種の地域的、文化的なナショナリズムというのを強調し始めるとなると、共産党は不安になってくる。方言文化の問題を考えると、わかりやすい。共産党は建国後、国家統一を強化するため、全国で普通話を強力に普及させた。その結果、普通話とは英語とドイツ語ほどにも違う上海語、広東語、客家語などの方言は地域の日常生活語というだけで、独自文化としてはさほど尊重されなくなった。将来、あるいは過激に地域主義を運動の指針に掲げてやっていくような政治集団が出現しないとも限らない。例えば、中国が民主化して複数政党制が導入されれば、客家を中心とした政党ができることだってありうるわけです。

共産党が主導権を握る中華民族ナショナリズムはいいのだけれども、その中で個別の客家ナショナリズムだとか、ウイグル・ナショナリズムだとか、あるいはチベット・ナショナリズムだとか、そういうものは否定せざるをえない、排除していかざるをえないというのが、今の中国の体制だと思うのです。

矢吹　客家ナショナリズムも漢民族ナショナリズムも、行き過ぎると困ると思っているわけです。つまり、強大な敵と対抗するときにそういうものが利用されて一定の力を発揮したことは事実としては認識しています。しかしそういう状況が終わったら、自分たちだけが漢民族の正統だとかうんぬんというのは非常におかしい。誰でも「お国自慢」意識はあるわけですけれども、漢民族であれ客家であれ、そのレベルを超えたナショナリズムというのは両刃の剣です。強くなった今も自らを相対化できないというのは非常に困る。

畲（ショオ）族の話をちょっとしてもいいですか?

――その前に一つ。藤野さんの話を引き継いで思うことがあるのです。半ば答えられていると思いますが、あえてお聞きしたい。なぜ客家ナショナリズム、またはチベット・ナショナリズム、ウイグル・ナショナリズム、それを否定してなおさらに大きな枠である中華民族ナショナリズムという概念を持ち出して国家を維持しようとするのか。多民族国家自体が、ソ連を見てもヨーロッパのこの間の状況を見ても、解体されていく方向にあるのに、中国はなぜ壊れることに危機感を抱き、統一にこだわり続けようとするのでしょうか。

藤野　有り体に言えば、個別のナショナリズムに譲歩すると、共産党帝国が崩壊するからということだと思います。共産党は長い間、民族間の対立や摩擦について、また漢民族の中の客家と土着の対立といったような問題について、本質は階級闘争なのだということを言ってきました。それは文革のときがピークだったわけです。つまり民族間矛盾の本質は民族間の伝統文化、宗教、風俗習慣や民族アイデンティティーのぶつかりあいにあるのではなくて、階級問題が存在しているから民族問題が起きているのだ、階級問題さえ解決すれば民族問題も当然解決されていくという考え方ですね。これは、根本的にピントのずれた問題認識だったのです。文革が破綻した後、民族問題の本質は階級闘争だという考え方は誤りだったということになって、改革開放以降は中国共産党も反省してはいるのですけれども、いまだに完全には階級闘争史観を捨て去っていない。

例えば、チベット問題を見ればわかります。インドに亡命したダライ・ラマ一四世が率いる亡命政府のほうが、中国当局に比べれば、圧倒的に力が弱いわけです。ところが、中国共産党は「旧チベットの支配者だったダライ・ラマがいまだに反中国活動をやめず、チベットの安定にいろいろとちょっかいを出して邪魔をするものだから、暴動が起きたりする」といったような論法で問題を糊塗しようとする。

実際には民族間の激しい感情的対立、憎悪というのはあるわけです。歴史的に、また政治的にもたらされた「負の側面」を認めようとしない。認めると共産党の統治が完全に誤りだったということになりますから、認められない。

これはやはり客家問題とも当然つながってくると思うのです。土籍と客籍の対立、これは共産党のかつての論理から言えば、階級闘争があるからそういう問題も生じているのだということになるわけです。でも実は、それも歴史的、文化的に形成された大きな矛盾なのであって、そこを直視しなければ、この問題も本来は解決できないわけですね。

矢吹　民族問題の階級闘争化はまさにその通りだと思う。革命から文革までは、あらゆる問題を階級闘争という大きな枠でくくって、とりあえず民族問題を捨象してきた。革命で権力を奪取するまでは、それもやむをえないという面があるのだけれども、しかしそれでも、階級の名において切り捨ててきた民族問題は現実に存在し続けていたわけだから、すみやかにそれを認識して、妥当な政策を打ち出すことが必要だった。それを建国後六〇年間ずっと怠ってきた。

先ほどの朝さんの問いにずばり答えるならば、共産党の民族政策は賞味期限がとっくに切れているということになります。共産党は、外国の帝国主義を追い払って独立し、統一した。しかし、それ以後の社会主義建設として試みたことはほとんどすべて失敗した。社会主義建設は完全に失敗したからこそ、市場経済に転換した。共産党の看板を掲げたまま、市場経済をやるのは、どう見ても筋が通らない。共産党は権力を放棄する、野に下るべきだったのです。それをやらないで、権力にしがみついているのは、既得権益を維持するため、私利私欲のためと見るほかありません。(笑)

藤野　それはちょっと言い過ぎだと思います。(笑)

矢吹　天安門事件の前、趙紫陽が総書記だったときの第一三回党大会(一九八七年一一月開催)ではいろいろな利害グループ間の調整を「社会協商対話」と呼び、指導部は一党支配で無理やり集中することに伴う弊害を緩和しようとしていた。それ以前にチベットについては胡耀邦が非常に衝撃を受けて、共産党がこんな間違った民族政策をやったとは、と反省したわけです。ただ、結果的にはラサ暴動が起こってしまい、その後は不幸な歴史をたどっているわけですが。それは別として、天安門事件前には、政策の軌道修正や政治の民主化の萌芽が出ていました。ただ、天安門事件以後、全面的に後退してしまった。

もっと大きな影響はソ連の解体ですね。そのことで、中南海の指導部は極度の危機意識を持った。政治改革とか民主化とかに失敗すると権力を失って、ルーマニアのチャウシェスク（共産党書記長）の二の舞だ、東ドイツのホーネッカー（社会主義統一党書記長）の二の舞だと恐怖感を抱き、今は恐怖感だけで権力を維持している。こういう政権が果たして民衆にとって望ましい政権と言えるでしょうか。

赤嶺畲族郷を訪れて

――さて、昨日（六月二六日）はアモイの南西に位置する漳州市漳浦県赤嶺畲族郷を訪れました。福建省には計一六の畲族郷がありますが、赤嶺畲族郷は沿海部の村で、人口約一万二〇〇〇人のうち畲族が約九〇パーセントを占めます。ほぼ完全な少数民族の村ですね。私たちが訪れたとき、たまたまですが、地元人民政府の畲族の幹部（宣伝委員）が私たちを歓待してくれました。矢吹さんが先ほど畲族について言いかけられましたが……。

矢吹　畲族の村を訪問して、私は本当に驚きました。畲族というのは焼き畑農業の山の民だというふうなイメージしかなかったら。私たちが昨日行った閩南畲族博物館の展示では畲族の藍《らん》氏一族は、明清代に科挙合格者として、進士三人、挙人九人、武科挙人一人、計一三人の高級官僚を輩出した名門です。藍理、藍廷珍、藍鼎元、藍元枚ら、歴代の名士も少なくない。これは何を意味するでしょうか。科挙の試験は生半可な勉強では通るわけはなく、古典が読めて、それを引用して政策論を展開できなければならない。藍氏一族は明代にすでに閩南文化に同化されて、畲族としてのアイデンティティーを失っていたと推測されます。それから今日まで数百年、閩南人のアイデンティティーで生きてきた。

畲族は『時事手冊』（一九五六年第一七期）の「少数民族簡表」の掲げた四五種にはまだ含まれていませんでしたが、五六年に民族事務委員会が認定した当時、ようやく少数民族の一つとして認定されました。しかしながら、赤嶺郷の人々は当時、閩南人としての戸籍が作られたままで畲族とは認定されなかった。改革開放期になって、郷人口の九割を占める藍氏家系が改めて畲族と認められ（八四年七月）、「赤嶺畲族郷」が設けられ（同年九月）、閩南から畲族に認定替えが行われた。ただし党幹部とか学校の教師などは、畲族戸籍をもつ場合でも一人っ子政策厳守の義務を負う。つまりすでに同化した漢民族扱いであり、マイノリティーの特権は与えられていないという。

明代から数百年にもわたって閩南文化に同化していた

赤嶺畲族郷の閩南畲族博物館。藍氏一族の祖先を祭る祖祠の隣にある

館内に展示されていた藍氏一族の紹介パネル

この一族を、「藍氏一族はすべて畲族である」とする論理から畲族に訂正された理由がよくわからない。福建省上杭県では、藍、雷、鐘の三姓氏を持つ人々が八〇年代に漢族から畲族への戸籍替えを認められたが、赤嶺畲族郷もこのケースに似ている。ただし、科挙の試験合格者を一三人も出していることからわかるように、同化歴数百年の藍氏一族を八〇年代に至って、なぜ少数民族に認定替えするのか、不可解です。

一方で、チベットやウイグルなどに見られるように、「同化されたくない」と主張している人々に対して、普通話ができない者には「教職免許」を与えない、など同化強制の政策を推進していると非難されている中国の現実と、赤嶺畲族郷の現実はどのように関わるのか、実に理解しがたいところです。

藤野　赤嶺畲族郷の内部事情は、もっと詳しく調べてみないと、断定的なことは言えないと思います。というのは、中国は改革開放後に民族政策を見直します。一九八四年に「民族区域自治法」が制定され、「国家の統一的指導の下で、区域自治を行い、自治機関を設立し、自治権を行使する」という方針に基づいて民族自治の大枠が決まった。ちなみに、自治区、自治州、自治県の下に位置する民族郷という行政制度は五〇年代に成立し、大躍進、人民公社化の左傾路線のあおりでいったん廃止され、改革開放後に復活するという曲折をたどった。こうした中、福建省では赤嶺畲族郷をはじめ多くの民族郷が八四年に成立したわけです。

これは一つには文革時の混乱への反省から中央の民族政策が変わって、出産制限、大学入試、昇進などの面で少数民族を優遇するということになった。まあ、文革中は少数民族に対して本当に想像を絶するようなめちゃくちゃなことをやりましたから。チベットの文革を見れば、それがよくわかります。文革後に大きな民族政策の転換があったことを受けて、それまで大漢族主義の暴風の中で本来の民族名を表に出せずに漢族を装っていた、抑圧されていた人たちが、民族戸籍の変更という要求を出したと思うのです。本来、我々は畲族なのだから、あるいは満洲族なのだから、民族の戸籍名を本来の所属に戻したいという申請が出てきた。直接的な動機は少数民族優遇策を享受したいということです。

ただ、そこには、民族融和を演出したい中央の政策と合致するところがあったのではないか。中央の政策としては、形式的かもしれませんが、少数民族の自治というのをいちおう「尊重」しているのです。多民族国家ではあるけれども漢族と少数民族はお互いにうまくやっているのだということについて政治的なアピール、政策のアピールをしたいのですね。だから、赤嶺畲族郷の人々がそういうケースに該当するのかどうか、よく調べてみないとわからないのですけれども、当時、民族地域ではそういう注目すべき変化があったということです。

――実態は藤野さんがおっしゃるように調べる必要があると思いますけれども、畲族博物館の展示を見せられると、いったい中国における民族とは何なんだと疑問がわいてきてしまいます。赤嶺畲族郷の宣伝委員は私たちの取材に対して、「我々は基本的に漢化（漢民族への同化）している。言葉は閩南語で、畲語は話せない。漢族との通婚は普通に見られるが、一般的に子供は畲族の戸籍を選ぶ」と言っていた。要するに、中国共産党が考えている民族という概念は非常にご都合主義的なものではないのかという疑念を捨て

漳浦県赤嶺畲族郷人民政府の宣伝委員（左）を取材中の著者二人

きれなくなりますね。

藤野　まあ、共産党にとって重要なのは、個々の民族というよりも、チベットもウイグルもモンゴルも、まず中華民族という一つの大概念の民族なのだということです。それを細かく分類したのが五五の少数民族ですけれども、共産党にとっていちばん重要なアイデンティティーは中華民族アイデンティティーであって、それを各民族人民に植えつけるということに政治的な狙いがあるわけです。だからチベット・アイデンティティーとか、あるいは畲族アイデンティティーとか、そういうのは共産党にとってはどうでもいいことだし、そういうものを意識的に持たれるということは決して望んでいないのです。

中国では今、母語を話せない少数民族が増えています。例えば、有力少数民族の中ではモンゴル族の漢化が進んでいる。内モンゴル自治区ではモンゴル族は人口の約一七パーセントを占めるにすぎないわけです。一部の牧畜区を除き、フフホトなど都市部は漢語なしには生活できない環境になっている。でも、こうした状況が社会問題として論議されることはほとんどない。母語ができない少数民族。敷衍して言えば、漢族世界でも方言が軽視され、普通話に統合されていく流れがある。事実上、こういった現象を放置しているところに、漢化を容認する共産党のある種の考えが表れていると思いますね。

中国のゆくえ

藤野　客家問題の今日的意味というか、将来的意味について、私はこう思うのですよ。例えば、先ほど太平天国に触れましたが、現実には現代国家においては客家が集団を作って暴動のようなものを起こすという可能性はもうないのではないか。そういう歴史は同じようなパターンではおそらく繰り返されないと思います。では、中国が今後、向かっていく道とはどういうものなのか。一つは矢吹さんのおっしゃるような連邦国家だと考えますが、近い将来にそこまで行き着きつけるかどうか、残念ながらはっきりした見通しはありません。

その前段階として必要なのは本当の意味での地方自治を認めるということではないでしょうか。いま中国でやっている自治というのは、本来の意味での地方自治では全然ないわけです。きちんと地方に分権する、地方に実質的な自主権を持たせる。もちろん民族地域についても同じです。きちんとした本来の民族自治をやる、これは一つの方向性です。

それと同時に、真の意味での多文化主義の国家を作るということです。個々の民族、あるいは漢民族の中でもそれぞれの地域に根づいている独自の文化や伝統を守っていく、文化政策においても、教育政策においても、宗教政策においても、これらをきちんと、その地域の自治に任せて尊重する。こういう方向だと思うのです。もし、そういう流れに向かっていくとすると、客家という、特異な背景を持つ人たちの文化なりアイデンティティー、あるいは歴史がどのように尊重されていくかということは一つの大きなバロメーターになるのです。しかも、これはやはり、現代史、革命史の書き換えにもつながっていく問題だと考えます。

なぜ客家問題に注目しなければいけないのか、なぜそれを論じなければいけないのか。個人的関心の観点から言えば、結局のところ、中国の将来的な変化や発展方向がどうなるか、ともあれ多元化が主要なキーワードではないか、という問題と、底流において密接にリンクしているからだという一点に尽きます。

矢吹　「中華民族」という言い方はやはり成り立たないのですよ。ほとんど政治スローガンでしかない。ここで想起するのは、ロシア革命で生まれた「ホモ・ソビエティクス」――ソビエト人ですが、今はその理想は消え失せて、否定的なイメージでのみ語られています。諸民族が旧来の民族から「解放」され、自由なソビエト人に生まれ変わるとされてきましたが、ソ連の崩壊とともに彼らは雲散霧消し、多数派のロシア人と少数派諸民族との衝突事件がしばしば報じられています。「中華民族」の場合は、「ソビエト人」ほど革命的な概念ではなく、「伝統的な漢民族概念」と区別しがたいところがあるので、雲散霧消の運命は免れるかもしれないのですが、その場合は「革命による人間変革――翻身」の色彩が失われてしまう。となると、この面でも、中国革命は、何を革命したのかという根本的な疑問につながります。

華夷秩序というのは要するに、華すなわち中華文化が優れているから、誰もがそれを慕って学ぼうとする。まず漢字を覚えて漢字の名前をつける、次に中国語で書かれた法律その他を守る。どんな人種、民族でも中華文化を尊重する、その価値を尊重しさえすれば、いわば「中華世界の住人」だというイデオロギー体系です。この文脈では、漢民族も客家も「文化概念」なのです。生物学的な、人類学的なものではなくて、文化概念そのものだから、誰でも、日本人でもベトナム人でも、漢文を勉強すれば官僚になれるし、そういう開かれた世界であったわけです。

ところが現在の中華世界というのは、アヘン戦争以後、敗れて弱くなって、侵略されて生じたコンプレックス、弱者コンプレックスみたいなものの中での、ナショナリズム意識の宣揚手段としての中華思想なのです。だから非常に劣等感、被害者意識が強いし、逆にその裏では、とんでもなく夜郎自大になるという、アンビバレントな傾向を免れない。

最近、中国に対して風当たりが強い。世界的に中国人はアロガント（尊大）ではないかという論が広く行われている。中国はもう一度、「中華民族」という概念が成り立つかどうか、冷静に分析すべきときです。中華民族の団結を語るのみ、それを指導するのが前衛・共産党だとする空虚なスローガンで統一することはもはや不可能です。

二一世紀の今日、「世界人権宣言」やこれを敷衍した「市民的及び政治的権利に関する国際規約」（B規約）で規定された自由や権利の保障が人類的な課題になっている。移動の自由、思想・良心の自由、法の下の平等などの自由権の保障や、人種的・宗教的憎悪の唱導の法的禁止などが主な内容ですが、中国の実情は寒心に堪えない状況ではないでしょうか。このような価値観自体についていえば、中国当局も原則的には認めていますが、それがどこまで実現されているかは、極めて疑わしいと見るのが常識になっています。これはいまや大国となった中国の名にふさわしくないことは明らかです。

客家を見て、中国が見える

藤野　鄧小平について一言追加させてください。鄧小平が客家であるかないかという問題、これは今後、さらに探究していくべきテーマだと思うのです。まだ完全な決着はついていない。私は本書で客家の系統であろうと書きましたし、そのように思っていますけれども、それに対して否定的なことを言う意見ももちろんあるわけです。ただ、ちょっと視点を変えて考えてみたい。

この問題について重要な側面は、鄧小平が客家であるということが、世界的に広く信じられていて、特に客家人の世界においては、それはもう、当然の事実として受け止められているということです。そのことのインパクトはやはり大きいと思うのです。中国共産党の最高指導者も客家から生まれているということを客家人が信じることによって、彼らのアイデンティティーが高められ、あるいは団結心が強化され、また強い誇りも生まれるという作用を及ぼしているわけです。だから、客家であるかないかという問題はさておいても、鄧小平がそう認知されていることの意味は無視できないということです。

戴國煇さんの著作に「中国人にとっての中原と辺境」という論考があります。一種の「自分史」で、橋本萬太郎編『漢民族と中国社会』に収録されていますけれども、その中で彼はこう書いているのです。「中原にまつわる『事実』はどうでもよかったのだ。客家のわれわれ自身が、客家のルーツを中原に、客家意識もしくはより高い次元の客家精神を中原崇正精神とする信念をもっていることが、客家のわれわれ自身にとっての、何よりの『真実』なのだ。歴史の事実でなくとも、客家人が自らそう信ずるのなら、それはある種の『真実』となり、それなりの機能を果たす」（四〇八頁）と。まさしく鄧小平客家説をめぐる問題についても、これが当てはまるような気がします。

矢吹　それは客家意識について言えるだけではなく、おらく人々のアイデンティティー全体について言えることでしょう。要するに本人の意識、あるいは周りの人がそれをどこまで認めるかという話になってきて、客家のアイデンティティーと、漢族のアイデンティティーとが重なります。私なりに解釈すると、やはり自己意識に帰着する。民族問題もその核心は、意識の問題だという結論ですね。

——そうですね。鄧小平のことが再び出て、アイデンティティーということも再び出ました。お話をうかがいながら思ったことは、客家が漢族という枠の中で正統説を主張するということは、大きな枠である漢族を超えたところの中華民族という枠を考えたとき、どういうことになるのか、ということです。

お二人が論じられてきたことの一つである土客矛盾という問題も、客家のアイデンティティーに関わる問題だと思いますが、客家について論じることは、改革開放以前は封印されてきて、改革開放を待って、ようやくできる状況になってきたということですね。思うに、本書はそうした流れの中で、私たちの問題意識が共有されて書かれたとも言えるのかもしれません。客家をある種モノサシみたいにして、現在の中国を見ることができるとすれば、どこがポイントになるのか、端的にお話しいただいて対談を締めたいと思うのですが、どうでしょうか。

藤野　中華民族という概念は、この大きな国、多民族の社会を、一つの国としてどのように統治していったらいいか、どうしたら国民を統合できるかという、統治論の発想から生まれてきているわけです。だから中華民族という言葉は、統治者にとっては、統一国家、高度の中央集権国家を維持していくための、非常に都合のいい論理なのですけれども、中華民族という言葉で中国の全民族をくくってしまうということの問題点は看過できない。マイノリティーの歴史だとか、あるいは文化だとか、風俗習慣だとかを尊重するとはいっても、中華民族という前提の下においては優先順位がぐっと低くなるということですね。つまり、マイノリティーの独自性というのは、中華民族という大原則の前においては相対的に存在感が薄いものにならざるをえない。共産党政権は個々の民族やエスニック・グループの「個性」や「自立性」ではなく、中華民族という「集団性」や「統一性」を優先するわけです。これはチベットやウイグルの問題とも関連してきます。

中国が共産党の中央集権統一国家であり続けるとすれば、中華民族という概念は今後も生き続けていく可能性が大きいと思います。ですが、中国の政治体制が将来、民主的で、より開放的な体制へと変わっていくとするならば、客家を含めたマイノリティー、当然ほかの少数民族も入ってきますけれども、そういう人たちの独自性の尊重、あるいは共産党史観を超えたレベルでの民族史の見直し、あるいは再評価ということが大きなテーマとして浮上してくると思うのです。

ということで、客家は少数民族ではないですけれども、少数民族の文化なりアイデンティティーなりの再評価、また、それをこれまで以上に尊重するという意味合いにおいて言えば、客家問題、客家の存在というものに、今後どのように光が当てられていくのかということは、未来の中国の民族関係であるとか、あるいは国家の形であるとか、そういう問題にもつながってくると思います。

——矢吹さんの旧著『巨大国家中国のゆくえ』については本文にも触れられていますが、藤野さんの論考、取材、本日の対談から受けた刺激もあると思いますので、改めて旧著に触れながらお話しをいただければと思います。

矢吹　「中華民族」という四文字は、中国の国歌「義勇軍行進曲」の中にも入っていますし、もう、一九三〇年代から数十年言われ続けているものですから、そういう実体があるみたいな印象を持っている人は多いと思うのですけれども、私は基本的に単なる政治スローガンと見ています。ロシア革命の「ソビエト人」と比べて実体があるかに見えるのは、漢民族の伝統と重ねたイメージであり、真の革命が追求したものは、諸民族の解放ということだったからです。

ヨーロッパはみんなネーションステートとして近代化をやった、イギリス、フランス、ドイツ、イタリア、みなそうです。それから日本も追随した——それは最初からわりあい日本民族ということでまとまることができていたからですね。言語とか文化とか、そういうものでまとまった人たちが民族であり、民族が国家を作るというのがネーションステート、国民国家と言われてきたものです。

中国は、中華民族の四文字をネーションステートに擬して、革命の主体にしようとしてきたけれども、そもそも無理がある。中国はやはり帝国であり、エンパイアなのです。古代ローマ帝国のように。連邦制的な構成要素を含みつつ、全体を総括する文脈で、帝国を構成する概念として中華民族を位置づけるのなら理解できることですが、単一のネーションステートのモデルを想定して、それに中華民族を比定するとしたら、途方もない同化強制政策に陥り、途方もない人権侵害を生み出すことになります。普通話ができると職探しに便利だ、といった観点から同化の強制を容認する意見が見られますが、これは大間違いですね。

中国は、年内に日本のGDP（国内総生産）を追い越し、米国に迫る動きを見せています。軍事力も同じ動きを見せています。そのような大国中国が「中華民族」という疑似ネーションステートの観念しか持たないとしたら、中国のゆくえを憂慮せざるをえません。速やかに連邦制的な枠組みを考えて、マイノリティーの権利尊重へ舵を切る必要がある。それによって多数派も自由になりうる。これが弁証法ではないでしょうか。私の旧著（『巨大国家中国のゆくえ』）では紹介できなかったのですが、鄧小平晩年の連邦制論を紹介しておきたい。中共中央台湾工作弁公室と国務院台湾事務弁公室が編集した『中国台湾問題』（九洲図書出版社、一九九八年）という本があります。この本の一二四頁で「一国両制」を台湾に適用する場合の考え方を次のように解説しています。未来の台湾特別行政区は「立法権、独立した司法権と最終裁判権、一定の外事権」を享受するだけでなく、「軍隊を持ち、中央政府は軍隊と行政人員を台湾に派遣しない」ものとする。「これらはすでに連邦制国家の成員の享受する権利を超越している」。このように解説したあと、この言い方は鄧小平の言葉だとして、次のように引用しています。「一国両制」に基づいて統一を実現した後（の姿）は、「連邦の性質を持つと言ってよいが、連邦と呼んではならない（可以説有連邦的性質、但不能叫連邦）」。というのは、「連邦」という言葉は容易に「二つの中国あるいは一つ半の中国」と解釈されやすいからです。つまり、「連邦」という言葉は使わないことにするが、「限りなく連邦に近い」体制、あるいは連邦を「超越した」体制だと、鄧小平は論じているのです。この精神は、他の少数民族政策においても活かされるべきだと私は理解しているわけです。

〔二〇一〇年六月二七日　アモイ・海景千禧大酒店にて／聞き手・朝浩之（　）内の挿入注は朝による〕

付・日本と中国の文献に見る客家

アモイでの対論の一カ月後、公刊されている日本の書籍を中心に中国の書籍も取り上げながら、日本と中国における客家研究、あるいは近現代史の教育や研究における客家の位置づけといった問題について話し合った。結果として、今なぜ「客家」に注目するのか――本書執筆の動機がそこからも見えてきた。

藤野　中国の大学生用の歴史教科書に『中国近代史　１８４０～１９１９』（李侃等編、中華書局）という本があります。一九七七年に第一版が出版された後、計三回改訂され、現在出ているのは九四年に発行された第四版です。累計で一三七万部以上発行されたそうですから、全国の大学でかなり広範囲に使われている超ロングセラー教材と言っていいでしょう。

この教科書はアヘン戦争から五・四運動までの通史なのですが、そこで客家がどう扱われているか。驚くなかれ、太平天国に二〇ページ以上割いているのに、客家という言葉が一つも出てこない。洪秀全の出自については「広東花県人、農家の出身」という記述だけです。さらに、辛亥革命に関しても一〇〇ページ以上解説しているのに、客家が出てこない。これでは、歴史の真実を語っているとはとても言えないわけです。通史であるから、客家のことを長々と書く必要はないかもしれない。でも、一切言及しないというのは明らかにバランスを失している。ちなみに、この教科書は「第三回国家教育委員会優秀教材一等賞」なるものを受賞しているので、政府による評価は高いのでしょうが、私から見れば、欠陥品ですね。中共党史の欽定版とも言うべき中共中央党史研究室『中国共産党歴史』上巻（人民出版社、一九九一年）にも、井岡山や中央根拠地で客家がどんな役割を担ったか説明がないわけですから、歴史教科書がそれを無視してしまっているのも、むべなるかなという気はします。

もっとも、中国の歴史書などが全部そうだということではないのです。本書の引用文献リストを見てもわかるように、客家問題の研究書はたくさん出ています。例えば、『客家之光』（劉大可、福建教育出版社、一九九七年）という本は「客家人は辛亥革命、北伐闘争の中で重大な貢献をした。広東新軍の広範な将兵は基本的に客家青年だった」と、客家の役割をちゃんと書いています。共産党の革命についても、『永恒的光輝――蘇区精神研究』（曾耀栄編著、中国社会科学出版社、二〇〇九年）という専門書は「毛沢東、朱徳、鄧小平といったプロレタリア革命家と、中国共産党の主要な指導者はみな客家人であり、中国新民主主義革命史における客家人の特別な歴史的地位を浮き彫りにしている」とまで言い切っている。つまり、客家研究はけっこう活発に行われているわけです。

では、問題は何かというと、歴史教科書とか、中共党史とか、それ相応に公的な文献資料の世界においては客家が不当に軽視されているのに対し、専門的な客家研究の世界では客家の歴史的な貢献などが踏み込んで語られているという、非常に均衡を欠いた状況があるということです。専門家が学術の世界で客家の貢献だの、役割だのを論じるのは好きにやってくれ。しかし、共産党の「正史」の分野にそれを持ち込むのはまかりならぬ。なんだか、そんな政治的意向が背後で働いているような気がするのですね。まあ、いろいろな文献に目を通しての、私のおおざっぱな印象ですが。

ところで、日本の客家研究ですが、近年は瀬川昌久『客家──華南漢族のエスニシティーとその境界』（風響社、一九九三年）、飯島典子『近代客家社会の形成──「他称」と「自称」のはざまで』（風響社、二〇〇七年）など、一部の専門家による、優れた実証的研究の成果が発表されています。ここで問題にしたいのは、専門研究というよりも、いわゆる一般向け客家論です。これには大いに不満がある。「客家がアジアを動かす」といったような、事実に基づかずに、誇大に客家を持ち上げる俗論がまきちらされ、「なにか得体が知れないが、すごい連中のようだ」というおかしな客家イメージが一部に広がったと考えます。

なぜこういう客家論が跋扈《ばっこ》してしまったのか。全般的に、中国革命史や中国政治の中における客家の位置づけというものが、現代中国問題の研究者によって十分に行われてこなかったことに一因があるのではなかろうか──そんな疑問を感じています。中国に関する文化人類学や民族学、あるいは漢語方言学のような分野での客家研究はともかく、日本の中国近現代史研究において客家はほとんど無視されているか、おざなりにしか触れられていない。八〇年代以降に刊行されているいくつかの近現代通史、例えば、『中国現代史』（山川出版社）、『図説 中国近現代史』（法律文化社）、『現代中国の歴史』（東京大学出版会）、『中国20世紀史』（東京大学出版会）などを読んでも客家はほとんど登場しません。通史だから触れなくともかまわない、という理屈は成り立たない。みんなが書かないから自分も書かなくていいとばかりに、日和見を決め込んだのかと勘ぐりたくなります。

国立国会図書館の雑誌記事索引検索で、「客家」「革命」の二語を入力すると、三件ヒットしますが、うち日本人研究者の論文はたった一件（小林一美「中共、中央根拠地における客家と土地革命戦争」）です。福本勝清著『中国革命を駆け抜けたアウトローたち』（中公新書、一九九八年）のように、井岡山革命根拠地と客家の問題に切り込んだ好著もありますが、全体としては実にお寒い研究状況と言わざるをえない。少なくとも、「誰が近現代の革命を担ったのか」という重要な命題において、客家の存在を無視ないし軽視することはまったく不当な研究態度です。知らず知らずのうちに、中国共産党の歴史観に引きずられてしまっているということはないだろうか。歴史を評価するにあたって複眼の視点を欠いているのではないか。結局のところ、パターン化した近現代史の叙述に終始しているのではないか。問題提起したいことはいろいろあります。

とにかく、客家について、過大評価もしないが、過小評価も軽視も無視もしない。ただし、正面から、事実に基づいて客観的に評価していく。そんな研究姿勢が求められていると思いますね。それは中国研究全体についても言えることです。

矢吹　同感です。中国の歴史問題の扱い方は、相当におかしいのですが、その一つの断面が客家というキーワードから浮かび上がります。いま藤野さんが指摘されたように、教科書や、いわゆる中共党史に代表されるような「公的な文献資料の世界」では明らかに、客家の存在は無視されている。私が「客家隠し」と繰り返したのは、そのことでした。

他方、客家の人々が自らを語ることについていえば、呉沢主編『客家史與客家人研究』（華東師範大学出版社、一九八九年）が象徴するように、八〇年代末から客家を書名に含む書物が出始め、嘉応大学客家研究所、福建教育出版社、国際客家学会などの客家シリーズはいずれも五冊以上の叢書からなり、歴史や文化、民俗などさまざまの面から客家の歴史と文化に迫っています。私が主として依拠した謝重光著『客家源流新探』はその一冊です。要するに、八〇年代から九〇年代にかけて、客家の関係者が客家を語るのは容認する、専門的な学術書で客家を語るのは、影響力が限られているから差し支えない。ただし、中共党史という、彼らの考える「正史」の分野では容認しないという態度です。私は前から「中共党史」というカテゴリーは「中国近現代史」に改編すべきであり、それをやらないと学術的な歴史研究は成り立たないと主張しているのですが、改める兆候はなく、中共中央宣伝部はますます勢力を拡大している模様です。

これは中国側の事情ですが、その風潮にまるごと呑み込まれていて、ほとんど反省がないのが日本の中国研究者の世界ですね。国立国会図書館の雑誌記事索引検索で「客家」「革命」を入力しても、福本勝清の論文が出てこないのは、タイトルが「コンミューンの悲劇――中国革命根拠地粛清運動史」とされているからでしょうか。

太平天国の専門家・小島晋治が丸山松幸と共著で書いた『中国近現代史』（岩波新書、一九八六年）は、太平天国では、むろん客家が出てきますが、井岡山以降は、客家は消えてしまう。藤野さんが挙げた『中国現代史』『図説　中国近現代史』『現代中国の歴史』『中国20世紀史』に加えて、『シリーズ20世紀中国史』

（東京大学出版会）も四冊本でありながら、役に立たない。

山本英史編著『伝統中国の地域像』（慶應義塾大学出版会、二〇〇〇年）の第四章・三木聡「長関・斗頭から郷保・約地・約練へ――福建山区における清朝郷村支配の確立過程」という論文は、この地域、このテーマでありながら「客家」が登場しないのは不可解です。第五章・片山剛「清代中期の広府人社会と客家人の移住――童試受験問題をめぐって」は、広東省の客家については書いていますが、広東に移住するまでの客家について何も触れていない。

というわけで、残念ながら、私たちの本ではもの足らないと感じた読者にお勧めできる日本語の本は見当たらない。

ここで、井岡山や江西ソビエト期のゲリラ闘争において客家の村人や活動家たちがさまざまな役割を演じていながら、これまで十分に描かれなかったことの一因は、根拠地における粛清運動と密接に関わっていたからではないかと私は考えています。

日本で根拠地の粛清問題を論じたのは、いま述べた福本勝清と、物理学者・渡辺一衛「富田事件とAB団――中国初期革命運動における粛清問題の教訓」（『二〇世紀社会主義の意味を問う』御茶の水書房、一九九八年）くらいですね。根拠地の内ゲバ問題は、「中共党史」で、最も触れたくない問題であることは誰にもよくわかります。私自身は、『毛沢東と周恩来』でも『鄧小平』でも新書という制約のなかで短い記述ですが、触れてきました。本書では、客家の存在と粛清問題が交錯することを多少詳しく描いたつもりですが、その成否は読者の判断に委ねるほかありません。ただ、ここで感じるのですが、例えば『岩波現代中国事典』（岩波書店、一九九九年）に、AB団や富田事変の項目が見当たらないのは、はなはだ不可解です。藤野さんが挙げた数冊の歴史書も同じです。客家についてきちんとした記述のない本は、粛清問題からも逃げている。どうやら「客家」と「富田事変」というキーワードは、その本を書いた著者たちを試すリトマス試験紙に見えます。このような知的空白の中で、『マオ――誰も知らなかった毛沢東』（講談社、二〇〇五年）が騒がれ、フィリップ・ショート『毛沢東――ある人生』（白水社、二〇一〇年）など、翻訳本が話題になる。これは日本の研究者たちの怠慢を逆証明するものと私は理解しています。

〔二〇一〇年七月二七日　東方書店会議室にて〕

あとがきに代えて――私の客家・漢民族認識のあゆみ

矢吹　晋

　本書は私の本にしてはかなり時間を費やした本である。かけだしの研究者のころから脳裏にあったテーマが研究生活を終える段階でようやくまとまった。「長らく温めてきたテーマ」といえば、少しかっこよすぎる。いつも眼高手低の嘆きだ。気になりながら、そのテーマに集中できず、「中途半端なまま未完に終わる」ことがおきまりのコースだが、本書はいくつかの偶然が重なってようやくまとまった。その経緯を書きとめておきたい。

　私は一九六九年秋に香港で羅香林教授の研究室を訪問し、その謦咳に触れた。これはアジア経済研究所の先輩・同僚として未熟な私を大いに啓発し続けてくれた戴國煇さんが誘ってくれたものである。故戴國煇とは、同じ一九七六年にアジア経済研究所を辞めてから、ある事情のためにますます親しくなり、その結果、台北の告別式にまで出向き、東京の偲ぶ会を仲間とともに準備し、そして林彩美夫人による追悼文集の編集に協力するところまで長く深くつきあい、今日に至っている。研究者になって最初に交際した中国人が客家であり、ここから私の客家認識が始まったわけだ。

　アジア経済研究所に勤務していた当時、私は一九七一年から七三年にかけて二年間、シンガポール南洋大学と香港大学に派遣され、遊学という放浪生活を送った。留学というほど厳しくはない家族連れの生活であり、また時は文化大革命の末期で、中国をどう見るか、アジアをどう見るか、基本視角を探りかねていた時代、いわば「疾風怒濤の時代」であった。ベトナム戦争は最終段階に突入しつつあり、マレー半島ではマラヤ共産党のゲリラがまだ活動を止めていなかった。シンガポールの路地裏では、ひそかにこの政党の機関誌が売られていた。

さて、身近な畏友・戴國煇の漂わせる客家イメージと、東南アジアを放浪して雑学を学ぶ過程で得た「ケッ」（ローマ字では Keks や Kehs と表記、漢字ならば「客」）と呼ばれる人々のイメージは、ますます乖離していった。前者が「中華民族の精華」を自称するのに対して、後者はあたかも「被差別民」のように侮蔑のまなざしを向けられていたのだ。その後、シンガポールから香港にベースを移し、遊学生活を続けたが、香港ではしばしば新界まで気晴らしに出かけた。今なら地下鉄であっという間に到着するが、当時は一日がかりの遠出であった。香港新界にまだ残されていた田園で働く人々が例外なしに、客家農民であることを服装から識別することは真っ先に教わった。彼らは貧しい農民であり、成功したリー・クアンユー（李光耀）の対極にあるように思われた。

二〇〇四年春、勤務先の定年に際して、懸案の朝河学に取り組み、『入来文書』『大化改新』『比較封建制論集』の三部作（いずれも柏書房）を邦訳し、次いで『朝河貫一とその時代』『日本の発見』（いずれも花伝社）を書いた。その過程で、「日本最大・最長」と朝河が呼ぶ「島津忠久伝説」に遭遇した。わが忠久伝説に接して、突如、客家伝説との異同への興味が沸き起こり、「客家伝説と島津忠久伝説」の素稿を走り書きした。ある酒席で、その走り書きを編集者・朝浩之氏に読んでもらったところ、氏の意見は、「客家伝説だけを膨らませるならば、本を作れるかもしれない」というものであった。そこで私は、井岡山・

江西ソビエト区から大渡河・瀘定橋までの客家ルートの調査を夢想したしだいだが、深酒から覚めて見ると、体力・資力からして、やはり夢想であることを再確認させられた。まさにそのとき、藤野彰氏が現れた。こうして、藤野・矢吹の分業体制がスタートした。これが「日中伝説」から本書「客家と中国革命」に、酒席のテーマが発展し、本書の内容が変身した経過である。

先に書かれていた矢吹の草稿を補う形で、藤野稿が完成したとき、自然に浮かび上がったのが「客家土楼の旅」計画であった。二〇一〇年六月末に、弥次喜多道中よろしく楽しい旅が行われた。俗に「犬も歩けば棒に当たる」と言う。私は勇んで出かけたが、畲（ショオ）族はなんと犬をトーテムにする部族であった。これまで客家を自認していた者が、ある日畲族に分類されたり、閩南人を自認していた者が、ある日畲族に戸籍が変わり、一人っ子政策を免れる。すでに漢族に同化して久しい一族が、「藍氏という姓を持つ」「犬を食わない習慣がある」などの理由で、「明朝以来数百年にわたる同化史」をタイムスリップして、畲族に戻るのは、ほとんどカフカ的な世界ではあるまいか。

その裏に潜むのは、もっと厳しい現実だ。二〇〇八年の北京五輪の聖火リレーで暴露されたチベット問題、あるいは二〇〇九年七月五日のウルムチ騒乱が示唆したのは、少数民族に対して漢族への同化を強要する政策だ。二つの事件の形で噴出した少数民族問題は、現代中国の抱える諸矛盾の中でも、最も深刻なものの一つであることは疑いない。

われわれが客家土楼を訪問した日、福建南靖で、二〇〇人以上の大部隊が大型バス七台を連ねて里帰りしたものの、豪雨で山路の足を奪われ、立ち往生するという一幕があった。それは台湾・嘉義からやってきた黄氏宗親会の一行であり、彼らが足止めを食った土楼観光用の駐車場では、客人を迎えるかのような胡錦濤の大看板が雨に濡れていた。ここで連想ゲームのように想起したのが台湾客家・藍博洲の名だ。映画「悲情城市」の原作として知られる『幌馬車の歌』(『幌馬車之歌』台北・時報文化出版、一九九一年。邦訳、間ふさ子ほか訳、草風館、二〇〇六年)の原作者であり、また『共産青年李登輝』(台湾苗栗・紅岩出版、二〇〇〇年)を書いて、左翼学生・李登輝の経歴を暴いて見せたのは、台湾現代史の聞き取り調査にめざましい成果を上げたこの若者だ。彼は一九九七年当時、客家の出自を毫も疑わない元気な男という印象だったが、「君が大陸にいたならば、いまごろは畲族だよ」と告げたら、いったいどんな顔をするだろう。

私は一九九七年の夏休みをまるまる一カ月台湾で暮らした。当時、台湾大学法学院長の許介鱗教授に身柄を預けて、台湾客家の聞き取り調査を開始した。ところが、天に不測の風雲あり。私は山路で野犬に襲われ、第一二胸椎をつぶし、身長が二センチ縮む大事故に見舞われ、半年の治療を余儀なくされた。「台湾客家における中原意識の研究」は、こうして挫折した。亜東関係協会の研究助成を受けながら、成果報告書の提出が遅れていた。ここに明記して、提出が一三年遅れたことを詫びるしだいである。

中華人民共和国の成立以後すでに六〇年以上の歴史が経過した。今日の中国の経済発展はまことに目ざましいものがあり、リーマン・ショックを契機とする世界不況に悩む人々には、その勢いにすがろうとする中国頼みの風潮さえ見られる。中国の繁栄は慶賀の至りだが、反面、繁栄から取り残された人々や抑圧された少数民族を見ると、革命の初心はどこに消えたのか、疑問を否めない。

中華民族の大団結という中華ナショナリズムに依拠して、中国はこれまで辛うじて団結を維持してきた。

しかし、団結の陰には少数派に対する抑圧があり、それは少数民族だけではなく、漢民族の内なる少数派も同じであったことは私が繰り返した「客家隠し」のキーワードから明らかであろう。

中国はこれからどこを目指すのか。「大一統」という統一トラウマに囚われていては、未来への展望が切り開けないのではないか。漢民族とは何か。中国における少数民族とは何か。諸民族の解放とは何か。いま厳しく問われているのは、この問題ではあるまいか。長い歴史を持つ隣国・中国とのつきあい方を考えるうえで、本書が何らかのお役に立つならば、望外の喜びである。

二〇一〇年九月

あとがきに代えて——「客家」問題と中国の未来

藤野　彰

日中関係の大きな不安定要因の一つに、いわゆる「歴史問題」がある。これまで中国側は事あるごとにこの問題を持ち出し、「日本側は侵略の歴史を心から反省していない」「歴史を鑑にせよ」と声高に非難の声を上げてきた。しかし、私個人はそのたびに「ちょっと待てよ」という思いにかられた。過去の侵略戦争をめぐる日本人の歴史認識には、確かに不十分な側面がある。認識をうんぬんする以前に、若い世代の中には日中戦争があったことすら知らない者がいる。ただ、それは第一義的には日本人自身の問題である。翻って考えてみると、日本の歴史認識をやり玉に挙げる中国自身、自らの歴史を誠実に反省し、再び道を誤らないための鑑にしていると言えるのだろうか。

二〇一〇年七月、取材で北京を訪れた折に、中国人民革命軍事博物館を久々にのぞいてみた。夏休み中とあって、館内は子供連れの参観者でごったがえしていた。一階に「土地革命」展示室があり、個人的興味から展示内容をつぶさに見て回った。関心事はただ一つ、井岡山革命闘争をどのように紹介しているかを確認したかったのである。「ゲリラ戦争の展開と革命根拠地の創建」コーナーに続いて、「井岡山革命根拠地の建設」コーナーがあった。予想していたことではあったが、客家や袁文才・王佐に関する説明の文言は一切なかった。ＡＢ団事件や富田事変については言わずもがなである。中国共産党の革命史の恥部は完璧に覆い隠されていた。

軍事博物館に来る大方の参観者のお目当ては、大ホールに展示されているロケットや戦闘機である。「土地革命」展示室にまで足を踏み入れる者はそう多くない。ましてや、井岡山革命闘争の展示内容がどうであるかといったようなことを気にかける人間は、おそらくほとんどいないだろう。たとえ中国人であっても、中国革命の歴史が客家と不可分の関係にあることを知っている者はごく少数であろうから。歴史の真実を直視せず、国民に独善的な歴史観を押しつける共産党の政策と教育がもたらした「見事な成果」である。

反右派闘争、大躍進、三年自然災害、文化大革命、天安門事件……中国現代史上、臭いものには蓋とばかりに歴史の闇へと追いやられ、いまだ全容が解明されていない事件は少なくない。一方で、共産党が自画自賛する歴史にはあまりにも政治的バイアスがかかりすぎている。これでは本当の歴史を語っていることにはならない。「歴史を鑑にせよ」——中国指導者の口から、中国メディアの論評から、何度発せられたかわからない、説教くさい言葉が、虚ろな響きをもって耳元にこだまする。

今、本書を書き終えて、改めて胸をよぎるのは、二〇余年に及ぶ中国取材の中で折に触れて感じてきた、中国共産党の歴史認識に対する強い違和感である。本書執筆の第一の動機が、以前から客家という存在に関心を抱いていたことにあったのは言うまでもないが、それを胸中の違和感に重ね合わせると、共産党の歴史から意図的に客家が排除されているという不公正な現実への疑念——言葉を換えれば、客家はある意味で共産党の歴史認識の陥穽を映し出す鏡ではないかという問題意識——こそが、本書のペンを執るもう一つの動機であったことに思い至る。

もっとも、こうした自分の問題意識は、最初からはっきりした形で頭の中にあったわけではなく、本書の企画段階における、矢吹晋、朝浩之両氏との度重なる熱い討論を通じて触発され、しだいに輪郭を整え、確かなものになってきた、と言うべきであろう。矢吹氏の初稿を拝読してから、当方の初稿ができあがるまでに二年近くの時間を要した。未見の文献・資料を集め、読み込みながらの作業になったため、発酵にずいぶん手間取った。私にとっては、客家についてまとまった文章を書くのはこれが初めての経験であったが、執筆の過程では自分の中国現地取材の足跡が客家とどう交錯していたかを事細かに検証することができた。また、客家というフィルターを通して、中国の歴史や政治、社会、文化を、まったく別の視点から考察する貴重な機会を得られたように思う。

ふだん主として中国の時事問題を取材している記者の仕事としてはいささか毛色の変わったテーマだったものの、ジャーナリストは現在起きていることだけを見つめていればいいというものではない。とりわけ、不透明性に満ちた現代史そのものが取材対象の一つとなる中国報道の世界はそうである。過去への探究心を欠いていては現在と未来の流れが読めなくなる。その意味で、客家問題は、自らの仕事の延長線上で、いつかは取り組まなければならなかった課題であったという気がする。

個人的感慨はこのへんにして、最後に記しておきたいことがある。客家問題の将来とも関連して、最近気になった事件についてである。客家土楼取材のほぼ一カ月後、広東省広州市で「広東語を守れ」をスローガンに掲げた市民デモが発生した。現地からの報道によれば、デモは七月二五日と八月一日に起き、大勢の参加者たちが「広東語万歳」を叫び、広東語の歌を歌いながら街を練り歩いた。市政治協商会議の関係者から、広州テレビの広東語放送を普通話（標準中国語）に改めるべきだとの提案があり、これに市民が反発したのがデモの原因とされる。

中国では民衆のデモ、座り込み、騒乱といったトラブルが毎日のように起きている。土地の強制収用、賃金の未払いなど理由はさまざまだ。しかしながら、住民たちが自らの母語（方言）を守りたい一心から街頭に繰り出すというケースは寡聞にして聞いたことがない。中央の画一的な文化（普通話）の押しつけに対する地方の反乱である。中華民族という虚構の概念に対する広東人ナショナリズムの反撃との見方もできる。いずれにせよ、中国市民の権利意識の多様化が、いよいよ地域住民の文化的アイデンティティーに関わる分野にまで及んできたことを物語る現象と言えるだろう。

このニュースを聞いてすぐ思い出したのは、台湾民主化の幕が開いた一九八〇年代に島内の客家系住民が推し進めた「還我母語運動（「母語を返せ」キャンペーン）」である。国共内戦に敗れて台湾へ逃れた国民党は、客家を含む台湾人に、大陸の国語（標準中国語）の学習を強要し、「放送は国語を主とする」「業務時間中は国語を使用する」などの政策を強引に導入して台湾語や客家語の使用を厳しく制限した。しかし、上からの一方的な国語押しつけに対する客家人の反発は、民主化の機運と歩調を合わせるようにして表面化し、八八年一二月二八日、台北における一万人規模の「還我母語運動」デモとなって爆発した。

その後、客家ナショナリズムの高揚を受けて、台湾当局は二〇〇一年、行政院に客家委員会を新設し、本腰を入れて客家文化の保護・振興に乗り出したのである。もちろん、民主化の中で、多くの台湾人の母語である台湾語も復権を果たし、少数派の先住民族の地位向上も図られた。一連の変化は国民党による長年の「中国化」政策の破綻を象徴するものであり、民主化というのはつまるところどういうことなのかを非常にわかりやすく教えてくれる。

台湾客家人の「還我母語運動」、そして今回の「広東語万歳」デモが示唆しているのは、経済が発展して生活がまずまず豊かになり、社会の事実上の自由化が拡大すれば、それまで頭を押さえつけられていたマイノリティーの権利意識や自己主張が強まるという一つの方程式である。今後、中国の客家人世界でも、似たような地域主義宣揚の動きが出てくるであろうか。それは中国民主化の過程にどのようにからんでくるのか。また、客家と中国革命の歴史はいかに見直されていくのか。今はただ、さまざまな可能性をあれこれ想像してみるだけだが、この問題は私の好奇心をかきたててやまない。

中国では「中華民族」概念の下での多民族統合政策が進行している。だが、将来的に民主改革が行われることになれば、特定の政治勢力が民意を無視して全国を強圧的に統治するという政治体制は根本的な転換を迫られるだろう。かつてのソ連崩壊のように国家分裂へと一気に向かうかどうかは予断を許さない。むしろ、経済や安全保障の問題を考えると、「緩やかな統合」という国家形態への移行のほうが現実的であるかもしれない。ただ、その場合でも、少数民族はもとより、客家人、広東人、上海人など漢民族各エスニック・グループの自立性、独自性を名実ともに尊重する多元的システムの構築が模索されていくのではないか。それは、共産党の思惑や打算を超えて、二一世紀中国の最大のテーマとなっていくように思われる。

二〇一〇年九月

事項索引

あ行

アヘン戦争　139, 292
廈門方言　99, 100
アロー戦争（第二次アヘン戦争）　292
安史の乱　115, 122
塩焗鶏（イェンチュイチー）　289
イポー　300, 301, 302, 303
囲竜屋（ウエイロンウー）　290, 291
右江　20, 21
永嘉の乱　75, 78
ＡＢ団　10, 14, 15-24, 26, 28-39, 41-46, 233, 234
粤語　99, 100, 102
延安　43, 44, 147, 243, 254
延安整風運動　18, 19, 28, 234
冤假錯案　278
円形土楼（円楼）　291

か行

改組派　20, 36, 37, 39, 233
華夷之辨　41
嘉応州　48, 134, 138, 139, 140, 141, 190, 267, 268, 286, 292, 294
科挙　7, 85, 138, 189, 277, 294
葛藤坑　3, 4
哥老会　179, 180
贛語　99, 100
広東方言　99, 100, 192
贛南会議　37, 42
客紳　138
客籍　14, 26, 27, 135, 202, 209, 210, 213, 214, 216, 218, 221, 222, 223, 224, 225, 226, 228
客属公会　7
客勇　138
給客制度　57, 69
峡江会議　24, 25
共産主義青年団（共青団）　21, 24, 181, 199, 263, 264, 270, 281
虚君共和　144, 145
勤工倹学　179, 187, 237, 239, 301
建設新中原　8
広安　167, 177-185, 187-191, 193, 202
洪湖　20, 21
「興国県土地法」　26, 27
黄遵憲故居（人境廬）　294
紅色旅遊　259, 284
江西ソビエト区　9, 10, 19, 40, 41, 143, 146
黄巣の乱　3, 4, 63, 66
抗日救国運動　143
抗日民族統一戦線　41, 53, 61
黄埔軍官学校　143, 308
呉語　99, 100
湖広塡四川　133, 199
五胡乱華　57, 69, 77
五・三〇運動　32
五・四運動　53, 141, 180
「胡氏族譜」　274

五大方言　99, 100, 101
古田会議　22, 29
国共合作（第一次, 第二次）　17, 29, 37, 61, 208
国共内戦　149, 227
コミンテルン　12, 26, 40, 44, 208
胡耀邦故居　268, 269, 270, 271, 276, 283, 284
胡耀邦陳列館　273

さ行

三山国王伝説　125
三湾改編　215, 216, 217
四川客家博物館　201, 202
資本主義の道を歩む実権派（走資派）　237, 283
社会民主党　37, 39, 46, 233
暹羅（シャム）華僑客属総会　140
山歌（シャンコー）　280, 281
上海コミューン　304
上海事変（第一次, 第二次）　61, 143
秋収蜂起　13, 208, 267, 277
粛反運動　17, 234
主戸・客戸　58, 68, 69, 70
遵義会議　19, 42, 44
純客家県　175, 242, 243, 244, 264, 279
湘軍（湘勇）　52, 138
湘語　99, 100
韶山　182, 184, 282, 283
畲（ショオ）族　55, 56, 65, 67, 76, 82-85, 92, 93, 244, 245, 286
女労男逸　84
白猫黒猫論　199
辛亥革命　143, 145, 167, 180, 248, 286, 299, 301
「新段階を論ず」　147
「真理の基準」論争　278
瑞金　18, 39, 40, 48, 201, 235, 236, 239-244, 246-259
スターリン批判　29
井岡山　10, 12, 13, 15, 18, 19, 22, 27, 29, 40, 48, 54, 143, 189, 205-223, 225-232, 234, 240, 243, 247, 253, 267
井岡山革命根拠地　9, 14, 15, 27, 215, 218, 219, 220, 221, 232, 242, 249
井岡山革命博物館　208, 209, 213
「井岡山土地法」　26, 27, 215
「井岡山の闘争」　40, 54, 212, 215, 221, 223
西江デルタ　138, 139, 140
靖康の変　130, 131
石壁村　4, 62
赤嶺畲族郷　85
全球客家・崇正会聯合総会　142, 189
搶救運動　44
蘇州方言　99, 100
ソ連共産党第二〇回大会　29

た行

大一統　41
大漢族主義　148
大同思想　212, 213, 248
大渡河　47, 48, 117
太平天国　46, 47, 50, 52, 135, 138, 143, 167, 248, 289, 298
大躍進　283
台湾客家　256, 288
站嶺隘　4, 67

チベット政策　278
炸芋泥(チャーユィニー)　289
中央根拠地／中央ソビエト区　9, 37, 39, 42, 46, 239, 240, 242, 243, 244, 246, 251, 252, 259, 270
中央文革小組　303, 304, 305
中華ショービニズム　173
中華ソビエト共和国　47, 239, 240, 242, 244, 246, 257
中華ソビエト共和国憲法大綱　146
中華ナショナリズム　53, 142
中華民族　41, 53, 76, 106, 131, 168, 172, 226
中華連邦共和国　146
中原　4, 5, 7, 8, 50, 53, 55, 56, 57, 59, 66, 67, 69, 70, 76, 79, 94, 97, 98, 103, 109, 110, 111, 119, 120, 121, 122, 123, 124, 129, 120, 121, 122, 123, 124, 129, 142, 166, 170, 222, 257, 265, 286, 297
中原士族　7, 53, 55, 70, 73, 76, 79, 80, 81, 82
中国共産党第一回大会　205
中国共産党第二回大会　145
中国共産党第六回大会　10, 229, 230
中国共産党第七回大会　43, 149
中国ソビエト連邦　147
中国同盟会　143, 299
中国のフルシチョフ　283
竹筒飯(チュートンファン)　84, 268, 269
潮州府　125, 140, 190, 299
長征　19, 36, 42, 44, 46, 143, 239, 241, 244, 247, 248, 249, 250, 251, 252, 264, 290
騎楼(チーロウ)　291, 300
椎髻　84
天安門事件(第一次)　198, 307
天安門事件(第二次)　45, 150, 151, 176, 263, 265, 272
纏足　52, 84, 276
天地会　138, 139, 180
「鄧氏家譜」　188, 189
鄧小平記念館　237
鄧小平故居　167, 182, 185, 186, 202
『鄧小平文選』　43, 187, 197, 240, 241
土客械闘　9, 51, 132, 134, 135, 138, 140
土籍　12, 13, 14, 18, 26, 27, 209, 218, 219, 222, 223, 224, 225, 226, 228, 230
土(籍・)客(籍)矛盾, ——対立　9, 14, 40, 41, 53, 54, 40, 41, 53, 54, 222, 223, 224, 225, 226, 228, 230, 231, 234, 247
土地革命　21, 38, 248, 253
取消派　34, 35, 37
童養媳(トンヤンシー)　298

な・は・ま行

七大方言　99
南昌蜂起　29, 206, 208, 219
南遷　57, 67, 69, 75, 76, 77, 78, 80, 84, 107, 121, 122, 123, 127, 128, 129, 131, 135
南雄珠璣巷伝説(伝承)　4, 62, 64, 65
南洋客属総会　169
二月逆流　303, 305, 307
二七(陂頭)会議　18
二一カ条要求　141

寧化石壁伝説(伝承)　62, 63, 64, 65, 67
梅県　7, 49, 50, 60, 136, 139, 141, 172, 196, 222, 286, 288, 290, 293, 294, 296, 297, 299, 303, 308
梅県方言　99, 100
梅州　49, 69, 73, 111, 120, 129, 131, 136, 203, 204, 267, 280, 285-294, 296-298, 301
柏路会議　10
客家アイデンティティー　85, 191, 195, 196, 197, 241, 245, 275
客家学　48, 53, 54, 68, 142, 165, 167, 168, 169
客家葛藤伝説　5
『客家研究導論』　51, 62, 68, 69, 73, 76, 77, 189, 244
客家源流　126, 128, 129, 130, 131, 132
客家語　53, 67, 85, 86, 99, 100, 102, 106, 129, 137, 140, 141, 166, 191, 192, 193, 196, 197, 200, 202, 203, 204, 214, 223, 245, 247, 258, 280, 281, 286, 287, 288, 294, 296, 308
客家後裔　76, 196, 197, 200, 282, 283
客家先賢　135
客家先民　4, 56, 58, 67, 68, 69, 73, 75, 76, 77, 80, 82, 83, 84, 122, 123, 126, 128, 129, 131, 132
客家ナショナリズム　53, 109, 141
客家民系　51, 56, 67, 68, 69, 71, 73, 76, 108, 109, 123, 124, 132, 133, 135
客家料理　169, 249, 257, 258, 269, 289
馬刀隊　218
反右派闘争　28, 44, 234, 278, 279, 283
反清復明　134, 139, 180
非純客家県　73, 189, 243, 244, 265, 267, 279, 280
百越　82, 83, 84, 85, 100, 105, 123, 213, 286
百団大戦　36
閩語　99, 100, 105
飯包肉丸(ファンパオローワン)　255
武昌起義　299
普通話　203, 287, 288
富田事変(富田事件)　15, 17, 18, 27, 33-45, 233
ブルジョア自由化　45, 262, 263, 264
文化大革命(文革)　28, 44, 49, 168, 180, 184, 198, 206, 207, 219, 232, 234, 236, 237, 238, 245, 274, 278, 279, 283, 284, 301, 303, 304, 305, 307
文革博物館　285
平家落人伝説　5, 6
北京方言　99
檳城(ペナン)広東暨汀州会館　140
変法運動　294
包囲掃討(戦)　10, 15, 21, 24, 25, 219, 239, 249, 250, 252
河田鹿角鶏(ホーティエンルーチアオチー)　257
戊戌の政変　143, 267, 294
北方語　99, 100, 102
香港崇正総会　169, 170
紅小鬼(ホンシアオクェイ)　262, 266, 271, 278, 280
紅焼狗肉(ホンシャオコウロウ)　213
満洲事変　61, 141, 143
米酒(ミーチウ)　258
民族区域自治　149
梅菜扣肉(メイツァイコウロウ)　169

毛沢東記念館　283
毛沢東旧居　227, 228
毛沢東故居　270

や・ら行

葉剣英元帥記念館　296
葉剣英故居　296, 297
四人組　296, 305, 306, 307
四・一二クーデター　208
老紅軍(ラオホンチュン)　248, 249, 250
洛帯鎮　199, 200, 201, 203, 204, 258
羅坊会議　24, 25
蘭芳公司　7, 292
涼帽(リアンマオ)　258
李光耀(リー・クアンユー)祖居　293
劉少奇故居　270, 283
瀏陽　262, 267-269, 273, 275, 277, 279, 280, 281
「緑林の兄弟に告げる書」　12, 230
林彪事件　238, 240, 301, 302, 305
擂茶(レイチャー)　256, 257
「連合政府を論ず」　148
盧溝橋事件　141
廬陵　135, 136, 188, 189, 194, 195, 239

人名索引

あ行

朝河貫一　6
偉昌輝　47
飯島典子　51, 137, 140, 141
宛希先　13, 14, 18
袁国平　23, 24, 25
袁文才　9, 10, 12-14, 15, 17, 18, 27, 216-222, 227, 228, 230-232, 234
王稼祥　35
王懐　10, 12, 27, 228, 229, 231
王洪文　305
王佐　9, 10, 12-14, 15, 17, 18, 27, 216, 217, 219-221, 227, 228, 230-232, 234
王首道　267
王震　267
王明　21, 34, 35, 42
汪精衛　37
汪沢楷　35
汪東興　306
欧陽欽　37
温家宝　263

か行

何如璋　294
何長工　24, 25, 217
何添発　50
何篤才　29, 30
何友良　221
華国鋒　278, 305, 306, 307
賀子珍　221
賀敏学　222
賀竜　21, 208
郭子儀　78

郭沫若　134, 202
郝建秀　294
喬石　260
ギュツラフ　137, 138, 139
金維映　239
金観濤　213
金日成　236
金万邦　30, 31, 33, 36, 41
瞿秋白　208, 219
阮銘　266
古大存　202
古柏　25, 31, 33
胡允欽　274, 275
胡錦濤　264
胡成檻　276
胡成杓　276
胡詮　135, 136
胡祖倫　276, 277
胡徳平　282
胡文虎　48, 49, 50, 136, 143
胡名鐘　277
胡耀邦　45, 242, 260-282, 294
顧頡剛　51
顧作霖　35
ゴー・ケンスイ　171
ゴー・チョクトン　171
伍洪祥　49
呉官正　263
呉松弟　126, 128, 129, 130, 131, 132
呉沢　49, 50, 52, 130, 165, 167
江青　305
江沢民　8, 45, 46, 228, 248
洪煨蓮　51
洪秀全　47, 167, 289
黄永勝　305
黄興　299
黄公略　10, 24, 25, 34
黄克誠　29, 30
黄遵憲　294, 295
黄廷超　295
康克清　210, 264, 298
康生　305
項英　34, 35
項南　50
ゴルバチョフ　45

さ行

蔡会文　24, 25
蔡振徳　35
Ｃ・Ｃ・チン　171, 173
謝華光　14
謝漢昌　31, 32, 33, 34, 36, 41, 42
謝希安　14
謝桂標　13, 14
謝重光　63-68, 70, 71, 72, 73, 75, 77, 79, 81, 82, 107, 108, 111, 114, 115, 117, 119, 122, 125, 126, 257
謝象晃　36
謝枢泗　136
謝畢真　50
朱雲卿　24, 25
朱熹　76
朱昌偕　15, 17, 18, 228, 231
朱徳　10, 12, 13, 22, 23, 24, 25, 29, 30, 34, 48, 54, 134, 187, 196, 202, 209, 212, 220, 230, 236, 275, 293, 296
朱遊庭　14
周以栗　24, 25, 35
周逸群　21
周冕　31, 33, 36

周恩来　29, 35, 37, 38, 208, 236, 249, 304, 305
周桂春　14
習近平　260
徐旭曾　79, 121
徐向前　273, 304
蔣介石　29, 34, 37, 47, 143, 208, 239
蕭克　31, 45
蕭大鵬　33, 36, 37
蕭朝貴　47
鐘敬文　50
鐘月林　264, 298
聶栄臻　304
ジョージ・ヨー　172
秦檜　136
任心達　31
任弼時　35
ステファン　51
スドノ・サリム　171
スハルト　236
スメドレー　296
諏訪哲郎　86, 87, 88, 90, 91
西太后　267
瀬川昌久　63, 64, 65, 66, 68, 141
石達開　47, 48, 289
関鋒　304
宋任窮　267
曾慶紅　46, 263, 264, 265
曾憲梓　50
曾国藩　52, 138
曾山　22, 25, 27, 30, 31, 33, 36, 46, 264, 265
曾炳春　24, 36, 37
叢允中　31, 33, 36, 37
ソールズベリー　17
孫文(孫中山)　41, 106, 141, 143, 148, 149, 167, 172, 175, 275, 299, 302, 307

た行

戴向青　33, 44, 46
戴國煇　7, 8
タクシン・シナワット　293, 294
卓琳　237
田中清玄　197
譚其驤　75, 77, 79, 126
譚嗣同　267
譚震林　10, 12, 220, 304
段起鳳　31
段良弼　26, 30, 31, 33, 34, 35, 45
張愛萍　270
張興　32, 42
張国華　220, 231, 232
張根生　305
張春橋　305
張純清　24
張茜　39
張廷棟　297
張廷発　294
張発奎　61, 143
張弼士　136
趙紫陽　45, 263, 264, 265
チン・カチョン　172
陳雲　262
陳運棟　125
陳嘉庚　142
陳毅　12, 22, 39, 304, 305
陳公博　21, 37
陳秀雲　297
陳正人　23, 25, 27, 30, 33, 218, 219, 223, 224, 225

陳世松　190
陳独秀　35, 208
陳伯達　304
陳丕顕　49, 280, 281, 282
陳弼臣　171
陳夢平　14
陳野萍　45
鄧琰　190
鄧演達　275
鄧鶴軒　189, 193, 194, 195
鄧乾元　10, 12, 13, 14, 228
鄧嗣祖　189
鄧紹昌　179, 180, 181, 183
鄧紹祖　189
鄧小平　21, 43, 45, 48, 54, 144, 167, 168, 171, 174, 177, 179-199, 201-203, 226, 235, 236, 237, 238-241, 242, 262, 265, 266, 269, 273, 275, 282, 293, 296, 301, 302, 307
鄧士廉　189
鄧先芙　183
鄧萍　24
鄧昉　189
鄧榕　180, 183, 187, 188, 191, 195, 240, 241, 275
鄧琳　190
鄧六金　264, 298
滕代遠　10, 23, 24, 25

な・は・ま行

ネルー　236
馬玉夫　35
馬石江　45
馬銘　31, 33
薄一波　262
橋本萬太郎　86, 87, 91, 92, 96, 97, 99, 105, 106
ハン・スーイン　134
馮雲山　47, 289
馮文彬　45
フルシチョフ　29, 283
文天祥　4, 52, 128, 136, 141
ベンジャミン・ヤン　187, 193
ホー・チ・ミン　236
彭述之　35
彭清泉　230, 231
彭徳懐　10, 13, 24, 25, 29, 34, 231, 232, 262
彭湃　275
彭珮雲　267
ボール　138
牧野巽　4, 63, 64, 65, 66, 68
毛太華　282
毛沢東　9, 10, 12, 13, 14, 15, 16, 17, 18, 19, 20, 22, 23, 24, 25, 26, 27, 28, 29, 30, 32, 33, 34, 35, 36, 37, 38, 40, 41, 42, 43, 44, 46, 47, 48, 53, 54, 106, 144, 145, 147, 148, 149, 182, 183, 184, 186, 196, 205, 206, 208, 210-228, 230-233, 238, 239, 242, 246, 247, 249, 262, 267, 269, 273, 278, 279, 282, 283, 305, 307

や行

熊兆仁　50
余靄芹　86, 105
余秋里　294
姚徳勝　301, 302
姚美良　50
姚文元　305

葉亜莱　136
葉剣英　54, 167, 187, 196, 275, 290, 295-308
葉鈷祥　297
葉選平　50, 295
葉宜桐　300
葉挺　275
葉福智　297
楊岳彬　24, 25
楊時　76
楊至誠　36
楊秀清　47, 289
楊尚昆　167
楊成武　49, 245
楊宗錚　196, 267
楊勇　267

ら行

羅栄桓　24, 25
羅香林　6, 7, 51, 53, 54, 56, 57, 58, 62-66, 68, 69-71, 73, 75-77, 79, 107, 121, 122, 128-130, 175, 189, 244
羅炳輝　24, 25
羅芳伯　7, 136, 292
羅明　42, 43
頼大超　280, 281
藍廷珍　85
リー・クアンユー　7, 8, 169, 170, 171, 172, 173, 174, 293
リー・シェンロン　170
李維漢　239
李嘉誠　76
李恒　261, 262, 275, 278
李綱　76
李璜　187
李国豪　50
李志民　267
李韶九　30, 31, 32, 33, 34, 36, 38, 39, 42
李筱甫　14
李瑞環　260
李井泉　25
李先念　262, 304, 306
李鉄映　239
李登輝　8, 167, 171, 174
李白芳　26, 30, 31, 33, 34, 36
李富春　304
李文林　18, 20, 22, 23, 24, 25, 26, 27, 28, 30, 31, 32, 33, 34, 38, 40, 41, 42, 43
李鵬　228, 260
李逢蕊　48, 49
李明瑞　21, 36
李立三　16, 19, 20, 21, 23, 24, 25, 26, 27, 34, 35, 40
リチャード・フー　171
竜超清　10, 12, 14, 228, 229
柳宗元　84
劉禹錫　83
劉永　77, 78
劉輝霄　13
劉玄　78
劉光第　134
劉克猶　14
劉士奇　19, 20, 27, 40
劉士毅　18
劉時顕　283
劉守英　36
劉少奇　44, 184, 236, 238, 262, 283
劉兆水　192, 193

劉敵　31, 32, 33, 36, 42, 45
劉鉄超　33, 37
劉伯承　199
劉備　77, 78
劉復之　293
劉万清　31
劉明倫　276
凌歩機　188
梁貽　32
廖鉞　50
廖承志　143, 307
廖仲愷　143, 275, 307, 308
林浩　187, 249
林彪　25, 238, 240, 245, 305
ロバート・クオック　168

*「事項索引」「人名索引」とも「Ⅰ客家の実像」「Ⅱ『客家』再発見の旅」を対象としている。

著者略歴

矢吹 晋（やぶき すすむ）

1938年、福島県生まれ。62年、東京大学経済学部卒業。東洋経済新報記者、アジア経済研究所研究員を経て、横浜市立大学教授（2004年定年）、現在、横浜市立大学名誉教授。財団法人東洋文庫研究員、21世紀総研ディレクターなどを務める。主な著書に『鄧小平』（講談社学術文庫）、『激辛書評で知る中国の政治経済の虚実』（日経BP社）、『中国力』（蒼蒼社）などがある。

藤野 彰（ふじの あきら）

1955年、東京都生まれ。78年、早稲田大学政治経済学部卒業。同年、読売新聞社入社。86～87年、山東大学に留学。上海、北京特派員、シンガポール支局長、中国総局長などを経て、2006年より東京本社編集委員。主な著書に『嘆きの中国報道——改革・開放を問う』（亜紀書房）、『現代中国の苦悩』（日中出版）、『臨界点の中国——コラムで読む胡錦濤時代』（集広舎）などがある。

客家《はっか》と中国革命《ちゅうごくかくめい》——「多元的国家《たげんてきこっか》」への視座《しざ》

二〇一〇年十一月一〇日　初版第一刷発行

著　者●矢吹晋・藤野彰
発行者●山田真史
発行所●株式会社東方書店
東京都千代田区神田神保町一―三　〒一〇一―〇〇五一
電話〇三―三二九四―一〇〇一
営業電話〇三―三九三七―〇三〇〇
振替〇〇一四〇―四―一〇〇一
装　幀●宮内裕之＋岡野奈保子
印刷・製本●株式会社平河工業社

定価はカバーに表示してあります

ISBN978-4-497-21015-9　C0022